高等职业教育工商管理专业系列教材

企业经营管理学概论

原理·实务·案例

蒋新宁　沈　波　肖立刚　主编

东南大学出版社
·南京·

内容简介

《企业经营管理学概论》是高职高专院校工商管理专业的一门专业课,该课程的教学旨在让学生树立现代经营管理的基本理念,理解、掌握并学会运用现代企业经营管理的基本原理、工具和方法,使学生毕业后能够胜任地方经济建设和各类基层管理活动的需要。

教材根据高职教学的特点,融合了工商管理系教材建设团队多年的教学经验和成果,在内容体系、结构和写作方法上力求做到内容新颖、选材得当、突出应用、注重案例。

教材分企业经营管理基本理论、企业经营环境分析、市场调查与预测、企业发展与投资、跨国经营策略、CI与企业文化、企业经营活动的分析评价等十章内容。各章编写均在前面提出了本章学习目的与要求,以引起学生对学习方法和要求方面进行思考,在各章末尾附有本章重点知识点总结,案例和练习题,以便学生课后复习和进行基础知识、技能训练。

本书可作为高职高专工商管理各专业的教材,也可供高职高专财经、贸易类各专业和成人高等教育、中等职业教育的管理类、贸易类各专业选用。

图书在版编目(CIP)数据

企业经营管理学概论/蒋新宁等主编. —南京:东南大学出版社,2009.2(2018.9重印)
(高等职业教育工商管理专业系列教材)
ISBN 978-7-5641-1579-1

Ⅰ.企… Ⅱ.蒋… Ⅲ.企业管理-高等学校:技术学校-教材 Ⅳ.F270

中国版本图书馆 CIP 数据核字(2009)第 016759 号

企业经营管理学概论

出版发行:东南大学出版社
社　　址:南京四牌楼2号　邮编:210096
出 版 人:江建中
电子邮件:press@seu.edu.cn
经　　销:全国各地新华书店
印　　刷:虎彩印艺股份有限公司
开　　本:700mm×1000mm　1/16
印　　张:22.75
字　　数:421千字
版　　次:2009年2月第1版
印　　次:2018年9月第6次印刷
书　　号:ISBN 978-7-5641-1579-1
印　　数:1 0001—1 1000册
定　　价:57.00元

本社图书若有印装质量问题,请直接与读者服务部联系。电话(传真):025-83792328

前　言

　　人类进入 21 世纪，新知识、新技术层出不穷，构成社会经济的基本细胞——企业已发生巨大的变化，全球化、信息化、市场化时代中的企业环境、企业文化、战略资源、组织结构、经营管理理念与方式、竞争手段与策略等也都正在发生着一场深刻的变革，从而使企业经营管理人员面临巨大的挑战。

　　本教材紧扣时代发展与变革的实际，综合当代企业经营管理理论的研究成果，系统地阐述了企业经营管理的理论知识和应用方法，目的是帮助高等职业院校和成人高校工商管理及相关专业的学生能够系统地学习企业经营管理的基本理论与方法，了解企业目前经营管理的发展现状、问题，为今后的职业生涯以及从事各行各业企业经营管理活动奠定理论知识和方法基础。为了更好地帮助学生学习与掌握企业经营管理的主要内容，本教材不仅在各章开篇编写了学习目的与要求，而且在各章结尾还对各章重要知识点进行了概括总结，同时编入了与各章内容紧密相关的案例和反映各章基本知识点的练习题。

　　本教材共十章，基本结构是：第一章主要阐述企业、企业组织、经营管理职能、理论、经营机制、目标、经营计划等经营管理的基本理论问题；第二章是企业环境分析的基本理论；第三章论述市场调查与预测的基本方法；第四章讨论了企业经营战略与决策的基本理论与方法；第五章对企业市场细分、目标市场选择以及"4P"营销策略进行了分析；第六章对企业常见的经营业务管理包括采购、包装、销售、运输、储存等管理及方法进行概述；第七章阐述了企业发展、融资及投资决策问题；第八章简要叙述了跨国经营策略；第九章对企业形象设计与企业文化问题进行了讨论；第十章对企业经营管理常用的经营活动和效益评价指标进行了说明。

　　本教材编写力求突出以下特点：

（1）强调基础性、实用性。根据高职学生的培养目标，在内容选择上，力求突出经营管理基本原理、实用方法等基础知识的介绍。

（2）突出实践性和经营管理技能的培养。本教材各章都配备与学习内容相关的案例和练习题，以启发学生的学习兴趣和对学习效果的自我检验。

（3）力求生动、精炼、通俗、简明。本教材编写在内容选择上、叙述方式上以及图表或案例应用上都力求删繁就简，生动活泼，以使经营管理的概念、原理、方法等尽可能生动、易于理解与接受。

（4）紧随时代发展的步伐，本教材大量吸收了20世纪90年代至21世纪以来经营管理发展与变革的新思路、新理论和新方法，反映该领域中最新理论与实践。

本书由蒋新宁、沈波、肖立刚任主编，编写人员的分工情况如下：第一、二、四章由沈波、肖立刚、严维红、吴晓晨编写；第三、七章由蒋新宁编写；第五章由丁亮、陈栋、陈乃鸿编写；第六章由肖永红编写；第八章由左克军编写；第九章由张春玲编写；第十章由季晓云、葛静编写。

总体来说本教材展现了当代企业经营管理发展趋势，兼有现实性与超前性、可借鉴性与可操作性相结合的特点，是一本适合高职高专学生和成人学生学习经营管理理论知识和应用方法的教材。由于编者水平有限，加之企业经营管理理论与实践在不断发展，书中难免存在不完善之处，恳请读者批评指正。

编　者
2009年2月

目　　录

第一章　企业经营管理的基本理论　1

第一节　企业与现代企业……………………………………… 1
第二节　企业组织……………………………………………… 12
第三节　企业经营管理职能与经营机制……………………… 24
第四节　经营管理观念………………………………………… 30
第五节　经营目标与经营计划………………………………… 35
【本章重要知识点总结】……………………………………… 40
【案例】TCL 的 IT 之路……………………………………… 42
【本章练习题】………………………………………………… 49

第二章　企业经营环境分析　51

第一节　企业经营环境概述…………………………………… 51
第二节　宏观环境因素及其分析……………………………… 53
第三节　微观环境因素及其分析……………………………… 61
第四节　经营机会与风险分析………………………………… 65
【本章重要知识点总结】……………………………………… 68
【案例一】后来居上的日本汽车工业………………………… 70
【案例二】"指南针地毯"的启示…………………………… 71
【本章练习题】………………………………………………… 71

第三章　市场调查与预测　73

第一节　市场调查及步骤……………………………………… 73
第二节　常用的市场预测及方法……………………………… 86
【本章重要知识点总结】……………………………………… 95

【案例一】企业家王永庆的第一桶金 ………………………………… 96
【案例二】肯德基二进香港 ……………………………………………… 98
【本章练习题】 ……………………………………………………………… 100

第四章　经营战略与决策 ———————————————— 103

第一节　经营战略概述 …………………………………………………… 103
第二节　经营战略结构及战略管理 ……………………………………… 108
第三节　一般性竞争战略 ………………………………………………… 112
第四节　企业经营战略评价 ……………………………………………… 115
第五节　经营决策 ………………………………………………………… 122
【本章重要知识点总结】 ………………………………………………… 132
【案例】格兰仕战略转移 ………………………………………………… 134
【本章练习题】 …………………………………………………………… 141

第五章　经营策略 ———————————————————— 143

第一节　市场营销组合策略 ……………………………………………… 143
第二节　市场细分与目标市场选择策略 ………………………………… 147
第三节　产品策略 ………………………………………………………… 156
第四节　价格策略 ………………………………………………………… 160
第五节　促销策略 ………………………………………………………… 165
第六节　销售渠道策略 …………………………………………………… 179
【本章重要知识点总结】 ………………………………………………… 186
【案例】华龙方便面的产品组合策略 …………………………………… 188
【本章练习题】 …………………………………………………………… 192

第六章　经营业务管理 —————————————————— 194

第一节　商品采购管理 …………………………………………………… 194
第二节　商品包装管理 …………………………………………………… 201
第三节　商品销售管理 …………………………………………………… 205
第四节　商品运输管理 …………………………………………………… 211
第五节　商品储存管理 …………………………………………………… 215

【本章重要知识点总结】 220
【案例一】如何成为沃尔玛的供应商 221
【案例二】青啤集团现代物流管理 223
【本章练习题】 224

第七章 企业发展与投资 226

第一节 企业发展及方式 226
第二节 融资决策与风险分析 229
第三节 投资决策与风险分析 262
【本章重要知识点总结】 270
【案例一】南海汽车制造公司筹资决策案例 273
【案例二】利达VCD制造厂生产线投资方案 275
【本章练习题】 276

第八章 跨国经营策略 279

第一节 跨国经营概述 280
第二节 跨国经营的方式 290
第三节 跨国公司的组织与控制 297
【本章重要知识点总结】 308
【案例】海尔的跨国经营 310
【本章练习题】 311

第九章 CI与企业文化 313

第一节 CI概述 313
第二节 CI与企业文化 319
第三节 CI的策划与实施 323
【本章重要知识点总结】 328
【案例一】CI成功典范——可口可乐 329
【案例二】联想集团与海王集团的CI战略 330
【本章练习题】 331

第十章　企业经营活动的分析评价　333

第一节　经营活动分析的基本指标及运用 …………………… 333
第二节　经营活动效益评价指标及运用 ……………………… 336
【本章重要知识点总结】………………………………………… 347
【案例】青岛海尔集团短期偿债能力分析 ……………………… 348
【本章练习题】…………………………………………………… 350

参考文献　353

第一章
企业经营管理的基本理论

📖 学习目的与要求

学习企业经营管理必须首先对企业及其经营管理的基本理论进行全面的认识,本章通过对现代企业、企业组织、企业经营管理职能、企业经营机制、企业经营理念与经营计划这些基本理论进行比较详细的论述,使学生初步建立起现代企业经营管理理论的基本知识框架,为学习后面各章奠定坚实的理论基础。

学习本章要求理解和掌握以下几个问题:
(1)企业与现代企业的含义及特征。
(2)现代企业经营体系的内容。
(3)现代企业组织形式及内容。
(4)经营与管理的关系。
(5)企业经营管理职能的内容。
(6)企业经营机制转换的目的与内容。
(7)企业经营管理理念的内容。
(8)经营目标与计划的基本内容。

第一节 企业与现代企业

一、企业和现代企业的含义

(一)企业的含义和特点

企业,是指商品经济中以盈利为目的,从事独立的商品生产或商品流通等经营活动的基层经济组织。企业是现代社会的一个经济细胞,是生产社会化和商品经济的产物。作为商品经济的一种组织形式,作为商品生产和经营的基本单位,企业具有以下基本属性。

(1) 经济性。企业是从事经济性活动的组织,这是企业的首要特性。作为企业,它或者从事商品生产,或者从事商品交换(流通),或者充当商品生产和流通的媒介,或者提供商业性劳务。总之,通过商品生产和流通,为商品消费者(个人或组织)提供使用价值,借以实现自己价值的活动,即为经济性,也可称之为商业性。

(2) 营利性。企业是从事经济性活动的组织,但并非一切从事经济性活动的组织都是企业。作为企业,还必须具有营利性。就是说,企业是为盈利而经营的经济组织。有些组织,虽然从事经济性活动,但如果不以营利为目的,就不能叫企业。这是区别企业组织和事业单位的主要依据。

(3) 独立性。企业实行独立核算、自主经营、自负盈亏;是独立的法人组织。由企业的独立性所决定,企业不是行政机关的附属物,不隶属于行政部门领导。相应地,企业也没有行政官员和行政级别,企业的拓展也没有行政边界。

(二) 现代企业的含义

现代企业是建立在现代社会劳动分工的基础上,拥有现代企业制度、现代自然科学技术、现代经营科学技术的经济组织。现代企业是相对传统企业而言的,工场、工厂是传统企业的典型形式,公司(供产销一体化的企业),有的属于传统企业,有的属于现代企业,一般来说,早期的公司大多数属于传统企业。

要深入了解什么是现代企业,就必须了解公司的发展历程。当企业由工厂形式转化为公司这种形式时,公司一般是由单个人和几个人合伙共同兴办的,这时的公司经营者一般就是所有者。公司的所有权和经营权一般是不相分离的,而且经营权和管理权一般也是不相分离的。随着公司规模的扩大,既拥有企业所有权又拥有企业经营权的经营者开始将管理权委托给专业管理人员即企业管理者来行使,自己保留对企业管理者即经理及其经理委员会的工作监督权,以保证企业管理者及其行为符合企业经营者的意愿。在这时,企业的经营者可以是单个人,也可以是既是所有者又是经营者的人员组成的董事会。但是,进入20世纪特别是现代,公司的所有者人数不断增加,公司的所有者不可能全部直接参与企业经营,从这时起,开始出现了所有权和经营权的分离,拥有企业所有权的所有者成为股东,将企业经营权授予企业的经营者——董事会,而所有股东组成的最高权力机构——产权机构,行使企业的最终决策权,并直接地对企业的经营者——董事会及其企业的管理者——经理及经理委员会实行产权监督即所有权监督。这时的企业经营者——董事会成员不一定全部是企业的所有者,而可能吸收了不是企业所有者的经营及管理专家组成董事会,负责行使企业的完整经营权。直到这时,真正的现代企业才出现。

以上只是从企业制度方面对现代企业的描述,作为现代企业还应有自然科学技术和经营科学技术方面的要求,这就是现代企业必须建立在较高的自然科技和较高的经营科技水平上。因此,作为现代企业除了具有企业的一般特点外,还应具有下列几个基本特征。

1. 拥有现代企业制度

企业制度是经济制度的一个重要方面,是在一定历史条件下形成的企业经济关系。概括起来,企业制度包括两个方面:一是企业作为一个整体与社会其他组织及个人之间的经济关系,主要是责、权、利关系。因此,现代企业制度主要包括以下两个方面。

(1) 完善的企业法人制度

公司式企业按财产组织形式和所承担的法律责任的标准来划分,可以分为独资企业、合伙企业、股份制企业。

独资企业也称个人业主制企业,指业主一人出资兴办,财产完全归个人所有并由个人直接经营的企业。业主享有企业的全部经营所得,同时对企业的债务承担无限责任。这种企业不具有法人资格,在法律上为自然人企业或公司。

合伙企业,是指由两个或两个以上的个人共同出资兴办、共同经营的企业。合伙人按合伙协议享受企业的全部经营所得,并按合伙企业协议对企业债务承担无限责任。这种企业不具有法人资格,在法律上为自然人企业或公司。

股份制企业是由两个或两个以上的出资者以一定的形式共同投资,按照一定的法律程序组建,其他以盈利为目的的法人企业。作为现代企业,必然是法人企业。法人企业是赋予企业以法人资格的企业。企业法人是作为一个完全不依赖于它的投资者(出资者)而独立存在的实体,它占有和支配企业的全部财产,拥有企业产权,承担企业的债权和债务,能独立地同其他企业和个人发展各种经济关系。它像自然人一样,在法律上具有权利能力和行为能力,它能以本人的名义在银行开户借款,对外订立合同等。它的全部财产的所有权属于企业法人。企业的股东,已由原来意义上的企业主转化为企业股份持有者,股东对企业财产所有权仅限于他持有的股票权,而不能要求退出企业。这样,就为企业的稳定经营提供了保障。

企业法人制度是指依照法律建立起来的、使其人格化并具有独立法人地位的企业制度。在这种制度下,股份制企业具有两个方面的特征:① 企业是人格化的法人,具有法人地位,是独立的民事主体,自主地对外开展活动。② 企业承担有限责任,即投资者(出资者)对企业以自己的投资额(出资额)为限承担责任。有限责任制度通常包括两层意义:一是企业以全部法人财产为限对其债务承担有限责任;二是企业破产清算时,投资者(出资者)只以其投入企业的投资额(出资额)为限,对企业债务承担有限责任,不涉及出资者其他资产。

(2) 科学的企业经营制度

所谓科学的企业经营制度是在企业法人制度的基础上,根据科学经营原理而建立起来的规范的企业经营结构制度、规范的企业经营责权利制度及科学的企业决策、管理、监督、改善制度。因此,科学的企业经营制度包括以下三项内容。

① 规范的企业经营结构制度

所谓规范的企业经营结构制度是指企业的各机构能形成有效的互相制衡和互相约束的机制。要形成规范的企业经营结构制度,必须满足以下两个要求:一是企业所有权和企业经营权相分离;二是企业经营权与企业管理权相分离。只有在企业所有权和企业经营权、企业经营权和企业管理权真正分离的情况下,才能形成真正的企业所有者机构即企业最高权力机构(股东大会或股东代表大会)、企业经营者机构即企业决策机构和工作监督机构(董事会)、企业管理者机构即企业执行或管理机构(经理及经理委员会)以及企业监督者机构即企业产权监督机构(监事会),并使这四个机构互相制衡和互相约束,从而达到有效地调节企业所有者、经营者、管理者、监督者之间的关系的目的。

② 规范的企业责权利制度

规范的企业责权利制度是指企业的最高权力机构——股东大会或股东代表大会、企业经营(者)机构——董事会、企业的管理(者)机构——经理及经理委员会、企业的监督(者)机构——监事会的责、权、利清晰明确并责、权、利相统一的制度。股东大会或股东代表大会享有企业最终决策权及产权监督权,承担最终决策和产权监督失误的责任,并享有最终决策权的产权监督成功带来的利益。一般来说,股东大会或股东代表大会的责权利就是股东的责权利。董事会拥有企业完整的经营权,主要是决策权和工作监督权,承担因经营失败所带来的责任并享有经营成功带来的利益。经理及经理委员会享有企业的管理权即执行或实施企业决策的权利,并承担因经营失败所带来的责任。监事会拥有专门的产权监督权,并承担因专门的产权监督失败而带来的责任,享有因专门的产权监督成功而带来的利益。

③ 科学的企业决策、管理、监督、改善制度

企业决策、管理、监督、改善制度是指人们在企业决策、企业管理、企业监督、企业改善过程中应遵循的规范或安排。一般来说,科学的企业决策、管理、监督、改善制度主要由以下内容组成。

A. 民主的企业决策制度

企业决策是为企业确定企业经营方向、经营目标、经营方针及其经营方案。

企业经营的成功首先取决于正确的决策。没有正确的决策，管理就没有基础，更不能进行有效的管理，企业经营必然归于失败。因此，在企业决策前，必须进行详细的可行性研究，为决策提供充分的依据；在企业决策过程中，必须进行充分的讨论、辩论、论证，并在充分的讨论、辩论、论证的基础上采取集体或委员会的方式进行民主决策。不论是在董事会的决策会议上还是在股东大会或股东代表大会的决策会议上，都要进行平等的表决。也就是说，在表决时，不论是企业董事会的董事长还是股东大会的召集人（主席），都应与董事会其他成员或其他股东拥有平等的表决权，决不允许董事长、主席将自己的意志强加于其他董事或股东头上。只有那些经过民主决策程序并经全体董事、股东或股东代表通过或获得了规定的有效票数的决策，才能由企业董事会交企业经理及经理委员会执行，进入管理阶段或环节。

B. 统一集中的管理制度

企业管理是执行或实施企业决策的经营职能。通过民主式决策提供给企业管理者（经理及经理委员会）执行或实施的决策（方案）代表着全体股东集体或共同的意志，企业管理者（经理及经理委员会）必须无条件地执行或实施。为了保障有效的执行或实施决策（方案）即有效管理，必须采取经理（总经理）负责制的管理方式，实行经理（总经理）个人向董事会负责，各级管理人员及企业职工按分工要求向各自的管理上司负责，各级管理人员及企业员工必须按分工要求无条件地执行管理上司的命令、服从管理上司的领导，实行集中、统一的管理方式。因为，在现代企业里，管理是执行或实施的集体的共同意志而不是某个人的个人意志，实行集中、统一、服从的管理方式，不存在不平等的现象，而恰恰是体现了平等的原则。

C. 严格的企业监督制度

企业监督包括两类：一类是工作监督，其目的是保证企业管理者（经理及经理委员会）完整地执行或实施企业的决策；一类是产权监督，其目的是保证企业经营者（董事会）正确决策及圆满地履行对企业管理者（经理及经理委员会）的工作监督职能以保证企业管理者（经理及经理委员会）在执行决策时的违法行为能得到及时纠正和惩罚。在实施企业监督时，必须制定严格的企业监督标准及相应的奖惩条例，对监督对象的偏离行为及违法行为进行及时的整改、查处、惩罚。要严格按照企业的监督条例，对管理者、经营者的一些违法行为进行查处，并给予相应的惩罚，对严重违规违法的有关人员要进行经济处罚、开除甚至追究刑事责任。同时，对一些优秀的管理者、经营者要进行物质奖励、荣誉奖励、提拔，以激发其管理和经营的积极性。

D. 全员参与的企业管理制度

通过全员参与管理能够及时发现问题，找出解决问题的方案。其目的是为适应企业内外变化而准备即将进行的局部或全部的调整并为新的决策提供依据。全员参与管理是企业所有人员都能参与的一项经营职能,因此它应是一项群众性活动。作为企业经营者(董事会)和管理者(经理及经理委员会),不仅要通过宣传工作鼓励全员积极主动地参与企业管理工作,而且还要制定和改善各项管理制度、奖励制度,激发企业全员主动发现企业问题、提出企业问题并找到解决问题方案的热情及积极性。

2. 拥有现代自然科学技术

自然科学技术在企业特别是现代企业中起着越来越重要的作用,它使企业的生产力和经济效益得到迅速提高,在现代企业中,先进的自然科学技术主要体现在以下几个方面:

(1) 先进的生产工具及劳动工具

先进的生产工具及劳动工具是指先进的机器及其体系。在手工条件下,劳动者使用的主要是手工工具。18世纪末、19世纪初从英国开始的工业革命,使得机器逐步取代了人手及手工工具而成为主要生产工具及劳动工具,经过200年的发展,机器的科技含量和水平不断提升。现代企业一般都拥有比较先进复杂的生产设备,劳动者广泛运用先进的机器体系来进行生产。如果说在手工业生产条件下,生产效率和质量主要取决于劳动者的体力、经验和技艺,那么,在现代企业,虽然劳动者的体力、经验和技艺仍然对生产起着重要的作用,但更重要的是取决于机器及其体系的完善程度及科技水平。随着自然科学技术的进步,特别是以电子计算机为标志的世界新技术革命,促使企业生产技术发生质的变化。机器体系将日益被自动化体系所取代,"用机器生产机器"将过渡到"用机器操纵机器"。过去的机器是人手的延长,今天的机器是人脑的扩大。

(2) 先进的(生产)工艺技术

(生产)工艺是将原料或半成品加工成产品的流程、方法等的总称。现代企业生产过程,受机器体系的客观要求所制约,必须划分成不同的生产环节和很多道工序。这些生产环节和工序必须互相连接并保持严格的比例才能保证产品生产的连续性。这就要求在工艺设计特别是在工艺流程的设计及工艺的管理方面有较高的技术水平。因此,先进的(生产)工艺技术有利于企业生产过程的各个环节、各道工序以至每个人的活动与机器体系的运转协调一致,保证企业生产顺利进行,取得更好的经济效益。

(3) 高水平的自然科技人才

现代企业中先进的生产工具及劳动工具的广泛采用以及先进(生产)工艺的实施,必须依赖于高水平的自然科技人才。在现代企业,自然科技人才不仅包括设备、电气化的技术人才及工艺技术人才,而且还包括了企业自然科学研究人员,特别是新产品的开发人员。一个现代企业只要拥有众多的高水平自然科技人才,才能在当今自然科技日新月异的环境中,紧跟时代的步伐,立于不败之地。

3. 拥有现代经营科学技术

经营科学技术是企业决策、企业管理、企业监督、企业改善的科学技术水平。现代企业面临复杂多变的市场环境,为社会提高适销对路的产品是企业生存的关键,因此,企业决策水平的高低直接关系到企业的命运。现代企业内部生产社会化程度空前提高,劳动分工更加细致,劳动协作更加紧密。现代企业社会化的提高要求有严格的计划性、比例性、节奏性,因而要求在精细分工的基础上形成愈加严密的管理。因此,高科学技术水平的经营是现代企业所必需的。总体来说,在现代企业,现代经营科学技术主要体现在以下几个方面。

（1）现代化的经营思想

经营思想是指经营意识、经营理念或观念。先进的经营思想是现代企业经营的灵魂。总体来说,现代化的经营思想包括以下几个方面。

① 人本思想

人本思想是指企业经营中重视人的需要和人的作用,以人为中心来开展企业的管理及经营工作,建立以人为中心的价值观与企业文化,使企业成员拥有共同的价值观与文化。

人本思想是新的信息时代的客观要求,信息时代所体现的信息化、网络化、知识化、全球化的特征要求现代企业必须树立人本思想的传统企业管理思想,改变过去以资源稀缺性原理和投资收益递减规律为理论基础的企业思想,建立现代以知识的无限性和投资收益递减规律为理论基础的现代经营思想。在新的时代,掌握知识的员工将比资本和土地等自然资源重要,人才将成为创造财富的最重要的资本。

② 科学决策和民主决策思想

随着科学技术速度的加快,市场需求也日益变化,企业之间竞争越来越激烈,企业不仅要根据市场的要求来确定企业的经营方向、经营目标、经营方针及经营方案,而且还要重视提高产品质量、降低产品成本、选择先进的机器设备及工艺技术和有效的经营技术,才能在激烈的市场竞争中立于不败之地。为此,现代企业非常重视科学的决策,把决策作为系统进行研究。另外,现代企业都是股份制企业,而且面临的市场复杂多变,只有实行民主决策才能避免失误,也才能尊重投资者或出资者(股东)的意愿。而且只有经过民主决策形成的方案才能真正体现投资者或出资者(股东)的集体或共同意志,从而使投资者或出资者(股东)真正成为企业的主人。

③ 系统思想

系统思想是指在企业经营中重视用系统的观点和方法来研究及处理企业经营的问题。系统的思想要求经营人员及管理人员不仅把本企业看成是一个相互联系的系统，而且要把企业所处的环境看成一个大系统，企业只是大系统中的一个子系统。企业自己不仅和大系统（环境）互相影响、互相作用，而且还和大系统中的每一个系统相互影响、相互作用，同时各系统时刻在发生变化。因此，企业经营者及管理者应从全局出发，而不是从个别出发来考虑管理及经营问题。不仅要从静态的角度，而且还要从动态的角度，即各个国家、企业与企业之间、企业与环境之间的相互影响和变化中去研究管理及经营问题，处理管理及经营问题。

④ 创新思想

创新意味着变革，创新思想是指在经营中重视改革的思想。现代企业系统是一个由众多要素构成的，与外部不断发生物质、信息、能量变化的动态、开放的非平衡系统。而现代企业系统的外部环境是在不断地发生变化的，这些变化必然会对企业系统的经营内容、经营方式和经营活动的要素产生不同程度的影响；同时，企业系统内部的各种要素也是在不断变化的，企业系统内部某个或某些要素在特定时期的变化必然要求或引起企业系统内其他要素的连锁反应，从而对企业系统原有的目标、活动、要素间的相互关系等产生一定的影响。企业系统若不及时根据内外变化的要求适时进行变革或创新即进行局部或全部的调整，则可能被变化的环境所淘汰。

(2) 现代经营人才

企业的成败主要取决于企业经营的成败，而企业经营的成败则取决于企业是否拥有既有丰富的企业经营管理等专业知识及广泛的经济、政治、社会方面的知识，又拥有丰富的实践经营管理能力，思维敏捷，视野开阔，善于吸收国内外先进科技成果和经营管理经验的开拓型经营管理人才。

(3) 现代化的经营方法及经营手段

现代化的经营方法是指现代科技成果，包括自然科学和社会科学特别是经营科学的最新成果在管理及其经营中的应用。现代化的经营手段是以计算机为主，包括各种先进的检测手段、现实监控装置、通讯设施和办公自动化设备等现代化手段在管理及经营中的运用。积极应用现代化的经营方法和以电子计算机为主的现代化经营手段将使现代企业经营科学化、系统化、标准化和最优化。

在现代企业的决策、管理及经营中，传统的直观判断和单靠经验的做法越来越不适应了，要求广泛采用现代经营科学方法，进行定量分析，找出最优化方案，进行科学决策、管理及经营。所以，在现代企业经营中，非常重视系统科学方法、运筹方法、数量统计方法和计算机模拟定量化方法,越来越重视计算机等先进技术手段的运用。

二、现代企业经营体系

现代企业经营体系是指现代企业经营各机构在责、权、利的分工体系。现代企业的所有者机构即最高权力机构(股东大会或股东代表大会)、经营(者)机构(董事会)、管理(者)机构(经理及经理委员会)、监督(者)机构(监事会)行使的是不同的经营职能,因此,其承担的责任、拥有的权力、享受的利益也不相同,任何混淆其责、权、利关系的行为都会导致企业经营混乱,导致企业经营效率低下或企业经营失败。

对于企业所有(者)机构、企业经营(者)机构、企业管理(者)机构、企业监督(者)机构各自所承担的责任和享受的利益前面已有阐述,下面主要阐述企业所有(者)机构、企业经营(者)机构、企业管理(者)机构、企业监督(者)机构各自拥有的权力。从现代企业的观点来看,以上四种机构各自的权力如下。

1. 企业的所有(者)机构

企业的所有者就是企业的投资者,现代企业的所有者就是企业的股东,它是企业财产的所有者,因其出资享有企业所有者的权利。股东作为企业的所有者享有的权利主要有:按投入企业的资本额享有资产受益权;对企业经营和利润分配等重大问题的决策权;选举企业的董事、监事的权力及对企业经营进行监督的权力。这些权利都是由股东企业财产所有权这个身份决定的。除这三项主要权利外,股东还享有与所有权有关的其他权利。

企业所有(者)机构是股东代表大会,它由企业所有者或企业所有者的代表组成,享有下列权力:

(1) 投资及经营决定权。是指股东会或股东代表大会有权对企业的投资及经营方案作出决定。企业的投资及经营方案是否可行,是否给企业带来盈利并给股东带来盈利,都会影响股东的收益预期,并决定企业的命运与未来,是企业的重大问题。因此,由董事会作出的企业投资及经营方案以及其他一些重大决策必须提交股东会或股东代表大会来作出最终决定。

(2) 人事权。股东会或股东代表大会有权决定本企业的董事、监事,对于不合格的董事、监事可以予以更换。同时,企业董事、监事的报酬事项也由股东会或股东代表大会决定,报酬事项包括数额、支付方式、支付时间等。

(3) 审批权。审批权包括两个方面:一是审批工作报告。即股东会或股东代表大会有权对企业的董事会、监事会提出的工作报告进行审议、批准。二是审批相关的经营、管理方面方案的权力。即企业的股东大会或股东代表大会有权对企业的董事会或执行董事向股东会或股东代表大会提交的年度财务预算方案、决算方案、利润分配方案和弥补亏损方案进行审议,认为符合要求的予以批准,反之则不予批准。

(4) 决议权。即企业股东会或股东代表大会有权对企业增加或减少注册资本、发行公司债券、股东向非股东转让出资、企业合并、分立、更改企业形式、解散、清算等事项进行决议。

(5) 修改企业章程权。企业章程是由股东会或股东代表大会有权对企业增加或减少注册资本、发行公司债券、股东向非股东转让出资、企业合并、分立、更改企业形式、解散、清算等事项进行决议。

2. 企业的经营(者)机构

企业的经营者是企业经营的主体,作为经营者必须符合下列四个条件:① 必须拥有企业的产权;② 必须拥有企业的决策权和控制权;③ 必须承担企业的亏损责任;④ 享受或分享企业的经营利润。因此,企业经营者是拥有企业完整经营权的团体(董事会)或个人。就现代和未来来看,团体(董事会)应当是现代企业的经营者主体。

企业经营者的主要职责是进行企业决策和对企业的管理者及管理行为进行工作监督,同时,企业经营者拥有产权和完整的经营权,任何人、任何其他组织不能随意干涉其对企业的经营,也不能分割其对企业的经营权,否则,就会导致企业经营权残缺,从而使企业经营混乱而低效或失败。

在现代企业中,经营(者)机构董事会的成员由股东大会或股东代表大会选举产生,董事任期由企业章程规定,董事任期届满,连选可连任,董事会对股东会或股东代表大会负责,拥有经营决策权及工作监督权。具体来说,董事会行使下列职权:

(1) 负责召集股东会或股东代表大会,并向股东会或股东代表大会报告工作,执行股东或股东代表大会的决议。

(2) 决定企业的经营方向、经营目标、经营方针即经营方案;但重大的决策必须通过股东会或股东代表大会表决后才生效。

(3) 决定企业的财务预算方案、决算方案。

(4) 制订企业的利润分配方案和弥补亏损方案。

(5) 制订企业增加或减少注册资本的方案。

(6) 制订企业合并、分立、变更企业形式、解散的方案。

(7) 批准决定企业管理机构的设置。

(8) 聘任或者解聘企业的经理(总经理),根据经理(总经理)的提名,聘任或者解聘公司副经理、财务负责人,决定其报酬事项。

(9) 对管理者及其管理行为行使工作监督权。
(10) 批准企业的基本管理制度。

3. 企业的管理(者)机构

企业的管理者是指经理委员会及其所属机构,是企业决策的执行机构。企业的管理实行经理(总经理)负责制。企业的经理(总经理)由企业的董事会决定人选,并由董事会聘任或解聘,经理(总经理)直接对董事会负责,向董事会报告工作。

企业管理者的权力是由董事会授予的管理权,即对企业经营活动的计划权、组织权、领导权(指挥权和协调权)、控制权。具体来说,企业经理(总经理)拥有下列权力:

(1) 主持企业的管理工作,实施董事会的决议。
(2) 实施企业的投资方案。
(3) 拟定企业的基本管理制度。
(4) 拟定企业的具体规章。
(5) 提请聘任或者解雇企业的副经理、财务负责人。
(6) 聘任或者解除除董事会聘任或解聘以外的管理人员。
(7) 企业章程和董事会授予的其他职权。
(8) 列席董事会会议。

4. 企业的监督(者)机构

企业的监督者可以是企业的所有者,也可以是企业的股东或股东代表大会,但企业最重要的监督者是企业的专门监督机构——企业监事会。企业监事会的任务是监督本企业的董事会、执行董事或经理(总经理)。企业的监事会成员,由股东会或股东代表大会选举产生,连选还可以连任。监事会或监事行使下列监督权力:

(1) 检查企业财务。包括检查企业财务会计报告,审查企业的董事会、执行董事或经理(总经理)是否执行财务决议和国家的法律、法规和企业章程。审计企业财务部门是否有健全的会计资料。审核企业会计资料是否真实、记录是否准确。

(2) 检查企业董事、经理(总经理)的决策及工作监督、管理是否有违法和违反企业章程的行为,并接受股东会议或股东代表大会的委托,就一些专门业务进行调查。

(3) 要求企业董事、经理(总经理)纠正侵害企业利益和股东利益的行为。当发现企业的董事、经理(总经理)侵犯企业和股东的合法权益时,监事会、监事有权制止,有权要求董事、经理(总经理)予以纠正。

(4) 提议召开临时股东会或股东代表大会。临时股东会或临时股东代表大会会议是在企业出现问题时召开的,当监事会或监事发现企业经营、管理中的重大问题时,或企业董事会成员或经理人员滥用或怠于职权时,监事会或监事应有权提请召开临时股东会议或临时股东代表大会会议,让股东及时了解情况并做出处理。

第二节 企业组织

一、专业化与协作

1. 专业化与协作的含义

大机器工业生产在其发展过程中,始终和专业化协作的生产组织形式相联系。社会整体的工业生产过程按不同产品,或产品的不同生产阶段,或不同工艺分解为相对独立的个别生产过程就是专业化;各个个别工业生产过程按照一定的生产联系互相结合,形成相对统一的共同生产过程就是协作。

2. 工业生产专业化与协作的客观必然性

工业生产之所以始终和专业化协作这种组合形式相联系,是有着深刻的客观必然性的。

(1) 专业化协作是分工发展的要求

分工是人类在自身的物质生产活动中的一项伟大发明。但是,导致工业生产中专业化协作产生的分工,不是简单的分工,而是根据参加生产活动的成员的各自优势,按具体劳动的不同形式所进行的分工。为了发挥各自优势而分别从事不同的具体劳动,就是最初的专业化,这也是专业化生产的最基本的原理。任何进一步发展的专业化形式都是这种最基本形式的演变和派生。分工一方面使总生产过程分解为与具体劳动形式相区别的个别生产过程;另一方面,又使这些个别生产过程紧密联系,互相配合,共同完成统一的总生产过程。这就是最基本形式的协作。只要从事同种生产的单位之间存在着不平衡。就有进一步分工和发展专业化协作的可能性。在大机器工业生产中,由于产品、设备、工艺的日益复杂,不平衡状态是经常出现、普遍存在的,因此,专业化协作就成为工业生产组织的基本形式。

(2) 专业化协作是技术进步的要求

分工的发展与交换的发展相联系,专业化生产与规模的扩大相联系。在工业生产力特别是现代科技的发展过程中,机械体系不断向大功率、专业化方向发展,导致了工作过程不断地被进一步分解,专业化分工日益发展,从而协作也日益广泛。技术进步是专业化协作的物质基础,工业技术的每一次质的飞跃都要带来社会整体的工业生产过程重新或进一步的分解。工业生产领域中的技术进步过程就是专业化协作的生产组织形式不断深化和发展的过程。

(3) 专业化协作是提高经济效益的要求

在工业生产过程中,专业化协作的生产组织形式之所以被广泛采用并不断得到发展,最根本的经济原因在于它可以带来同样消耗下的收益增加,或同样收益下的消耗减少,即带来经济效益的提高。技术的改进只是为专业化协作生产提供了可能性和物质条件。任何一项技术改进,只有在能够带来或将能带来经济效益提高的情况下才会在生产过程中得到采用。专业化协作生产可以提高劳动效率,节约生产费用,提高质量,改善管理。所有这些最终都表现为经济效益的提高。

二、多元化经营

1. 多元化经营的含义和类型

就词义来说,任何生产多于一种产品或服务的企业都可称之为"多元化经营"企业,但是为了便于分析,对这一概念需稍加限定。生产若干有密切替代关系的产品的企业被认为是横向联合企业;相反,一个企业生产的产品之间如果具有显著的投入—产出关系,这种企业被认为是具有纵向联合企业。所以,多元化经营的定义在这里不包括具有高度替代关系或具有明显纵向联系的产品的生产。

多元化经营的类型主要有:

(1) 产品扩展多元化。包括与企业的生产或需求有一定程度的联系的产品生产。如果与生产有联系,那么产品的多元化是以技术为中心的多元化;如果与需求有联系,那么产品的多元化是以市场为中心的多元化。

(2) 市场扩展多元化。指在不同地理区域的市场上的销售。

(3) 联合多元化。指企业经营在生产或需求方面互不相关的产品。

2. 企业多元化经营动机的基本理论

(1) 资产利用理论

资产利用理论把企业看成是能够从事一些独立经营活动的有形资产、无形资产的集合。某些资产相对来说是产品专用资产,只能用于生产特定的产品和服务。而另一些资产可以通用于生产一定数量的产品和服务,如果这类资产在企业目前的经营活动中得不到充分利用,就只得把它们用于其他方面。这种用途有时可以通过出售或租赁给其他企业来实现,有时企业也可以通过自己多元化的经营活动,自己留用这些资产。在企业认为后者比前者更有效率时,它们会倾向于选择后者。

资产利用的一个简单例子与不可分割的资产或整个工厂的情况有关。如果在企业现有的生产线上存在过剩的生产能力，那么企业可能试图通过在市场上出售服务或多元化生产活动来提高资产或工厂的利用率。可以考虑如下几种情况：① 资产是生产的固定要素，如铁路专用线，把固定成本摊到尽可能多的品种的产品或服务上，可以收到明显的效益；② 对商品的需求具有季节性，生产互补性季节产品可以提高工厂的利用率；③ 对商品的需求是变化的（随月的变化或随年的变化）。生产几种产品可以互相弥补由需求的可变性引起的设备利用率的下降，企业会指望通过多元化经营抵消生产能力利用率的下降，产品多元化为企业提供了一种战略选择。

资产利用理论不仅仅与有形资产有关，常常与经营多元化联系在一起的第二类资产是管理经验与专长。对企业来说，经营技能显然是一种重要资产。一些企业拥有具备特殊组织才能和企业家才能的经理或经理队伍，在这种情况下，扩展经营范围，企业可以更有效地利用它的管理资产。经营技能，至少在管理层次上，不是局限于某种产品的，因而这种扩展可以对部门内其他产品甚至更广的范围实行多元化经营的形式。许多大公司拥有才能突出、经验丰富的管理人员，他们都可以在产品和服务的多元化经营领域中发挥作用。

与多元化经营密切相关的第三类资产是技术知识。研究与开发的基本特性，是由它产生的技术知识和创新的应用可以超出企业现有经营活动的范围。企业既可以通过出售专利权从这种成果中获利，也可以通过使企业经营活动多元化来更广泛地利用这种成果。在两者之间的选择取决于企业对自己能力的估价，这种估价包括对企业在新行业从事生产的能力和从另一企业获取合理的专利权使用费的能力比较。而后者又部分取决于企业成功获取研究成果专利权的能力。有时企业为了自己利用研究成果，保守秘密，因而不取得专利权。在技术密集型工业中，企业可能通过从事多元化经营，利用自己的科研成果。

其他几种资产也与多元化经营活动有关：① 公司为自己和自己的产品积累了信誉，这种信誉有助于公司在其他方面的经营活动；② 公司拥有特殊的推销专长，这将促使公司产品范围的多元化；③ 公司已建立了某种产品的经销网，这种经销网可以用于销售其他产品。

(2) 降低经营风险理论

多元化经营降低经营风险是不难理解的。一组经营活动要比它的单一组成部分具有较少的风险，因为这种经营活动的坏运气会被其他经营活动的好运气所抵消，多元化经营的企业从事着几种不同的活动，它期望这种补偿性影响能起作用，从而达到平稳的收益率。在两种经营活动的收益率具有完全负相关关系的情况下，这组经营活动的总收益率从一个时期到另一个时期是完全平稳的。

因此企业多元化经营能降低收益率的变异性。

解释为什么降低风险是实行多元化经营的动机还有以下两个理由：

一是把重点放在企业债务的关系上。设想这样一种特例，企业从外部筹集资金，一部分是具有固定利息形式的债务（如债券融资），另一部分是股票或股本的形式。与同等的专业化企业比较，由于多元化企业收益的变异性较低，因此会降低拖欠债务的风险，从而多元化企业资金的较大比例可以用债务形式筹集（用专业术语来说，即财务杠杆作用）。在达到均衡的完全竞争资本市场中，这种作用极不可能带来特殊利益。可是，如果与股本融资比较，利用债务实际上具有特别有利的条件，因此，提高多元化程度而产生的债务资本比率的提高，会使股东从中获利。

二是利用所有者与经营控制企业的区别来解释经营多元化在降低风险方面的优势。经理作为代表控制着企业，他们在企业中可能有、也可能没有股本利益。人们有时认为，经理实施的方针有利于他们自己的利益，而不是股东的利益。其实，经理们关心的是他们的收入和职位的稳固性。这两者都与企业的经营成果有关。股东多元化，他们的投资可以多元组合；而经理们却不同，他们不能多元化自己的职业。尤其是当企业经营很差或破产时，如果他们被解雇，其损失相当惨重。因此，降低这种就职风险是他们的切身利益，促使他们从事多元化经营以降低企业经营成果的变异性。在经营多元化只具有降低风险作用而对预期收益没有影响的情况下，股东对经理采用的多元化方针并不关心。然而，在其他情况下，经理可能想以降低预期收益为代价保证风险的降低。股东们在这时的反应是停止经理对他们目标的替换。不过，股东们可能难以完全监督经理的行为，所以目标的替换有时似乎是可能的。

3. 企业多元化经营可能会出现的问题

（1）多元化经营会造成企业力量分散。四面出击，很容易出现企业内部人力、物力、财力数量不够及质量不高的问题，很不利于企业在优势领域集中资源，充分发挥专业特长。

（2）多元化经营常常造成"副业侵蚀主业"的问题。因为企业涉足一个新市场，与该市场上原有竞争者竞争，开始时往往处于劣势，只有靠不断增加投入来求得发展，这势必削弱其原来的主业，使主业难以不断提高市场占有率，难以取得规模效益。

（3）多元化经营使管理难度加大。不同的行业需要不同的技术、不同的营销方法，进入新领域障碍大、风险大，这些都使得管理难度增大。

（4）多元化经营使企业难以形成自己的特色，而无特色的企业其发展前途也就有限。大量的国内外事实证明，主业突出的多元化经营大多是成功的，而主业不突出或无主业的多元化经营失败的可能性更大。

三、公司

公司是以盈利为目的而依法组成的拥有法人独立财产权的经营实体组织。

1. 公司组建的基本原则

（1）效益原则

效益原则是指新组建的公司，在通过更合理的生产技术组织，充分利用资源的条件下，获得更多的所得或产出。它是既包括公司形式、规模选择、参加公司的各方面的内向力和联系性，也包括公司的组织水平、干部的管理水平、产品结构等客观因素综合作用的结果。以经济效益原则指导公司的组建过程，要充分考虑并解决以下几个问题：

① 公司规模。公司的规模要有利于促进生产的发展和技术进步。生产的发展、技术的进步是生产经济效益的重要源泉。如果在组建公司过程中以促进生产发展和技术进步为准则和出发点，会使公司充满活力，获得良好的经济效益。

② 公司的形式。公司形式的选择要有利于行业内部的竞争。利用公司形式能够取得良好的经济效益，就在于组成公司的各个单位的特长和不足之处能达到互补和平衡，进而使公司整体最佳。而这个整体最佳的发挥有赖于竞争。因此，一个行业不宜只有一个公司，应保护竞争，防止垄断，促进全行业水平的提高。

③ 公司的产品结构。公司组建时要以参加公司的各单位的生产技术条件为依据，来确定合理的公司产品结构。合理的产品结构，意味着公司能够向社会提供具有使用价值和价值相统一的多种产品，这是公司经济效益的直接表现。

④ 管理人员的素质。管理人员素质的差异，会引起公司经营管理方式的不同，尤其是对公司的组织结构和组织机构影响很大。而公司经营管理方式直接影响到公司内各单位能力的发挥，从而影响到公司的经济效益。因此，公司经营管理方式的选择应充分考虑这一因素。

（2）优势原则

优势原则是指公司的组建应以专业化协作为基础，充分重视和考虑参加公司各方的生产技术联系，以保证公司组建后能够形成统一的有机整体。以优势原则指导公司的组建过程，要求充分考虑并解决以下几个问题：

① 要充分重视参加公司各方在生产技术上的联系特点，包括工艺之间、产品结构之间、生产装备之间以及生产过程之间的联系特点等方面。只有这样，才能使公司具有优势。

② 按照专业化原则改组公司的成员厂和各生产单位。由于我国许多工厂存在"大而全"、"小而全"的状况，如果在组建公司以后不进行充分的专业化调整和改组，公司就难以具有应有的活力和优势。

③ 以协作为指导发展公司的外部经济关系。协作是社会化大生产发展的客观要求，公司广泛发展与外部的经济关系，就能保证公司经济合理地规划自身的生产规模。

(3) 自愿原则

自愿原则是指在互有需要的基础上，组成公司的各方能够自愿地加入或退出（其进或退以彼此谈判的条件和事先接受的义务为约束条件）。自愿原则是达到通过工厂并组成公司，创造新的社会生产力，推动技术进步和提高经济效益的重要原则。因为在工厂互有需要的基础上组成的公司是富有生命力的。以自愿原则组建公司，应充分考虑并解决下列问题：

① 公司的组建应按照工业发展的客观规律办事。公司与独立的其他中小型企业并存是实现工业发展的一条重要的客观规律，即使在经济发达国家，公司的建立和发展也无法排斥或取代独立的其他中小型企业的存在。因为，其他独立的中小企业总是具有某些独特的优势和作用，它们是整个社会化大生产不可缺少的组成部分。因此，公司组建时，没有必要试图把所有的企业都纳入公司体系之中。

② 公司组建时，要制定参加各方签字同意的公司章程。公司章程是自愿原则的重要体现，因为它明确了参加者的权限、职责、利益分配方法，以及参加者与公司等经济关系内容。

③ 公司组建时，要筹划共同的经营目标和经营战略。要让原来独立经营的企业自愿加入到公司来，就必须有实力来吸引它们，使它们感到加入公司能够更好地促进生产的发展和经济效益的提高。公司的经营目标和经营战略则担负着实现这一功能的重任。

(4) 市场取向原则

公司应以更好地满足市场需要为其组建的前提条件。公司一旦成立，就开始了经营活动。公司的经营活动过程，实际上就是市场竞争过程。市场竞争存在于公司经营活动的全过程，从投入到产出，从生产到销售，从内部到外部，公司都自始至终处于市场竞争之中。以市场取向原则组建公司应考虑并解决下列问题：

① 市场预测与分析。它包括公司对市场的现在需求和潜在需求分析；公司对消费者及竞争者状况的预测；公司销售渠道和销售方式的分析与选择；公司对国际市场状况及其进出口业务的分析。

② 为公司的多样化经营创造有利条件。公司的组建应当考虑到公司未来

的发展,保证公司多样化经营的顺利开展。多样化经营的优势在于实现对资源的综合利用,并使公司在某个产品处于劣势或某个市场处于萧条的情况下仍然处于稳定的长期的发展状态。

2. 公司的类型

公司种类繁多,依据不同的标准,可以有不同的分类。根据公司股东对公司债务所负责的方式不同,公司一般可以分为以下几种类型:

(1) 无限责任公司

它是只有两人以上的股东所组成并且股东对公司的债务负连带无限责任的公司,简称无限公司。所谓连带责任是指公司各个股东就公司的债务,对公司的债权人各负全部清偿的责任。所谓无限责任是指必须将公司债务如数清偿为止,方可解除债务责任,既不能以出资额为限,也不能以个人的财产额为限。

无限公司仅由无限责任股东组成,它的股东只能是自然人,并且半数以上的股东在国内有固定住所。如果无限公司的股东只剩下一人,那么,无限公司应解散或变更成为独资企业。

无限公司这一形式的优点是:

① 组建简便。

② 有利于财智合作。

③ 经营努力。

④ 信用坚厚。

无限公司的缺点是:

① 股东的责任太重。

② 资本筹集困难。

③ 股本转让困难。

(2) 两合公司和股份两合公司

它是指以部分股东就公司债务负无限责任,而另一部分股东仅以其出资额负有限责任的公司。两合公司兼有无限公司以个人信用为基础和有限公司以股东为基础的双重性质。这是两合公司的最大特点,也是它区别于无限公司和有限公司的最重要标志。两合公司中由于无限责任股东要承担较大风险,因而他们在公司中居主导地位,享有管理公司业务的权力。有限责任股东则不能承担任何管理和业务工作。股份两合公司仅是两合的一种特殊形式,它与两合公司不同的是,有限责任部分的资本分为等额股份,可以发行股票。可见,两合公司是兼有无限公司和有限公司两种性质的公司。

(3) 有限责任公司(也称有限公司)

一般指由一定人数的股东组成,公司不公开发行股票,股东以其认定的出资额对公司负责,公司则以其全部资产对债务负责的公司。

有限责任公司具有如下特征:

① 对股东数量有严格的规定。我国《公司法》规定有限责任公司股东人数必须在2~50人之间。

② 不得公开发行股票。股东虽有各自的资产份额,但公司资本通常不划分为等额股份,股东手中的股权证书不能像股票那样自由流通。出资人如欲转让,需经其他股东同意后方可进行。

③ 有限责任公司的设立程序比较简单,不必对外公布财务账目及营业报告。

④ 内部机构设置比较灵活,由于股东人数少,通常不设股东会。

⑤ 股东都负有限责任。

(4) 股份有限公司

通常是指由五人以上的发起人发起组织,全部资本被划分为若干等额股份,股东可以在社会上公开发行和自由转让的公司。

股份有限公司不同于有限责任公司,其相应的特征有:

① 股东人数多,且不规定上限。

② 公司资本总额被平分为金额相等的股份,并采取股票的形式,以便于计算每个股东拥有的权力和利益。

③ 股份有限公司的设立程序比较复杂,且公司的账目要公开,以供众多股东查阅,了解公司的经营状况。股份有限公司必须在每年财政年度终了时公布公司的年度报告,其中包括董事会的年度报告、公司的损益表和资产负债表。

④ 绝大多数股份有限公司的所有者和经营者是相互分离的,负责股份有限公司的日常经营活动的不是股东,而是一个专门的班子——董事会和经理,其中经理要以自己的全部财产对自己给公司造成的行为负责,经理对其因失职而造成的对公司的经济损失一般负有连带责任。

⑤ 股票可自由转让,可以在社会上通过证券交易所公开交易,但不能退股。

可见,股份有限公司的优点是:

① 可以广泛吸收社会闲散资金,汇集成巨额成本。

② 股东人数多,分散了公司的经营风险。

③ 股东有选择权,看到经营不善时,可立即抛售其股票,再购经营好的公司的股票,从而形成了调整经济结构、优化资源配置的机制。

④ 公司制度完善,通过股东会、董事会和监事会,建立了制衡机制。

股份有限公司的缺点是:

① 公司设立的程序复杂。

② 要公布公司财务状况,公司的保密性差。
③ 股东的流动性大,对公司缺乏责任感。

在上述公司类型中,由于无限公司和两合公司中股东要负无限责任,因而在现代公司企业中为数极少,因此有限责任公司和股份有限公司是现代企业的工业公司的两种主要形式。由于有限责任公司和股份有限公司都是应用股份制来组织公司,因此可以统称为股份制公司。

四、股份制企业集团

1. 股份制与企业集团的关系

(1) 股份制的基本特征

从广义上说,凡是通过各种不同份额资本(股份资本)的集中组织法人企业(公司)而进行联合生产与经营,并按投入资本的份额参与管理与分配的形式,都可称为股份制;从狭义上说,股份制就是通过发行股票、建立股份公司筹集资本,进行生产和经营的形式。

股份制是市场经济社会中企业(公司)的一种组织形式,特别是当代发达国家的大公司多采用这种形式。而股份有限公司和有限责任公司是现代公司制度的主要形式,我们通常所说的股份制,也主要是指现代公司制度中的有限责任制度。因此,股份制一般也可以说是股份有限公司和有限责任公司的组织形式。

股份制有下列基本特征:
① 所有权与经营权实行彻底分离,是一种完善的企业法人制度。
② 企业的所有者对企业的债务负有限责任。
③ 产权专业化、市场化、货币化和证券化。

(2) 股份制与企业集团的关系

企业集团是以资本联合为特征、产权主体多元化的复杂经济联合组织。企业集团建立和巩固的重要前提是,要有科学处理产权关系及相应的权利与义务的方法,而股份制的本质内容和基本要求就是具有这种内在的功能。因此,股份制和企业集团通常总是相互结合,即企业集团要以股份制的形式来组建,股份制要以自身特有功能为企业集团的建立、发展和巩固创造条件,因而人们称之为股份制企业集团。国外的企业集团都是通过控股和相互参股的方式建立的,所以它们都是股份制企业集团。我国现阶段的企业集团是在股份制还没有广泛实行的情况下组建的,虽然有的集团已按照股份制的要求做了较好的构想,但并未真正实现。因此,从总体上说,现在的企业集团基本上是以生产联合和经营联合为基础而建立的。但是,随着改革的不断深入,各个企业集团在自己发展中出现了企业之间相互投资入股的新趋势,企业之间深层次的联合开始触动"三不变"(即所有制形式不变、隶属关系不变、财政上缴渠道不变)的格局,有些成员企业全面通过相互投资入股,引起了所有权关系的变化。有的成员企业全面突破了"三不变"的限制,实行了全资入股或企业产权有偿转让,实现资产、经营一体化。总之,不少企业集团在实践中都认识到,企业集团的股份化改造势在必行,因此,都力图通过股份制来进行集团内部财产关系的重构。

2. 股份制企业集团的作用

股份制企业集团的重要作用就在于有利于资产存量合理流动和实现资源的优化配置。以股份制形式组建企业集团,通过不同地区、部门、所有制的企业资产以股权形式在企业集团中组合起来,并根据股权确保各方利益,可以使资产存量在不同地区、不同部门和不同所有制之间进行流动和重组。这样不仅可以使资产向收益最大化方向流动,而且与现实体制冲突不大,便于实行。

股份制是明确企业财产关系的有效形式。通过股份制,确认和核定企业投资各方对企业财产的所有权,保障投资者的合法利益,实现利润均占,风险共担。因此,用股份制形式组建企业集团,通过母公司对子公司的控股、参股关系,可以使企业现有资产在所有权得以确认的条件下在不同部门和地区间进行流动。因为产权关系明确后,国家作为国有资产的所有者和经济管理者的两种职能分开,作为国有资产所有者只对资产完整和增值负责,作为经济管理者只是运用价格、利率等经济手段进行宏观调控,摆脱了两者长期混淆在一起形成的行政干预和不负责任的状态。这样,资产存量的流动,只要是有益于增值的,就会在阻力较小的情况下实现,从而有利于资源的有效配置和产业结构调整,企业集团的作用才真正发挥出来。

股份制对资源的优化配置作用可以通过股票在股票市场上的流动来实现。股票市场上股价的变化直接反映和传递社会资源配置是否合理和有效的信息,投资者就会及时根据股价的变动来调整自己的投资行为(决定买进或卖出股票),以实现自己的最大利益。投资者在追逐股票收益最大化过程中,使资源向最有效率的地区和部门流动,达到资源合理配置。

股份制企业具有产权主体多元化特征,利用股票的流动性,可以打破传统体制下公有制内部企业之间、地区和部门之间垄断配置的条块分割,实现资源在全社会范围内的统一合理配置,从而有效地克服传统国有企业制度下要素流动凝滞化和资源配置的低效性。

3. 股份制企业集团的内部关系

企业集团是由众多具有内在经济技术联系的独立法人(企事业单位)在共同的利益目标下,按专业化、协作化、联合化、集中化的原则,以生产某种或某些名特优新产品的骨干企业为核心,在自愿互利的基础上,按股份制形式联结成具有生产、经营、开发、服务等多种功能的复杂经济联合组织。它是一个庞杂的大系统，在大系统内包括了许多具有不同法律特征的子系统。由于各子系统的组织体系和法律地位不同，因此处理相互间关系的方法也不一样。若能在法律限度内采取有效的方法把各种不同的关系处理得当，就能产生巨大的整体效应，即能大大增强集团的生产力、竞争能力和应变能力；反之，就难以发挥联合优势的作用。从集团的组织结构来看，一般具有三种不同的组织体系和关系：

(1) 母公司与直属单位的关系

实际上这是一种总公司与分公司的关系。这种关系是一种行政隶属关系，即上下级关系。各直属单位(分公司、事业部、生产厂和职能机构等)都是总公司的分支机构，总公司可以根据自身业务发展的需要和经营地域扩展的要求予以成立，总公司是独立的法人，分公司等直属单位都没有法人资格。它们没有自己独立的名称、章程和财产，和总公司共负盈亏、合并纳税，它们的经营收入都汇总到总公司，其法律和债务责任也都由总公司承担。总公司为了实现统一管理，一般要设立四类机构：

① 按生产经营管理需要设置业务管理机构。

② 按经营战略要求设立决策机构，除董事会外，还要在总经理下面设经营计划、利益分配和人事任免等日常决策机构。

③ 按内部资金融通和管理要求设立金融机构。

④ 按技术、信息、销售等要求设立服务机构。

(2) 母公司与全面控制的子公司的关系

母公司与子公司的体系，虽然和总公司与分公司的体系一样都是由于公司规模扩大产生的结果，但在法律上两者具有不同的特征，子公司有与分公司根本不同的法律地位。子公司和母公司是平等互利的法人，子公司有自己的名称、章程和财产，实行独立核算、自负盈亏、单独纳税，承担法律责任并仅以自身的资产承担债务责任。母公司不能像对分公司那样对子公司直接发号施令，即使它对子公司拥有100%的控股，也得依照法定程序，通过子公司的股东大会对子公司的经营方针以及董事会及经理人选加以控制，从而达到控制子公司业务活动的目的。总之，母公司与子公司的关系不是行政隶属关系，一切经济活动往来都是经济与法律关系；资金调动是债权债务关系；货物流动是买卖关系；人事安排须按法定程序和章程办事；子公司以股利形式向母公司交割利润，是凭股权关系所赋予母公司的收益权。

(3) 母公司与部分控股的关联公司的关系

与母公司全面控股的子公司不同，不能将关联公司的国有股转入母公司，只能用部分控股办法对它们加以改造。即在联营企业股份化时，核定母公司的股份份额,制定产品、技术、商标等参股标准,并建立母公司的投资机构,继续发展合资合股企业,不断扩大关联公司范围。母公司与关联公司的关系比较复杂,因为除母公司掌握其部分股份外,关联公司的较大股东还有当地国有资产投资公司等集团外的其他投资者。由于关联公司的国有股归地方国有资产投资公司直接占有,与母公司的联系不如子公司,只能维持在半紧密水平上。同时,由于关联公司董事会是由多方出资者共同组成,它对经营活动中重大决策的做出有较大的独立性,因此母公司对它们经营活动的控制比较困难。

4. 股份制企业集团的管理

股份制企业集团是多法人的非统一经济实体,因此,其本身一般都没有专门的管理机构,主要是集团核心企业通过大批成员企业的资本和人事参与,来实现对企业经营业务的控制和协调。从国外看,企业集团无不是通过垂直连锁控股和环形持股而连接成的。控股公司首先掌握一个主要股份公司的股票控制额,以它为母公司,再以同样办法形成子公司、孙公司,从而操纵大批企业的经营业务。同时,对被控企业派出人员担任其领导机构的要职,以便对被控企业进行全面的经营战略协调和控制。少数集团特别是多个核心企业的集团为了更好地协同行动,也有由各核心企业经理组织成经理会作为决策机构的。

股份制企业集团内核心企业同其他成员企业的经营管理和其他独立公司企业、工厂企业基本一样,它们都是适应社会化大生产要求的现代企业组织形式,是制定生产经营决策的主体,是履行计划、指挥、协调、控制、监督等管理职能的核心。在组建企业集团过程中,认真探索先进的组织形式和管理方法,是企业深化改革的一项重要任务。

(1) 要避免股份制企业集团成为行政干预的手段。在法制不健全、管理缺规范、政府管理部门行为不端正的情况下,股份制企业集团容易变成行政干预的工具。在选择核心企业及一些骨干企业的董事会成员和管理人员时,必须消除政治色彩,注意聘用具备专业知识和具体业务经验的人为董事和管理人员。

(2) 要尽量避免和防止多余的管理层次和拖拉的决策过程。随着市场、产品、技术的快速变化,企业竞争效益取决于迅速做出决策的能力和力量。但在多数情况下,企业集团易形成多余管理层次,造成副作用大于正效应。

(3) 要避免管理人员缺乏能动性及素质低劣。企业集团必须对其所有主要业务职能负全面责任,如获得银行贷款,维持国际销售网和制定人事政策等,如果这些职能发生问题,企业集团是无法办好的。长期的实践经验表明,大多数企业的成败与管理人员的能动性紧密相关。因此,吸引和留住精干的企业领导人就成为企业成功的必要前提。

(4) 要避免过多的集中财权从而抑制有活力的公司的发展。

第三节　企业经营管理职能与经营机制

一、经营的内涵

经营是商品经济所特有的范畴,是商品生产者的职能。马克思的再生产理论告诉我们,在市场经济条件下,社会生产过程是直接生产过程与流通过程的统一。商品生产者不仅要通过生产过程把物质产品生产出来,而且还要进入市场,通过流通过程把产品销售出去,转移到消费者手里,商品的使用价值和价值才能实现,生产过程中的物化劳动与活劳动的消耗才能够得到补偿,再生产过程才能够继续进行。因此,商品生产者既要从事直接生产过程的活动,用最经济有效的方法把商品生产出来,又要从事流通过程的活动,以最有利的条件把商品销售出去,从而获得更多的利润,增加积累,扩大生产规模。为了取得商品销售的最有利条件,商品生产者在事前就要了解市场行情,如消费者需要什么产品,消费者的构成,什么样的价格容易为消费者接受等等。而且还要了解有哪些竞争者向市场提供同类商品,他们的竞争能力如何。在销售过程中,还要做广告宣传,实行良好的销售服务,以便赢得顾客。为了最经济有效地把商品生产出来,商品生产者又要根据市场条件、销售对象、价格等因素,选择材料、设备、工具和生产方法等等。所有这些对市场的选择,对产品的选择,对材料和设备的选择,以及对消费者、市场行情的研究,对竞争者的研究等,都属于经营活动。我们可以把经营定义为:经营是指商品生产者以市场为对象,以商品生产和商品交换为手段,为了实现企业的目标,使企业的生产技术经济活动与企业的外部环境达成动态均衡的一系列有组织的活动。

二、经营与管理

1. 经营与管理的关联性

就一般意义来说,经营与管理既有一致性,又有所区别。从它们的产生过程来看,管理是劳动社会化的产物,而经营则是商品的产物;从它们的应用范围来看,管理适用于一切组织,而经营则只适用于企业;从它们要达到的目的来看,管理旨在提高作业效率,而经营则以提高经济效益为目标。从企业来讲,经营是管理职能的延伸与发展,两者是不可分割的整体。在商品经济尚未高度发达的卖方市场条件下,企业管理是以生产为中心的,主要职能是对企业内部的活动进行计划、组织、指挥、控制与协调,经营的功能极不重要,因而被人们所忽视。当商品经济高度发展,市场由卖方市场转变为买方市场后,企业管理也就由以生产为中心转变为以交换和流通过程为中心,经营的功能日益重要而为人们所重视。企业管理的职能自然要延伸到研究市场需要、开发适销产品、制定市场战略等方面,从而使企业管理合乎逻辑地发展为企业经营管理。

2. 狭义经营管理与广义经营管理

狭义的经营管理,是指对企业经营活动的管理。企业的全部活动,按其性质可分为生产活动与经营活动。生产活动的主要内容是充分利用企业内部的资源和条件,提高生产效率,以最经济的办法按预定计划把产品制造出来。经营活动的主要内容是了解企业的外部环境和竞争形势,根据外部环境的变化趋势制定企业目标、战略计划、投资决策,保证企业在满足社会需要的前提下取得良好的经济效益。以生产活动为对象的管理称为生产管理,以经营活动为对象的管理称为经营管理。

广义的经营管理,是指对企业全部生产经营活动的管理。作为一种理论抽象,我们把企业的活动分为生产活动与经营活动。但是,从系统观念来分析,企业这个系统的正常运转,既受外部环境的制约,也受内部条件的制约。企业系统的功能,就是要在内外条件的约束下,把外界的输入经过中间转换,输出市场需要的产品、劳务以及企业所期望的利润。中间转换过程主要是生产活动及其管理活动。这一过程如果受阻,就会破坏系统的良性循环。生产活动是经营活动的物质技术基础,也是它的重要组成部分。所以,广义的经营管理也包括对生产过程的管理。

综上所述,广义的经营管理与狭义的经营管理的区别,主要表现为内容和范围有所不同。广义的经营管理包括生产管理在内的全部企业管理,狭义的经营管理则是剔除了生产管理并与生产管理相对应的一个范畴。

3. 经营管理与生产管理

"管理的重心在经营",这是就经营管理与生产管理相比较而言的。生产管理与经营管理的主要内容见表1-1。

表1-1 生产管理与经营管理比较表

项 目	生产管理	经营管理
主要内容	生产组织、劳动组织、生产技术、工艺准备、设备利用与维修、生产进度计划与控制、质量控制、成本控制、经济核算	市场调查研究,市场预测,经营目标、经营计划的制定,经营战略与策略的制定,产品开发,技术开发,资源开发,市场开发,投资与财务决策

续表 1-1

项　目	生产管理	经营管理
性　质	方法性的、战术性的、执行性的、程序性的	目的性的、战略性的、决策性的、非程序性的
目　的	实现预定计划,提高生产与工作效率	实现企业目标,提高企业经济效益
职能特点	计划、组织、指挥、控制、企业内部平衡与协调	选择目标、制定战略、进行决策、企业活动与外部环境平衡与协调
执行者	中下层管理者	高层管理者

从这些对照中不难看出,生产管理所解决的是企业管理中战术性、方法性的问题;经营管理所解决的是战略性、方向性的问题。生产管理决定着企业资源利用率的高低,经营管理则决定着企业效益和兴衰。经营战略与决策是正确的,生产管理的效率越高,企业的经济效益也就越高;经营战略与决策如果是错误的,那么,生产管理的效率越低,企业的损失会越惨重。可见,尽管经营管理的效能在很大程度上受到生产管理效率的制约,但是经营管理的作用却比生产管理的作用重要得多。

随着社会主义市场经济的确立,我国的企业已由生产型转变为生产经营型。在计划经济体制下,企业是生产型的,在由计划经济体制向市场经济体制转轨的过程中,企业已由生产型转变为生产经营型。生产型企业的管理重心是生产管理,其指导思想是提高生产效率。因此,企业管理侧重于生产任务同企业资源之间进行静态的平衡,管理工作是围绕产品生产过程来进行的。管理组织也以生产过程为轴心,形成单一的组织形态。生产经营型企业管理的重心是经营管理,其指导思想是以提高经济效益为中心。因此,企业管理侧重于企业经营目标同企业外部环境之间达到动态的平衡。管理工作是围绕市场营销过程来进行的。管理组织则以产品开发、生产过程、市场销售三者为轴心,形成复合的组织形态。这都突出了经营在管理中的中心地位。总之,在商品经济高度发达的市场经济条件下,企业管理由以生产为中心转变为以交换和流通过程为中心,经营的功能日益重要而为人们所重视。企业管理的职能自然要延伸到研究市场需要、开发适销产品、制定市场战略等方面,从而使企业管理必然地发展为企业经营管理。

三、经营管理职能

经营管理职能包括五个方面的内容,即战略职能、决策职能、开发职能、财务职能和公共关系职能。

（一）战略职能

战略职能是企业经营管理的首要职能。因为企业所面对的经营环境是一个非常复杂的环境。影响这个环境的因素很多,变化很快,而且竞争激烈。在这样一个环境里,企业欲求长期稳定地生存与发展,就必须高瞻远瞩,审时度势,随机应变。经营管理的战略职能包括五项内容:经营环境分析、制定战略目标、选择战略重点、制定战略方针和对策、制定战略实施规划。

(二)决策职能

经营职能的中心内容是决策。企业经营的优劣与成败,完全取决于决策职能。决策正确,企业的优势能够得到充分的发挥,扬长避短,在风险经营环境中以独特的经营方式取得压倒的优势,决策失误,将使企业长期陷于困境之中。

(三)开发职能

开发不仅仅限于人、财、物,经营管理的开发职能的重点在于产品的开发、市场的开发、技术的开发以及能力的开发。企业要在激烈的市场竞争中稳操胜券,就必须拥有第一流的人才、第一流的技术,制造第一流的产品,创造出第一流的市场竞争力。企业只有在技术、人才、产品、服务、市场适应性方面都出类拔萃,才能在瞬息万变的市场竞争中得心应手,应付自如。

(四)财务职能

财务职能,是指资金的筹措、运用与增殖的过程。财务职能集中表现为资金筹措职能、资金运用职能、增殖价值分配职能和经营分析职能。企业经营的战略职能、决策职能、开发职能都必须以财务职能为基础,并通过财务职能做出最终评价。

(五)公共关系职能

企业同它赖以存在的社会经济系统的诸环节保持协调,这种同外部环境保持协调的职能,被称为社会关系职能或公共关系职能。公共关系的内容包括:企业与投资者的关系、与往来厂商的关系、与竞争者的关系、与顾客的关系、与职工的关系、与地区社会居民的关系、与公共团体的关系、与政府机关的关系等。

四、企业经营机制

1. 企业经营机制的含义

企业经营机制是指在一定的社会经济文化大环境下,有关制约企业生产经营活动行为的各种内外因素相互作用所体现出来的内在机能和运营方式。其内涵有这样几层意思:

(1)企业经营机制的载体是有生命力的企业机体。因为机制一般存在于有生命力的机体中,它能使机体不断运动,并按照自己的经营目标不断发展壮大。

如果我们把企业人格化，它也是一个能够自由吐纳、新陈代谢、发展壮大的有机体。如果企业是政府的附属物，没有自身生存发展的活力，那么就无经营机制可言。

（2）企业经营机制是企业系统内外因素有机作用的反映，即企业在内外各种因素相互联系、相互碰撞和相互作用过程中所产生的能够推动自己发展的一种功能和力量。

（3）企业经营机制是个复合系统，内含若干分机制或子机制。比较多的企业认为，它应当有动力（或激励）机制、决策机制、竞争机制、约束机制、创新机制等等。

2. 企业经营机制转换的目标与内容

企业经营机制转换的目标是使企业适应市场的要求，成为依法自主经营、自负盈亏、自我发展、自我约束的商品生产和经营单位，成为独立享有民事权利和承担民事义务的企业和法人。

（1）自主经营。是企业作为独立商品生产者和经营者的前提和基本条件，其关键是落实企业经营权。全民企业要对国家授予其经营管理的财产享有占有、使用和依法处分的权利。具体来说享有 14 项经营权：生产经营决策权，产品、劳务定价权，产品销售权，物资采购权，进出口权，投资决策权，留用资金支配权，资产处置权，联营、兼并权，劳动用工权，人事管理权，工资、奖金分配权，内部机构设置权，拒绝摊派权。

（2）自负盈亏。是指企业以国家授予其经营管理的财产，承担民事责任。即企业以其法定代表和其他工作人员，对其经营后果，独立的享有相应权益和承担相应责任。如果企业发生经营性亏损，责任自负，首先用企业后备资金补，如果后备资金不足，要减发企业全体干部、职工的基本工资，而厂长还要承担工作责任，严重者要受到行政或经济处罚。

（3）自我发展。是指企业在市场竞争中要不断增强竞争能力，实现国有资产的增值。为此企业应当正确处理国家、企业和职工三者之间的收入分配关系：要不断进行技术创新，进行集体化经营。

（4）自我约束。是指企业应当自觉遵守国家法律法规的规定，正确处理国家与企业、企业与职工的关系，兼顾全局利益和局部利益、当前利益和长远利益，建立自己的约束机制和监督机制，自觉规范自己的行为。

企业自主经营、自负盈亏、自我发展、自我约束是一个完整的、有内在联系的统一体，企业只有具备了"四自"，才能真正达到转换经营机制的目标。

3. 企业经营机制转换与企业活力

（1）企业活力的表现

转换企业经营机制的最根本的目的,是增强企业的市场竞争力,使企业充满生机和活力。企业活力的表现在这样六个方面:

① 产品有竞争力。即企业的产品在品种、质量、性能、价格、交货期和服务等各方面能满足消费者和用户的需要,具有比较高的市场占有率。

② 技术有开发力。即企业能按照市场的变化,及时地开发新产品、新工艺、新材料,并达到一定的规模、速度和水平,有强大的技术发展后劲。

③ 资产有增值力。即企业不仅能保证现有资产在实物形态上完整和价值形态上得到补偿,而且能创新开拓和不断扩大再生产,使资产不断增值,获得更好的效益。

④ 对市场有应变力。也称对市场的适应力。即企业具有良好的素质,能根据国内外市场的变化及时地调整产品结构,强化经营管理,进行技术创新,能在市场经济的海洋中求得生存和发展。

⑤ 领导班子有团结进取力。即企业的各级领导层能在专职分工的基础上相互协作,共同为搞好企业尽力尽责,并且具有不断创新进取的精神,能开拓新局面,克服企业发展中的困难。

⑥ 职工群众有凝聚力。即企业采取各种措施激发职工的积极性和创造性,诸如通过加强思想政治工作和职工培训,培养企业精神和塑造企业文化,使企业和职工形成利益共同体,使职工对企业有向心力,企业对职工有感召力。

以上六个方面比较全面的体现了企业活力的状态,既有人的因素,也有物的因素,同时也反映了社会主义企业应有的特点和优越性。而且这六个方面是相互联系、相互促进的,哪一个方面也不能缺少,分别形成了企业活力的不同侧面,决定着企业的生存发展能力。

(2) 转换企业经营机制对增强企业活力的作用

① 转换企业经营机制能全面提高企业经营管理水平。因为经营机制是企业系统的内在机能和运营方式,经营管理是企业内在机能能够发挥和运营方式能够正常进行的有效保证。没有不存在管理的机制,也没有不需要机制的管理。我国许多经营管理成功的企业,正由于从全球出发确定经营战略,适度扩大经营规模,重新组织机构,加强科学研究和技术发展,搞好职工培训等,有力地促进了经营机制的转化,使企业活力充盈,生机勃勃。

② 转换企业经营机制能全面提高企业素质。因为企业经营机制的转换是为了企业有机体的不断发展成长,并内含若干分机制,而每个分机制都有它具体的目标和运营方式,企业为了实现这些目标,就必须在提高技术设备、原材料和职工素质上下工夫,使生产要素优化组合。这样各个分机制目标的实现,以及它们之间的相互促进,就能为提高企业整体素质提供保证。

第四节 经营管理观念

一、企业经营管理观念的含义及重要意义

1. 企业经营管理观念的含义

经营管理观念是指企业以什么样的经营思想和经营态度去指导、组织自己的生产技术经济活动,以获得好的经济效益。也就是企业进行生产经营活动的指导思想。

(1) 企业经营管理观念是人们对企业生产技术发展规律性的认识,是企业从事经营管理实践活动的科学总结。其中也包括前人和他人在经济管理实践中积累的各种行之有效的管理理论和经营思想。现在,我国国有企业强调要树立市场和竞争观念,就借鉴了国外企业在市场环境下进行经营管理的某些有益的经营管理观念。

(2) 企业的经营管理观念不是一成不变的,它随着科学技术和生产力的发展以及国内外社会经济环境的发展变化而不断调整和革新。在我国企业改革以前,企业作为政府主管部门的附属物,适应高度集中统一计划经济的要求,其经营管理的主导思想,就是尽力完成和超额完成国家计划任务,追求产量和产值增长。现在实行市场经济体制,企业生产什么和生产多少都根据市场需求决策。如果企业单纯追求产量和产值的多少,就可能造成销路不畅,产品积压,效益滑坡,因此就必须树立市场竞争和质量优先的观念。

(3) 企业经营管理观念是由一系列观念构成的体系,是对企业生产经营活动中各种事物关系的认识和经营态度的总和。在一定的社会经济文化大环境下,企业的经营管理观念反映了企业生产力和生产关系两个方面的要求。企业是个系统,管理也是个系统,作为指导企业生产经营活动的指导思想,也不能单打一或只有一个经营思想,必须形成一个观念体系,才能保证企业管理整体效能的提高,不断促进生产力的发展和生产关系的完整。

2. 企业经营管理观念的重要性

(1) 正确的经营管理观念是企业一切生产经营活动的导向

经营管理观念是决定企业如何依据经营环境和经营信息去确定自己的经营目标、经营战略,做出切实可行的经营决策,以指导生产经营发展。如果经营管理思想不正确,造成经营决策失误,则直接关系到企业的生存和发展。尤其在当

前市场竞争激烈复杂的环境下,管理思想偏向,全盘皆输。人们常说,经营管理观念是实现企业管理现代化的先导,是企业生产经营活动的导航。

树立正确的经营管理观念,还有利于企业领导和职工深谋远虑,把握全局,掌握管理工作的规律性;也有利于企业领导和职工依据环境的变化,把握经营管理工作的症结和难点,进行管理创新,开创生产经营活动的新局面。我国不少企业就是因为树立了市场竞争、质量优先、战略发展等观念,才取得了经营上的成功。

（2）正确的经营管理观念是企业行为合理化的指导

企业经营事业的成功受制于人而成于人。在企业生产经营活动中,职工是主体,一切生产经营活动都是由职工去进行的。而职工用什么样的经营管理思想去指导、组织和规划企业的活动,直接关系到企业的行为、企业的形象、企业的发展方向和荣辱兴衰。

树立正确的经营管理观念,有利于职工和企业在生产经营活动中坚持正确的经营方向,抵制不正当的竞争手段,反对偷税漏税、以次充好、行贿受贿等违法行为,树立良好的企业形象;也有利于企业正确处理国家整体、企业整体和职工个人三者之间的利益关系,使局部和个人利益服从于全局和集体利益、眼前利益服从于长远利益,谋求企业长期稳定的发展。

（3）正确的经营管理观念是企业领导和职工素质高低的体现

企业领导和职工的素质是构成企业整体素质的基础。而领导和职工素质的高低又取决于他们的经营管理观念是否正确。有了正确的经营管理观念。企业就能够在经营管理活动中注重人力资源开发,加强职工培训,充分发挥各类人才的作用,促进技术设备素质和原材料素质的提高,从而为提高整个企业的素质创造良好的物质技术基础。在转换企业经营机制和增强企业活力的改革中,人们一再强调要换脑筋,转变观念,解放思想,就说明了经营管理观念对提高企业素质和增强企业活力有着重要的导向效用。

二、企业经营管理观念的主要内容

在社会主义市场经济体制下,企业作为自主经营、自负盈亏、自我发展、自我约束的商品生产者和经营者,究竟应当树立哪些经营管理观念。企业在不同体制环境和政策情况下,强调观念的不同,综观成功企业的经验,以下几个方面的经营观念一般企业都是适用的:

1. 市场竞争观念

经济体制改革以来,随着市场经济和企业商品生产经营者地位的确立,市场竞争观念成为企业最基本的经营观念。市场竞争观念体现在企业,就是能以市场为导向来指导组织自己的生产经营活动,并采取正当合理的市场竞争手段,不断提高自己的市场竞争能力,以质优、量多、价格适中的产品满足消费者的需要,热诚地为消费者服务。

市场是现代企业进行商品生产和流通的纽带和桥梁,是企业活动的"生命线"。有市场就必然有竞争,市场竞争是推动社会生产力和企业发展的重要力量。

企业市场竞争观念的确立需要有内外环境两个方面的条件。从国家来说,要为企业创造良好的市场竞争环境,培育和完善市场体系,并以市场为基础和中介,以完善市场机制为出发点和前提,以充分认识和利用价值规律的作用,来完善宏观经济调控体系。从企业来说,就是要由原来的生产导向转变为市场导向,有决心使企业成为市场竞争的主体,能以法人资格独立地承担民事义务和享有民事权利,自主经营,自负盈亏。

企业具有市场导向观念的主要表现是:以市场需求作为自己组织生产经营活动的出发点和落脚点;以不断开发新产品去占领市场和开发潜在市场;把提高消费者对自己产品服务的满意度看作是企业的生命之源。

2. 质量观念

质量观念是在市场经济体制下,企业要提高经济效益和增强活力必须具备的基本观念,而且关系到企业的未来发展。

企业质量观念,就是企业要树立质量第一和"用户就是上帝"的思想,要依据市场需求情况和用户要求,为他们提供优质产品和良好的服务,并不断开发新产品和改造老产品,增加产品的花色、品种和规格,优化产品结构,满足消费者日益增长的物质文化生活需要。

企业要树立质量的观念,则必须具有全面质量管理的思想,建立起全员、全过程、全面的质量管理体系,并积极采用国际质量系列标准。

3. 风险经营观念

风险是指不利于事物的发展的因素或机遇但有着取得成功的可能性。在任何事物发展过程中都存在着风险。在市场经济体制下,企业面临的环境条件会出现各种不确定因素,同样存在各种风险。诸如市场竞争风险、资金运营风险、投资决策风险和对外经营风险等。企业具有风险经营的观念,就是能主动地研究分析各种变化的客观规律,主动进行风险经营,并力求分散风险,把风险损失降低到最低限度。

企业分散、降低风险损失的关键,一是要有超前的经营风险意识。特别是在企业兴旺发达之时,应能居安思危,超前决策。无锡小天鹅股份有限公司所实行的"末日管理",就是在产品很大市场份额的情况下始终认为产品有末日,企业有末日,市场无末日,经营同国内外同行业企业相比,找出差距,不断进行自我否定,求得了很快发展。二是要有风险经营的创新精神和能力。在市场经济体制下,风险与机遇同存,企业应能利用风险机遇发展自己。例如发展风险产品一旦成功,就可能获得丰硕的利润,增强企业的竞争力。三是建立防范和战胜风险的制度,如设立风险基金,建立风险预警制度和责任制。

4. 资本运营观念

随着企业改革的深化,企业的经营模式在由单纯生产型向生产经营型转变的过程中,一些企业也向资本经营型发展。资本经营与产品经营有联系又有区别。资本经营的主体是投资者,股东和授权进行资本经营的委托人,以及资产经营的主体企业法人;资本经营的对象是货币资本,目标是资本的保值增值,方式是通过承包、出租、兼并、参股、控股、破产等求得资本的重组,获得最大的收益。产品经营的对象是生产诸要素,目标是通过生产经营活动获得好的经济效益,方式是通过生产要素的调整改造和优化组合,生产质优、量多、价格适中的产品。

企业具有资本运营的观念,就是在注意搞好产品经营的同时,不只注重资产的物质形态,而且要注重资产的价值形态,力求通过资本重组,实现资本的最大增值。当然,对于某些企业来说,也可以主要通过资本运营来发展。

企业要实现有效的资本运营,一是要正确的选择资本运营方式,企业是通过股份制改造还是通过资本并购或资本租赁进行资本重组,要结合市场需要和自身情况慎重择优决定;二是应建立以资本运营为中心的经营管理体系,如完善企业吸收资本的机制,建立以资本运营为中心的财务会计制度等。

5. 持续发展观念

可持续发展是当今世界普遍关注的新的发展模式和道路。一般来说,可持续发展就是"既满足当代人的需要,又不对后代满足其需要的能力构成危害的发展"。长期以来,人们在研究分析社会经济可持续发展的同时,提出了企业是社会经济的微观基础,只有企业具有了可持续发展的观念和能力,社会经济的可持续发展才有实现的保证。

企业具有可持续发展的观念,主要是能够正确的认识和处理生产经济发展与自然生态平衡之间的关系。也就是说,企业要树立全局观念,维护社会经济整体的生态平衡,要节约自然资源,不向社会倾倒排泄物,不污染环境,发展生产要服从社会治理环境污染的需要。同时要组织文明生产,不断地降低物资消耗和提高物资利用率,美化企业环境,建设绿色企业。

6. 人才开发观念

人才开发观念是企业经营管理的一个重要组成部分,它直接关系到职工的主动性、积极性和创造性能否充分发挥,以及企业职工素质和人力资源的开发。

企业人才是指生产技术经济活动中,具有某种专门知识和技能,并能够充分运用自己知识和技能进行创造性劳动与工作,对企业发展做出较大贡献的人。作为企业人才,一是有知识才能;二是有创新意识并勇于实践。他们不墨守成规,不拘泥于现状,能有所发明,有所创造。企业具有人才开发观念主要体现在这样几个方面:一是要有尊重知识和尊重人才的意识;二是有知人善任和用人之长的本领;三是有不断培育人才和进行智力投资的能力。

7. 战略发展观念

战略发展观念是企业经营管理思想的综合体现。企业制定正确的经营发展战略,是在激烈的市场竞争中求得生存和发展的根本保证。

战略发展观念,也可称为经营战略观念。它是企业为实现经营目标,通过外部环境和内部条件的全面估量和分析,从发展全局出发而做出的较长时期的总体性谋划和活动纲领的一系列经营思想的体现。它具有以下特征:

(1) 全局性。即具有以企业全局为对象,根据企业整体发展需要确定企业全面发展的思想。

(2) 长远性。即企业着眼于未来的发展,具有对企业较长时期(五年以上)如何生存和发展进行统筹规划的思想。

(3) 风险性。因为战略发展观念关系到企业未来的发展,所以在企业外部环境和市场竞争复杂多变的情况下具有一定的风险性。企业欲谋求长远发展,实现自己的经营宗旨和发展目标,就必须承受来自各个方面的竞争、压力和困难的风险意识。

8. 经济效益观念

企业的经济效益观念,具体来说,就是企业要自觉遵守国家法律、法规和政策,根据市场的需要,服从国家宏观经济管理,服从全局利益,把企业的经济效益和社会的经济效益统一起来,力求以尽可能少的人力、物力和财力的投入,获得尽可能多的产出。

树立经济效益观念,既是发展社会主义市场经济的需要,又是企业生存发展的根本。企业是个盈利性的经济组织,作为独立的商品生产者和经营者,只有自己的生产成果在实物和价值形态两个方面都得到补偿并有盈利,才能不断增加自身的积累和求得发展,并且为社会多创造财富和为国家多做贡献,以繁荣社会主义市场经济。

企业树立经济效益观念需要处理好几个关系:

(1) 整体经济利益与局部经济利益的关系。即国家、企业和个人之间的关系。社会主义制度下整体与局部的利益在根本上是一致的,只有国家多收,企业多留,职工个人才能多得。因此,企业必须依法纳税,保证国家财政收入,同时在不断发展生产和提高经济效益的基础上,增加企业积累和提高职工的生活福利水平。

(2)长期经济利益与眼前经济利益的关系。企业应当在增加职工近期看得见、摸得到的利益的同时,谋求长远的发展。不能因为近期的蝇头小利而拼设备、拼体力,贻误了全局长远的发展,导致经济的恶性循环。

(3)速度与效益的关系。速度和效益的统一是企业发展的重要保证。在市场经济体制下,企业不能片面追求高产值型的速度,要做到产品质优量多,适销对路,货畅其流,可持续发展,利税不断增长,走上一条使国家、企业和职工都能得到比较实在的利益的发展道路。

第五节　经营目标与经营计划

一、经营目标的内容

企业的经营目标,按其重要性来说,可分为战略目标和战术目标。

1. 战略目标

战略目标是企业在一定的历史时期内经营活动的方向和所要达到的水平。它有五个特点:

(1)实现的时间较长,一般能够分阶段实行。

(2)对企业的生存和发展影响大,战略目标的实现,往往标志着企业经营达到了某一个新的境界,比过去有明显的变化。

(3)其实现有较大的难度和风险。

(4)对各级经营管理层有很大的激励作用。

(5)实现这一目标需要大量的费用开支。

2. 战术目标

战术目标是战略目标的具体化。它的特点是:

(1)实现的期限较短,反映企业的眼前利益。

(2)具有渐进性。

(3)目标数量较多。

(4)其实现有一定的紧迫性。

每个企业在发展的不同历史时期均有其不同的战略目标。其基本内容,不外有三个方面,即成长性目标、稳定性目标、竞争性目标。

(1) 成长性目标

它是表明企业进步和发展水平的目标。这种目标的实现,标志企业的经营能力有了明显的提高。成长性指标包括:① 销售额及其增长率。② 利润额及其增长率。③ 资产总额。④ 设备能力、品种、生产量。其中销售额与利润额是最重要的成长性指标。销售额是企业实力地位的象征,而利润额不仅反映了企业的现实经营能力,同时也表明了其未来发展的潜力。

(2) 稳定性目标

它表明企业经营状况是否安全,有没有亏损甚至倒闭的危险。稳定性指标包括:① 经营安全率。② 利润率。③ 支付能力。

(3) 竞争性目标

它表明企业的竞争能力和企业形象。具体包括:① 市场占有率。② 企业形象。其中市场占有率指标是非常重要的,它不仅表明企业的竞争能力,同时也能表明经营的稳定性。市场占有率过低是极不稳定的。特别是当产品进入新的市场或国际市场时,决不能满足于本公司的产品远销于多少个国家和地区,而必须通过提高市场占有率来站稳脚跟,否则很容易被竞争对手排挤出来。

二、目标体系

企业的经营目标是分层次的。

第一层,是决定企业长期发展方向、规模、速度的总目标或基本目标。上述成长性目标、稳定性目标、竞争性目标都属于基本目标。这一层目标是战略目标。由于各个企业所处地位不同,以及经营者价值观念的不同,因此基本目标又可分为若干个阶梯。

第一阶梯:产值、利润额、销售额等增长目标;

第二阶梯:市场占有率、利润率目标;

第三阶梯:本行业的领先企业;

第四阶梯:走向世界市场。

第二层,中间目标。分为对外与对内目标。对外目标包括产品、服务及其对象的选择、定量化,如产品结构、新产品比例、出口产品比例等;对内目标就是改善企业素质的目标,如设备目标,人员数量、比例目标,材料利用,成本目标等。

第三层,具体目标。即生产和市场销售的合理化与效率目标。如劳动生产率、合理库存、费用预算以及质量指标等。

基本目标制约着中间目标,中间目标是为了实现基本目标服务的;中间目标制约着具体目标,具体目标是为实现中间目标服务的。这就形成了一个树状的目标体系。

在目标体系中,除了这种目标重要性的层次关系,还有整体目标和局部目标的关系,一般也分为三个层次,即公司目标、部门目标、生产现场目标。它们之间的关系也形成了一个树状的目标体系。

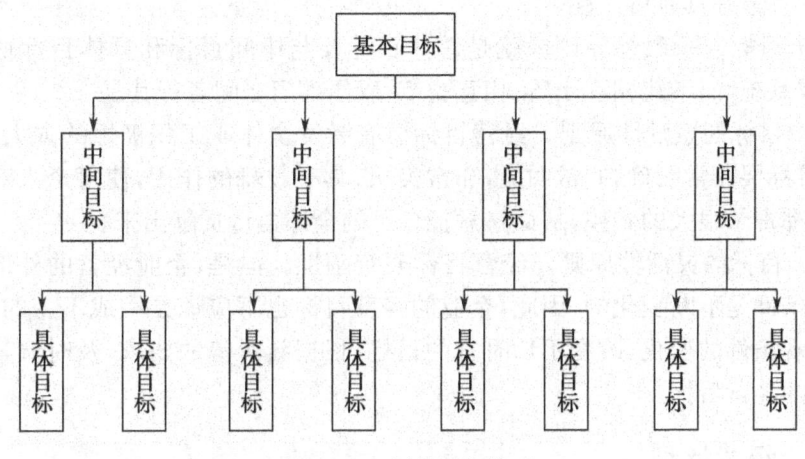

图1-1 树状目标体系

三、制定经营目标的作用与原则

1. 经营目标的作用

(1) 它能指明企业在各个时期的经营方向和奋斗目标,使企业的全部经营活动突出重点,抓住主要矛盾,而且也为评价企业各个时期经营活动的成果确定了一个标准,以便减少盲目性,使企业的决策层能够保持清醒的头脑,把压力变成动力,引导企业一步一步地前进。

(2) 通过总目标、中间目标、具体目标的纵横衔接与平衡,能够以企业总体战略目标为中心,把全部生产经营活动联成一个有机整体,产生出一种"向心",使各项生产经营活动达到最有效的协调,有利于提高管理效率和经营效果。

(3) 通过自上而下和自下而上的层层制定目标和组织目标的实施,能够把每个职工的具体工作同实现企业总战略目标联系起来,提高人们的主动性和创造性,开创出"全员经营"的新局面。

2. 制定经营目标的原则

(1) 目标的关键性原则。这一原则要求企业确定的总体目标必须突出企业经营成败的重要问题和关键性问题,关系到企业全局问题,切不可把企业的次要目标或小目标列为企业的总体目标,以免滥用资源而因小失大。

(2) 目标的可行性原则。总体目标的确定必须保证如期能够实现。因此在制定目标时必须全面分析企业各种资源条件和主观努力能够达到的程度,既不能脱离实际凭主观愿望把目标定的过高,也不可妄自菲薄不求进取把目标定得过低。

(3) 目标定量化原则。订立目标是为了实现它。因此,目标必须具有可衡性,以便检查和评价其实现程度。所以,总体经营目标必须用数量或质量指标来表示,而且最好具有可比性。

(4) 目标的一致性原则。就是总体目标要与中间目标和具体目标协调一致,形成系统,而不能相互矛盾、相互脱节,以便部门之间各行其是。

(5) 目标的激励性原则。经营目标要有激发全体职工积极性的强大力量。因此,目标要非常明确,非常明显,非常突出,具有鼓舞的作用,使每个人对目标的实现都寄予很大的希望,从而愿意把自己的全部力量贡献出来。

(6) 目标的灵活性原则。经营目标要有刚性。但是,企业经营的外部环境和内部条件是不断变化的,因此,企业的经营目标也不应该是一成不变的,而应根据客观条件的变化,改变不切时宜的目标,根据新形势的要求,及时调整与修正企业的经营目标。

四、经营计划

1. 经营计划的特点

经营计划是企业一定时期内在发展方向、发展规模和主要技术经济指标上所要达到的水平的计划,是指企业全部生产经营活动的综合性计划,是企业全体职工的行动纲领,它具有以下特点:

(1) 经营计划是以企业经营战略规划为依据的。

(2) 经营计划是决策性计划。

(3) 经营计划是系统性计划。

(4) 经营计划是以提高经济效益为中心的。

2. 经营计划的内容

经营计划的内容可以从空间和时间两个方面来考察。

从空间看,经营计划包括经营目标和战略、战略项目计划、产品项目计划以及企业综合计划四部分内容。

(1) 经营目标和战略。这是企业最基本的总体性的经营计划。

(2) 战略项目计划。即战略项目制定的计划,它规定了战略项目的具体内容,实施步骤,进度安排和资源需求情况,新产品开发计划、技术改造计划等就属于这一部分内容。

(3) 产品项目计划。即为各项产品制定的计划,包括按产品制定的市场营销计划、生产计划、设备与人员分配计划、利润和资金计划等。

(4) 企业综合计划,这是根据战略项目计划和产品项目计划综合编制而成的企业经营计划。

从时间看,经营计划包括长期计划、年度计划和月度作业计划三方面内容。

(1) 长期经营计划。长期经营计划一般是指三年、五年的发展计划与十年以上的远景规划。

(2) 年度经营计划。它是企业计划年度生产经营活动的目标和具体任务。

(3) 月度作业计划。它是年度计划的具体执行计划,是组织日常生产经营活动的依据。

以上三部分内容中年度计划既是长期计划的具体化,又是制定月度作业计划的依据。因此,年度经营计划具有主要作用。

五、经营计划的编制

无论长期或短期经营计划,一般分为以下步骤进行编制:

1. 确定经营计划目标

经营计划目标是对未来一定时期内发展的总设想和总需求。它应以企业外部环境和内部条件为前提,以企业战略目标为基本依据。

2. 对可行的计划方案进行选择

可供选择的可行计划方案要具备两个条件:一是能保证计划目标的实现;二是企业外部环境和内部条件都是可行的。对各方案的优缺点进行全面分析评价和反复比较后,才能从可行计划方案中选择符合计划目标要求,最接近实际情况的满意方案。

3. 编制计划草案与综合平衡

计划方案确定以后,要编制计划草案,使计划方案具体化。编制计划草案是一个反复综合平衡的过程,主要包括供销、生产能力和资金三方面平衡。通过全面的综合平衡,发现问题并采取措施加以解决,尽量使平衡的结果达到经营计划的目标要求,在此基础上即可核定各部门的计划指标。

4. 综合经营计划的编制

在综合平衡的基础上,企业计划部门编制综合经营计划,并审核、汇总部门编制的专业计划,报企业领导批准执行。

六、经营计划的实施

经营计划编好以后要加以实施。所谓经营计划的实施具体包括经营计划的执行和控制两方面内容。

1. 经营计划的执行

经营计划经企业领导批准后,要下达到各部门及广大职工贯彻执行。为此，企业要做好大量的组织和管理工作，保证计划任务的完成，贯彻经营计划的基本要求是全面、均衡地完成计划，防止出现时松时紧或前松后紧的现象，企业应健全内部经济责任制和经济核算制，搞好作业计划和超额完成计划任务。

2. 经营计划的控制

在计划执行过程中对生产经营活动进行控制，就是随时将计划执行结果与计划的目标和各种控制标准相比较，发现偏差，查明原因，及时采取措施，保证计划目标的实现。各种控制标准包括劳动定额、物资和能源消耗定额、费用限额、产品质量标准、工艺标准等。经营计划的控制贯穿于经营计划执行的全过程，包括事前控制、过程控制和事后控制。

本章重要知识点总结

企业是指商品经济中以盈利为目的，从事独立的商品生产或商品流通等经营活动的基层经济组织。企业是现代社会的一个经济细胞，是生产社会化和商品经济的产物。企业具有经济性、营利性、独立性三个基本属性。现代企业是建立在现代社会劳动分工的基础上，拥有现代企业制度、现代自然科学技术、现代经营科学技术的经济组织。现代企业拥有现代企业制度、现代自然科学技术和现代经营科学技术特征。

现代企业经营体系是指现代企业经营各机构在责权利的分工体系。现代企业的所有者机构即最高权力机构（股东大会或股东代表大会）、经营（者）机构（董事会）、管理（者）机构（经理及经理委员会）、监督（者）机构（监事会）行使的是不同的经营职能。

社会整体的工业生产过程按不同产品，或产品的不同生产阶段，或不同工艺，分解为相对独立的个别生产过程就是专业化；各个个别工业生产过程按照一定的生产联系互相结合，形成相对统一的共同生产过程就是协作。多元化经营的类型主要有产品扩展多元化、市场扩展多元化和联合多元化。

公司是以盈利为目的而依法组成的拥有法人独立财产权的经营实体组织。公司组建的基本原则有：① 效益原则；② 优势原则；③ 自愿原则；④ 市场取向原则。公司一般可以分为以下几种类型：无限责任公司、两合公司和股份两合公司、有限责任公司（也称有限公司）、股份有限公司。由于有限责任公司和股份有限公司都是应用股份制来组织公司，因此可以统称为股份制公司。

股份制是市场经济社会中企业（公司）的一种组织形式，特别是当代发达国家的大公司多采用这种形式。而股份有限公司和有限责任公司是现代公司制度的主要形式，我们通常所说的股份制有下列基本特征：① 所有权与经营权实行彻底分离，是一种完善的企业法人制度；② 企业的所有者对企业的债务负有限责任；③ 产权专业化、市场化、货币化和证券化。

企业集团是以资本联合为特征、产权主体多元化的复杂经济联合组织。企业集团是由众多具有内在经济技术联系的独立法人（企事业单位）在共同的利益目标下，按专业化、协作化、联合化、集中化的原则，以生产某种或某些名特优新产品的骨干企业为核心，在自愿互利的基础上，按股份制形式联结成具有生产、经营、开发、服务等多种功能的复杂经济联合组织。从集团的组织结构来看，一般具有三种不同的组织体系和关系：① 母公司与直属单位的关系；② 母公司与全面控制的子公司的关系；③ 母公司与部分控股的关联公司的关系。

经营是指商品生产者以市场为对象，以商品生产和商品交换为手段，为了实现企业的目标，使企业的生产技术经济活动与企业的外部环境达成动态均衡的一系列有组织的活动。经营与管理既有一致性，又有所区别。从它们的产生过程来看，管理是劳动社会化的产物，而经营则是商品的产物；从它们的应用范围来看，管理适用于一切组织，而经营则只适用于企业；从它们要达到的目的来看，管理旨在提高作业效率，而经营则以提高经济效益为目标。从企业来讲，经营是管理职能的延伸与发展，二者是不可分割的整体。当商品经济高度发展，市场由卖方市场转变为买方市场后，企业管理也就由以生产为中心转变为以交换和流通过程为中心，经营的功能日益重要而为人们所重视。企业管理的职能自然要延伸到研究市场需要、开发适销产品、制定市场战略等方面，从而使企业管理合乎逻辑地发展为企业经营管理。经营管理职能包括五个方面的内容，即战略职能、决策职能、开发职能、财务职能和公共关系职能。

企业经营机制是指在一定的社会经济文化大环境下，有关制约企业生产经营活动行为的各种内外因素相互作用所体现出来的内在机能和运营方式。企业转换经营机制的目标是使企业适应市场的要求，成为依法自主经营、自负盈亏、自我发展、自我约束的商品生产和经营单位，成为独立享有民事权利和承担民事义务的企业和法人。转换企业经营机制的最根本的目的，是增强企业的市场竞争力，使企业充满生机和活力。企业活力表现在六个方面：① 产品有竞争力；② 技术有开发力；③ 资产有增值力；④ 对市场有应变力；⑤ 领导班子有团结进取力；⑥ 职工群众有凝聚力。转换企业经营机制能全面提高企业经营管理水平，能全面提高企业素质。

经营管理观念是指企业以什么样的经营思想和经营态度去指导、组织自己的生产技术经济活动，以获得好的经济效益。也就是企业进行生产经营活动的指导思想。正确的经营管理观念是企业一切生产经营活动的导向，正确的经营管理观念是企业行为合理化的指导。企业经营管理观念包括市场竞争、质量、风险经营、资本运营、持续发展、人才开发、战略发展、经济效益等观念。

企业的经营目标,按其重要性来说,可分为战略目标和战术目标。战略目标的基本内容有三个方面,即成长性目标、稳定性目标、竞争性目标。

企业的经营目标是分层次的,第一层是决定企业长期发展方向、规模、速度的总目标或基本目标;第二层是中间目标,分为对外与对内目标;第三层是具体目标,即生产和市场销售的合理化与效率目标,如劳动生产率、合理库存、费用预算以及质量指标等。基本目标制约着中间目标,中间目标是为了实现基本目标服务的,中间目标制约着具体目标,具体目标是为实现中间目标服务的,这就形成了一个树状的目标体系。制定经营目标要贯彻关键性原则、可行性原则、定量化原则、一致性原则、激励性原则、灵活性原则。经营计划是企业一定时期内在发展方向、发展规模和主要技术经济指标上所要达到的水平的计划,是指企业全部生产经营活动的综合性计划。

案例

TCL 的 IT 之路

一、背景介绍

TCL 集团总部位于广东惠州,是一家大型国有跨国企业集团。1998 年 TCL 集团资产总额 58 亿元,净资产 18.7 亿元,在 1999 年信息产业部颁布的全国电子百强企业中排名第五。

TCL 集团的早期雏形是 1980 年的惠阳地区电子工业公司。1981 年,惠阳地区电子工业公司与港商一起创办了全国最早 12 家合资企业之一的"TTK 家庭电器有限公司",生产录音磁带。四年之后,又兴办了大陆和香港合资的"TCL 通讯设备有限公司",次年开发出我国最早的扬声免提按键式电话机,通过了生产定型鉴定并创立了"TCL"品牌。三年之后,TCL 电话机产销量雄踞全国同行业第一。TCL 电话机的成功为 TCL 集团积累了大量资金。

1992 年,TCL 在电话机上获利三四千万元,投资 2 000 万元进军彩电行业。彩电行业当时的背景是供过于求,全国 100 多条生产线,几十个品牌,国家不再批准设立新的彩电厂。而原来在 20 世纪 80 年代建立的生产线绝大部分只能生产 66 厘米以下的中小屏幕彩电,部分能生产 78 厘米屏幕彩电。在 88 厘米以上的大屏幕彩电中,进口品牌所占的市场份额超过 80%,但当时进口品牌在国内没有设立生产厂家,价格很贵,而且走私货居多。1992 年大屏幕彩电市场增长率超过 25%,而普通彩电只有 10%~15%。TCL 抓住大屏幕彩电的机会,通过这个增长很快地分支,很快形成了局部优势。

TCL品牌成功地延伸到了彩电行业。但在开始的几年里,TCL彩电并没有自己的生产基地,而是通过OEM方式来完成的。TCL首先是与国内的熊猫电子合作,TCL电器销售有限公司选择了国内区域市场中有代表性的中心城市,进行有计划的市场推广战略,取得了成功。由于一些具体的原因,双方停止了合作。当时,一家著名的跨国公司主动提出与TCL电子集团合资意向,但条件是必须由其控制和使用其商标,该公司雄厚的资金和知名的品牌的确十分诱人。当时身为TCL集团总裁的李东生为了开创自己的品牌,婉言谢绝。

1995年4月,TCL电子集团为把品牌牢牢掌握在自己手中,经过协商,与香港长城集团各投资50%,组建了惠州王牌视听电子股份有限公司。"长城"是香港一家上市公司,且在惠州建有长城工业村,拥有现代化彩电生产线,有多年生产彩电、音响等家电产品的经验和一定的海外市场。"长城"主要为海外客户做来料加工,彩电产品没有自己的品牌,但渴望进入中国市场,却又缺乏独立的开拓能力。TCL电子集团正好利用"长城"的资金、技术和设备,发挥TCL自己的品牌效应和在国内市场已有的营销网络优势,迅速打出自己的"王牌"。同年,TCL王牌彩电跃居全国同行第六位,大屏幕彩电销量全国第一。

然而到了1996年3月,长城电子集团控股权由于竞购者高价收购,使TCL面临"无米之炊"的尴尬局面,从而不得不另外寻找合作伙伴。6月,TCL与香港陆氏公司达成协议,TCL出资1.5亿港元,兼并陆氏公司的彩电项目,从此走上了资本经营的道路。1997年,TCL与河南新乡美乐彩电因为加工的事,双方的老总坐到了一起。当时美乐彩电正寻找厂家联合,TCL与其一拍即合,注资6 000万元,成立了河南TCL—美乐电子有限公司。这两次兼并使TCL的彩电生产能力迅速增加2倍,达到年产300万台的生产能力。目前,家电已是TCL集团有限公司下属最大的产业,主要生产各种家用电器产品,其中TCL王牌彩电是目前集团公司利润的主要来源。此时的TCL正站在一个新的高度上规划自己的未来。TCL作为民族工业的代表,李东生对它所寄予的期望不仅仅是中国电子工业五强,还有更宏大的使命。TCL自1998年进军IT,准备5亿元的投资计划,现已投资了2亿元,在IT领域已全面铺开,并且制定了"3553计划",即创业三年(到2001年),信息产品市场占有率进入国内IT五强,五年(到2003年)进入三强。

二、案例回放

(一) 进入新的产业

1982年,李东生毕业于华南工学院(华南理工大学前身)无线电专业。他与TCL最初的接触是在"TTK家庭电器有限公司"做技术员。后来调任惠州市工业发展总公司引进部部长,参与洽谈和筹建合资企业。作为引进部部长,李东生与香港公司有着广泛的接触。在众多公司中,Juko公司引起了他的注意。这个公司成立三年,仅凭一种EGA芯片,一年就能赢利1亿多港元。Juko是一个很小的公司,很短时间就在香港上市,股票翻了番,当时1989年的TCL一年赢利也就1 000多万元。如此大的反差让李东生觉得IT所孕育的商机和获利机会与传统行业无法比拟。当时,Juko正要在国内找一个合作者,于是TCL拿出60万元,参股5%,成立了寿华科学园。

李东生对寿华科学园投入了相当大的热情,从工厂的设计以及人才的招聘,他都亲自参与。他非常希望能借此进入IT行业,在这个领域积累经验。到了1993年,寿华内部闹矛盾,一位大股东出让股份后,李东生接手了其中大部分股份,成为寿华第一大股东。1994年,世界IT产业格局发生了变化:香港在主机板制造等方面已经丧失优势,台湾企业大举兴起,取而代之。在这种背景下,李东生感觉到寿华的经营风险越来越大。碰巧有公司对寿华感兴趣,李东生借势将TCL手上的寿华股份全部转让给这家公司。

此次波折没能挫伤李东生进入IT的积极性。他认为选择IT的方向没有错,但时机很重要。

1997年,TCL集团建设企业内部ERP(Enterprise Resources Planning)系统,全国各ERP厂商竞标这笔生意,开思是其中一个ERP软件供应商。接触中,开思表达了想让TCL收购的意思。TCL于是出资700万元,将开思100%的股份全都买了下来,然后出让39%的股份给开思员工,再给科海(开思原来的股东)保留了10%股权。同年,TCL还收购了做系统集成业务的东通公司。

1998年初,TCL认为随着数字化技术、网络应用的普及,电视、电话、电脑三网合一的趋势不可阻挡。"3C"产业的融合给TCL带来了发展的机遇。

TCL产品的用户大都是家庭和个人,换言之是不同形态地面向家庭的信息终端产品。TCL在通讯、家电这两块都已有不俗成绩,而唯独电脑这一块尚无良好建树。时至1998年,中国IT产业经过十余年的高速发展已日趋成熟。1994年,中国计算机市场销售额为407.4亿元,1997年达到1 300亿元。三年时间IT市场规模增长了3倍多,每年的增长率均在40%以上,其中硬件、软件、信息服务均以较高速度增长。

IT行业在中国处于高速增长阶段,其市场容量发展的潜力是巨大的,大市场孕育着大机会。TCL的主导产业家电市场竞争激烈,而且发展空间有限。TCL为开拓未来新型的家电产业——家庭信息终端产业做全方位的准备,认为必须在IT行业有一个立足之地。IT产业将是TCL集团未来三大轴心产业之一,也是TCL集团未来新的增长点。基于这样的认识,TCL决定进入IT行业。但IT行业有硬件、软件、信息服务等领域,硬件又可分为PC、外设等。TCL要进入IT产业,具体如何切入,如何结合自己的优势,这两个问题都要解决。

TCL最终选择了家用PC作为进入IT行业的切入点。1997年PC机在全国销售35.0万台,增长率为66.7%,其中台式PC机占92%份额。台式PC机中家用电脑仅占26.2%份额,但以91.2%速度增长。在家用PC机这一块,只有联想以15%左右的份额高居榜首,其他厂商则远远落后于联想。TCL认为切入家用电脑这一块,可以运用TCL品牌的延伸及家电销售渠道,这将是一个很大的优势。当时,海信、海尔等几家家电厂商也正是通过家用电脑切入IT行业,并取得了一定的成功。不过,TCL集团内部也有人认为网络产品应是TCL进入IT的一个切入点。TCL通讯是TCL集团有限公司的主导产业之一,主要从事通讯设备和移动通讯设备的开发、生产和销售,现已成为中国乃至亚洲最大的电话机生产企业,年产量达900多万部,被国务院有关单位授予"中国电话大王"的称号。在TCL电话机稳步增长的同时,TCL集团还致力于其他高新技术产品项目的投资发展。在通讯部门,TCL已积累了相当的人才和经验,另外TCL通讯是一家上市公司,资金来源可以从股市中获得。1998年,网络产品的市场非常迅速,在中国,随着国民经济信息化建设的推进,Internet的快速发展,网络市场成为中国IT市场增长速度最快的产品领域。

1998年5月,TCL与台湾GVC公司各出资5 000万元创立了TCL致福电脑公司,进入家用PC领域。GVC创立于中国台湾,主要是通过OEM方式生产、销售Modem、主板、显示器、笔记本电脑等。GVC从事个人电脑制造有多年经验,曾为HP、Packard、Bell等国际著名的电脑公司以OEM(Original Equipment Manufacture)方式加工产品。在该合作中,TCL负责采购零配件并交由GVC组装,组装完成后的电脑贴上TCL王牌商标,再经由TCL—GVC的销售渠道售给客户。同时,TCL致福电脑公司将服务产业化作为长远发展目标,申请注册了国内第一个服务品牌——"星光使者",目前主要精力放在建立服务网点、规章制度和管理体系,培养客服工程师和客服管理人员,规范服务内容和服务标准,推出有吸引力的特色服务,树立服务口碑,全力促进TCL电脑销售。

TCL兼并开思与东通并不是很成功的。为了吸引更加优秀的IT企业加入到TCL集团,TCL改变以往一贯采取的控股兼并的原则,而改用参股投资。1999年,TCL向中国十大系统集成商之一的金科集团注资1亿元人民币,占金科50%股份。金科集团公司创建于1992年,总注册资金为5 168万元,是一家以网络系统集成为核心,致力于发展中国信息产业的高新技术产业集团。公司市场总部位于北京,技术基地设于福州,进出口基地设于香港,并在全国大中城市设立了分公司或办事处。TCL虽然占50%股份,但不参与金科具体的经营管理。

同时，TCL在IT行业中又出一重拳。TCL与广州南华西实业股份有限公司、北京翰林汇科技有限公司达成协议，共同组建"翰林汇软件产业有限公司"，注册资本5 500万元。

翰林汇成立于1993年，是一家集体所有制公司，主要从事笔记本电脑代理销售和大众软件产品开发与经营业务的高科技公司，其属下有6家全资子公司，1家合资公司(51％股权)，24家合作分公司，总部设在北京，采用事业部组织形式管理。新成立的翰林汇软件产业有限公司的经营管理仍由原管理层负责。

TCL在IT领域一连串的动作，已经基本构成了TCL的信息产业群。

(二) 应对新的挑战

然而，TCL进入IT的道路并非是一条坦途，其间充满了许许多多的机会和陷阱。原先预料到的和没有预料到的问题接踵而来。

1. 合作伙伴

TCL与GVC合资TCL—GVC以后，分析了自己的优势，认为自己存在以下四种可利用资源：

(1) 在国内具有广泛影响力的著名品牌。

(2) 作为间接支持系统的遍布全国的家用电器销售网络。

(3) 有营销、销售经验和企业文化基础。

(4) GVC在技术、产品、制造、采购等方面的有利条件和支持。

然而，令TCL尴尬的是，第四项资源原本以为能够很好的运用，但事实证明，GVC并没能给TCL—GVC以很好的支持，GVC所扮演的角色充其量只是个出钱的股东。TCL—GVC的总经理杨伟强认为这是GVC的整个体制所造成的，TCL原先忽略了这一点。TCL—GVC是由GVC集团总部投资的，但GVC是事业部体系，下面设四个事业部：显示器事业部、PC事业部(无显示器)、无线通讯事业部和制造工厂。GVC集团总部并没有资源，它的资源是它的事业部。TCL—GVC要产出一个完整PC，就得跟这四个事业部逐一打交道。而事业部理所当然地把TCL—GVC当成了客户。零配件的价格以及加工费用一加，TCL电脑的成本就居高不下。杨伟强在这种情况下经营TCL—GVC承受了非常大的压力，所幸的是李东生给予了他相当大的支持和信任。

2. 人才

TCL在人才上的匮乏严重地制约着TCL的IT战略。

TCL—GVC欲成立的时候，选谁当总经理的问题曾一度悬而未决。TCL集团内部对IT熟悉的人才非常少，TCL—GVC作为TCL在IT产业的主力军，其总经理的选择不得不深思熟虑。其实李东生心里早有人选：TCL销售公司分管营销的总经理杨伟强。杨伟强1989年从郑州工学院计算机专业毕业后，在

IT行业里做过一段时间,1994年加入TCL集团郑州分公司,他与他的伙伴一起用了半年的时间便超额完成全年计划任务的一倍,引起了李东生的注意。1996年,杨伟强便被提升为TCL电器销售公司市场推广部部长,后升至负责营销的总经理。

杨伟强营销管理水平以及IT方面的经验,无疑是TCL内部最适合的人选。然而李东生也很犹豫:支撑TCL最重要的支柱便是彩电,杨伟强的离开意味着什么,特别是在当时彩电市场竞争愈演愈烈的情况下。李东生权衡再三,最终还是任命杨伟强挂帅出征。

事隔不到一年,人才的短缺问题再次暴露。随着TCL跨入IT行业的步子迈得越大,产业布局铺得越开,TCL集团拟成立TCL信息产业有限公司,负责与IT相关的企业的管理。该公司董事长、副总等职位的人选都已确定,总经理职位一时还找不到合适的人选。杨伟强已任TCL—GVC的总经理,不能再兼任该公司的总经理。

最近,TCL引进斯坦福大学工商管理硕士研究生严勇。他毕业于北京大学数学系本科,计算机系博士研究生。他曾任职美国科蓝技术发展公司总经理、美国慧智(远东)公司北京办事处首席代表,荷兰郁金香电脑(亚洲)有限公司副总裁,对IT行业相当熟悉。然而,从人力资源上看,他属"空降部队",还需在TCL进行一段时间的磨合与锻炼。TCL在人才运用方面的捉襟见肘很让李东生苦恼。

3. 技术

TCL在技术上与现有IT企业的差距是毋庸置疑的。技术因素对IT企业的竞争优势具有至关重要的影响。

4. 组织结构

现在TCL跨越多个行业。TCL在IT方面的产业军,控股的或参股的有TCL信息技术发展公司、TCL致福、东通、开思、金科和翰林汇,这几个公司股权结构相差很大,目前还只能独立运行,之间的服务进行正常的商业结算。这种情况下,如何发挥产业群之间的支撑优势呢?

翰林汇教育软件可以捆绑到TCL致福电脑上,TCL信息家电可以委托翰林汇开发信息家电应用软件,翰林汇笔记本电脑渠道可以卖TCL电脑,金科原来做系统集成,从来不负责采购PC,现在它却要负责采购TCL的PC了。这些看似很有利的方面,然而在目前这种框架下实施起来却非常复杂和困难。

5. 销售渠道

TCL集团最核心、最尖锐的武器便是家电销售网络。按照大区域—分公司—经营部—分销点的组织结构,把网络一直建到了全国各地的城乡结合部。

目前TCL集团已有近300家公司和经营部以及6 000多人的营销大军,销售触角遍布国内中心城市。

TCL—GVC成立之后,杨伟强认为家电网络发挥的支持作用有限,因此TCL须重新构筑PC的销售渠道。TCL—GVC建立了272人的员工队伍,其中直接从事营销服务和渠道网络建设的员工占193人,营销网络初步覆盖了近60%的省会城市,并发展了200多家基础经销商。

与此同时,翰林汇做笔记本电脑代理,也形成了自己的销售渠道。这三个渠道是各自发展,还是需要整合,以及如何整合,都需要有一个清楚的战略思考。

另外,也有人对于TCL—GVC自建销售渠道表示不同的意见。尽管家电与家用PC销售渠道的确存在服务内容、方式上的差异,但其目标顾客是一样的,面对的都是家庭用户,两者可以共享的方面很多。他们引用了海尔利用自身的3C店销售电脑的成功来印证他们的想法。建议利用TCL现有强大的家电销售网络,把它改造成为家电与PC的销售渠道,这样既可以节约成本,又可以短时期内在全国铺开渠道,广泛地接近客户。而且这种做法与国外发达国家电脑销售渠道家电化的趋势是一致的。

6. 文化

家电行业,由于技术的相对稳定,追求的是一种低成本的制造优势,因此企业大多采取集权式的准军事化管理,其企业文化内核与IT行业的企业文化内核是不一致的。IT企业非常重视创造软性、宽松、弹性的企业文化,强调个人的主观能动性。

TCL对自己的企业文化是这样定义的:兼具中西文化的精粹的合金文化,兼收并蓄能力的移民文化,显示出很强的开放性、兼容性和凝聚归属功能。TCL地处中国改革开放的前沿省市,对新事物有很强的开放性和接受能力。李东生性格比较包容,除他自己是惠州本地人之外,TCL其他高层领导绝大部分来自于五湖四海。这种文化通过机会牵引人才,通过老板的信任,层层的信任与授权,使其扩张能力非常强。

李东生认为TCL的企业文化在家电行业中是比较靠近IT企业的企业文化的。然而有人认为TCL企业文化虽然比其他家电企业更靠近IT企业的企业文化,但终究有差距。

TCL进军IT行业,不仅面临家电企业的竞争,更多的是来自于现有IT企业的竞争。而且,从纵向传递的角度来看,TCL的文化有集权和崇尚权威的一面,这也不利于IT企业的发展。家电文化与IT文化是有所冲突的,开思就出现过类似的问题。开思企业负责人的文化、观点与TCL文化的冲突最终导致开思出现违章操作,TCL不得已撤换总经理。

案例思考

请简要评价 TCL 选择进军 IT 行业的战略及需要解决的重要问题。

本章练习题

一、单选题

1. 企业具有（　　）基本属性。
   A. 经济性、营利性、独立性　　B. 组织性、行政性、营利性
   C. 公益性、经济性、独立性　　D. 长期性、营利性、独立性

2. 公司式企业按财产组织形式和所承担的法律责任的标准来划分,可以分为独资企业、合伙企业和（　　）。
   A. 公司　　　　　　　　　　B. 股份制企业
   C. 联合企业　　　　　　　　D. 企业集团

3. 科学的企业经营制度包括规范的企业经营结构制度、规范的企业责权利制度和（　　）三项内容。
   A. 科学的企业决策、管理、监督、改善制度
   B. 科学的企业组织、管理、投资制度
   C. 科学的企业民主管理制度
   D. 科学的企业领导和财务管理制度

4. 科学的企业决策、管理、监督、改善制度主要由（　　）、统一集中的管理制度、严格的企业监督制度、全员参与的企业管理制度内容组成。
   A. 企业民主管理制度　　　　B. 集中的投资制度
   C. 民主的企业决策制度　　　D. 完善的财务管理制度

5. 现代化的经营思想包括人本思想、科学决策和民主决策、系统思想和（　　）思想。
   A. 组织　　　B. 效益　　　C. 规模经济　　　D. 创新

6. 多元化经营的类型主要有：产品扩展多元化、市场扩展多元化、（　　）。
   A. 行业多元化　　　　　　　B. 技术多元化
   C. 纵向多元化　　　　　　　D. 联合多元化

7. 我国《公司法》规定有限责任公司股东人数必须在（　　）人之间。
   A. 5～40　　B. 5～30　　C. 5～20　　D. 2～50

8. 经营管理职能包括以下（　　）方面的内容。
   A. 人事职能、组织职能、文化职能、财务职能和公共关系职能
   B. 生产职能、组织职能、开发职能、财务职能和公共关系职能

C. 战略职能、决策职能、开发职能、财务职能和公共关系职能

D. 战略职能、决策职能、开发职能、财务职能和营销职能

9. 企业的最高权力机构是（　　）。

  A. 董事会 B. 股东大会 C. 监事会 D. 经理委员会

10. 战略稳定性指标包括（　　）。

  A. 经营安全率、市场占有率、支付能力

  B. 经营安全率、利润率、支付能力

  C. 资金周转率、利润率、支付能力

  D. 资金周转率、利润率、设备利用率

二、名词解释

1. 企业
2. 现代企业
3. 公司
4. 人本思想
5. 股份制企业
6. 专业化与协作
7. 经营
8. 企业经营机制

三、问答题

1. 股份制企业的含义与特征是什么？
2. 科学的企业经营制度包括哪些内容？
3. 现代企业经营体系的基本内容是什么？
4. 简述企业经营管理职能包括哪些方面的内容。
5. 现代企业经营管理观念的主要内容是什么？
6. 简述经营与管理的关系。

第二章
企业经营环境分析

📖 学习目的与要求

　　企业作为一个系统,它存在于一定的环境之中,企业每时每刻都要与环境发生物质、能量和信息的交换。经营环境是企业赖以生存和发展的空间,也是企业制定发展战略并进行经营决策的基础。企业经营环境(本章是指企业外部环境)是一个包容广泛、变化复杂的复合系统,对企业所处的环境因素和状况进行分析,目的在于使学生理解环境及其不断变化会给企业带来经营机会,但同时也处处会造成经营风险,因此要求企业经营者要能够扬长避短,发挥优势,抓住机会,规避风险。

　　通过本章学习,要求理解和掌握以下重要知识点:
(1) 企业经营环境及特点。
(2) 宏观环境的构成因素及内容分析。
(3) 微观环境的构成因素及内容分析。
(4) 经营机会与风险的含义。
(5) 经营机会与风险的基本分析方法。

第一节　企业经营环境概述

一、企业经营环境及其特点

(一) 企业经营环境的含义

　　企业总是在一定的环境下开展经营活动,而这些环境条件是不断变化的。经营环境泛指一切与企业经营有关的外部因素与力量,这些因素与力量影响并制约着经营活动的进行和企业的发展,是企业不可控制的变量。一方面,它给企业造成了新的市场机会;另一方面,它又给企业带来某种风险或威胁。因此,经营活动环境对企业的生存和发展具有重要意义。经营实践证明,许多得以发展壮大的企业都非常善于适应环境。所以任何企业开展经营就不能不了解与企业有关的各种环境因素,分析其中蕴藏的机会与风险,扬长避短,趋利避害,适应变化,抓住机会,实现自己的经营目标。

(二)企业经营环境的特征

1. 环境差异性

即使是两个经营范围相同的企业面对同一环境因素,对环境因素的影响也会有不同的体验和反应。环境的差异性决定了企业经营战略的多样性。

2. 环境动态性

任何一种环境因素的稳定都是相对的,变化则是绝对的。市场供求关系变化的频率在不断加快,所有这些变化既有渐进性,又有突变性,都要求企业以相应的战略去适应这种变化。

3. 环境可测性

各种环境因素之间是互相关联和互相制约的。因而某种环境因素的变化大都是有规律性的。不过,这种规律性有的比较明显,有的比较隐蔽,有的作用周期长,有的作用周期短。变化规律性明显且作用周期长的环境因素其可测性较高。

二、企业经营环境经营的构成

经营活动环境的内容既广泛又复杂。一般来说,组成经营环境的各种因素,按对企业经营活动的直接影响因素,可以概括性的分为两大类,一类是宏观环境,一类是微观环境。

1. 宏观环境

企业的宏观环境主要由对企业经营活动产生比较深远影响的社会性因素与力量构成,包括人口、经济、自然、政治、法律、社会文化、科学技术等方面。

2. 微观环境

企业的微观环境与企业的经营活动直接相关程度较高的各类因素与力量构成,包括需求、资源供应者、各类经营中介、竞争者、顾客、公众等。

在这两类环境因素中,微观环境直接影响和制约企业的经营活动,而宏观环境主要以微观环境为媒介间接影响和制约企业的经营活动,两者之间并非并列关系,而是主从关系,即微观环境受制于宏观环境。各种环境因素是企业经营活动的约束条件,它对企业的生存和发展有着极其重要的影响。

现代经营认为,企业经营活动成败的关键就在于企业能否适应不断变化着的环境。由于经济的发展和科技的进步,当代企业外部环境的变化速度远远超过企业内部因素变化的速度,因此企业的生存和发展越来越决定于其适应外部环境变化的能力。"适者生存"是现代经营活动的法则,如果企业不能很好地适应外界环境的变化,则很可能在竞争中失败,从而被市场所淘汰。当然,强调企业对所处环境的反应和适应,并不意味着企业对环境是无能为力或束手无策,只能消极地、被动地改变自己以适应环境。一个著名的营销案例说明了这一道理:美国有两名推销员到南太平洋某岛国去推销企业生产的鞋子,他们到了之后却发现这里的居民没有穿鞋的习惯。于是,一名推销员给企业拍了一份电报,称岛上居民不穿鞋,这里没有市场,随之打道回府。而另一位推销员则给公司的电报,称这里的居民不穿鞋,但市场潜力很大,只是需要开发。他让公司运了一批鞋来免费赠给当地的居民,并告诉他们穿鞋的好处。后来,人们发现穿鞋确实既实用又舒服而且美观,渐渐的穿鞋的人越来越多。这名推销员通过自己的努力,打破了当地居民的传统习俗,改变了企业的营销环境,获得了成功。现代经营理论告诉我们,企业对环境具有一定的能动性和反作用,它可以通过各种方式如公共关系等手段,影响和改变环境中的某些因素,使其向有利于企业的方向变化,从而为企业创造良好的外部条件。

第二节 宏观环境因素及其分析

一、人口环境因素

经营活动是围绕市场进行的,而市场是由那些想购买商品同时又具有购买力的人构成的,因此,企业必须重视对人口环境的研究。与经营活动关系密切的人口环境因素包括:

1. 人口数量与增长速度

目前,世界性的人口膨胀使人口增长迅速,这给企业带来了市场机会,也带来了威胁。如果收入水平不变,人口越多,则对商品的需求量也越多,那么市场规模和市场潜力也就越大。例如,随着我国人口的增加,住宅供需矛盾日益加剧,这就给建筑企业及建材业的发展带来机会。但人口增长也可能导致人均收入下降,使购买力降低。

2. 人口结构

主要包括人口年龄结构、性别结构、家庭结构、社会结构以及民族结构。

(1) 从年龄结构来看,一方面发达国家出生率下降,儿童减少,而我国由于推行计划生育政策也使得人口出生率将有所下降,这对儿童食品、儿童服装、儿童玩具等行业是一种环境威胁,如美国格伯企业就从过去经营儿童食品转向了人寿保险业。但与此同时,许多年轻夫妇有更多的闲暇和收入用于旅游、休闲,因而给旅游业、餐饮业、体育娱乐等提供了富有吸引力的市场机会。另一方面由于人们的生活、保健、医疗条件越来越好,人均寿命显著延长,人口老化比较明显,反映到市场上,诸如保健用品、营养品、老年人生活必需品等市场将会兴旺。

(2) 从性别结构来看,人口的性别不同,其市场需求也有明显的差异,反映到市场上就会有男性用品市场和女性用品市场。

(3) 从家庭结构来看,目前世界上普遍呈现家庭规模缩小的趋势。我国传统崇尚四世同堂的大家庭,但在现代工业化的进程中,家庭规模也趋于小型化,目前我国家庭中仅包括父母和未成年子女的家庭的比重在提高,这使消费决策层更加年轻,需求向多样化和自主型变化。

(4) 从社会结构来看,我国农村人口占总人口的 80% 左右,因此,农村是个广阔的市场,有着巨大的潜力。这决定了企业在国内市场中,市场开拓的重点应放在农村,尤其是一些中小企业,更应注意开发价廉物美的商品以满足农民的需要。

(5) 从民族结构来看,我国有 56 个民族,生活习性、文化传统各不相同。反映到市场上,各民族的需求存在着很大的差异。因此,企业要注意针对民族市场,开发适合各民族特性的商品。

3. 人口的地理分布及人口流动

我国的人口密度由东南逐渐向西北递减,且城市人口比较集中,农村人口相对分散。人口的这种地理分布表现在市场上,就是市场大小不同,消费习惯不同,需求特点不同。随着经济的发展,人口的流动性也越来越大。一是随着工业化和城市化的发展,人口从农村流向城市;二是由于汽车普及和高速公路的发展,加上城市环境污染日趋严重,人口从城市流向郊区。另外,经商、观光旅游、学习等使人口流动加速。对于人口流入较多的地方而言,一方面由于劳动力增多,就业问题突出,使竞争加剧;另一方面,人口增多也使当地市场需求增加,给当地企业带来更多的机会。

二、经济环境因素

企业经营活动的进行受到经济环境变化的制约。影响企业经营活动的经济因素主要有:

1. 消费者的收入

消费者收入,是指消费者个人从各种来源中所得的全部收入,包括消费者个人的工资、退休金、红利、租金、赠予等收入。消费者的购买力来自消费者的收入,但消费者并不是把全部收入都用来购买商品或劳务,所以在研究收入时,要区分以下几个概念:

(1) 个人可支配收入。这是在个人收入中扣除税款(如所得税等)和非税性负担(如公费会费等)后所得余额,它是个人收入中可以用于消费支出或储蓄部分,构成实际的购买力。

(2) 个人可任意支配收入。这是在个人可支配收入中减去维持生活所必需的支出(如衣、食、住)和其他固定支出(如分期付款)所剩下的那部分收入。这部分收入主要用于满足人们基本生活需要之外的开支,一般用于购买高档耐用消费品、旅游、储蓄等,是消费需求变化中最活跃的因素。

(3) 家庭收入。很多商品是以家庭为基本消费单位的,如冰箱、空调等。因此,家庭收入的高低会影响很多产品的市场需求。

需要注意的是,经营人员在分析消费者收入时,还要区分货币收入和实际收入,只有实际收入才影响实际购买力。由于通货膨胀、失业、税收等因素的影响,实际收入和货币收入并不完全一致,比如消费者的货币收入不变,如果物价上涨或税收增加,消费者的实际收入就会减少。企业在经营活动中不仅要研究消费者的平均收入,而且要分析不同时期、不同国家或地区、不同阶层的消费者收入,这对于企业有针对性地开展活动具有重要意义。

2. 消费者支出模式和消费结构的变化

随着消费收入的变化,消费者支出模式和消费结构会发生相应的变化,通常用恩格尔系数来反映这种变化。德国统计学家恩格尔经过长期观察和通过大量统计数据指出:当家庭收入增加时,用于购买食物支出的比例会下降,而用于服装、交通、保健、教育、文娱的开支和储蓄的比例将会上升。消费中用于食品方面支出占总支出的比重称为恩格尔系数,用它来衡量生活水平和富裕程度。食物开支占总消费量的比重越大,恩格尔系数越高,生活水平就越低;反之,食物开支所占比重越小,恩格尔系数越小,生活水平就越高。

消费结构是一定时期内人们对各类商品或劳务的需求量和比例,目前我国的消费结构还不尽合理。长期以来,由于政府在住房、医疗等方面实行福利政策,导致消费结构的畸形发展,决定了我国居民的支出模式以食物、衣物和生活必需品为主。随着社会主义市场经济的发展及住房、医疗等制度改革的深入,人们的消费模式和消费结构都会发生明显变化。企业要掌握目标市场支出模式和消费结构的情况,输送适销对路的商品和劳务。

3. 消费者的储蓄和信贷

消费者的收入不可能全部花掉,总有一部分以各种形式储蓄起来。当收入一定时,储蓄越多,现实消费量就越少,但潜在消费量越大。我国居民有勤俭持家的传统,长期以来养成储蓄习惯,近年来我国居民储蓄额和储蓄增长率均增大。据调查,居民储蓄的目的是要供养子女和婚丧嫁娶,用于购买住房和大件用品的储蓄的比重也在逐步增加。居民储蓄增加,显然会使企业目前商品销售比较困难,但另一方面,企业若能调动消费者的潜在需求,就可开发新的市场。例如,1979年,日本电视机厂商发现,尽管中国人可任意支配的收入不多,但中国人有储蓄习惯,且人口众多。于是,他们决定开发中国黑白电视机市场,不久便获得成功。当时,西欧某国电视机厂商虽然也来中国调查,却认为中国人均收入过低,市场潜力不大,结果贻误了时机。

消费者信贷对购买力的影响也很大。消费者信贷实际上就是消费者提前支取未来的收入,提前消费。信贷消费允许人们购买超过自己现实购买力的商品,从而创造了更多的需求。我国现阶段的教育、住宅建设以及一些商家的信用卡消费正在逐步兴起,这给经营活动带来了更多的机会。

除了上述因素直接影响企业的经营活动外,经济体制、经济发展水平、地区与行业发展状况、城市化程度等经济环境因素也对企业的经营活动或多或少的产生影响。

三、自然环境因素

自然环境在不同程度上影响着企业的经营活动,有时甚至对企业的生存和发展起决定作用。影响经营活动的自然环境因素主要有:

1. 自然资源问题

自然资源包括矿产资源、森林资源、土地资源、水利资源等。这些资源分为三类:一是无限资源,如空气、水等;二是有限但可以更新的资源,如森林、粮食等;三是有限但不可再生资源,如石油、煤、锌等矿物。自然资源的分布具有地理的偶然性,分布很不均衡,企业到某地从事经营活动必须了解该地的自然资源情况。如果该地对本企业商品需求大,但缺乏必要的生产资源,那么企业就适宜向该地销售产品。但是如果该地有丰富的生产资源,企业就可以在该地投资建厂,当地生产,就地销售。随着工业的发展,自然资源逐渐短缺,使得一些企业陷入困境,促使企业寻找替代品,降低原材料消耗。例如,1990年天然油脂吃紧,使一些以此为主料的肥皂厂陷入困境,四川某肥皂厂也遇到同样困难,但该厂马上研制出"芙蓉牌"肥皂粉,既提高了产品的功效,又降低了原材料的消耗,很快赢得了消费者青睐,占领了市场。

2. 环境的污染与保护问题

随着工业化和城市化的发展,环境污染已成为举世瞩目的问题。为此,各国政府都采取了一系列措施,对环境污染问题进行控制。这一方面限制了某些行业的发展,另一方面也为企业带来了两大机会:一是为治理污染的技术和设备提供了一个大市场;二是为不破坏生态环境的新的生产技术和包装方法创造了机会。20世纪80年代初以来,以销售绿色产品为特色的绿色营销蓬勃发展,如宝洁公司的一些产品用再生纸包装代替塑料包装,麦当劳规定所有餐厅都采用再生纸制成的餐具等。企业都力争做到既能减少环境污染,又能保证企业发展,提高经济效益。

3. 地理环境

气候、地形地貌不仅直接影响企业的经营、运输、通讯、分销等活动,而且还会影响到一个地区的经济、文化和人口分布状况。因此,企业开展经营活动必须考虑当地的气候与地形地貌。例如,气候(温度、湿度)特点会影响商品的性能和使用,在沿海地区运行良好的设备到了内陆沙漠地区就有可能发生性能的急剧变化。我国地域辽阔,南北跨度大,气候多变,企业必须根据各地的自然地理条件经营与之相适应的商品,才能适应市场的需要。

四、政治环境因素

政治因素像一只无形的手,调节着经营活动的方向,法律则为企业规定经营活动行为准则,政治与法律相互联系,共同对经营活动发挥影响和作用。政治环境因素具体包括:

1. 政治局势

政局稳定,人民安居乐业,就会给企业形成良好的环境。相反,政治不稳定,社会矛盾尖锐,秩序混乱,战争、暴乱、罢工、政权更替等政治事件都可能对经营活动产生不利影响。

2. 方针政策

国家制定的经济发展战略及各种方针政策必然会影响市场需求,改变资源供给,促进某些行业的发展,同时限制另一些行业和产品的发展,例如对香烟、酒等征收较重的税收来抑制消费需求。一国的方针政策还会影响外国企业在本国的经营活动。例如,改革开放之初,我国的外贸政策还比较谨慎,又缺乏稳定性和连续性,因此外国资本来华投资多是短期行为。随着我国对外开放的进一步扩大,特别是对外开放政策的进一步明朗化,外资看到了在华投资的前景,因而扩大投资规模,延长投资期限。

3. 国际关系

在经济全球化的趋势下,企业在经营活动过程中都可能或多或少地与其他国家发生往来,开展国际经营的企业更是如此,国家间的关系必然会对经营活动产生影响。这种国家关系主要包括两个方面的内容：一是企业所在国与市场国之间的关系，如果两国关系良好，则对企业经营有利；如果两国持敌对态度，那么企业就会遭到不利的对待，甚至给予抵制。如中美两国之间的贸易关系就经常受到两国外交关系的影响。二是企业的市场国与其他国家之间的关系。例如，阿拉伯国家曾联合起来，抵制与以色列有贸易往来的国际企业。当可口可乐企业试图在以色列办厂时，引起阿拉伯国家的普遍不满，因为阿拉伯国家认为，这样做有利于以色列发展经济。当可口可乐企业在以色列销售成品饮料时，却受到阿拉伯国家的欢迎，因为他们认为这样做会消耗以色列的外汇储备。

五、法律环境因素

企业要开展经营活动，必须了解并遵守有关法律、法规，如果从事国家经营活动，还要了解和遵守市场国的法律制度和有关的国际法规、国际惯例。例如，一些国家对外国进入本国经营设定各种限制条件，日本政府曾规定，任何外国企业进入日本市场，必须找一个日本企业同它合伙。从当前企业经营活动法制环境情况来看，有两个明显的特点：

1. 法律体系越来越完善

经营活动有关立法主要有三个内容或目的：一是保护企业间的公平竞争；二是保护消费者正当权益；三是保护社会的整体利益和长远利益，防止对环境的污染和对生态的破坏。近几年来，我国陆续制定、颁布了一系列重要的法律法规，如《广告法》《商标法》《经济合同法》《反不正当竞争法》《消费者权益保护法》《产品质量法》等等，这对规范企业的经营活动起到了重要作用。

2. 政府机构执法更严

各个国家都根据自己不同的情况建立了相应的执法机关。例如，在美国，就有联邦贸易委员会、环境保护局、消费者事务局等执法机构，日本有公正交易委员会，加拿大有市场保护委员会等。我国主要有工商行政管理局、技术监督局、物价局、医药管理局、环境保护局、卫生防疫部门等。这些机构对经营活动有很大的影响力。企业必须知法守法，自觉地用法律来规范自己的经营活动并自觉接受执法部门的管理和监督，同时善于运用法律武器维护自己的合法权益。

六、社会文化环境因素

社会文化是一个社会的民族象征、价值观念、生活方式、风俗习惯、伦理道德、教育水平、语言文字、社会结构等的总和。它主要由两部分组成：一是全体社会成员所共有的核心文化；二是随时间变化和外界因素影响而容易改变的亚文化。人类在某种社会生活中，必然会形成某种特定的文化。不同国家、地区的人民有着不同的社会与文化,代表着不同的生活模式,通过影响消费者的思想和行为来影响企业的经营活动。因此,了解社会文化环境因素是成功地进行经营活动的前提。社会文化所包含的内容很多,下面对与经营活动关系较为密切的几个因素进行讨论。

1. 教育水平

教育水平的高低影响着消费心理、消费结构,进而影响经营策略的选择。一般来讲,教育水平高的地区,消费者对商品的鉴别力强,容易接受广告宣传和接受新产品,购买的理性程度高。例如,在教育水平低的地区,适合操作使用、维修保养都较简单的商品;而教育水平高的地区,则需要先进、精密、功能多、品质好的产品。

2. 语言文字

世界上语种很多,有些国家通用几种语言,就要求输出国在商品包装上分别写明,如加拿大要求用英、法两种语言,否则不准进口。此外,还要研究语言使用习惯、语言歧义和语言禁忌等。在跨国经营中,由于语言歧义而破坏了促销活动顺利进行的事例是很多的。例如,中国出口的"芳芳"牌口红,英文名称是"FangFang",但"Fang"在英文中意为"(狗的)尖牙"、"(蛇的)毒牙";可口可乐(Coca-Cola)最初到中国的音译为"口渴口辣",令中国人畏惧三分。

3. 价值观念

不同的文化背景下,人们的价值观念差别是很大的,这对消费需求和购买行为影响很大。例如美国人的时间观念很强,因而对能节约时间的产品十分欢迎,但美国的速溶咖啡在拉美一些国家却遭到了妇女的拒绝,因为家庭主妇们知道,如果她们使用这种节省时间的饮料,会被别人讥为懒婆娘。

4. 宗教信仰

教徒信教不一样,信仰和禁忌也不一样。一种新产品出现,宗教组织有时会认为该商品与其宗教信仰相冲突,提出限制和禁止使用。相反,有的新产品出现,得到宗教组织的认同和支持,就会号召教徒购买、使用,起到一种特殊的推广作用。

5. 审美观

因审美观的不同而形成的消费差异表现多种多样。例如,在欧美,结婚时新娘喜欢穿白色的婚礼服,因为她们认为白色象征纯洁、美丽;在我国,结婚时新娘喜欢穿红色的婚礼服,因为红色象征吉祥如意、幸福美满。

6. 风俗习惯

风俗习惯是人们长期形成并世代相袭的一种风尚,它表现在饮食、服饰、婚丧、信仰、节日、人际关系等方面,不同的国家、不同的民族有不同的风俗习惯。

例如,不同的国家、民族对图案、颜色、数字、动植物等都有不同的喜好和不同的使用习惯,如中国、日本、美国等国家对熊猫特别喜爱,但一些阿拉伯人却对熊猫很反感。企业应了解和注意不同国家、民族的消费习惯和爱好,做到入乡随俗。

七、科技环境因素

二次大战以后,新科技革命蓬勃兴起,现代科学技术是生产力中最活跃的并对生产力的发展起决定性的因素,科技在现代经营中起着主导作用。具体表现在:

1. 科学技术是一种"创造性的毁灭力量"

科学技术的发明和应用,可以造就一些新的行业、新的市场,同时又使一些旧的行业与市场走向衰落。例如,晶体管取代电子管,后又被集成电路所取代;复印机工业打击复写纸行业;电视业打击电影业;激光唱盘夺走磁带的市场等等。这对新行业是机会,但对旧行业是威胁。科学技术的发展还使得产品更新换代速度加快,产品的市场寿命缩短。新工艺、新材料等不断涌现,使得刚刚炙手可热的技术和产品转瞬间成了昨日黄花。这要求企业不断地进行技术改革,赶上技术进步的浪潮。

2. 新技术革命有利于企业改善经营管理

21世纪,一场以微电子为中心的新技术革命正在蓬勃兴起。许多现代企业在经营管理中普遍使用电脑、传真机、网络,这对改善企业经营管理,提高经营活动效率起到了很大的作用。信息、通讯设备的改善,更便于企业经营活动的组织和管理;新的运输工具的发明,旧的运输工具的技术改进,使运输效率大大提高;自动售货、邮购、电话订货、电视购物等方式的发展,既满足了消费者的需求,又使企业的经营效率更高;广播、电视、传真技术、网络等现代信息传媒的发展,可使企业的商品和劳务信息及时准确地传送到全国乃至世界各地;现代电脑和网络技术的运用,可使企业及时对消费者的消费需求及动向进行有效的了解,从而使经营活动更加切合消费者需求的实际情况。例如,利用计算机对消费者及其需求的资料进行模拟和计算,分析和预测,就能及时、准确地为企业提供相关资料,作为经营活动的客观依据。

3. 科学技术的进步,将会使人们的生活方式、消费模式和消费需求结构发生深刻的变化

一种新技术的应用,必然导致新的产业部门和新的市场出现,使消费结构发生变化。例如,在美国,由于汽车工业的迅速发展,使美国成了一个"装在车轮上的国家",现代美国人的生活方式,无时无刻不依赖于汽车。再如,电子计算技术的发展使人们改变了传统的笔算和拨算盘的做法,甚至在日常生活中也逐渐离

不开电子计算机和微型计算器。这些生活的变革，如果能被企业深刻认识到，主动采取与之相适应的经营策略，就能获得成功。

第三节　微观环境因素及其分析

微观环境分析的对象集中在行业范围内，它主要包括需求、竞争、供给、市场参与者和社会公众等内容分析。

一、需求因素分析

需求分析的主要内容是消费者的基本需求和需求偏好的变化趋势、市场活力以及价格决定等因素。

1. 基本需求与需求偏好

消费者购买商品的动机，是商品向他提供的效用，如果出现了效用更好的商品，他会毫不犹豫地改变购买取向。效用高的商品能满足消费者某种特定需要，价格又合理。由于购买力的普遍提高，我国消费品市场需求偏好变化的总趋势正在由价格偏好转变为功能偏好，由质量偏好转变为服务偏好，由模仿追逐偏好转变为创新时尚偏好。

2. 市场活力

是指某种商品市场的总需求规模或称市场容量及其变化趋势和幅度。市场活力受多种因素制约，主要因素是购买力、消费结构和替代产品，购买力和消费结构的变化是确定性的，而替代产品的出现具有不确定性。

3. 价格决定

主要是指用户左右价格的能力和价格弹性的大小。在买方市场条件下，价格在很大程度上是由顾客愿为他所需要的商品付多少钱来决定的。商品在市场上的销售是同价格成反比的。价格高则销售量少，价格低则销售量高。也有些商品的价格下降导致销售额的降低。

二、竞争因素分析

为保证行业竞争的有效性，必须注意确定行业中关键的竞争者。在一个确定的行业中，有成百上千的企业从事相同或相似的产品生产。但是，对一个稳定的企业环境来说，并不是所有同行业企业都具有同等的重要性。因此，确定能够影响整个行业或影响本企业赢利的关键竞争者是十分重要的。如美国百事可乐公司生产的百事可乐饮料在前苏联市场上,将可口可乐饮料作为竞争产品,在占领市场策略上,百事可乐公司通过易货贸易的方式捷足先登,打入前苏联市场。

在行业竞争分析中,企业必须注重确定本企业的竞争优势。如果自己没有竞争优势,那么也要知道竞争对手的竞争优势是什么。分析本企业或竞争对手的竞争优势,对企业的战略选择是十分重要的。

在激烈的市场竞争中,同行企业和非同行企业以其相同或相近的产品参与市场竞争,实施市场分割,通过产品的性能、规格、外观、价格、服务的差异化策略争取更多的消费者或用户。来自相同或相近产品的竞争与威胁可能是可感知的、渐进式的,但也可能是突然的、爆发式的。这种爆发式的打击,很可能使那些生产品种单一的企业惨遭灭顶之灾。

1. 波特模型,主要描述企业各种可能的竞争力量

① 新竞争者的加入威胁;② 现有竞争者的竞争;③ 替代产品的竞争压力;④ 买方的议价能力;⑤ 供应者的竞价能力。

2. 如何确定企业所在行业的关键竞争者

一般依据竞争者的市场位置、市场占有率及其趋势、盈利、资金实力、技术革新能力、成本状况、产品质量、产品改进、产品组合等因素来确定企业的关键竞争者。

三、供给因素分析

企业是一个实行能量转换和价值增值的开放系统。企业对社会提供产品或服务的先决条件是必要的人力、设备、能源、原材料、给水、协作条件等的有效供给。供给是企业从事生产经营的必要条件,也可能是形成企业竞争优势的因素。资源的配置,地理位置和国家资源政策等方面的影响,会使企业在供给方面形成自己的优势或劣势。这种特点对企业经营的范围、方向等重大战略选择具有重要影响。

1. 资源供应者

资源供应者是向企业及其竞争对手提供从事经营活动所需要的资源的企业和个人。这些资源包括资金、货物、设备、人力资源等。资源的供应者直接影响企业经营活动的进行,例如企业的商品供应价格和供应量直接影响商品的销售价格、销量和利润,若供应短缺,将影响企业按期完成交货任务。企业在制定经营战略时,不仅要求有充足的资源、资金和设备投入,也需要高素质的人力资源投入。为了达到这样的要求,企业需要拥有广泛的资源供给渠道,并与资源供应者建立良好的合作关系。同时,要选择在质量、价格以及运输、供货、承担风险等方面条件最好的供应者。

2. 资源要素

(1) 人力资源。人才是企业经营成败的关键因素。企业为完成战略计划需要大批特殊人才,因而人力资源在质与量方面的供应情况将影响战略计划的选择与实施。我国人口众多,但高级科技人才、管理人才占人口的比例很小,人力资源在质的方面的矛盾要远比量的方面突出。

(2) 能源和原材料。在竞争的环境下,企业必须为获得充足和必要的能源和原材料而进行激烈的竞争。尤其在我国企业所面临的能源和原材料极度短缺的情况下,能源与原材料供给的矛盾尤为突出。

(3) 资金。在市场经济条件下,由于货币、资金起着一般等价物的通兑作用,因此资金成为企业从事生产经营活动或扩大生产经营的基本条件。对于企业来说,必要的资金就如同企业的血液,因而必须注意利用已有的资金条件,把挖掘内部资金条件与利用外部资金贷款结合起来,为自己创造良好的资金供给环境。

(4) 技术和设备。企业可以通过具体与非具体两种形式获得较先进的技术。当企业购买一套新的设备时,其中就已包含了现代技术的优势,这是一种以具体形式获得先进技术的方法。非具体形式是指企业直接购买有关技术的蓝图和文件等资料。

(5) 零部件供应。零部件的供应与需求是社会化大生产条件下企业生产正常发展的重要条件。为了保证正常生产和降低产品成本,企业必须建立自己长期稳定的协作供应企业。

(6) 综合服务。综合服务包括邮电通讯服务、生产保障服务、运输条件、企业安全与职工健康保险服务、教育体系和法律保障体系等。

四、市场参与者和社会公众因素分析

1. 营销中介

营销中介是那些为企业提供销售、促销、运输及仓储服务的机构和组织,包括中间商、物流配送企业、营销服务机构等。中间商包括经销商和代理商,它协助企业寻找顾客或直接与顾客进行交易。物流配送企业协助企业做好运输、仓储工作,经营活动中在很大程度上受到物流配送服务水平高低的影响。营销服务机构指那些为企业选择恰当的市场,并帮助企业向选定的市场推出产品的市场调研、广告及各类咨询企业。在我国,随着市场竞争日趋激烈,将有越来越多的企业需要各类营销中介的服务。

2. 竞争者

企业在其经营活动中面临竞争挑战时考虑的问题有:竞争者是谁?他们的

实力如何？他们的优势和弱点在哪里？对经营战略的制定有何影响？在不同的环境中竞争对手最可能采取的战略是什么？对本企业的经营战略竞争对手最可能做出什么反应？要回答这些问题，必须进行全面的竞争分析，对竞争对手的货源供应、技术能力、资金能力、经营商品的质量以及经营活动的全方位状况进行了解和分析。企业的竞争者包括四种类型：

（1）愿望竞争者。是提供不同产品以满足不同需求的竞争，如对电视机制造商来说，生产汽车、地毯等不同商品的企业就是愿望竞争者。

（2）平行竞争者。是提供能满足同一种需求的不同产品的竞争者，如自行车、摩托车、汽车都可用作交通工具，生产它们的企业也就相互成为各自的平行竞争者。

（3）产品形式竞争者。是生产同种产品但不同规格、型号、款式的竞争者，如生产自行车的企业中，赛车、山地车、轻便车成为产品形式竞争者。

（4）品牌竞争者。是产品相同，规格、型号也相同，但品牌不同的竞争者，如彩电就有康佳、长虹、海尔、TCL 等不同品牌的竞争者。

由此可以看出，企业的竞争环境不仅包括同行业的竞争者。上述不同的竞争对手与企业形成的不断变化的竞争关系，是企业开展经营活动必须考虑的制约因素。

3. 顾客

顾客是一切经营活动的核心。在消费者分析中，经营人员可采用的一个有效方法是 5W 模式。即：谁是我们的顾客？——何人（Who）；顾客在什么时候购买？——何时（When）；顾客在什么地方购买？——何地（Where）；顾客需要什么商品？——何物（What）；顾客为什么购买？——为何（Why）。围绕这五个问题来分析企业的产品和服务能满足的所有显示顾客和潜在顾客。

4. 公众

公众就是对一个组织实现其目标的能力有着实际或潜在利益关系和影响力的群体。公众一般包括以下七类：

（1）金融公众。主要有银行、投资公司、保险公司、证券交易所、股东等，企业以发表年度报告、回答有关财务方面的问题来令他们满意和放心，在这些群体中树立声誉。

（2）媒介公众。包括电视台、电台、报纸、杂志、网站等，这些大众传播媒介通过刊载、播送新闻、特写和社论对企业施加广泛的影响。

（3）政府机构。企业在制定经营战略与策略时，还应考虑工商管理局、税务部门等政府机构对企业的影响，为企业创造最有利的经营条件。

（4）社会团体。经营活动可能会受到消费者协会、环境保护组织等的质询，企业应回答这些质询并共同协商解决问题。

（5）地方公众。每个企业都与当地的公众团体如邻里居民和社区组织等保持联系,处理社区事务,参与社区会议,资助社区活动等。

(6) 一般公众。一般公众对企业的印象影响着消费者对企业及其产品的看法,企业需要关注一般公众对企业的产品和经营活动的态度,通过慈善事业、建立消费者意见处理系统等方式来树立良好的企业形象。

(7) 内部公众。即企业的内部员工,企业通过发行内部刊物、开展活动、建立企业内部网等信息沟通方法向他们通报消息并激励他们的积极性,当员工对自己的企业感到满意时,他们的态度也会感染其他公众。

公众对企业是持欢迎的态度还是持反感或是抵制的态度,将对经营战略能否顺利实现产生巨大影响。企业应当密切关注公众的态度,采取积极的措施,消除可能出现的问题,发展与公众的良好关系。

第四节 经营机会与风险分析

一、经营机会与经营风险的含义

进行环境分析就是要摸清宏观和微观环境的各种因素并及时掌握环境变化的发展趋势。企业应在有关环境因素上找出对自己有利的机会和对自己不利的风险或威胁。机会和风险总是并存的,有机会就会有风险,有风险也必然存在着某种机会,只不过机会与风险孰大孰小而已。

经营机会,是指有利于实现企业的经营目标的良好条件或客观可能性。这些条件和客观可能性可以通过企业的战略与决策的制定与实施变为现实。形成经营机会的因素很多,如新技术、新发明的出现,需求结构的变化,政府的税制及投资政策的改变,以及国际关系或贸易环境的改善等。

经营风险,是指企业在创办或经营过程中发生的对未来结果的不确定性,使企业遭受一定的风险损失。国内外一切政治、经济、技术、市场等因素的变化都存在着某种对企业经营成果的不确定性。企业经营风险主要包括筹资风险、投资风险和经营风险。

二、环境与经营机会和经营风险

(一) 环境与经营机会

环境分析的目的是为了不失时机地掌握机会,回避风险。环境并不是静止的,而是不断变化的。环境的变化既会呈现渐进性,也会呈现某种突发性,都可能为企业带来一定的机会。

(1) 系统环境与经营机会。系统环境是指总体上同质、有序、连续稳定的环境,这样的环境常常制约着经营机会的程度和范围,它给企业带来等同的外界条件和均等的经营机会。

(2) 非系统性环境与经营机会。非系统性环境是指局部的、不连续或无序的、变异的环境。非系统性环境纷纭微妙、千差万别,它在变化中孕育着各种经营机会,也往往在一夜之间丧失原有的经营机会。

企业经营环境的众多的有利因素形成企业的经营机会。有些机会有一定的延续时间,人们可以充分准备,从容抉择;有些机会稍纵即逝,反应迟钝的人只能望洋兴叹,追悔莫及。有些机会是显而易见的,明眼人一看就知;有些机会伪饰重重,识别这些机会,抓住这些机会,需费番周折。

(1) 显在性经营机会。这是常常可以凭即时环境感受到的一种显而易见的机会。一般来说,显在性机会常与某一时期的特定环境的变动相联系。捕捉显在性机会有赖于企业环境预测的实力和水平。

(2) 潜在性经营机会。这是人们不易直接凭借即时环境来判断的一种不明显隐含的机会。潜在性机会中隐藏着许多似是而非的机会,一个出色的经营者应独具慧眼,善于对其进行由表及里、去伪存真的分析,以免错捕机会而造成战略失误。

(二) 环境与经营风险

社会在前进,条件在变化,企业从事经营活动,既有机会,也有风险,机会与风险并存。人们期望抓住机会,回避风险。但在现实生活中,机会总是与风险并存。企业要经营就必须抓住机会,企业要发展就必须承担风险。冒险的冲动在于机会中的丰厚利润,而实现机会的可能在于冒险行为的成功。经营风险包括显在性风险和潜在性风险。前者易被把握,后者难以辨识。企业日常的管理决策和业务决策体系中已包含了许多预测、评估和对策。减少确定型风险的主要途径在于对日常的管理经验不断总结,对应付和补救措施不断完善。

三、机会与风险分析的基本方法

(一) 机会与风险的形成

机会的形成往往是由于:

(1) 某些顾客的消费需求不能从生产现有产品的企业中得到满足,而本企业却能设法给予满足,甚至拥有某些优势。

(2) 企业的生产经营条件出现了对自己有利的变化。

(3) 同行业竞争企业经营实力的衰退或经营战略的失误。

环境风险的形成则是由于：
(1) 原来对自己有利的生产经营条件发生不利的变化。
(2) 企业自身的生产经营条件落后陈旧，缺乏竞争力。
(3) 行业竞争企业经营实力的增强或经营战略的成功。

(二) 机会与风险的组合

任何一家企业总是面临着不同的机会与风险的组合。由于机会与风险的程度有大有小，可以运用一个矩阵把企业经营环境划分为以下四种：
(1) 理想的环境，机会大而风险小。
(2) 冒险的环境，机会大而风险也大。
(3) 老化的环境，机会小风险也小。
(4) 恶化的环境，机会虽小风险却大。

如图 2-1 所示：

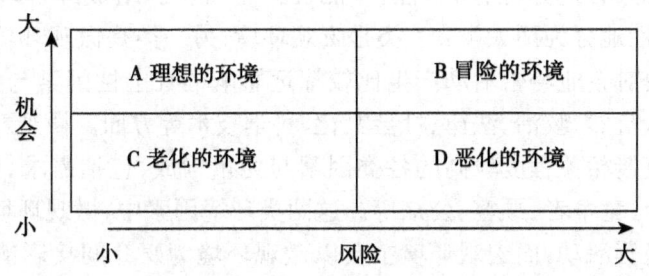

图 2-1 机会与风险环境组合

从图 2-1 种可见：

A 区是理想的环境，因为在那里机会大而风险小，企业可以采取发展战略。

B 区是冒险的环境，因为在那里机会和风险都大，企业可以观察，等待时机。

C 区是老化的环境，因为在那里机会和风险都小，企业可以采取维持盈利产品策略。

D 区是恶化的环境，因为在那里机会小而风险大，企业可以采取撤退战略。

(三) 企业采取的对策

企业在环境分析的基础上应采取相应的对策，把握市场机会，避免或减少风险。

对所面临的市场机会应充分利用，但也必须首先评价其质量，以避免对某些表面上的机会做出错误的估计。

对所面临的风险，企业可选用以下三种对策：
(1) 反抗策略。即试图扭转不利因素的发展。例如，香烟公司为扭转公共场所禁止吸烟对公司带来的风险,可以游说立法人员通过一个允许人们在公共场所吸烟的法令。

(2) 减轻策略。即企业采取减轻环境污染的措施,如该香烟公司设法在公共场所建立一些吸烟区等。

(3) 转移策略。即企业无法反抗或减轻所面临的环境风险时,可将业务转移到其他领域。例如,该香烟公司可适当减少部分香烟业务,把资金投入到酿酒行业,以实行多元化经营。

本章重要知识点总结

经营环境是企业赖以生存和发展的空间,也是企业制定发展战略并进行经营决策的基础。经营环境泛指一切与企业经营有关的外部因素与力量。一方面,它给企业造成了新的市场机会;另一方面,它又给企业带来某种风险或威胁。企业经营环境具有差异性、动态性、可测性三个特征。组成经营环境的各种因素,可以概括性地分为两大类:一类是宏观环境;另一类是微观环境。企业的宏观环境主要由对企业经营活动产生比较深远影响的社会性因素与力量构成,包括人口、经济、自然、政治、法律、社会文化、科学技术等方面。微观环境由与企业的经营活动直接相关程度较高的各类因素与力量构成,包括需求、资源供应者、各类经营中介、竞争者、顾客、公众等。这两类环境因素中,微观环境直接影响和制约企业的经营活动,而宏观环境主要以微观环境为媒介间接影响和制约企业的经营活动,两者之间并非并列关系,而是主从关系,即微观环境受制于宏观环境。各种环境因素是企业经营活动的约束条件,它对企业的生存和发展有着极其重要的影响。

人口环境因素包括人口数量与增长速度、人口结构、人口的地理分布及人口流动;经济环境因素主要有消费者的收入、消费者支出模式和消费结构的变化、消费者的储蓄和信贷、经济体制、经济发展水平、地区与行业发展状况、城市化程度等;自然环境因素主要有资源、环境的污染与保护、地理环境等;政治环境因素具体包括政治局势、方针政策、国际关系;法律环境因素包括有关法律、法规,从当前企业经营活动法制环境的情况来看,有两个明显的特点:一是法律体系越来越完善;二是政府机构执法更严。社会文化环境因素包括价值观念、生活方式、风俗习惯、伦理道德、教育水平、语言文字、社会结构等,与经营活动关系较为密切的文化因素有教育水平、语言文字、价值观念、宗教信仰、审美观、风俗习惯;二次大战以后,新科技革命蓬勃兴起,现代科学技术是生产力中最活跃的并对生产力发展起决定性的因素,科技在现代经营中起着主导作用。

微观环境分析的对象集中在行业范围内,它主要包括需求、竞争、供给、市场参与者和社会公众等内容分析。需求因素分析的主要内容是消费者的基本需求和需求偏好的变化趋势、市场活力以及价格决定等因素;竞争因素分析对企业的战略选择是十分重要的,波特模型,主要描述企业各种可能的竞争力量,包括:① 新竞争者的加入威胁;② 现有竞争者的竞争;③ 替代产品的竞争压力;④ 买方的议价能力;⑤ 供应者的竞价能力。供给因素分析的内容有:① 资源供应者;② 资源要素,包括人力资源、能源和原材料、资金、技术和设备、零部件供应、综合服务等。

经营机会,是指有利于实现企业的经营目标的良好条件或客观可能性。这些条件和客观可能性可以通过企业的战略与决策的制定与实施变为现实,形成经营机会的因素很多,如新技术、新发明的出现,需求结构的变化,政府的税制及投资政策的改变以及国际关系或贸易环境的改善等。经营风险,是指企业在创办或经营过程中发生的对未来结果的不确定性,使企业遭受一定的风险损失。国内外一切政治、经济、技术、市场等因素的变化都存在着某种对企业经营成果的不确定性。企业经营风险主要包括筹资风险、投资风险和经营风险。

环境分析的目的是为了不失时机地掌握机会,回避风险,环境并不是静止的,而是不断变化的。环境的变化既会呈现渐进性,也会呈现某种突发性,都可能为企业带来一定的机会。

系统环境是指总体上同质、有序、连续稳定的环境。这样的环境常常制约着经营机会的程度和范围,它给企业带来等同的外界条件和均等的经营机会。非系统性环境是指局部的、不连续或无序的、变异的环境。非系统性环境纷纭微妙,千差万别,它在变化中孕育着各种经营机会,也往往在一夜之间丧失原有的经营机会。

显在性经营机会,是常常可以凭即时环境感受到的一种显而易见的机会。一般来说,显在性机会常与某一时期的特定环境的变动相联系。捕捉显在性机会有赖于企业环境预测的实力和水平。潜在性经营机会,是人们不易直接凭借即时的环境来判断的一种不明显隐含的机会。潜在性机会中隐藏着许多似是而非的机会,一个出色的经营者应独具慧眼,善于对其进行由表及里、去伪存真的分析,以免错捕机会,造成战略失误。任何一家企业总是面临着不同的机会与风险的组合。由于机会与风险的程度有大有小,可以运用一个矩阵把企业经营环境划分为四种:① 理想的环境,机会大而风险小;② 冒险的环境,机会大而风险也大;③ 老化的环境,机会小风险也小;④ 恶化的环境,机会虽小风险却大。

对所面临的风险,企业可选用以下三种对策:

(1) 反抗策略。即试图扭转不利因素的发展。例如,香烟公司为扭转公共场所禁止吸烟对公司带来的风险,可以游说立法人员通过一个允许人们在公共场所吸烟的法令。

(2) 减轻策略,即企业采取减轻环境污染的措施,如该公司设法在公共场所建立一些吸烟区等。

(3) 转移策略。即企业无法反抗或减轻所面临的环境风险时,可将业务转移到其他领域。例如,该香烟公司可适当减少部分香烟业务,把资金投入到酿酒行业,以实行多元化经营。

案例一

后来居上的日本汽车工业

美国的汽车制造业一度在世界上占霸主地位,而日本的汽车工业则是20世纪50年代学习美国发展起来的。但是,时隔三十年,日本汽车制造业突飞猛进,充斥欧美市场及世界各地,把美国的汽车工业打得一塌糊涂。为此美日之间引起了"汽车摩擦",日方考虑外交上的因素,成立了"抢救美国汽车特别紧急委员会"来挽救美国汽车工业的颓势。美国的汽车工业何以会落到这种地步呢?

在20世纪60年代,有两个因素影响汽车工业:一是第三世界的石油生产被工业发达国家所控制,石油价格低廉;二是轿车制造业发展很快,多座位的豪华车、大型车盛极一时。但是擅长于搞市场调查和预测的日本汽车制造商,首先通过表面的经济繁荣,看到产油国与跨国公司之间暗中正在酝酿和发展着的斗争,以及工业发达国家耗能量的增加,预测出即将发生世界性的能源危机,石油价格会很快上涨,因此,必须改产耗油量小的轿车来适应能源奇缺的环境。其次,日本估计,随着汽车数量的增多,马路上车流量增加,停车场的收费会提高,因此,只有造小型车才能适应拥挤的马路和停车场。再次,日本制造商分析了工业发达国家家庭成员的用车状况,主妇要上超级市场,主人要上班,孩子要上学,一个家庭只有一部汽车显然不能满足需要。这样,小巧玲珑的轿车就能得到消费者的宠爱。通过调查分析,使他们掌握了经济环境的变化趋势,进而作出正确的决策。于是日本物美价廉的小型节油轿车在20世纪70年代的世界石油危机中横扫欧美市场,市场占有率不断提高,而欧美各国生产的传统豪华型轿车,却因耗油大、成本高而销路大受影响。

案例思考

日美轿车大战,造成美国汽车业失败的原因是什么?此例对我国的企业有何启示?

案例二

"指南针地毯"的启示

比利时一个地毯商把脑筋动到了穆斯林身上。这个名叫范德维格的商人，聪明地将扁平的指南针嵌入祈祷地毯。这种特殊的指南针，不是指南或指北，而是直指圣城麦加。这样，伊斯兰教徒不管走到哪里，只要把地毯往地上一铺，麦加方向顷刻之间就能准确找到。这种地毯一推出，在穆斯林居住地区立即成了抢手货，几个月内，范德维格在中东和非洲就卖掉了 25 000 多块，赚了大钱。

案例思考

比利时商人为什么能使新产品一举获得成功？

本章练习题

一、单选题

1. 企业作为一个系统，它存在于一定的环境之中，企业每时每刻都要与环境发生物质、能量和（　　）的交换。
   A. 人员　　　B. 资产　　　C. 信息　　　D. 文化
2. 环境及变化不断会给企业带来经营机会，但同时也处处会造成（　　）。
   A. 市场波动　B. 人员流动　C. 经营风险　D. 价格风险
3. 企业经营环境具有（　　）特征。
   A. 差异性、动态性、可测性　　B. 差异性、静态性、可测性
   C. 统一性、动态性、可测性　　D. 差异性、动态性、不可测性
4. 企业的宏观环境主要由对企业经营活动产生比较深远影响的社会性因素与力量构成，包括人口、经济、自然、政治、法律、社会文化、（　　）。
   A. 科学技术　B. 市场竞争　C. 公众　　　D. 顾客
5. 宏观环境和微观环境两者之间是（　　）关系。
   A. 并列　　　B. 主从　　　C. 矛盾　　　D. 动静
6. 影响经营活动的自然环境因素主要有（　　）。
   A. 自然资源问题、环境的污染与保护问题、地理环境
   B. 自然资源问题、技术问题、地理环境
   C. 自然资源问题、环境的污染与保护问题、社会文化问题
   D. 自然资源问题、技术问题、法律问题
7. 需求分析的主要内容是消费者的基本需求和需求偏好的变化趋势、市场

活力以及（　　）等因素。
  A. 销售增长　　B. 用户服务　　C. 价格决定　　D. 市场调查
8. 波特模型，主要描述企业各种可能的竞争力量，包括：① 新竞争者的加入威胁；② 现有竞争者的竞争；③（　　）；④ 买方的议价能力；⑤ 供应者的竞价能力。
  A. 政府的市场准入政策　　　　B. 社会公众的压力
  C. 互补产品的竞争压力　　　　D. 替代产品的竞争压力
9. 行业的竞争者包括愿望竞争者、平行竞争者、产品形式竞争者和（　　）四种类型。
  A. 品牌竞争者　　　　　　　　B. 质量竞争者
  C. 价格竞争者　　　　　　　　D. 服务竞争者
10. 对所面临的风险，企业可选用以下（　　）对策。
  A. 反抗策略、减轻策略、转移策略
  B. 反抗策略、投资策略、转移策略
  C. 放弃策略、减轻策略、联合策略
  D. 放弃策略、减轻策略、转移策略

二、名词解释

1. 经营环境
2. 社会文化
3. 经营机会
4. 经营风险
5. 系统环境
6. 非系统性环境

三、问答题

1. 企业经营环境及其特点是什么？
2. 宏观环境因素包括哪些内容？
3. 企业如何进行自然环境因素的分析？
4. 简述社会文化环境因素分析的内容。
5. 简述微观环境因素及其分析的基本内容。
6. 简述供给因素分析的基本内容。
7. 简述机会与风险的组合分析方法。

第三章 市场调查与预测

📖 学习目的与要求

本章通过对学生在五方面能力——认识市场的能力、设计问卷的能力、搜集市场信息的能力、资料整理及分析的能力和市场预测的能力——的训练,重在培养学生市场调查与预测方面的综合性实际应用能力。

通过本章学习,要求理解和掌握以下重要知识点:
(1) 市场调查的概念和重要性。
(2) 市场调查的程序。
(3) 市场调查方法。
(4) 市场预测的含义和作用。
(5) 市场预测的内容。
(6) 常用的市场预测方法。

第一节 市场调查及步骤

一、市场调查概述

(一) 市场调查的概念和重要性

市场调查就是企业为了达到特定的经营目标,运用科学的方法,系统地收集、记录、整理与分析有关市场营销的情报资料,提出解决问题的建议,使市场营销更加有效地发展。

企业要搞好市场营销工作,首先要进行市场调查。市场调查的重要性有以下几个方面:

(1) 为了了解企业经营环境的变化，明确企业发展的有利机会和不利因素，为制定正确的企业经营战略提供客观依据。

(2) 为了了解市场需要，以生产适销的产品和提供吸引顾客的服务措施。通过市场调查，了解消费者有哪些潜在需求，对企业现有产品的接受情况和不满意的方面，从而改进产品和完善服务。

(3) 为了把产品更好地销售出去。国外企业把市场调查当作市场营销的首要步骤，通过市场调查来了解消费者需要什么，对广告如何选择，需要采用什么样的销售方式，选择什么样的流通渠道乃至包装、价格等一系列问题。

总之，市场调查是对企业生产、销售有关的各种因素及其动态、趋势的信息，作有系统的客观的收集、记录和分析，以了解企业面临的机会和威胁并得出结论。市场调查是企业进行正确的经营决策，安排经营计划的重要前提和依据。通过调查，使企业了解企业经营环境变化动态，为制定经营计划提供客观依据，从而增加了经营计划的可行性。

（二）市场调查的类型

市场调查可以从不同角度、使用不同的标志进行分类，按其研究问题的目的，可以分为四种类型。

1. 探索性调查

探索性调查是在情况不明时，为了找出问题的症结和明确进一步深入调查的具体内容和重点而进行的非正式的初步调查。这类调查，不用制定严密的调查方案，一般都通过搜集第二手材料，或请教一些专家，或者参照一些过去类似的案例来进行。

2. 描述性调查

描述性调查，就是通过搜集与市场有关的各种历史资料和现实资料并通过对这些资料的分析研究来揭示市场发展变化的趋势，从而为企业的市场营销决策提供科学依据。市场调查的很多内容属于这一类。例如，市场占有率调查、新产品开发调查、消费者行为调查、商品销售渠道调查等。

与探索性调查相比，描述性调查注意实地调查，收集第一手资料。因此，需要制定详细的调查计划，并做好市场调查的各项准备工作，以确保调查工作的顺利进行。

3. 因果关系调查

因果关系调查是为了弄清有关市场变量之间的因果关系而进行的专题调查。在企业经营中，每一个经营指标的变化都有其发生的具体原因。因果关系调查就是要指出其间的相互关系，进一步分析何者为因，何者为果。掌握了市场各种现象之间或问题之间的联系，就能预见市场的发展变化趋势。

因果关系调查同样要有详细的计划和做好各项准备工作,并且,在调查过程中,实验法是一种主要的研究方法。

4. 预测性调查

预测性调查是专门为了预测未来市场商情变动趋势而进行的调查。在整个市场调查中,预测性调查具有重要意义,因为市场未来情况如何决定着企业的命运和今后的发展。所以,只有对未来市场有一个比较清楚的了解,企业才能够避免较大的风险。

(三) 市场调查的基本内容

市场营销活动涉及多方面的情况,所以市场调查的内容和范围也极为广泛而复杂。归纳起来,主要包括以下三个方面:

1. 消费需求调查

企业经营的对象是消费者,消费需求的变化直接影响着企业经营的调整,所以,市场调查首先是消费需求调查。它包括价格敏感度、广告影响度、购买行为特点、购买者数量等方面的调查。

(1) 价格敏感度。价格敏感度是指消费者对定价高低的接受程度和对价格变动的敏感程度。产业用品的用户对价格变动的敏感度一般不会太高;而日用消费品的顾客对价格变动往往是较敏感的。

(2) 广告影响度。广告影响度是指企业所做的广告对促成消费者采取购买行动的影响程度。由于产品性质、用途不同,服务对象不同,以及广告媒介不同,广告的影响度也就不同。企业必须根据广告影响度的大小确定其广告策略。

(3) 购买者数量。包括现实购买者数量和潜在购买者数量两个方面,二者之间的比例极大地影响商品供求在总量上的平衡。

(4) 购买习惯。它是由消费者购买力大小和个性决定的一种购买行为模式。购买者行为直接控制着企业的经营目标和方式,购买者对商品的选择已成为商品销售的决定因素,不能适应购买者需要的产品和服务必将被淘汰。

(5) 购买者心理效应。从众心理常促使一部分人超过需要与可能购买高档耐用消费品,造成市场上某种商品短缺;涨价的传闻也可促成抢购风潮。

2. 企业商品状况调查

商品是企业经营的物质基础,市场上商品供求状况和企业拥有市场的商品状况是市场调查的重要内容。它包括商品供求状况、市场容量、市场占有率、商品销售趋势等方面的调查。

(1) 商品供求状况。供过于求的商品,消费者获得更多的选择机会,形成"买方市场",供不应求的短线商品,形成"卖方市场"。商品供求状况调查,就是调查商品的供求有无缺口,缺口有多大;供过于求的原因是什么,改变供不应求的状态企业存在什么样的机会,组织哪些替代品可弥补供需缺口;产品所处生命周期的阶段等问题。

(2) 市场容量。市场容量是指市场对某种商品在一定时期内需求量的最大限度。任何商品在一定时间内可能销售的数量都有一个限度,就消费品来说,市场容量受普及率、购买力和价格的限制。普及率越高,市场容量就越小,有的季节性商品,旺季市场容量远远大于淡季;价格低的商品的市场容量要高于价格高的商品,企业制定产销计划,必须考虑到市场容量,超过市场容量必然造成滞销积压。

(3) 市场占有率。市场占有率分为绝对市场占有率和相对市场占有率。绝对市场占有率是指企业生产的某种产品在一定时间内的销售量占同类产品市场销售总量的份额;相对市场占有率,是指本企业某种产品销售额与同行业销售额最高的企业同量产品销售额的比值。通过市场占有率的调查,能够反映出本企业产品在市场上的地位和竞争能力。

(4) 商品销售趋势。市场是一个动态的变量,必须时刻研究它的变化趋势。市场变化趋势是通过商品销售趋势反映的。商品销售趋势依不同的产品和时间呈现不同的形态。

(5) 商品更新。商品更新换代和新产品的问世,能够对市场供求现状产生强烈冲击,它可以改变消费方式,缩短原有产品的生命周期,人们对新产品的追求,可使供求大体平衡的商品市场重新表现为不平衡。

3. 市场竞争状态调查

市场调查必须对企业参与竞争的有关情况做出正确的评估,它包括企业目标市场调查和对主要竞争对手调查两个方面。

(1) 企业目标市场调查。企业目标市场调查主要是调查企业目标市场策略是否成功;在目标市场上,有无扩大销售份额的可能性;市场竞争格局和特点;开拓潜在市场,在人员、商品、资金、营销渠道及当地法律限制诸方面存在什么障碍等问题。

(2) 主要竞争对手调查。调查主要竞争对手的市场占有份额,竞争对手的经济实力,竞争对手的经营目标及其发展战略,竞争对手的营销策略和管理水平,竞争对手的商品类型、销售组织形式、促销方式及其规模和特色,竞争的主要焦点,竞争对手的数量及其相互关系等。

二、市场调查的程序

有效的市场调查应有合理的程序。市场调查程序如下:确定问题;制定调查计划;实施调查计划;分析调查结果和提出结论。下面分别叙述。

(一) 确定问题

1. 分析问题

市场调查中重要的是分析问题,市场调查就是为了探寻企业经营上的症结,针对其症结寻找答案,谋求新的发展途径而实施的。因此,市场调查首先要明确目前存在的问题,怎样了解情况,对此进行透彻分析是搞好市场调查的前提。

2. 收集分析资料

分析现有资料,在分析存在问题以后,为了明确调查课题,可以先从现有资料入手。例如,如果是调查商业网点建设情况,则可以:① 利用地区人员的分布情况资料,分析该地区购买力的大小;② 考察该地区的现有商业经营情况。

3. 确定调查课题

经过分析问题,收集和分析现有资料等工作后,就可列出应调查的课题项目是:① 当地居民的购买量,购买习惯和特点;② 经营好的商店应具备的条件等。

这就是确定课题,通过对调查课题加以确定,就可知道下一步如何调查,为什么要调查,需要什么资料,为了获得这些资料应选择什么样的调查方法。这一系列问题就是确定调查课题的程序。

(二) 制定调查计划

1. 确定调查方法

根据调查的项目来决定收集哪些资料,是采用实地调查收集第一手资料还是利用现有资料,采用实地调查中问卷法还是观察法或实验法等。

2. 确定调查主体

就是由谁调查,常用的有三种:委托外部机构调查,自己公司进行调查,外部机构和企业相结合。

3. 确定调查程序、日期和费用。

(三) 实施调查计划

调查实施计划是根据上述调查计划,考虑如何实施该计划而制定的,由调查计划、调查问卷、统计计划、预算明细、调查实施与管理计划所构成。下列实施计划书纲要可作为拟定计划书时参考提示,它列出了拟定计划书时必须考虑到的一些项目和内容。

(四) 分析调查结果

1. 资料汇总和整理

调查资料要进行汇总和整理,以便进行分析。资料可分为定性资料和定量资料,资料尽可能图表化。

2. 资料分析和解释

在资料整理后就要进行分析。解释是对资料分析的结果,但它要和企业经营决策相联系才有意义。

(五) 提出结论

写出调查报告,调查报告应包括下述各点:① 调查目的;② 调查项目说明;③ 调查方法;④ 结果分析;⑤ 分析结果后的建议。

三、市场调查方法

市场调查方法很多,选用的方法是否得当对调查的效果影响极大。从大类上,市场调查主要有询问法、观察法和实验法三种。

(一) 询问法

询问法是以询问的方式了解情况,搜集资料,并将所要调查的问题以面谈、电话、书面等形式向被调查者提出询问,从而获取所需的各种情况和资料。询问法是市场调查中最常用的一种方法。

询问法最适宜于收集描述性信息。如果企业需要了解人们的知识水平、信仰、偏好、满足程度以及购买者行为,可采用询问法。

询问法有以下几种方法:

1. 事实询问法

这是就事实进行询问的一种方法。例如:"您喜欢吃冰淇淋吗?""您喜欢吃什么品牌的冰淇淋?"等等。通过询问的解答可以获得消费者的真实想法。这种方法简单,调查人员不需要特别的提问技巧,只要了解事实就行了。

2. 意见询问法

这是征求被调查者对某种事情的意见、看法,评价和判断的一种方法。例如,把几种采用不同原料做的香肠介绍给消费者,向消费者提问"您喜欢哪一种?""哪一种味道最好吃?"之类的问题。

意见提问法在市场调查中应用很广,通常用来征求消费者对商品质量、经营方式等的意见。

3. 解释询问法

这种提问法是由调查者向被调查者提出关于被调查者某一行为或某一意见的问题,要求被调查者对此加以解释。例如,"您为什么购买熊猫牌洗衣粉?""您为什么买这种商品?"等等,通过提出这些问题,要求被调查者将其购买理由如实说明。

以上三种方法是询问调查法中基本的方法,但是,在实际调查中,还要采取恰当的询问方式,主要有以下四种:

1. 访问调查

访问调查指的是调查者面对面地向被调查者询问有关问题。访问调查的优点是：

(1) 灵活性强，富有弹性。被调查者对调查内容不能理解的可以当场解释，回答内容不明确时可以当场要求补充，因此可以获得比较确切的材料。

(2) 直接与被调查者见面，能当面听取对方的意见并观察其反应，从而可以针对不同对象的特点，采用不同的谈话技巧、方式，可以深入探讨问题，也可以获得某些需要回忆或比较秘密的资料。同时，通过对被调查者个人及其家庭陈设布置的观察，可了解对方的购买意图、态度、意见和生活方式、经济状况。

(3) 调查回收率高，资料较真实。

访问调查的缺点是：调查成本较高，费时较多，调查结果往往受调查人员的水平、态度、语气、倾向所影响，同时，被调查者往往由于外出或其他原因而不能接受调查，从而影响访问效率。

运用这种方式，关键是要选好样本(对象)，培训好调查人员。

访问调查的方式有个别调查、小组座谈等。我国企业在实践中经常运用的形式有：

(1) 消费者(用户)调查。如：通过面谈、开用户座谈会、产品鉴定会、订货会等等形式，或利用洽谈贸易的机会，询问、收集消费者、协作户的意见和要求，了解他们与本企业经济交往发展的前景。也可通过老用户了解、介绍本企业产品有可能打入的潜在的新主顾等等。

(2) 向基层商店调查企业产品的销售情况和顾客的意见，了解其他同类产品的销售形势，了解群众或工业企业急需的短线产品，了解消费者爱好的变化动向。

(3) 向研究机构、专业公司、政府有关部门了解产品供求现状和发展前景的预测，了解消费者收入水平、结构及其变化趋势，了解新产品、新技术及其投入生产、供应市场的可能性，了解国际市场的动向和外贸前景，了解企业生产所需原材料、能源供应的可能性，等等。比如：可以从蔬菜种子公司了解菜籽的销售量，分析各种蔬菜的可能种植面积和上市量；又如：可以从城建部门了解城建规模的主要布局，从而可分析水泥的需求和重点用户的所在等等。

2. 电话调查

电话调查是为了解简要的、带普遍性的问题，用电话向被调查对象询问的一种方法。

其优点是：成本比访问调查低，调查速度快，又可避免被调查者在个别访问时不便接待或不愿接待的困难；此外，对问题也可作适当的解释。

其缺点是：只局限于有电话用户,对无电话者或电话号码不公开者无法进行调查；交谈时间短,不能深谈,不能询问较为复杂的问题,也容易产生偏见。

3. 书面调查

书面调查又称邮寄调查、通讯调查。指将设计好的询问表利用邮政系统寄给被调查者,请他们填好后寄回。

其优点是：调查区域广,调查成本低,被调查者无时间压力,可避免访问调查中可能发生的调查人员的偏向的缺陷。

其缺点是：征询回收率低,不能评定被调查者的性格特征,信息反馈时间长。

4. 留置调查

留置调查是介于访问调查和邮寄调查之间的一种调查方式,是把调查表留在被调查者家中,过后再去收回。

其优点是：费用少,在某种程度上可了解调查对象的特性,并且提问内容可较详尽。

其缺点是：回收率虽较高,但仍不太理想。

(二) 观察法

观察法就是直接观察实际情况来收集资料的一种调查方法。

市场观察可分为以下几种形式。

1. 直接观察

就是到商店、家庭、街道等处实地观察。一般是只看不问,不使被调查者感觉到,这样可观察到市场的真实情况。这种观察包括三个方面：一是观察顾客选购时的表现,这是研究购买者行为的一种办法,如果利用摄像机来观察就更好；二是观察家庭消费需要,通过观察了解什么样的家庭拥有什么样的消费品；三是观察商店里哪些商品受欢迎,最能吸引顾客。市场观察的优点是比较客观、真实；缺点是观察不到内在心理因素,有时需作长时间的观察才能求得结果。

2. 测量观察

就是运用电子仪器或机械工具进行观察记录和测量。例如,美国一家广告公司要测量电视广告的效果,就选择一些家庭作调查样本,把一种特殊设计的"测录器"装在这些家庭的电视机上,可将收看的节目自动记录下来。这样,经过一定时间的测量,就可得到哪一类电视节目、在什么地方、什么时间收看的人最多。此外,还有一种"心理测定器",可测量人们的心理活动和情感反应；"眼相机"能自动摄下人们的眼部活动和注意力所在,可以测定人们对广告的反应。

3. 亲身经历法

亲身经历法就是调查人员亲自参与某种活动来搜集有关资料。如要了解本企业中间商的服务态度时,就可以派人员到中间商处参与购买行为。亲身经历搜集的资料一般是非常真实的,但应注意不要暴露自己的身份。

4. 痕迹观察法

这种方法不直接观察调查对象的行为,而是观察被调查对象留下的实际痕迹。

观察法的优点:

(1) 调查情况比较真实。因为被调查人没有意识到自己正在被调查,所以,一切动作、谈话都很自然。

(2) 调查人员也很客观,用仪器观察和收录资料更为详细。会议(展销会、展览会、调剂会、订货会等)的情况,产品被操作及运转的情况,一旦摄入镜头,即可保留并使之再现。

观察法的缺点:

(1) 只能观察消费者的表面活动,不能了解消费者内在因素,如消费者的购买动机、计划和意见等就难以得知。

(2) 与询问法相比较,花费较多,耗用时间也较长。

(3) 调查结果是否正确,观察的内容是否有价值,受调查人员的技术和业务水平高低的影响较大。

(三) 实验法

实验法在搜集市场研究资料中应用很广,特别是在因果关系的研究中,实验法是一种非常重要的工具。例如,将某种产品改变设计、质量、包装、价格、广告、陈设、销售渠道以后,对销售量会产生什么样的影响,都可以先在一个小规模的市场范围内进行实验,观察顾客的反应和市场变化的结果,然后再决定是否推广。常用的实验调查方法有:

(1) 实验室实验调查法。这在研究广告效果和选择广告媒体时常常被使用。例如,某工厂为了了解用什么样的广告信息最吸引人,就可以找一些人到一个地方去,每人发给一本杂志,让他们从头到尾翻一翻,问他们每一本杂志里,哪几个广告对他们吸引力最大,以便为本厂设计广告信息提供一些有用的参考资料。

(2) 销售区域实验调查法。就是把少量产品先拿到几个有代表性的市场去试销,看一看在那里的销售情况如何,得到一些实际资料。然后再分析把这种产品拿到全国去推销可能有多大的市场占有率,需要多长时间、多少费用,值不值得在全国推销等等。这种试验方法在消费品生产企业是常用的。目前在纺织行业中普遍建立了试销门市部,把生产出来的新产品先拿到试销门市部进行试验,看看销售情况和顾客的反应,然后再决定是否大批量生产,就是属于实验调查的一种方法。这种调查能够很快地把市场情况和顾客的意见反馈到企业,对作出各种决策很有好处。

(3) 模拟实验。这种实验的基础就是计算机模型。模拟实验必须建立在对市场情况充分了解的基础上,它所建立的假设和模型,必须以市场的客观实际为前提,否则就失去了实验的意义。模拟实验的好处是,它可以自动地进行各种方案的对比,这是其他实验难以做到的。

(4) 消费者购买动机的实验。这是通过各种心理实验来进行的。实验调查的优点是:搜集到的原始资料比较客观和准确;缺点是实验的时间比较长,成本比较高,同时由于各地区经济条件和其他各种因素不同,推广起来会有一定的困难。

实验法较为科学,资料的客观价值较高,对于了解因果关系能提供其他调查法所不能供给的资料,应用范围也相当广泛。例如:某企业试制出一种新产品,为了解用户对该产品的意见、要求及评价,可采用赠送方式请选定的用户试用,也可在较小的分市场中进行试销,然后收集和研究用户的反映,以便进一步改进产品的性能,同时为推销新产品开辟道路。实验法的优点还在于:通过少量产品的试销,获得比较正确、实用的试验资料;通过少量产品的试销,推测产品的未来销售趋势;通过对少数用户的调查,了解广大用户对企业营销活动的评价。

实验法的主要缺点是时间长、费用高,选择的调查对象不一定有代表性,市场上各种因素的变化难以掌握,调查的结果也不易比较。

(四) 询问调查技术

在采用询问调查时,有些调查人员能得到很多情况和资料,有些调查人员得到的情况和资料则比较少,这与他们的调查技术水平有关。在进行市场调查时,调查人员往往要事先拟一个调查提纲,准备好要提的各种问题。这个调查提纲拟得是否好,除对调查所取得的资料和情况有很大关系外,还与他们选择的调查对象也有很大关系。选择的对象是否具有客观代表性,根据这些样本资料推断出总体情况误差如何,与运用抽样技术是否恰当有关。下面分别介绍调查提纲拟定技术和抽样调查技术。

1. 调查提纲

调查提纲是调查人员事先准备好的、要向被调查者提出的问题。提出问题的类型,一般有以下几种:

(1) 二项选择法。又称真伪法或是非法,多适用于书面调查。这种方法是把要调查的内容具体化为调查提纲、调查表或信函时,能让被调查者很方便地在"是"与"不是"或"好"与"不好"等两种对立的答案中择其一作答。这种调查技术的优点是回答方便、观点明确,无中立意见;缺点是不能表示程度上的差别。

(2) 多项选择法。就是让被调查者从预先准备好的多种方案或结论中,选择其中之一作答。此法比二项选择法的强制性有所缓和,并且可以区分程度上的差别。采用此法时要注意:备选答案要预先编号;备选答案应尽可能包括全部可能的情况,但应避免重复;备选答案不宜过多。

(3) 自由问答法。被调查者可以不受约束地按询问内容自由作答,又称无限制回答法,在访问调查和电话调查中常被采用。自由回答法的优点是被调查者可以尽情发表自己的意见,调查时气氛比较活跃,从答案中可能收集到一些为调查者所忽略的情况和意见。缺点是答案由调查人员记录和整理,有时会出现偏差,采用录音机又易引起被调查者的拘谨和顾虑;由于回答多种多样,甚至超越问卷范围,因此资料的整理和汇总比较困难。

(4) 顺位法。事先列举若干需要排定顺序的项目,让被调查者凭其经验或专业知识以及自身的其他条件,对所列答案定出先后顺序。顺位法的命题可分为两种:一种是由调查人员预先确定答案,请被调查者决定先后顺序;另一种是事先不给确定的答案,由被调查者根据自己的认识程度依次回答或填写。

(5) 评定法。拟定表示不同程度的多种答案,或按不同程度给予分值,要求被调查者表示对某一事物的爱好或认可程度,也称程度评定法或语义极差法。

2. 抽样调查

(1) 抽样调查的概念

市场调研的资料,如能从全面的调查中取得,结果当然较为准确。但普查多非工商企业力所能及的事,即便是政府机关,也不可能频繁地进行很多项目的全面调查。因此,非全面调查,特别是抽样调查,在市场调研中占有非常重要的位置。它可以节省人力财力,缩短调查时间,及时提供资料,以便加强市场调研和市场预测。

抽样调查是非全面调查中一种最重要也是合乎科学原理的调查方法。抽样调查中的随机抽样,是依照同等可能性原则,在所研究对象的全部单位中,抽取一部分作为样本,对样本进行调查,然后根据调查分析结果来推论全体。

所谓同等可能性原则,就是在抽取样本时,每一个单位都有同等被抽选的机会,不受任何人主观愿望的影响。抽样调查的特点主要在于调查样本的选择,不是由人们有意识地确定的,而是按随机原则抽选,体现同等可能性原则。

抽样调查的任务,就是根据由全部总体中任意抽取出的一部分样本的综合指标,推算全部总体的综合指标。例如,根据对一部分钢铁厂的能源消耗水平及需要量,推算全国钢铁行业的能源消耗水平及需要量。

在抽样调查中,通常把所要研究的全部总体叫做全及总体,把由全及总体中抽选出来作为样本的部分,叫抽样总体。这里所说的总体,是统计学中的一个基本概念,它是作为统计研究对象的、客观存在的并在某一共同特征上结合起来的许多事物的整体。

研究抽样调查,应先弄清全及总体与抽样总体的平均数和成数的概念。全及总体的平均数,即全及平均数,用 X 表示;抽样总体的平均数,叫抽样平均数,用 x 表示;全及总体的成数,即所研究标志的单位在全部总体单位中所占的比重,叫做全及成数,用 P 表示;抽样总体的成数,叫抽样成数,简称频率,用 p 表示。

如以 N 表示全及总体的单位数,n 表示抽样总体的单位数,M 表示全及总体中具有某种标志的单位数,m 表示抽样总体中具有某种标志的单位数,则:

全及总体中某种标志的成数$(P)=M/N$

抽样总体中某种标志的成数$(p)=m/n$

所以,抽样调查的具体任务就是:根据抽样总体所得到的综合指标来推算全及总体的综合指标,即根据抽样平均数 x 来推断全及平均数 X;根据抽样成数 p 来推断全及成数 P。

(2) 抽样调查的组织形式

市场调查一般采用抽样调查的方法,它可以在较短的时间内,用较少的费用和人力,获得比较准确的资料。

按照采用什么方式组织抽样调查以取得样本,抽样调查可分为随机抽样和非随机抽样两大类,每类又各有多种方法。

随机抽样常用的方法有:

① 纯随机抽样法,亦称单纯随机抽样法。它是随机抽样中最简便的一种方法。抽样者不作任何有目的的选择,用纯粹偶然的方法从全体中抽取若干个个体为样本,如抽签法、乱数表法、等距抽样法。

② 分层随机抽样法,亦称分类抽样法。它是将总体中所有单位,按其属性、特征分为若干类型(组、层),然后在各类型(组、层)中再用纯随机抽样方式抽取样本单位,而不是从总体中直接抽取样本单位。分层抽样可以避免纯随机抽样过分集中在某一地区、某种特性或遗漏掉某种特性的缺点。

③ 机械随机抽样法,亦称等距抽样法。在总体单位中,先按一定标志顺序排列,并根据总体单位总数和样本单位数计算出抽样距离(即同等的间隔),然后按相等的距离或间隔抽取样本单位。排列顺序可以用与调查项目无关的标志为依据,如按户口册、姓名笔画、地名、地理位置等排列;也可用与调查项目直接或间接有关的标志为依据,如职工家庭调查中按平均工资由低到高排队,农副产品资源调查中按平均亩产由低到高排队等。

④ 分群随机抽样法,亦称整群抽样法。分群随机抽样法不同于其他抽样法,它不是从总体中抽取个别单位,而是整群或整组地抽取样本,对被选中的群

或组所包含的所有单位,均无例外地作为样本进行调查。它的做法是根据市场调查的任务和被调查对象的特点,预先将总体按时间、地点或其他人为标志分为若干群(组),然后成群成组地抽选。分群抽样的优点是抽选工作比较省事,抽中的单位集中,调查方便,可节省人力和费用;缺点在于样本在总体中分布不均匀,如果群与群之间差异程度大,抽样误差就会大。

分层抽样与分群抽样,都要把总体分为若干群、组,但两者的目的要求不同。分层抽样是要区分各类型之间的差异,而同类型内部的单位具有共同性,差异较小,目的是为了增加样本的代表性;分群抽样则要求各群之间差异较小,而各群内部的单位差异却较大,其目的是为了便于抽选样本和组织调查工作。

分群随机抽样法的特点是抽出的样本集中在几个区域,调查费用较低。而纯随机抽样法和分层随机抽样法所抽出的样本可能在各个区域都有,比较分散,调查费用也较高。因此,市场调查人员经常采用分群随机抽样法来抽取调查对象的样本。

非随机抽样常用的方法有:

① 配额抽样法。此法与分层抽样有类似之处,都是按一定的标志对总体进行分层排列。所不同的是,分层抽样在分层之后,每层的抽样是按随机原则确定的,而配额抽样则是在分层的同时按预定的配额在配额内的抽样,由调查人员根据一定标准自由选取。

采用配额抽样通常有以下四个步骤:

第一步,选定控制特征或标志,即先决定从哪些方面去划分或表述市场。

第二步,确定总体中的特征比例。

第三步,确定按各个特征划分层次的抽样数目。

第四步,确定调查单位。由调查人员在配额限度内自行选定调查单位。

② 任意抽样法。样本的抽选,完全根据调查人员的方便而定,其基本假定是母体中的每一个单位基本相同。例如,调查人员为了解用户对本企业产品的意见和要求,随便到一户经销商办公室,碰到选购本企业产品的用户便当作调查对象,即属于任意抽样法。此法固然比较方便,花费较少,但抽样方法不科学,样本偏差大则结果不可靠。在市场研究中,多用于探测性调查,正式调查中较少采用。

③ 判断抽样法。根据专家或调查人员的主观判断来挑选调查对象。此法能较好地适合特殊需要,但易受选样者偏见的影响。采用此法,要求负责选样者对母体的有关特征有较深入的了解,选样时极力避免挑选极端的类型,尽量选用多数型或平均型,以便通过典型样本的研究来观察全体的情况。

3. 市场调查表

询问调查,在不少场合要设计调查表。调查表的作用是:能明确反映调查目的,问题具体,重点突出,促使被调查者愿意合作,协助达到调查目的;能正确记录和反映被调查者回答的事实,提供正确的情报;能便于资料的整理、分析。

(1) 设计调查表应注意的问题

① 调查表的内容,也即询问的问题,应是调查课题所必需的,无关的不要列入,以突出重点,减轻被调查者的负担。

② 询问的问题应该是被调查者所能回答的,也即所问的应在被调查者的经验、记忆所及的范围之内。为此,设计者要将自己放在被调查者的位置,考虑这些问题能否得到确切的资料,哪些问题能使被调查者一目了然,哪些难以回答。

③ 要能得到被调查者的合作和关心。在设计调查表时,问题不宜过多、过长,不要使被调查者花费很多时间,不要提出与被调查者无关的或不感兴趣的问题。

④ 所提的问题要清楚明了,不能含糊其辞、模棱两可;不能使用使人难以理解的行业专用词;不能有过多的内容使人无从着手;不能把两个问题作为一个问题提出来,以致得不到确切的答复。

⑤ 要能帮助被调查者构思答案。有些经过思考或回忆的问题,一般先提出概括性问题,由近到远,先易后难,先宽后窄,逐步启发,即用"漏斗法",防止一下子提出复杂问题,使人感到厌烦。

⑥ 要防止偏见。提问内容和次序、提问口气和方式都会影响被调查者的答案。因此,调查者不能有暗示或倾向性,要防止使用造成单一答案的提问,问题的排列顺序要有合理布局。如"你喜欢××牌产品吗?"这样的提问容易把答案引向"喜欢"方面,造成调查偏差,可改为:"你家的××产品是什么牌子的?"

⑦ 要避免提出一些涉及个人私生活的问题。

(2) 问题的形式

提问的问题可分为封闭式和开放式两种。封闭式问题包括所有可能的回答,被调查人从中选择一个答案。开放式问题允许被调查人用自己的话来回答。它们有多种形式。

第二节　常用的市场预测及方法

一、市场预测的含义和作用

(一) 市场预测的含义

所谓预测,概括地说,是指对未来不确定事件的一种预计和推测。它是人们对客观世界各种各样事物未来发展变化趋势以及对人类实践活动的后果事先所做的分析和估计。预测是研究未来的,人们称它为"探索未来之窗"。人们之所以要研究未来,就是为了能更好地指导自己当前的行动。如果未来的事情变化是确定的,在时间上和数量上可以肯定,那就用不着预测了。然而,客观世界许多事情的未来变化都具有不确定性,人们在行动之前,往往又需要知道同目前行动有关的未来事件的演变趋势,以便据此做出正确的决策。预测的意义在于使未来事件的不确定性减小,使人们的认识能基本接近未来的客观实际,以减少不确定性对其行为的影响。所以,预测活动所要解决的就是客观上未来事件不确定性与主观要求未来事件确定性这个矛盾,整个预测过程就是一个力求解决这对矛盾的分析判断过程。

预测的研究范围很广,几乎涉及自然界和人类社会的各个领域,如社会发展预测、科学技术预测、经济预测等等。其中每个领域的预测又可细化为许多分支。以经济预测为例,可按部门分成工业经济、农业经济、商业、财政、金融、交通运输等预测,也可按行业分为机械行业预测、食品行业预测、纺织品行业预测等等。对于每一个分支还可再细化为若干专题预测,如需求预测、资源预测、价格预测等。各经济专题预测还可以再行细分。

市场预测是经济预测的一个分支。所谓市场预测就是根据市场调查所获得的信息资料,用科学的理论进行分析研究,从而对未来市场供求关系的发展趋势及其他相关因素所作出的具有根据性的判断。

市场预测是商品经济发展的必然产物。商品生产者和经营者作为一种追求,总希望自己的生产经营活动在未来能取得成功。由于未来因素是不确定的,这就需要预测。预测结果的准确程度,取决于人们认识客观事物的能力。人们能否把握客观事物内在的、本质的和必然的联系,即能否认识事物发展变化的规律性,是预测能否接近未来实际的关键。所以,预测决不是凭空猜测,而是根据以往的统计资料,运用科学的理论和方法,探求事物的演变规律,在此基础上所做出的接近实际的分析和推测。

(二) 市场预测的意义

随着社会化大生产的商品经济的迅速发展,市场不断扩大,商品的供求和价格变化多端,经济关系日趋复杂。企业为了在激烈的市场竞争中求得生存和发展,迫切需要及时了解市场信息,掌握市场供求矛盾运动的变化趋势,作为经营决策的依据。20世纪60年代以来,由于经济统计资料有了较多的积累,预测的理论、方法和技巧也有了进一步的发展,特别是在定量计算方面发展较快,电子计算机在预测领域中得到了广泛的应用,使预测效果较为显著,预测的准确程度有所提高,预测在经济活动中更加受到重视。

我国的社会主义市场经济是在国家宏观调控的前提下根据市场需要来配置资源的一种经济模式,为了提高宏观调控的科学性,迫切需要在搞好市场调查和信息反馈的基础上加强市场的预测工作,市场预测在宏观经济调控和微观经济管理中具有十分重要的作用。

1. 市场预测在宏观经济管理中的作用

(1) 通过市场预测,预见未来一定时期内国内市场总供给与总需求的变动趋势,为调整国民收入的积累和消费的比例、为控制货币发行、为调整利率和汇率提供决策依据。

(2) 通过市场预测,可以掌握未来一定时期内各部门主要商品的供求变化趋势,为国家制定产业政策,有针对性地调整税收、信贷等经济杠杆提供决策依据,以求实现国民经济各部门之间按比例协调发展。

(3) 通过预测,掌握未来一定时间内的社会分配状况,国家据此制定相应的政策,调整社会的利益格局,建立社会保障机制,防止贫富两极分化,实现社会的基本公平。

2. 市场预测在企业经营管理中的作用

(1) 通过市场预测,为企业确定经营方向和制定经营计划提供客观依据。在科学技术日新月异,市场供求变化多端,竞争日趋激烈的情况下,企业必须依据市场调查和市场预测提供的数据和方案,才能做出正确的决策,制定出切实可行的经营计划。例如,工业企业确定投资方向和开发新产品,商业企业确定商品经营范围和发展规模,金融企业开展信贷业务,都必须以未来市场的供求趋势为依据,从而做出相应的抉择。不然的话,就会因经营的盲目性而导致经营的失败。

(2) 通过市场预测,可以摸清消费者的潜在需求,有利于企业开发社会所需要的产品,提高竞争能力。

(3) 加强市场预测,有利于企业根据市场的变化改善经营管理,提高企业适应市场环境的能力,提高经济效益。

预测的关键是精确性。可以说,谁预测的精度高,谁成功的概率也就大。

二、市场预测的分类、内容和程序

(一) 市场预测的分类

市场预测,按照不同的标准,大体有以下不同的分类:

1. 按预测的经济活动范围不同,可分为宏观预测和微观预测

宏观预测是从全社会经济活动的角度,对其发展趋势所作的综合性预测,如社会购买力预测、社会供求总量预测等。微观预测是从企业角度,对自身生产经

营活动和与己有关的市场环境所作的预测,如企业的市场占有率和销售额预测等。实际上,宏观预测以微观预测为基础,微观预测则要以宏观预测为指导。

2. 按预测时间长短可分为近期预测、中期预测和长期预测

一般来说,近期预测是指为期一年以内的预测,中期预测为五年期的预测,五年以上预测为长期预测。近期预测要求内容详细具体,精度较高。中期预测的内容要相对简要一些,它主要是为制定中期经营战略提供依据。长期预测是对市场发展的远景推测,是粗线条的预测。

3. 按预测的空间层次不同,可分为国际市场预测和国内市场预测

国际市场预测是对各国进出口贸易和国际市场变化趋势的预测。国内市场预测是对国内市场发展和对某个行政区域或经济区域市场变化趋势的预测。

4. 按商品的层次和用途不同,可分为单项商品预测、分类预测和总量预测

单项商品预测是指对某种具体商品的预测,如对钢材、水泥、电视机等商品的供求预测。

分类商品预测是指对某一类商品市场供求关系变化的预测。商品分类的标准可根据决策的内容来划分,如生产资料、消费品,消费品又可具体分为食品、服装、医药品、日用品等。

总量预测是指用货币表示的商品供求总量的预测。

5. 按预测的标志不同,可分为定性预测和定量预测

定性预测是对未来一定时期内市场商情变动方向的一般预测,主要是侧重于对事物性质的分析和推测。定量预测是对未来市场商情变动的规模、水平、速度、比例等数量方面所做的预测。定性预测和定量预测的划分是相对的,在实际工作中,往往是定量预测要以定性预测为前提,定性预测要以定量预测为补充。

(二) 市场预测的内容

预测是为决策服务的。经济管理部门从事宏观调控和企业经营的决策要求不同,它们对市场预测的内容也就有所不同。

1. 经济管理部门市场预测的内容

(1) 消费品需求总额及其构成变动趋势的预测。它反映着一定时期全国或一定地区市场范围内有货币支付能力的消费品市场容量及其对各大类消费品的购买力投向。

(2) 生产资料需求总额及其构成变动趋势的预测。它反映着一定时期社会生产资料购买力及其对各大类生产资料的购买力投向。生产资料需求总额包括农业生产资料需求、工业生产资料需求、基本建设需求和其他需求(如国防、科研、技改等需求)。

(3) 市场商品供应总额及其构成和未来商品供求平衡状况的预测。供应总

额及其构成的预测内容、范围和口径要与上述消费品和生产资料的需求总额及其构成相对应,以便进行对比分析,预测未来市场供求平衡的状况。

(4) 重要商品市场供求变动趋势的预测。所谓重要商品是指直接关系到重大国计民生的商品,如粮食、棉花、石油、煤炭、电力等。一般情况下是对其需求总量的预测。

(5) 对外贸易进出口的商品总额,重要商品进出口数量及其外贸平衡状况变动趋势的预测。对外贸易,进出口商品数量及平衡状况,直接影响着国内市场商品供求结构的变化。

2. 企业市场预测的重要内容

(1) 企业生产经营商品的需求预测。它包括在一定时期内市场对该商品的品种、规格、花色、型号、款式、质量、包装、需求量等变动趋势的预测,是企业对该产品进行决策的重要依据。

(2) 商品经济寿命周期预测。商品经济寿命周期是指商品投放市场到被淘汰而退出市场这一过程中所经历的时间。由于科学技术的迅速发展和竞争的日趋激烈,任何商品都将被更新产品所取代,商品的经济寿命周期一般经历投入期、成长期、成熟期和衰退期四个阶段。弄清商品在其经济寿命周期中所处的阶段及其发展趋势,就可采取相应的经营策略,以提高企业的竞争能力。

(3) 商品资源变动趋势预测。主要是为了弄清未来可以提供市场的货源供应情况,作为企业制定商品进货计划的依据。

(4) 市场占有率预测。市场占有率是指本企业某种产品销售量(或销售额)占市场上同种产品销售总量(或总额)的比例。它直接反映了企业的经营能力和竞争能力。当某种商品的市场容量一定时,企业市场占有率的高低决定了企业该商品的销售数量。

(5) 商品价格预测。价格是价值的货币表现形式。价格的变动主要是由商品价值量的变化以及商品供求关系变化决定的。同时,价格的变动主要是由商品价值量的变化以及商品供求关系变化决定的。价格的变动又反过来影响商品供求关系的变化。商品价格预测,主要是预测该商品生产成本的变化和供求关系的变化趋势。其次是要预测价格变动对供应和需求所带来的影响,以及由此引起的购买力在商品之间的转移情况。这些对于企业进行产品决策和价格决策都有着重要的意义。

(6) 新技术发展预测。主要是预测与本企业生产和经营的产品有关的技术发展前景,以便尽可能地采用新技术,并决定有关产品的取舍。

(三) 市场预测的步骤

(1) 提出问题、确定预测目标。市场预测首先要明确预测的对象和目标,也就是要求解决预测什么和为什么要预测,预测要达到什么目的等问题。

预测是为决策服务的,预测目标是根据决策的要求提出来的。每一次决策活动的目标不尽相同,因此,对预测目标提出的要求也就不一样。通常情况下,预测的目标应有数量来表示。

(2) 收集整理数据资料。围绕确定的预测目标进行收集、整理和分析有关的数据资料。预测资料的来源主要有市场调查得来的资料,国家有关部门发布的数据资料和本企业的统计资料。资料和数据要求准确、系统、全面。

(3) 选择预测方法。预测的方法很多,归结起来可分为定性预测和定量预测两大类。每一类中都包含若干种不同的方法,而每一种方法又都有其自己的特点和适用条件。预测方法的选择应以能最大限度地达到预测目标为准。

(4) 建立预测模型,确定预测结果。根据有关资料和市场变化规律,建立数学模型并求得预测值。对预测的结果进行综合分析,考虑各种因素的影响,找出预测误差。

(5) 提出预测报告。预测报告主要应包括以下内容:
① 预测的目的和确立的目标。
② 预测资料的来源及适用。
③ 预测所选用的方法。
④ 预测的结果和置信区间。
⑤ 结论和建设。

三、市场预测的基本原理

预测原理是预测活动的理论基础,它阐明了人们之所以能够运用各种预测方法对未来事物发展趋势做出推断道理,它对预测的具体操作具有普遍的指导意义。

(一) 连贯性原理

连贯性原理是指客观事物的发展具有合乎规律的连续性。一切社会现象和经济现象都有它的过去、现在和未来。在一定条件下,事物的今天是昨天的延续,事物的明天是它昨天和今天发展的继续。事物发展的这种连续性,表明事物发展是按照它本身固有的规律进行的。只要规律赖以发生作用的条件不变,合乎规律的现象必然重复出现,事物未来的发展趋向同过去和现在的变化就不会面目全非。依照这个原理预测事物的未来,必须建立在充分了解它的过去和现在的基础上。在运用连贯性原理进行预测的过程中,还必须注意以下两个问题:一是要求预测目标的历史发展数据所显示的变动趋势具有一定规律性。如果事物变化是不规则的,那么就将使预测目标的变化带有很大的偶然性,就不适于利用连贯性原理进行预测。二是要注意分析预测目标历史演变规律发生作用的客观条件,在未来观测期内,这些条件是否已经发生了变化,事物原来的规律性也将随之发生变化,事物的发展也就不再按照原来的变化趋势延续下去。因此,我们在预测中不仅要善于发现客观事物的演变规律,还应重视分析预测期内影响客观事物的各种条件的变化情况,借以判断原来的演变规律是否继续起作用,不加分析地运用连贯性原理有时会造成预测的重大失误。

(二) 类推原理

类推原理,是指客观事物之间存在着某种类似的结构和发展模式。人们可以根据已知事物的某种类似的结构和发展模式,类推未来某个预测目标的结构和发展模式。它既适用于同类事物之间的类推,也适用于不同事物之间的类推。例如,对未来洗衣机家庭普及率趋向的预测,就可以参考国外或国内洗衣机使用较早地区的家庭普及率发展趋向加以类推;也可以参考同洗衣机需求相近似的其他家用电器普及率发展趋向加以类推。我们之所以可从某个已知事物类推预测目标的未来变化,是因为客观事物之间往往具有某种相似性。这种相似性,具体表现在事物之间的结构、发展模式相近。如果事物之间没有相似性,就无法以某种事物去类推另一种事物。利用样本可以推断总体,就是因为同类事物中具有代表性的样本同总体在结构上是高度相似的。洗衣机同电视机是两种用途不同的商品,但它们同是耐用消费品,它们的经济寿命周期的发展模式有某些相似之处,因此在预测洗衣机家庭普及率发展趋势时,就可以参考电视机的家庭普及率发展趋势来类推。在市场预测中运用类推原理,首先要弄清用来类比的事物之间是否存在着某些相似之处。一般来说,越是相似的事物,类推预测的效果就越好。如果事物之间没有或很少有相似之处,就无法用类推来进行预测。

(三) 因果性原理

因果性原理,亦称相关性原理,是指客观事物之间存在着一定的因果关系,人们可以从已知的原因去推测未知的结果。因果关系是客观世界无数事物纵横交错交织而成的普遍联系网上的一个"纽结"。它从普遍联系网中被抽取出来单独加以考察,表现在事物的运动中。作为原因的某种现象一旦发生,作为结果的另一种现象必然将随之出现。原因在前,结果在后,或者原因与结果几乎同时出现。人们如能把握住事物发展变化的原因,就可以推断出必然出现的结果。依据因果性原理,在市场预测中,必须重视对影响预测目标的各种因素进行具体分析,找出预测目标(因变量)与影响因素(自变量)之间数量变动关系。当自变量为已知时,就可以推断出因变量的预测值。这种数量变化的因果关系,既可以表达为确定的函数关系,也可以表达为不确定的统计相关关系。唯物辩证法认为,事物的因果关系在一定条件下是可以相互转化的,在此时此地是结果,在彼时彼地可以成为原因,而且在事物的发展过程中,还存在着互为因果、一因多果、一果多因、多因多果等复杂情况。因此,在市场预测中,必须对客观事物的因果关系进行全面的具体的分析,才能在事物发展的因果链条中,正确揭示对预测目标起作用的原因。事物内部的、主要的原因决定着事物发展的必然趋势,而事物外部的次要的原因又往往使必然趋势发生某种偏离,表现为种种偶然性。通过因果分析,把握住影响预测目标诸因素的不同作用,由因推果,预测出事物的必然趋势和偶然因素可能产生的干扰。

四、常用的市场预测方法

根据美国斯坦福国际咨询研究所的统计,世界各国使用的预测方法有150种之多,下面仅介绍一些目前常用的方法。

(一) 集合意见法

集合意见法就是集合那些熟悉市场需求情况及变化动向的人的意见,通过分析判断来进行预测。

1. 集合管理人员意见法

由经理向管理人员提出预测目标和要求,然后将他们的预测结果集合起来,经过分析判断,确定预测值。由于管理人员往往从企业的角度看问题,因此他们的意见难免带有主观片面性。

2. 集合销售人员意见法

要求销售人员各自对自己负责推销的地区或对象作出预测。其预测步骤同上。此法的优点是能利用最接近市场人员的知识和经验,能将各子市场影响销售的具体因素考虑进去;缺点是销售人员不重视对市场预测有影响的全局性因素,因此带有片面性。

3. 集合顾客意见法

经常采用对顾客进行抽样调查来进行,能直接掌握顾客的购买要求,但较费时费力。

(二) 专家意见法

专家意见法就是根据预测目的和要求,向有关专家提供一定的背景资料,请他们作出预测。专家意见法是国内外广泛采用的方法,可分为专家会议法和专家小组法。

1. 专家会议法

邀请有关方面的专家,通过会议的形式,根据企业的预测目的和提供的背景资料,综合出预测结果。此法的优点是快速。缺点是:会议出席人数少,缺乏代表性;"权威"的意见容易影响其他人;由于与会者的个性或顾及其他原因,不愿发表与别人不同的意见。

2. 专家小组法

专家小组法也称德尔菲法。美国兰德公司在20世纪50年代初创造的一种预测方法,在国外相当流行。这一方法的特点是让专家们在相互隔绝的状态下,用书面形式独立地回答预测者提出的问题,并经过反复多次修改后,最后由预测者进行综合分析,确定市场预测值。首先,向专家提出明确的问题及背景资料,请专家们在互不通气的状态下独立用书面问答。其次,将专家们的第一次书面意见加以综合,将综合结果提供给专家们,请他们将自己的意见和别人的意见相比较,书面说出修改或不修改自己意见的理由。如此再反复1~2次,使各专家对自己的判断意见比较固定则可。最后,预测者采用统计方法,综合各位专家的意见,确定预测值。这种方法能充分发挥专家们的思考能力,所得出的预测值比较精确。尽管较为费时费力,但仍成为众多企业乐于采用的方法。

(三) 时间序列分析法

时间序列分析法就是将市场随时间变化的变化值,经过一定的数据处理,找出某种可以遵循的规律来预测市场未来的发展,因此也称历史延伸法或外推法。时间序列分析法属于定量预测法,其前提是假定事物的过去会同样延续到未来,因此根据市场过去的变化趋势就可以预测未来的发展。将市场变化的各种数据,按照日、月、季、年等顺序排列,便构成时间序列数据。时间序列数据具有明显的不规律性,时间序列分析法把时间序列数据看作随机变量,运用数学方法消除偶然因素的影响并使其向外延伸,作出未来市场变化趋势的预测。

在运用时间序列分析法进行市场预测时,首先绘制历史数据曲线图,确定其趋势变动类型。其次,根据历史资料的趋势变动类型以及预测的目的与期限,选定具体的预测方法,并进行模拟、运算。最后,如果有条件的话,尽量参考定性分析的结果确定预测值。

由于处理时间序列数据的数学方法不同,时间序列分析法可分为简易平均法、移动平均法、指数平滑法、趋势延伸法、累积法等。

1. 简易平均法

求出时间序列数据平均值并以其为基础确定预测值的方法称简易平均法,是短期预测中经常采用的方法。在时间序列数据没有明显升降趋势变动时,可采用算术平均法;反之可采用几何平均法;如果考虑构成时间序列数据的重要性不同,则应采用加权平均法。加权平均法就是在求平均数时,根据时间序列数据中各数据重要性不同,分别给予不同权数后加以平均的方法,所得平均数反映了

长期趋势变动。加权平均法的关键是确定权数,迄今为止,只能依据经验而定。一般原则如下:

(1) 近期数据加权大,远期数据加权小。

(2) 根据时间序列数据波动幅度而定,波动幅度大者加权大。在数据变动不大时,按等差数列确定权数,在数据变动大时,可按等比数列确定权数。

2. 移动平均法

将时间序列数据由远而近按一定跨越期进行平均,取其平均值,随着跨越期的推移,逐一取得移动平均值,并将接近预测期的最后一个移动平均值作为确定预测值的依据。

3. 指数平滑法

它是一种特殊的加权移动平均法。它的特点是加大了近期观察值对预测值的作用,并可通过对平滑常数 α 的选值来改变权数的变化速率。

(四) 统计分析法

根据时间序列资料,以 y 代表销售量,x 代表时间,视 y 为 x 的函数,运用数学的最小二乘法求得变动趋势线,并使其延伸来预测市场未来的发展趋势,也叫最小二乘法。具体方法,较常用的有直接趋势法和曲线趋势法。当观察期时间序列数据表现为接近于一条直线,即表现为近似直线的上升或下降时,可运用直线趋势法求得趋势直线,并且以这条趋势直线的延伸来确定预测值。

时间序列的观察值的变动趋势并不都是直线状态,由于季节性变化或者其他因素影响,有时呈现为曲线,时间序列数据呈现为一条有增长上限 k 的曲线(修正指数曲线),在这些情况下,就应该运用曲线方程式求得曲线趋势变动线后,以其延伸进行市场预测。

(五) 试销法

企业搜集到的各种意见的价值,不管是购买者、销售人员的意见,还是专家的意见,都取决于获得各种意见的成本,意见可行性和可靠性,在这种情况下,就需要利用市场试验这种预测方法。特别是在预测一种新产品的销售情况和现有产品所在新的地区或通过新的分销渠道的销售情况时,采用这种方法效果最好。

本章重要知识点总结

市场调查就是企业为了达到特定的经营目标,运用科学的方法,系统地收集、记录、整理与分析有关市场营销的情报资料,提出解决问题的建议,使市场营销更趋有效地发展。

市场调查是对企业生产、销售有关的各种因素及其动态、趋势的信息,作有系统的客观的收集、记录和分析,以了解企业面临的机会和威胁,并得出结论。市场调查是企业进行正确的经营决策,安排经营计划的重要前提和依据。通过调查,使企业了解企业经营环境变化动态,为制定经营计划提供客观依据,从而增加了经营计划的可行性。

市场营销活动涉及多方面的情况,所以市场调查的内容和范围也极为广泛而复杂。归纳起来,主要包括以下三个方面:消费需求调查;企业商品状况调查;市场竞争状态调查。

有效市场调查应有合理的程序。市场调查程序如下:确定问题;制定调查计划;实施调查计划;分析调查结果和提出结论。

市场调查方法很多,选用的方法是否得当对调查的效果影响极大。从大类上,市场调查主要有询问法、观察法和实验法三种。

预测,是针对某一目前还不明确的事物,根据其过去和现在的已知情况,估计和推测未来可能出现的趋势。这种估计和推测,应该是在正确的理论指导下,通过广泛调查取得第一手资料或第二手资料,再运用定性分析和定量分析的方法,对市场今后的发展变化作出质的描述和量的估计。

市场预测与市场调查的区别在于,前者是人们对市场的未来的认识,后者是人们对市场的过去和现在的认识。市场预测能帮助经营者制定适应市场的行动方案,使自己在市场竞争中处于主动地位。

市场预测是在对影响市场供求变化的诸因素进行调查研究的基础上,运用科学的方法,对未来市场商品供应和需求的发展趋势以及有关的各种因素的变化进行分析、估计和判断。预测的目的在于最大限度地减少不确定性对预测对象的影响,为科学决策提供依据。

市场预测需要以下几条原理作指导:连贯性原理、类推原理、因果性原理。完整的预测工作一般包含以下几个步骤:确定预测目标;搜集资料;选择预测方法与建立预测模型;分析预测误差。市场预测方法包括定性预测方法和定量预测方法。

案例一

企业家王永庆的第一桶金

台湾著名企业家王永庆早年因家境贫寒读不起书,只好去做小生意以补贴家用。16岁时,在嘉义开了一家米店,当时小小的嘉义已有米店近30家,竞争非常激烈。当时仅有200元资金的王永庆只能在一偏僻的巷子里租了一个小铺面。由于他的米店开办最晚,规模又小,更谈不上知名度,所以没有任何优势。

在刚开张的日子里,生意冷清。当时,一些老字店铺占据了周围大市场,而王永庆的米店因规模小、资金少,没法做大宗买卖。那些地点好的老字号米店在经营批发的同时也兼做零售,没有人愿意到他这个偏僻的米店来买米。王永庆曾背着米挨家挨户去推销,但效果不好。

王永庆感觉到要想自己的米店在市场上立足,就必须有一些别人没做到或做不到的优势才行。经过仔细调查之后,王永庆很快从提高米的质量和服务找到了突破口。

20 世纪 30 年代的台湾,农村还处在手工作业状态,稻谷收割与加工的技术很落后,稻谷收割后都是晾晒在马路上,然后脱粒,沙子、石子之类的杂物很容易掺杂在里面。用户在做米饭之前,都要经过一道淘米的程序,但是一些沙子、石子之类很难彻底清除掉,每到吃饭时总硌着牙,经常有人抱怨,连大的米店卖的米也是如此。

王永庆从顾客的抱怨中找到了自己应该改进产品质量的信息。他带领两个弟弟一齐动手,不辞辛苦,不怕麻烦,一点一点地将夹杂在米里的秕糠、沙石之类的杂物拣出来,然后再出售。这样,王永庆米店卖的米质量显然就要高了一个档次,因而深受顾客好评,米店的生意也日渐红火起来。

产品质量的提高带来了较好的经济效益的同时,王永庆又将目光投向了别处。20 世纪 30 年代的台湾电话还不普及,没有现在的电话订购,大部分人买米一定要自己到街上的米店去买,自己运送回家。有顾客反映,由于平时太忙,自己在煮饭时才发现米已经没有了,只好饿着肚子再去米店买米回家。经过长时间观察,王永庆还发现,一些家庭由于年轻人整天忙于生计,且工作时间很长,不方便前来买米,买米的任务只能由老年人来承担。对于一些上了年纪的老年人,就是一个大大的不便了。另外,就米店而言,要等客人上门才有生意做,长久下去,太被动了。王永庆注意到了这些情况,于是决定打破常规,主动送货上门,这一方便顾客的服务措施大受欢迎。当时还没有送货上门一说,增加这一服务项目等于是一项创举。王永庆米店的生意更加红火了。

但是,王永庆并不因此满足,他将目光又一次投向了更加精细的服务。即使是在今天,送货上门充其量是将货物送到客户家里并根据需要放到相应的位置,就算完事。那么,王永庆是怎样做的呢?

每次给新顾客送米,王永庆就拿出随身携带的小本子细心记下这户人家米缸的容量,并且问这家有多少人吃饭,有多少大人,多少小孩,每人饭量如何,依据这些资料大致估计该户人家下次买米的时间,到了这个时间段,不等顾客上门,他就主动将相应数量的米送到客户家里。

在送米的过程中,王永庆还了解到,当地居民大多数家庭都以打工为生,生活并不富裕,许多家庭还未到发薪日就已经囊中羞涩。由于王永庆是主动送货上门的,要货到付款,如果碰上顾客手头紧,一时拿不出钱,会弄得大家很尴尬。为解决这一问题,王永庆采取按时送米,不即时收钱,而是约定到发薪之日再上门收钱的办法,极大地方便了顾客。

王永庆精细、务实的营销方法,使嘉义人都知道在米市马路尽头的巷子里,有一个卖高质量米并送货上门的王永庆。有了知名度后,王永庆的生意很快红火起来。这样,经过一年多的资金积累和客户积累,王永庆便自己开办了一个碾米厂,在离最繁华热闹的街道不远的临街处租了一处比原来大好几倍的房子,临街的一面用来做铺面,里间用作碾米厂。就这样,王永庆从小小的米店生意开始了他后来问鼎台湾首富的事业。

案例思考

1. 王永庆的米店为什么能够成功?
2. 王永庆在市场调查与预测中如何留住了顾客?
3. 本案例对于大型企业的营销管理有什么启示?

案例二

肯德基二进香港

1973年6月,肯德基公司在东方之珠首次登陆。香港的新闻媒体几乎全部出动,在同一个时刻,为一个广告展开铺天盖地、声势浩大的宣传。标语、横幅、彩图充斥着香港的大街小巷,伴随着一声声"好味道舔手指",在美孚新村第一家肯德基家乡鸡粉墨登场。一年之后,又有11家连锁分店陆续开业。

不见炉火旺,但闻鸡飘香。独特的配方、精妙的烹调,使从未品尝过美式快餐的香港人无法抵御家乡鸡的诱惑,竞相奔走肯德基快餐店。色泽金黄、香气四溢的炸鸡比起华人的清炖、红焖鸡块的确非同凡响。除了炸鸡之外,还销售菜丝色拉、马铃薯条、小圆面包以及可口可乐、冷热红茶等种类繁多的辅助食品和饮料。一经品尝,顾客们立刻被美式快餐迷住了。家乡鸡在香港的前景似乎一片光明。

然而,肯德基的"香港热"并没有持续多久。1974年9月,肯德基公司突然宣布多家餐店停业。到1975年2月,仅存的四家店也关门停业。首批进入香港的肯德基可以说全军覆没。虽然肯德基公司的董事长一再宣称,暂时停业是由于租金所困,但肯德基败走麦城已成定局。

一时间,香港新闻媒体沸沸扬扬,拿出当年宣传推广之势,大肆评判肯德基在香港的成败功过。上至金融业大亨,下至平民百姓,争相发表自己的看法。最后,香港一致认为,导致肯德基关门停业的原因,不但与广告宣传、服务方式有关,而且还与鸡的味道有关。是这些致命因素,没能将香港人的心留在肯德基。

在世界各地的成功经验,使肯德基公司对香港的生意十分自信,却忽略了香港人是华人,华人有华人的传统、习俗和消费心理这一关键因素。

为了适应香港人的口味,家乡鸡快餐店采用香港的土鸡品种,沿用美国的喂养方式,用鱼肉饲养,结果破坏了中国鸡特有的口味,令港人大为失望。

"好味道舔手指"这句世界闻名的广告词,很难被注重风雅的香港居民接受。况且当时香港人的收入还不能普遍接受家乡鸡的价格,因而大大抑制了家乡鸡的销售。

在服务方式上,家乡鸡采取了典型的美式服务。在欧美,人们一般只是购买食物,带回家再吃。因此,店内通常不设座位。香港人则不同,人们一般在购买食物的地方进餐。人们三个一群,五个一伙,买了食品后坐在店内边吃边聊。家乡鸡不设座位的做法,使人们没有地方用餐,无疑赶走了一大批回头客。因此,家乡鸡一开始吸引了许多人,但是回头客却不多,以至于无法赢利的肯德基灰溜溜地离开香港。

1985 年,即 8 年之后,肯德基决定再度进军香港。1985 年 9 月,首家家乡鸡店耗资 300 万元,在佐敦道开业;1986 年初,第二家在铜锣湾开业。

这时的香港快餐业已发生了巨大的变化。本地餐饮业消费占市场的 70%,另外一些快餐店占据消费市场的 20%。面对强大的竞争对手,肯德基要想重新占据市场并不容易。这次肯德基开拓市场非常谨慎,在公司开业前,营销部门就进行了准确细致的市场调查。肯德基根据香港的实际情况,及时改变了营销策略——明确了消费对象。

与 8 年前不同的是,新的家乡鸡是介于铺着白布的高级餐厅与自助快餐店之间,是一种比较高级的快餐厅。顾客对象主要是年轻一族,属于白领阶层。在食品风格上,家乡鸡店也进行了革新。所有的炸鸡原材料都从美国进口,并严格地按照家乡鸡的创始人贺兰迪斯上校的配方进行烹制。食品是新鲜烹制的,炸鸡若在 45 分钟后仍未出售便被丢弃,以保证所有鸡件都是新鲜的。除了旧有的鸡件,还增加了杂项、甜品、饮品的花样。

在销售上,公司将家乡鸡以较高的价格售出,因为如果家乡鸡价格太低,香港人会把它看成一种低档餐食品。而对于杂项食品,如薯条、玉米等,则以较低的价格出售,因为家乡鸡店周围有许多快餐店销售同类食品。更何况,降低杂项食品价格,在竞争中就能获得优势。

在广告策划上,家乡鸡用"甘香鲜美好口味"的宣传语,使新的广告词带有浓厚的港味,更容易为香港人接受。

　　公司认为家乡鸡在香港人心中并不陌生,因此广告宣传并不是主攻方向。而调整市场策略,适应港人消费心理,才是最主要的。因此,佐敦分店开业时,只在店外竖了一块广告牌,宣传范围也只限于店周围的地区。

　　肯德基的努力没有白费,结果是可喜的。8年前的那次惨败已渐渐被港人淡忘,越来越多的香港人重新接受了家乡鸡。相当一批高薪阶层成为家乡鸡店的长期主顾,肯德基连锁快餐店在香港红红火火地开起来,占据肯德基海外连锁店的1/10以上。肯德基成为与麦当劳、汉堡和必胜客并驾齐驱的香港四大快餐之一。

案例思考

1. 肯德基第一次入驻香港为什么会失败?其中有哪些经验值得总结?
2. 肯德基再次入驻香港时面临的主要问题是什么?它采取了哪些措施?
3. 根据这个案例材料,谈谈你对市场调查作用的认识。

本章练习题

一、单选题

1. 企业的成本、利润、销售量、利润率、销售增长率、市场占有率等属于市场信息中的(　　)。
   A. 外部信息　　　　　　　B. 微观信息
   C. 内部信息　　　　　　　D. 现时信息
2. 市场调查活动的主体是(　　)。
   A. 企业　　　B. 政府　　　C. 社会组织　　　D. 个人
3. 存在下列(　　)情况时企业不需调查。
   A. 资源充足
   B. 错过市场时机
   C. 制定决策所需的信息不存在
   D. 调查成本远小于收益
4. 下列属于跟踪检查的是(　　)。
   A. 通讯检查　　B. 邮寄问卷　　C. 电话访问　　D. 面谈
5. 下列属于电话访问调查的优点的是(　　)。
   A. 不易获得对方的合作
   B. 调查时间短、费用低、时效性强
   C. 当面听取意见,具有信息沟通的直接性

D. 不能询问较为复杂的问题

6. 某企业派人在商场中观察消费者购买选择，这种调查方法属于（　　）。
   A. 面谈法　　B. 试验法　　C. 观察法　　D. 案头调研

7. 下列不属于常用的国内统计资料的是（　　）。
   A.《中国统计年鉴》　　　　B.《中国城市统计年鉴》
   C.《工业统计年鉴》　　　　D.《中国商业年鉴》

8. 下列属于内部数据库的是（　　）。
   A. 顾客资料　　　　　　　B. 行业情报资料
   C. 媒体信息资料　　　　　D. 销售惯例

9. 以一年为周期，每年重复出现周期性变动的是（　　）。
   A. 季节性变动　　　　　　B. 长期变动趋势
   C. 循环变动　　　　　　　D. 不规则变动，又称为随机变动

10. （　　）是指自变量与因变量之间的关系只能利用统计方法找出它们之间的回归关系。
    A. 非确定性因果关系形态
    B. 确定性因果关系形态
    C. 统计因果关系
    D. 风险型因果关系

11. 在市场现象中大量存在，是因果分析预测法的主要研究内容的是（　　）。
    A. 确定性因果关系形态
    B. 非确定性因果关系形态
    C. 统计因果关系
    D. 风险型因果关系

12. 德尔菲法属于（　　）。
    A. 定性预测　　B. 定量预测　　C. 消费者预测　　D. 单独预测

二、名词解释
1. 探索性调查
2. 预测性调查
3. 价格敏感度
4. 市场容量
5. 市场占有率
6. 观察法
7. 纯随机抽样法

8. 集合意见法

9. 德尔菲法

三、问答题

1. 市场调查的类型如何分类？

2. 市场调查计划都包括哪些内容？

3. 如何组织实施市场调查？

4. 观察法的类型和应用有哪些内容？

5. 现代定性预测法与过去的定性预测方法相比有什么优势？

6. 在使用头脑风暴法进行预测时，其开会的方法与普通会议的根本区别体现在哪里？

7. 简述德尔菲法的特点及步骤。

8. 请简要回答在编制时间序列资料时应注意哪几个方面问题。

四、计算题

1. 某副食品商场对下一年商品的预测额进行预测，甲、乙、丙三位业务员对预计销售额的预测估计值如下表，计算该商场商品销售额的综合预测值。

单位：万元

业务员	估 计 值						权数
	最高额	概率	中等额	概率	最低额	概率	
甲	300	0.2	200	0.3	100	0.5	0.4
乙	400	0.2	250	0.5	100	0.3	0.3
丙	600	0.4	400	0.3	200	0.3	0.3

2. 已知某商店1年的销售额如下表所示。

单位：万元

月份	1	2	3	4	5	6	7	8	9	10	11	12
销售额	16	15	18	20	15	20	25	23	20	24	27	24

请用前三个月或五个月的实际销售额作为下月销售的预测值，并说明通过比较两种不同方法的结果可以发现什么规律。

第四章
经营战略与决策

📖 学习目的与要求

二战后,随着第三次科技革命的发展,产品更新越来越快,社会分工不断深化,买方市场逐步确立,企业之间的竞争也日趋激烈,企业经营变得越来越复杂,要想在市场竞争中获得长期的竞争优势和持续稳定的发展,就必须有一套长期的、系统的经营战略和对重大经营问题进行正确地决策。因此企业经营战略和决策问题比以往任何时候都更加重要。经营战略要求在环境分析的基础上制定战略目标,选择战略重点,制定实现战略目标的方针对策以及战略实施的规划,引导企业在激烈的竞争环境里取得长期稳定的发展。

通过本章学习,要求理解和掌握以下重要内容:
(1) 理解经营战略的含义及特点。
(2) 了解企业战略理论不同学派的基本观点。
(3) 掌握经营战略的结构、类型和战略管理过程。
(4) 理解一般性竞争战略的内容和应用条件。
(5) 理解企业经营战略(方案)评价的基本准则和方法。
(6) 掌握企业经营决策的基本程序和方法。

第一节 经营战略概述

一、经营战略的含义和特点

(一) 经营战略的含义

"战略"一词出自军事术语。《孙子兵法》云"上兵伐谋",其中"谋"就是战略。

现代社会常把战略用于政治与经济领域。20世纪60年代始用于企业,出现了战略经营(经营战略)或战略管理。企业经营战略研究的先驱者钱德勒,在《战略与结构》一书中给企业经营战略下了一个定义:经营战略是决定企业的基本长期目标与目的,选择企业达到这些目的所循的途径(方针),并为实现这些目标与方针而对企业重要资源进行分配。在这里,钱德勒的经营战略是从战略决策出发的,着重于企业成长目标的实现和资源分配。

安索夫在《公司战略论》中把经营战略定义为:企业为了适应外部环境,对目前与将来要从事的经营活动所进行的战略决策。安索夫认为,战略是决策的基准。它的作用在于:① 为公司确定一项经营概念;② 提供特定的准则,使公司在探寻各项机会时有所依据;③ 弥补公司目标的不足,为公司提供必要的决策规划,以缩小机会选择的范围。

安东尼在《计划与控制系统:一个分析框架》一书中提出,经营战略就是企业内部控制过程中的战略性计划。它包括决定或变更企业的目的,决定达到企业目的所必需的诸资源以及取得、使用或处理这些资源所应遵循的方针。与钱德勒不同的是,安东尼经营战略的概念中加进了经营计划的内容,而且把经营计划划分为战略性计划、管理性计划和业务性计划。

我们认为,战略首先是为了实现一定的目标服务的,一定时期的经营目标既是经营战略的出发点,又是经营战略的归结点。所以,经营战略首先应该包含战略目标。战略目标乃至整个经营战略都是建立在对经营环境客观分析基础上的。不仅战略目标要以客观环境为基础,而且实现战略目标的方针与途径也必须是环境所容许的,并应是最有效地利用了环境的。经营战略归根到底是寻求竞争优势的指导方针。因此,我们可以把企业经营战略定义为:在竞争的环境里为企业确定长期成长目标并选择实现这些目标的途径和取得竞争优势的方针对策所进行的谋划。

这个定义说明了:① 战略是有形的,不仅是一种指导思想或原则,而且是一种具体设计或规划;② 这个规划首先是根据竞争环境的形势分析,为企业确定长期发展或成长目标;③ 战略重点是选择实现企业成长目标的途径或指导方针;④ 实现企业成长目标的途径与方针的选择,以扬长避短、发挥企业竞争优势为基准。

(二) 经营战略的特点

企业的经营战略,是指导企业走向未来的行动纲领,它具有以下几个特征:

1. 目的性

战略的制定与实施服务于一个明确的目的,引导企业在变化着的竞争环境里生存和发展。战略的目的性,不是人们臆造的,而是经营的风险性这个客观事实所决定的。因为在市场条件下每个经营者都置身于不确定的风险环境,这个风险环境既为企业提供了发展机会,也潜藏着对企业生存的威胁,因此才需要通过战略的制定与实施去捕捉机会,避开风险与威胁。经营战略的具体目的就是为企业确定位置和角色,使企业能掌握机会,取得竞争优势。

2. 长期性

战略不是着眼于解决企业眼前遇到的麻烦,那是策略所要解决的问题。战略的着眼点是迎接未来的挑战。未来并不是遥远的不可知的,而是目前环境态势的有规律的发展。所以,战略的长期性决不意味着脱离眼前的现实,凭空臆造一个未来世界,以理想的模式表达企业的愿望,而是在环境分析和科学预测的基础上展望未来,为企业谋求长期发展的目标与对策。人无远虑,必有近忧。没有这种对未来的高瞻远瞩,企业必将永远被眼前的困扰所羁绊而不能自拔,失去经营的主动性,从而也就增加了经营的风险性。

3. 对策性

这里所说的对策性有两重含义:一是面对环境变化的挑战,设计走向未来的对策;二是根据同行业竞争者的战略设计企业的战略以保持企业的竞争优势,从而使战略具有对抗性。挑战也好,对抗也好,都表明了一种进攻的态势。也就是说,战略的本质是进攻的,即使是一时的退守,也是以守为攻,或者退守是为了更好地进攻。对环境来讲,就是要因势利导,不论顺境或逆境,都要敢冒风险,开拓前进。对于竞争对手来讲,就是要敢于同强者较量,扩大自己的优势和生存空间。战略往往要以超过某一竞争对手为目标。

4. 系统性

系统性有广泛的内涵。其一,战略是指导企业全局的对策与谋划。它不是着眼于解决某一项局部的具体经营问题,而是从企业取得长期稳定发展这个全局出发,为解决各种经营问题制定一个行动纲领。任何一个具体问题的解决,都是服务于系统目标的改善的。其二,战略本身是一个系统,企业可以从具体条件出发选择不同的战略。但是任何战略都应有一个系统的模式,既要有一定的战略目标,也要有实现这一目标的途径或方针,为了实现这些途径或方针,还要制定政策和规划等等。其三,战略应该是分层次的。既有总战略又有分战略,既有总公司战略和总厂战略又有分公司和分厂战略、职能系统战略,形成一个战略体系。

经营策略是为经营战略服务的,是实现经营战略的手段。它可能是经营战略的一个组成部分,是战略的补充,也可能是为了实现战略目标所制定的具体政策,还可能是为了适应环境的变化所采取的应变措施。由此可以看出,策略具有战术性、短期性、局部性和灵活性的特点。用新产品去开拓新市场以扩大企业的经营领域和竞争优势,这属于经营战略范畴。这种新产品在新的市场上以什么样的价格推出则属于经营策略的范畴。

二、企业战略理论的发展

企业战略理论产生的历史并不久远。首开企业战略研究先河的是美国的小艾尔弗雷德·钱德勒,他在 1962 年发表的《战略与结构:工业企业史的考证》一书中,分析了环境、战略和组织结构之间的关系。他认为企业的经营战略要适应环境的变化,企业的组织结构必须随企业战略的变化而改变,这就是所谓的"结构跟随战略"假说。其后,许多学者参与并发展了企业战略理论的研究,形成了不同的学派。

(一) 设计学派与计划学派的企业战略理论

设计学派与计划学派几乎是同时产生的两个学派。尽管他们在战略形成框架和具体主张等方面存在着差异,但从总体上讲,其核心思想是一致的。他们都认为战略管理是企业高层管理者研究、制定、实施和控制企业的长期目标、成长方式与组织框架的过程。

设计学派以肯尼思·安德鲁斯为代表,他们的主要观点是:

(1) 战略制定是企业领导者有意识的但非正式的构想过程。形成战略最重要的因素是企业外部因素与内部因素的相互匹配。为此,他们建立了著名的 SWOT 分析矩阵。

(2) 高层管理者应是战略制定的设计师,并且承担着指导战略实施的责任。

(3) 战略构造模式应是简单而又非正式的,易于理解和传达的,而且最好的战略应该具有创新性和灵活性。

计划学派以安索夫为代表,他们的战略理论有如下几个要点:

(1) 战略制定是一个有控制、有意识的正式计划过程,企业高级管理者负责计划的全过程,具体制定和实施计划的人员必须对高层管理者负责。

(2) 以环境—战略—组织三者为支柱,建立起企业战略管理的基本框架,简称 ESO 理论,只有当三大支柱因素协调一致、相互适应时的战略,才会成功地实现企业经营总目标。战略性行动就是组织通过改变内部的资源配置与行动方式,使之与环境相互作用的过程。为进一步研究其相互协调、相互适应的关系,安索夫将三大支柱均划分为五种类型,即稳定型、反映型、先导型、探索型和创造型。他认为,当环境因素、战略模式与组织实施三者一致时,企业的效益就能提高;反之,则会降低效益。

(3) 战略决策模式的定型化。安索夫将编制企业战略程序定型化,建立起战略决策模式。这个模式就是:确定企业目标—企业能力概况与协同作用—战略计划—评选战略。

其中,确定企业目标是战略决策的出发点。企业能力概况和协同作用是编制企业战略的依据。战略计划是根据战略计划方向和初步拟定的战略决策备选方案而制定的达到企业目标的一种关键性活动计划。它应具备四种特性,即规划适当的产品,确定市场范围,根据发展范围与方向确定战略类型,运用竞争优势和灵活利用协同作用。而评估战略就是根据企业目的和协同作用的测试结果,从若干个战略计划备选方案中筛选出一个最佳方案。

(二)学习学派的企业战略理论

学习学派理论产生于20世纪70年代后期,主要代表人物是奎因和明茨伯格。主要观点有:

(1)自然选择的观点。这一观点认为,企业所处的环境具有很强的作用力和不可预测性,任何综合性战略都难以应付。因此,在不断地冲击下,企业不得不进行反应,仅靠计划是不能适应的。同时,因企业所拥有的资源、文化、结构、流程系统等各不相同,在同样的环境下它们的不同组合所产生的效能也不相同,这就导致了有的企业能够生存发展,有的企业则不能,这是一种"物竞天择"。

(2)逻辑渐进主义。这一观点认为,企业与环境非常复杂,战略家们无法制定出一套全面综合的可供企业选择的方案。而且,人类的能力和行为降低了数学优化结果的准确性,无法使企业选择最好的方案。因此,战略的形成与演变并非是一个严格的计划过程,应当实行"逻辑渐进主义",即高层管理者首先确定企业的未来发展目标,然后通过不断调整其核心业务、控制新的经营范围的增加以实现目标。

(3)学习的观点。学习学派认为,由于战略的核心是处理未知的未来,而未来涉及的因素又太多,很难准确预测,因此,只有从明确较大范围的目标与意图逐步转向具体的战略才是合理的。这说明战略的形成与完善,实际上是思想与行动、控制与学习、稳定与改变相结合的艺术性过程。战略制定是由这个过程导向的,在此过程中,学习起着十分重要的作用。

(4)战略形成的"草根"模型。在该模型中,明茨伯格认为,战略的雏形可以在组织的各种地方出现,只要那些地方的人有学习的能力和相应的资源支持。当这些战略成为集体中多数人的行为模式时,便成为组织战略。这种扩散过程不一定是自觉的,这些新战略往往在组织改变时期扩散成长。管理这种战略形成过程不能拔苗助长,而应认识并关注它的出现,并在适当的时间介入,使之发育为组织战略。

(三)结构学派的企业战略理论

结构学派的代表人物是迈克尔·波特。他的主要观点是:

（1）产业结构分析是确立企业竞争战略的基础。产业结构强烈地影响着竞争规则的确立以及潜在的可供公司选择的战略。理解产业结构永远是战略分析的起点。

（2）一个产业内部的竞争状态取决于五种基本作用力。即进入威胁、替代威胁、买方砍价能力、供应方砍价能力和现有竞争对手的竞争能力。这五种作用力共同决定着产业竞争强度以及产业利润率，其中最强的一种或几种作用力占据着统治地位，并且从战略形成的观点来看起着关键性作用。一个企业的战略目标在于使公司在产业内部处于最佳定位，保卫自己抗击五种竞争作用力，从而为企业赢得超常的收益。

（3）三种基本战略。为成功地对付五种竞争作用力，波特提出了三种提供成功机会的基本战略：总成本领先战略；差异化战略；目标集中战略。这三种战略在架构上差异很大，而且还存在一系列风险，企业应根据具体情况慎重选择。一般企业保持采用其中一种战略对赢得成功是十分必要的。如果一个公司未能沿着三个方向中的至少一个方向制定自己的竞争战略，而是被夹在中间，其利润注定是低下的。而一个公司对三种基本战略均适宜的情况也是少见的。

（4）价值链理论。企业实施竞争战略的过程就是寻求、维持、创造竞争优势的过程。为了系统地识别和分析企业竞争优势的来源，波特提出了"价值链理论"。他认为，每一种企业的价值链都是由以独特方式联结在一起的九种活动类别构成的，具体包括内部后勤、生产作业、外部后勤、市场和销售、服务五种基本活动和采购、技术开发、人力资源管理、企业基础设施四种辅助活动。一个企业与其竞争对手的价值链差异就代表着竞争优势的一种潜在来源。

第二节　经营战略结构及战略管理

经营战略结构是指经营战略的内容及其相互之间的关系。尽管不同企业战略或同一个企业不同时期的战略会有许多差异，但把其具体内容抽象掉，它们拥有一个共同的躯壳。

一、经营战略的内容

任何一个战略系统都必须包括三项最基本的内容。

（1）战略目标。经营的战略目标重点是企业的成长方向，包括市场开发、产品开发、企业规模的扩大与兼并，竞争优势的增长。这是经营战略的出发点和归结点,因此,它在经营战略体系中居于主导地位。

(2) 战略方针。经营战略方针是为了实现战略目标所制定的行为规范和政策性决策。如果把战略目标比作过河,战略方针就是解决桥或船的问题。没有正确的战略方针,任何战略目标都难以实现。因此,战略方针在经营战略体系中居于关键或核心地位,对战略目标的实现起保证作用。

(3) 战略规划。战略规划是企业经营战略的实施和执行纲领。它的任务是把企业的战略目标具体化,把企业的战略方针措施化,并制定出分阶段实现战略目标的具体步骤。所以,它在企业的战略体系中居于一个特殊的地位,既是企业经营战略的一个重要组成部分,又是指导战略实施的纲领性文件,以致人们往往把经营战略与战略规划视为一体。

二、经营战略的类型

我们可以按照不同的标准对企业的经营战略进行分类。

(一) 按照战略的目的性,可以把企业经营战略划分为成长战略和竞争战略

(1) 成长战略,是指企业为了适应企业外部环境的变化,有效地利用企业资源,研究以成长为目标的企业如何选择成长基点(经营领域)、成长指向等成长机会,并为保证实现成长机会所采取的战略。

(2) 竞争战略,是指企业在特定的产品与市场范围内,为了取得差别优势,维持和扩大市场占有率所采取的战略。

(二) 按照战略的领域,可以把企业的经营战略划分为产品战略、市场战略和投资战略

(1) 产品战略,主要包括产品扩展战略、维持战略、收缩战略、更新换代战略、多样化战略以及产品组合战略、产品线战略等。多样化战略又可分为垂直多样化、水平多样化、倾向多样化和整体多样化。产品更新换代战略又有老产品性能改造战略、基型产品为基础的系列化变型战略、全新同类用途产品发展战略等。

(2) 市场战略,除了市场渗透战略、市场开拓战略、新产品市场战略和混合市场战略,还有产品寿命周期市场战略、市场细分战略、工贸结合战略、国际市场战略以及市场营销组合战略等。

(3) 投资战略,是一种资源分配战略,也是一种扩展战略。投资战略主要包括产品投资战略、市场投资战略、技术发展投资战略、规模化投资战略、企业联合与兼并投资战略。就其类型来说,也可分为扩大型投资战略、维持型投资战略以

及撤退型投资战略。

产品战略、市场战略和投资战略互相关联,形成一个有机联系的战略金三角。在这个战略金三角中,产品战略居于主导地位,市场战略是一种支持战略,投资战略是一种保障战略。

(三)按照战略对市场环境变化的适应度,可以把企业经营战略划分为进攻战略、防守战略和撤退战略

1. 进攻战略

这种战略的特点是不断地开发新产品和新市场,掌握市场竞争的主动权,不断地提高市场占有率。其具体内容包括技术开发战略、产品发展战略、市场扩展战略、生产扩展战略。

2. 防守战略

防守战略又称维持战略,这种战略的特点并不是消极防守,而是以守为攻,后发制人。其具体内容有:

(1)战略指导方针上避实就虚,乘虚而入,不与强劲对手正面竞争。

(2)在技术上实行拿来主义,以购买专利为主,不搞风险型开发投资。

(3)在产品开发方面实行紧跟主义,后发制人。

(4)在生产方面不盲目追求生产规模的扩大,而着眼于提高效率,降低成本的集约方式。

3. 撤退战略

撤退战略又称收缩战略,其特点是一种战略性撤退。一般有四种情况:

(1)环境的突变,对企业产生了严重的冲击,原定战略已经失去了作用。

(2)战略转移,这是因为环境变化出现了更好的机会。

(3)局部撤退,积蓄优势力量,以保证重点进攻方向取得胜利。

(4)先退后进,暂时退却,审时度势进行战略调整,再图进取。

(四)按照战略的层次性,可以把企业经营战略划分为公司战略、事业战略和职能战略

三、战略管理过程

战略管理的过程一般包括战略环境分析、战略设计与选择、制定政策、调整组织结构、战略实施五个重要阶段。

(一)战略环境分析

战略环境分析的目的是展望企业的未来,这是制定战略的基础,战略是根据

环境制定的,是为了使企业的发展目标与环境变化和企业能力实现动态平衡。企业环境包括外部环境和内部条件。外部环境分析是为了适时地寻找和发现有利于企业发展的机会和动机,并有针对性地改善内部条件,克服存在的威胁,以适应外部环境的变化。企业内部条件分析是为了扬长避短,发挥优势,有效地利用自己的各种资源。

就影响企业环境的外部因素来说,不仅是不可控的,而且是极其错综复杂的。扑朔迷离,很难全部掌握其动态。一个去粗取精、去伪存真办法,就是把环境分析的重点放到行业分析上来。这里所说的行业可能是该公司的同行,也可能是公司未来准备进入的竞争圈。行业分析不仅能为企业预测出利润增长等行业吸引力的大小,而且能为企业测定出竞争优势的大小。

(二)战略设计与选择

这一阶段的任务就是在环境的制约下确定企业能够做些什么和采取什么措施去完成既定的目标。具体地说,要通过以下四个方面来完成:

(1)确定企业的经营领域。要根据企业经营环境特别是市场引力(包括市场容量、销售增长率、资金利润率、产品在国民经济中的作用)及企业实力(市场占有率、生产能力、技术能力、原材料的供应状况)等因素的综合分析,选择市场潜力大、盈利丰厚的经营领域。

(2)寻找企业在竞争领域里的优势。寻找优势旨在扬长避短发挥优势。优势与劣势都是与同行业竞争对手相比较而言的。任何企业都不可能占尽一切优势。因此,优势既是现实存在的,也是可以创造的。

(3)决定企业实现既定目标的战略方案。战略方案要从客观环境和创造性出发,达到发展优势、保持优势和弥补劣势的目的,以保证战略目标得以实现。

(4)设立评价战略方案的标准。这些标准可以是市场占有率,投资报酬率,企业成长率。通过这些标准去判断各种替代方案的优劣。

(三)制定政策

企业的经营战略集中于解决企业经营的基本问题,如战略目标、基本方针和综合规划,而战略的全部含义要由指导战略实施的详细政策来进一步阐明。政策可视为指导人们实施战略的细则。政策的作用表现在两个方面:

(1)通过政策的制定和可行性分析来审议战略的各基本环节是否正确,这对战略的实施是一项重要的保证措施。

(2)确保战略的意义被正确理解并变成公司各部门和各层次的行动纲领。政策不仅是用来解释战略的,它还渗透于企业的日常经营活动,以帮助建立正常可控的行为模式。

(四) 调整组织结构

企业的经营战略必须通过组织去贯彻执行，因此说组织是战略实施的基础，所谓组织就是为了实现一定的目标，把一群人互相协调与平衡起来的活动。而组织运行框架结构就是组织结构。组织结构一般具有三个方面的基本问题：

(1) 组织的集权化问题。这是指企业领导层所拥有的决策权的大小。

(2) 组织的专业化问题。是指组织活动职能化的程度。

(3) 组织的刚性问题。这是指组织的软硬程度。

有的组织结构较为死板，有的则较为灵活。

对于一个特定的企业来说，究竟建立什么样的组织结构最为有效，这要看企业的内部条件和外部环境，以及在此基础上形成的经营战略。

(五) 战略实施

战略实施是为了贯彻执行已制定的经营战略所采取的一系列措施和活动。显然，一个企业的经营战略能否成功，最终将取决于战略实施的有效性。如果说战略制定是企业领导人的一项带有分析性和技术性的重要工作的话，那么战略实施则是需要通过企业全体成员的共同努力方能达成的艰巨任务，它带有很强的管理性和实践性。从这一点看，战略实施较之战略制定更为困难。说到底，再优秀的经营战略，若不能变成全体员工的实际行动，也不过是一纸空文。

第三节 一般性竞争战略

一、一般性竞争战略的内容

美国学者波特归纳出，在行业竞争中，蕴藏着三种能战胜其他企业的一般性竞争战略，即成本领先战略、差别化战略、目标集中战略。这是企业经常采用的常规竞争战略或常规武器。

1. 成本领先战略

这一战略的战略思想是，企业力争以最低的总成本取得行业中的领先地位，并按照这一基本目标采用一系列方针。

实施成本领先战略，首先要求企业必须拥有先进的设备和生产设施，并能有效地提高设备利用率；其次是要利用管理经验，加强成本和管理费用的控制，最大可能地降低成本；第三是最大限度地减少研究开发、推销、广告、服务等方面的费用支出。总之,要采取各种措施降低经营总成本,使成本低于竞争对手,依靠处于领先地位的低成本在竞争中占据有利地位。

2. 差别化战略

差别化战略又称为别具一格战略,其战略目标是使企业的产品在设计、工艺、性能、款式、品牌、顾客服务等各方面与其他企业的同类产品相比有显著差别,具有独特性。产品的差别化战略通常包括四种差别形式:

(1) 由产品的技术物理特性导致的差别,主要表现为产品的款式、性能、质量和包装等方面的不同。

(2) 由买方的主观印象导致的产品差别,主要表现为买者对不同企业的产品品牌,企业形象的主观印象和评价的差异,以及由此而形成的顾客对不同企业产品的偏爱。

(3) 由产品的生产或销售的地理位置导致的产品差别,主要表现为不同产地或销售地的产品所引起的产品运输费用、交易费用等方面的差别,以及由某些地理位置的特殊性带来的特殊效应,如各类商业区的差别,进口产品与本国产品的区别等。

(4) 由营销渠道及营销服务的不同导致的产品差别,主要表现为企业及经销商、代理商提供有关服务的能力差别,即他们在服务品位、内容、质量和方式上的差别等。

成功的差别化战略,就是要达到企业产品与同类产品相比,差别化程度较高而被替代的可能性较低。作为这种较高程度差别的主要特征,就在于企业产品体现出的构成产品差别各要素形式上的优越性。

3. 目标集中战略

目标集中战略又称为集中一点或专一化战略。这个战略的方针是企业将所拥有的产品开发、设计、制造和营销能力集中在某个特定的、较小的目标市场上,使企业与竞争者相比,能够以更高的效率、更好的效果满足这个特定的目标市场的需求。在这个特定市场上,企业可以力争成本领先地位,也可以争取产品差别优势,甚至可以使二者兼得,既在满足特定市场而不是整个市场需求的基础上使成本领先具有产品差别的特点,又使产品差别具有成本较低的优势。这样,企业就能在目标市场上获得竞争优势,同样可以赢得较高水平的利润。

目标集中战略包括三种具体形式:

(1) 产品类型的专一化。企业集中全部资源生产经营特定的产品系列中的一种产品。例如,一家光学仪器制造企业只生产望远镜,甚至仅仅生产航海望远镜,一家零售商店只经营名牌运动服等。

(2) 顾客类型的专一化。即企业只为某种类型的顾客提供产品或服务。例如,老年人用品商店只经营老年人所需的各种商品,假肢制造企业只为四肢残缺者提供服务等。

(3) 地理区域的专一化。企业产品经营范围仅局限在某一特定地区。例如,在当地市场为主的中小型食品加工、饮料企业,其产品在与国内或世界知名品牌的竞争中,大多依靠地域经营的成本优势稳固地占据着一定的市场份额。

三种一般性竞争战略的联系与区别如图 4-1 所示。

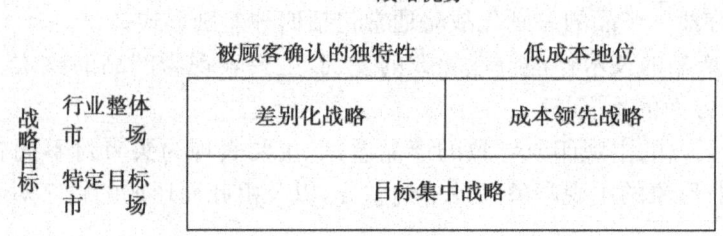

图 4-1 一般性竞争战略的联系与区别

二、一般性竞争战略的应用条件

一般性竞争战略是企业取得竞争中的相对优势的有效战略方针,但三种战略要求不同的应用条件。这些条件主要是企业所处产业的经营特点和企业自身的技术、资源及管理能力等。

1. 产业特点

产业特点主要指产品按其用途归属的大类产业的生产和消费特点。这些特点在客观上决定了三种一般性竞争战略能否发挥作用及其作用程度。

(1) 中间产品。这类产业的产品主要是工业消耗品,尽管品种、规格繁多,但各种产品通常都有细致而严格的技术标准,使同类产品之间几乎不存在大的差别。经营者主要以企业的信誉、合理的价格及与用户建立固定的业务联系作为营销手段,购买者主要注重的是价格的差异。这种特点决定了成本领先的企业具有明显的优势,而差别化战略的作用是相当有限的。

(2) 投资产业。这类产业的产品主要是生产设备和装置,技术物理性能比较复杂,而且大型设备通常是按订单专门生产的,因此其产品的差别化程度相对较高。这主要体现在产品的质量、性能、使用方法、维修服务等方面。企业要在这些方面明显优于竞争对手,必须具有雄厚的技术力量、完善的质量保证和售后服务体系以及其他管理条件。产业的这种特点决定了在整个市场上,只有少数技术领先、实力雄厚的企业能够确立产品差别优势或成本优势,其余众多的经营者只适用于选择专一化来实现其余的竞争目标。

(3) 耐用消费品产业。这个产业的产品差别化主要体现在名牌产品和其他品牌产品的差别。对于多数购买者来说,名牌产品往往意味着相对优势的质量、性能和服务。而且广告宣传的作用也很明显,容易形成消费者对不同品牌产品的偏爱。因此,生产企业通常选择差别化战略,特别是以创立名牌作为其战略方针。但是,由于许多耐用消费品的价格弹性较大,而消费者的购买频率极低,这就决定了产品价格在购买行为中仍然是重要的影响因素。产业的这种特点为企业根据自身能力采用成本领先或差别化战略分别提供了相应的条件,但其规模经济的要求却使得专一化战略在本产业的应用受到了极大的限制。

(4) 非耐用消费品产业。这类产业的产品范围极广,购买频率高,消费者对产品的认知和评价往往取决于个人的购买能力和习惯,也容易受到名牌效应和广告宣传的影响,对特定品牌的产品形成偏爱。这类产业的市场特点,尤其是消费需求的多样化趋势,为企业成功地实施差别化战略和专一化战略提供了最适宜的条件,所以实施名牌战略最具有成效的行业也大多集中在这类产业中,例如化妆品、服装、食品饮料等。

2. 企业的资源条件

上述三种竞争战略在具体实施中,需要企业具备不同的资源、能力和管理条件。

(1) 实行成本领先战略对企业综合资源和能力具有较高的要求:必须能达到行业所需要的规模效益;要有较高的市场占有率,可靠的原料和其他资源的供应渠道;拥有先进的设备、工艺和丰富的管理经验;有较大的再投资能力等。

(2) 实行差别化战略,对企业的综合能力也有较高的要求:要具有很强的产品创新能力和市场营销能力;有先进的技术和工艺加工能力;有在市场、产品的研究开发和广告宣传等方面大量投入资金的能力;与经销商、代理商高度协调和合作的能力;在行业中有悠久的历史或声誉卓著等。

(3) 实行专一化战略,实质上是在缩小了的市场范围内选择成本领先或差别化战略。因此,专一化战略对企业的资源、能力要求,是由前两种战略要求的具体条件组合而成,视具体战略目标而定的。

第四节 企业经营战略评价

企业经营者及企业经营研究人员根据企业经营环境的现状及发展趋势制定了各种企业经营战略(方案)后,又要把各种企业经营战略(方案)与企业经营环境的现状及发展趋势进行对比、评价,然后要依据一定的标准选择最适应企业经营环境现状及发展趋势的企业经营战略(方案)作为企业的战略决策方案,即作为自己准备付诸实施的企业经营战略方案。但在进行选择前,必须遵守各种评价准则,利用有关企业经营战略(方案)的评价方法对企业制定出来的各种企业经营战略(方案)即各种备选企业经营战略(方案)进行评价,以判断各备选企业经营战略(方案)的优劣。

一、企业经营战略(方案)评价的准则

总的说来,企业经营战略(方案)评价的准则可以分为以下几个方面:

1. 统一性

即衡量每个企业经营战略的经营战略方向、经营战略目标、经营战略方针是否协调一致。如果企业的经营战略目标不符合企业经营战略方向或企业经营战略方针不能保证完整地实现企业经营战略目标,那么这个经营战略(方案)就是一个不合格的企业经营战略(方案)。

2. 适宜性

即衡量每个企业经营战略(方案)是否与企业宏观经营环境、企业市场环境、企业内部资源、能力相适宜。比如,某种企业经营战略是否完全有效地利用了企业现有的资源、能力和外部环境所提供的经营机会,是否利用了企业的优势,是否克服或避开了企业的弱点或弱势,并能有效地抵御外部经营环境(宏观经营环境、市场经营环境)的威胁。

3. 可行性

即分别衡量企业现有的资源和能力是否能满足各种企业经营战略(方案)实施起来所需的资源和能力。一个可行的企业经营战略应该是企业依靠当前拥有的资源和能力就可顺利实施且能达到预定的经营战略目标的企业经营战略。

4. 可接受性

即分别衡量各种企业经营战略(方案)实践的结果是否为企业各方面利益相关者所接受。当然,一个企业经营战略的实施不可能使方方面面满意,所以需要权衡利弊,有重点地加以考虑。战略的可接受性的考虑重点通常是效益和风险两个方面,因为效益好和风险小的企业经营战略(方案)自然为人们接受。相反,效益不好或风险大的方案人们往往难以接受。

5. 优势性

即分别衡量每个企业经营战略(方案)整体优势、竞争优势和行业优势。整体优势是从企业经营战略(方案)的整体组合方面来衡量每个企业经营战略(方案)的优势性。衡量一个企业经营战略(方案)是否具有整体优势,首先要衡量该企业经营战略(方案)是否符合统一性、适宜性、可行性、可接受性的标准,然后将那些符合了统一性、适应性、可行性、可接受性标准的企业经营战略方案进行业绩评估,即分别对符合统一性、适宜性、可行性、可接受性的那些企业经营战略

(方案)进行盈利能力、市场占有率或份额、成本效率的计算、比较和分析,那些业绩最好的企业经营战略(方案)就是整体优势最好的企业经营战略(方案)。竞争优势是从企业经营战略(方案)提升企业的竞争地位方面来衡量每个企业经营战略(方案)的优势性。在竞争优势评价中,主要评价每个企业经营战略(方案)对提升适应市场需求的核心能力的贡献,是加强了企业某一关键性资源和能力的独特性,还是弱化了某一关键性资源和能力的独特性。一般来说,一个企业经营战略(方案)为企业建立的竞争优势越大,该企业经营战略就越好。行业优势是指实施某一企业经营战略(方案)的企业在特定行业或相关行业中的优势。行业优势实际上也是一种竞争优势。但是,在企业经营战略(方案)评价中的行业优势重点强调纵向评价,就是要评价如果一个企业经营战略(方案)实施后,它所形成的行业优势同方案实施前该企业在特定行业或相关行业结构中的优势比较。

二、企业经营战略(方案)评价的方法

企业经营战略(方案)评价的方法很多,有定性分析评价法,如头脑风暴法、德尔菲法、集体磋商法等;有定量分析评价法,如量本利分析法、内部投资回收率法、线性规划法、投入产出分析等;还有各种模型评价方法。由于定性、定量分析法在本书及其他书中已有介绍,下面主要介绍几种模型评价方法。如果说,定性、定量分析评价法主要用来评估企业经营战略的可行性、可接受性、优势性,那么模型评价法则是用来评价企业经营战略的适宜性、优势性、统一性。

(一)波士顿矩阵模型评价法

波士顿矩阵是将市场占有率、业务增长率视为企业经营战略(方案)评价的两个基本参数。市场占有率决定了企业经营战略(方案)获得利润或收入的速度。另一方面,业务增长率有双重作用。首先,业务增长率有利于市场占有率的扩大;其次,它决定着经营机会的大小,这是因为业务增长率高为迅速收回资金、增加经营收益提供了机会。

波士顿矩阵模型评价方法是将所有备选的经营战略(方案)列入图4-2中的四个象限中。

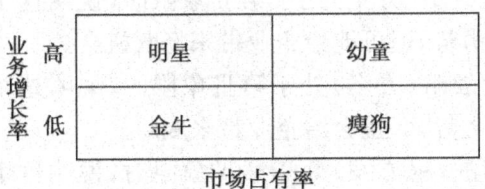

图4-2 波士顿矩阵模型

显然,处于明星地位的企业经营战略(方案)既有较高的业务增长率,又有较高的市场占有率;处于金牛地位的企业经营战略(方案)有较高的市场占有率,但却有较低的业务增长率;处于幼童地位的企业经营战略(方案)有较高的业务增长率,但却有较低的市场占有率;处于瘦狗地位的企业经营战略(方案)的市场占有率和业务增长率都低。显然,处于明星地位的企业经营战略(方案)是企业首选的经营战略(方案),其次是处于金牛地位的经营战略(方案)。

(二) SWOT 模型评价方法

运用 SWOT 模型来评价各企业经营战略(方案),就是通过对企业内部的优势(Strengths)、劣势(Weakness)以及外部环境的机会(Opportunities)和威胁(Threats)进行分析,来对企业各经营战略(方案)作出评价。

通过 SWOT 对各企业经营战略(方案)评价的具体做法是:分别依据各个企业经营战略(方案)列出对实现各个企业经营战略(方案)有重大影响的内部及外部环境因素,然后根据一定的标准对企业在这些方面的情况进行比较划分,以判定企业在某一方面与竞争对手相比是处于优势还是劣势,外部环境现状及变化趋势给企业带来的是机会还是威胁。然后按因素的重要程度加权求和,给出总评结论。根据总评结论,就可以判定各企业经营战略(方案)是处于哪一象限,如图 4-3 所示。

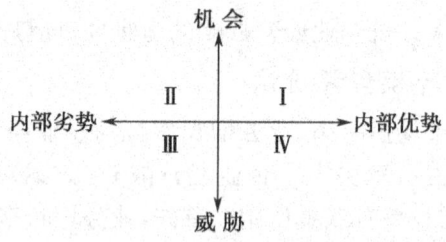

图 4-3 SWOT 模型

(1) 当企业经营战略(方案)处于第 Ⅰ 象限时,说明这个企业经营战略(方案)既能充分利用内部优势,又能带来经营机会。

(2) 当企业经营战略(方案)处于第 Ⅱ 象限时,说明这个企业经营战略(方案)利用的是企业的劣势,但可能给企业带来经营机会。

(3) 当企业经营战略(方案)处于第 Ⅲ 象限时,说明这个企业经营战略(方案)利用的是企业的劣势,而且会给企业带来威胁。

(4) 当企业经营战略(方案)处于第 Ⅳ 象限时,说明这个企业经营战略(方案)利用的是企业的优势,但却给企业带来的是威胁。

从以上叙述可知,只有那些处于第 Ⅰ 象限的企业经营战略(方案)才是企业可以考虑采用的企业经营战略(方案)。

三、企业经营战略(方案)选择

企业经营战略(方案)选择必须在企业经营战略评价后才能进行。

(一)企业经营战略(方案)选择的程序

从某种意义上说,企业经营战略(方案)选择是真正意义上的企业战略决策,企业经营环境分析、企业经营战略制定、企业经营战略评价是为企业经营战略选择做准备的。但是,企业经营战略(方案)选择并不是一次性选择,而是一连串的选择。

1. 企业经营研究人员的选择或决策

在现代企业,企业经营战略研究、制定、评价应是专门的企业经营研究人员的任务和职责。企业经营战略(方案)的选择也应首先在企业经营研究人员中进行。

企业经营研究人员在研究、制定、评价企业各个企业经营战略(方案)后,应对每个企业经营战略(方案)或主要的有前途和希望的企业经营战略(方案)写出完整的企业经营战略(方案)评价报告。报告一般分三部分:第一部分为企业经营战略(方案)的内容,第二部分为企业经营环境的分析、研究的内容,第三部分为企业经营战略(方案)的评价内容及结论。

在所有企业经营战略(方案)评价报告完成后,企业应组织全体经营研究人员对具有完整评价报告的各个企业经营战略(方案)进行集体选择。在选择前,应该允许每一个企业经营研究人员充分地、自由地发表自己的意见。然后,通过民主表决的方式对所有的企业经营战略(方案)排序。根据排序的顺序,选择几个较佳的企业经营战略方案,作为下一程序选择的对象。

对被选择为下一程序选择对象的几个较佳企业经营战略(方案),企业经营研究机构应写出完整的评议结果和选择的理由。然后递交企业经营者机构——董事会,进行下一步选择或下一步决策。

2. 企业董事会的选择或决策

企业董事会是企业的日常决策机构。从某种意义上说,当企业经营战略(方案)的选择进入到由企业董事会在三个或两个较佳的企业经营战略(方案)选择一个最佳企业经营战略(方案)的时候,真正意义上的决策才开始。

3. 企业股东大会或企业股东代表大会的最终选择或最终决策

企业股东大会或企业股东代表大会是企业的最高权力机构,对于企业的经营战略(方案),必须经过企业股东大会或企业股东代表大会的最终决策并予以通过后才能成为企业的正式决策(方案)。然后,才能由董事会下达给企业经理及经理委员会实施,即进入管理程序。

(二)企业经营战略(方案)选择中的非理性因素

从理论上来说,可以将每个企业经营战略(方案)能否以最少的资源及最低的负效应实现共识的战略目标作为战略选择的最主要依据。但是,在实际决策特别是选择过程中,由于不同的企业经营战略(方案)之间客观上总存在着一些互不可比的特点,从而使得企业经营战略(方案)的最终选定还是不可避免地受到各种难以量化的主客观因素的影响,在某种意义上成为了一个非理性的过程。

具体来说,影响企业经营战略(方案)选择的非理性因素主要有历史、态度、文化、关系、环境、时间、竞争、需要与欲望等,这些因素会以各种形式和方式对企业经营战略(方案)选择产生重要影响,对此,企业战略(方案)选择者在进行企业战略(方案)选择时必须给予充分的重视。

1. 历史

企业在进行企业经营战略(方案)选择时,往往会回顾企业过去的企业经营战略(方案),从而使过去的企业经营战略(方案)对现今的企业经营战略(方案)选择产生重大影响。历史的影响,既有利于企业借鉴往日成功的经验,但也可能将企业导向因循守旧的方向和境地。

2. 态度

任何一个企业经营战略(方案)都会带有风险,而且一般来说,战略方案吸引力的大小部分地与这些方案的风险性大小存在着正相关的关系,这就是说盈利潜力大的方案往往所包含的风险也大。由于对于各个企业经营战略(方案)成功可能性的估计严重依赖于个人的主观价值判断,所以,企业经营战略(方案)选择者对待风险的态度必然影响着企业经营战略(方案)的选择。某些企业经营战略(方案)选择者极不愿意承担风险,一般倾向于防御型、稳定型企业经营战略(方案),而另一些企业经营战略(方案)选择者却乐于承担风险,一般倾向于采取进攻型、增长型企业经营战略(方案)。

3. 文化

企业经营战略(方案)选择者一般是企业中的一分子或一部分,必然要受到所在企业的企业文化的熏陶,因此,企业经营战略(方案)的选择必然会受到企业文化这个因素的影响。而且,企业经营战略(方案)选择者在进行企业经营战略(方案)选择时,必须主动地考虑到企业文化这个因素的作用和影响。因为企业所选定的企业经营战略(方案)是否能与企业文化相容和匹配,对于该企业经营战略(方案)的成功实施关系重大,特别是在企业经营战略(方案)与企业原有文化可能发生强烈冲突的情况下,试图忽视企业文化对企业经营战略(方案)的影响将是十分危险的。

4. 关系

所有的企业和其他组织一样,都是由个人组成的,因此,必然会形成企业内部人与人之间的关系。这种人与人之间的关系对企业经营战略(方案)选择也必然产生影响。而且,在企业中,人与人之间除了单个人和单个人之间的关系外,还形成了团体与团体之间的关系。因为,在企业中存在着正式和非正式的团体。由于种种原因,某些团体成员会共同支持某些或某个企业经营战略(方案),而反对另一些或另一个企业经营战略(方案)。这样,企业经营战略(方案)的选择或决策不可避免地或多或少要打上各种势力影响的烙印。

5. 环境

企业在进行企业经营战略(方案)选择时,必然会受到企业外部环境因素的影响,这些外部环境因素包括了供应者、购买者、政府、竞争者及联盟者等。特别是在企业高度依赖于某一个或多个外部环境因素时,企业最终选择的企业经营战略(方案)就不能不适应这些外部环境因素。一般来说,企业对外部环境依赖程度越高,那么企业经营战略(方案)选择的余地和灵活性就越小。

6. 时间

可利用时间的长短,对企业经营战略(方案)选择或决策影响很大。如果可利用的时间长,企业经营战略(方案)选择或决策人员就可以进行仔细的分析,一般能选择真正最佳的企业经营战略(方案);如果可利用时间短暂,往往会匆忙地选择或决策,可能导致选择或决策失误。

7. 竞争

企业的竞争对手对本企业某一经营战略(方案)可能的反应态度和反击程度,也影响到企业对某一经营战略(方案)的最终取舍。特别是在垄断型的市场中,或者市场上存在一个极为强大的竞争者时,竞争者的反应和反击对企业经营战略(方案)的选择的影响更大。

8. 需要与欲望

企业经营战略(方案)选择者的个人需要和欲望,对企业经营战略(方案)的选择影响很大。显然,纵使一个极有吸引力的企业经营战略(方案),如果与企业经营战略(方案)选择者或决策者的个人需要与欲望发生矛盾,也不一定会被选中;反之,即使一个较差的企业经营战略(方案),如果很符合某个或某些企业经营战略(方案)选择者或决策者的要求和欲望,也有可能由于该企业经营战略(方案)选择者或决策者的力排众议、坚决推荐而被选中。因此,为了防止个人需要与欲望对企业经营战略(方案)选择或决策产生过分的影响,企业必须严格选择企业经营研究人员和企业董事会成员,树立其全局观念和意识,并坚持不懈地坚决贯彻民主选择或决策的方式。

第五节 经营决策

一、经营决策的概念

经营决策是企业管理的核心问题,它是指为实现企业经营目标,在对企业外部环境和内部条件进行分析、预测的基础上,运用科学的手段和方法,通过定性和定量分析,对多种经营方案进行分析评价,从中选择一个令人满意的方案的过程。因此经营决策的基本出发点应谋求企业外部环境、内部条件和经营目标这三个方面的综合因素的动态平衡。

企业经营决策是关于企业总体发展和重要经济活动的决策,按决策的重要程度可划分为战略决策、管理决策和业务决策。战略决策是非程序性、非计量、风险型或非确定型的决策。非程序性决策是指要解决的是不经常出现的问题;非计量决策是指难以用准确的数量表示目标的决策;风险型决策是指存在不同控制因素,两个方案会出现几种不同结果,且其结果可用客观的或主观的概率来确定的决策;非确定型决策是指一个方案所出现的结果是不确定的决策。管理决策和业务决策分别由企业中层和基层领导做出,高层和中层领导给予帮助。

二、经营决策的步骤

经营决策是一个发现问题、分析问题和解决问题的过程,它是在调整经营形势和环境的基础上分几个基本步骤进行的。如图4-4所示。

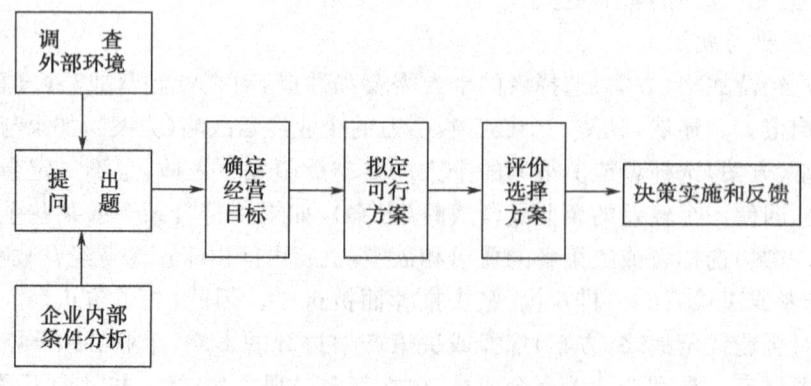

图4-4 企业经营决策步骤图

1. 确定经营目标

经营目标是经营决策的出发点和归宿。即根据目标作出经营决策,而经营决策又必须保证实现此目标。它可以分为两部分:一是通过企业外部环境和企业内部条件分析,提出经营问题;二是规定决策实施后要解决哪些问题,达到什么程度。

2. 拟定可行方案

经营决策的可行方案,是指能够解决某个经营问题,保证决策目标实现,具备实施条件的经营方案。

3. 评价选择方案

评价选择方案,是对两个以上经营决策的可行方案进行综合分析和比较,从中选择出一个理想的方案。这一步骤是在比较鉴别诸方案优劣的基础上择优决策。

4. 决策实施和反馈

决策实施是决策过程中不可缺少的重要一环。决策正确与否,要以方案的实施结果来判断。决策反馈,主要是指在方案实施过程中,把实施情况与目标进行比较来发现新问题,并查明原因,制定相应措施,保证经营目标的实现。

三、经营决策的方法

经营决策的方法很多,可分为定量决策法和定性决策法两大类。定量决策法,是建立在数学模型基础上的一种决策方法。其核心是把决策的变量和目标,以及变量与目标之间的关系,用数学关系表示出来,建立数学模型,然后再根据决策条件,通过计算求得答案。定量决策主要适用于重复出现的能够计量的程序性决策,这说明它有一定的局限性。定性决策法,是充分发挥人的知识、经验和能力的决策方法。其核心是在决策过程的各个阶段,根据已知情况和现有资料,在系统调研分析的基础上,提出决策目标、方案、参数,并作出相应评价和选择。它适合于受社会经济因素影响较大,各种因素错综复杂的综合性战略决策,因此是企业经营决策的主要方法。但是,由于这种方法主观成分强,论证不够严密,因此往往需用定量决策法来补充。

在企业经营决策中,定量决策法主要有以下三种:

(一) 确定型决策方法

确定型决策是指决策的影响因素和结果都是明确的,即一个方案只有一种确定的结果。因此,它只需比较各种方案的结果,选择一个最佳方案即可做出决策。在确定型决策中,量本利分析法(又称盈亏分析法)是一种简便、有效、使用范围较为广泛的确定型定量决策方法。

1. 量本利分析的基本方法

量本利分析法是指成本、数量、利润相互关系的分析，即依据量、本、利的相互关系，分析决策方案对企业盈亏带来的影响，据此来评价、选择决策方案。量、本、利相互关系的研究，是以成本和数量的关系研究为基础的，它通常被称为成本动态研究。所谓成本动态，是指成本总额对业务量总额的依存关系。当业务量变化后，各项成本有不同的性质，主要可分为固定成本和变动成本两大类。固定成本是成本中相对稳定的一部分，产品产量在一定范围内的变化对其没有影响，即固定成本不随产品产量的变化而变化，常常表现为一个常量，变动成本则与产品产量的变化密切相关，产品产量高，变动成本随之增高，在成本额中表现为变量。

现代企业通常采用损益法计算利润，即首先确定一定期间的收入，然后计算与这些收入相配合的成本，两者之间的差额即为期间利润。由于：

$$总成本 = 变动成本 + 固定成本$$
$$= 单位变动成本 \times 产量 + 固定成本$$

$$销售收入 = 单价 \times 销量$$

因而

$$利润 = 销售收入 - 总成本$$

假设产量和销量相同，则

$$利润 = 单价 \times 销量 - (单位变动成本 \times 销量 + 固定成本)$$

单价、单位变动成本、固定成本、销量和利润之间的关系如图4-5所示。

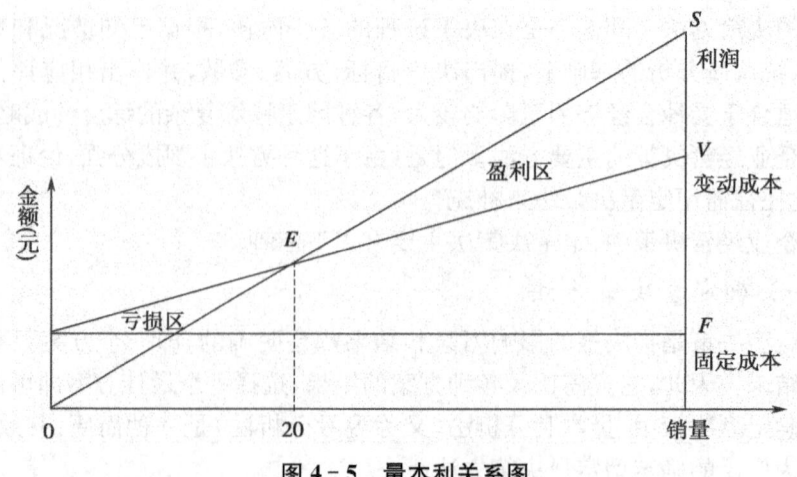

图4-5 量本利关系图

在量、本、利分析中,盈亏临界点的确定是重要的,即计算企业在什么样的销量情况下企业可能亏损或盈利。盈亏临界点,是指企业收入和成本相等的经营状态,即企业所处的既不盈利又不亏损的状态,通常用一定的业务量来表示。现介绍盈亏临界点确定的两种方法:

(1) 销售量法。即以某一销售量的固定成本和变动成本确定盈亏临界点,用公式表示:

$$盈亏临界点销售量 = 固定成本 \div (单价 - 单位变动成本)$$

(2) 销售额法。即以某一销售额之固定成本和变动成本确定盈亏临界点,计算公式如下:

$$盈亏临界点销售额 = [固定成本 \div (单价 - 单位变动成本)] \times 单价$$

2. 多品种产品的量本利分析方法

在工商企业实际经营管理决策分析中,更多的是面临多品种产品的生产和经营,商业企业要解决多品种经销条件下盈亏平衡点确定的问题,而生产企业在多品种经营条件下,则首先要解决有限资源合理配置安排生产的问题,然后就要确定盈亏平衡点,同时还要解决要达到一定目标利润必须完成多少产量(假设产销平衡)或销售量的问题。下面举例说明工商企业多品种产品的量本利分析方法及应用。

[例 4-1] 某商业企业同时经营 A、B、C 三种商品,各种商品的有关资料如表4-1,已知该企业的年固定成本为 62.7 万元,求该企业盈亏临界点的销售额。

表 4-1

商品 项目	A	B	C	合计
单价(元/件)	24	12	6	
单位变动成本	18	7.2	2.4	
单位边际贡献	6	4.8	3.6	
单位边际贡献率(%)	25	40	60	
销售量(万件)	9	9	6	
销售额(万元)	216	108	36	360
总的边际贡献(万元)	54	43.2	21.6	118.8

平均边际贡献率% = (118.8 ÷ 360) × 100% = 33%

盈亏临界点的销售额 = 62.7 ÷ 0.33 = 190(万元)

[例 4-2] 某企业从事 A、B、C、D、E、F 六种产品的生产,已知该企业的固定费用为 2 000 万元,现给出各产品的销售额与边际贡献,试计算该企业的盈亏平衡销售规模。

表 4-2

产品	销售额(万元)	边际贡献(万元)
A	1 000	450
B	1 200	300
C	1 500	300
D	1 000	550
E	1 600	800
F	2 000	700

计算边际贡献率:

$Ra = 45\%$　　$Rb = 25\%$

$Rc = 20\%$　　$Rd = 55\%$

$Re = 50\%$　　$Rf = 35\%$

计算累计销售额 $\sum s$、累计边际贡献 $\sum m$ 及 $\sum m - f$。

表 4-3　　　　　　　　　　　　　　　　　单位:万元

产品	S	$\sum s$	m	$\sum m$	$\sum m - f$
D	1 000	1 000	550	550	-1 450
E	1 600	2 600	800	1 350	-650
A	1 000	3 600	450	1 800	-200
F	2 000	5 600	700	2 500	500
B	1 200	6 800	300	2 800	800
C	1 500	8 300	300	3 100	1 100

从表 4-3 中可以看出,当企业只生产 D、E、A 三种产品时,该企业亏损 200 万元,当企业生产 D、E、A、F 时,该企业盈利 500 万元,要使企业盈亏平衡,企业

的边际贡献应正好等于固定费用，即企业要另生产相当于 200 万元边际贡献的 F 产品。

$$s_0 = 3\ 600 + \frac{200}{35\%} = 4\ 171(万元)$$

[例 4-3] 某企业从事 A、B、C、D、E、F 的生产，已知该企业的销售额为 3 000 万元时该企业盈利 530 万元。现给出各产品的销售额与边际贡献，试计算该企业的盈亏平衡销售规模。

表 4-4

产品	销售额（万元）	边际贡献（万元）
A	1 000	450
B	1 200	300
C	1 500	300
D	1 000	550
E	1 600	800
F	2 000	700

计算边际贡献率：

$$Ra = 45\% \quad Rb = 25\%$$
$$Rc = 20\% \quad Rd = 55\%$$
$$Re = 50\% \quad Rf = 35\%$$

计算累计销售额 $\sum s$、累计销售额 $\sum m$ 如表 4-5 所示。

表 4-5   单位：万元

产品	S	$\sum s$	M	$\sum m$
D	1 000	1 000	550	550
E	1 600	2 600	800	1 350
A	1 000	3 600	450	1 800
F	2 000	5 600	700	2 500
C	1 200	6 800	300	2 800
B	1 500	8 300	300	3 100

从表 4-5 中可以看出，当企业销售额为 3 000 万元时，企业对应的边际贡献等于 1 350+400×45%=1 530 万元；由于企业这时盈利 530 万元，所以算出

固定费用为1 000万元。

计算累计销售额 $\sum s$、累计销售额 $\sum m$ 及 $\sum m-f$，见表4-6所示。

表4-6　　　　　　　　　　　　　　　　　　单位：万元

产品	S	$\sum s$	M	$\sum m$	$\sum m-f$
D	1 000	1 000	550	550	−450
E	1 600	2 600	800	1 350	350
A	1 000	3 600	450	1 800	800
F	2 000	5 600	700	2 500	1 500
B	1 200	6 800	300	2 800	1 800
C	1 500	8 300	300	3 100	2 100

$$s_0 = 1\,000 + \frac{450}{50\%} = 1\,900(万元)$$

[例4-4]　某企业从事A、B、C、D、E五种产品的生产，现给出该企业生产的固定费用及有关数据，试计算该企业盈亏平衡时的销售额。

表4-7

产品	销售额(万元)	边际贡献(万元)	固定费用(万元)
A	1 000	300	
B	1 000	600	
C	1 000	500	2 000
D	1 000	400	
E	1 000	450	

当企业生产B、C、D、E四种产品时，企业亏损50万元，当企业生产A、B、C、D、E时，企业盈利250万元。盈亏平衡规模应在4 000万元至5 000万元之间。

表4-8　　　　　　　　　　　　　　　　　　单位：万元

产品	销售额	边际贡献	$\sum s$	$\sum m$	$\sum m-f$
B	1 000	600	1 000	600	−1 400
C	1 000	500	2 000	1 100	−900
E	1 000	450	3 000	1 550	−450
D	1 000	400	4 000	1 950	−50
A	1 000	300	5 000	2 250	250

$$s_0 = 4\,000 + \frac{50}{0.3} = 4\,166.7(万元)$$

(二) 风险型决策方法

风险型决策,就是根据几种不同自然状态下可能发生的概率进行决策。风险型决策中决策者虽然不知道未来将出现何种自然状态,但能估计出自然状态出现的概率,因而又称随机型决策。由于引入概率的概念,就会有一定的风险性。

风险型决策要具备以下五个条件:① 有明确的决策目标;② 有两个以上的备选方案;③ 存在着两种以上不以决策人的主观意志为转移的客观状态;④ 能预测出各个方案在不同客观状态下的期望值;⑤ 能对各种客观状态下所出现的概率进行估计。

风险情况下决策依据的标准主要是期望值。所谓期望值就是在不同自然状态下期望得到的值,它包括期望收益和期望损益两种。自然状态的概率,一般是从过去的历史资料中进行统计分析求得,是来自决策者主观经验的判断。风险型决策常用的方法有表解法和决策树法两种。

1. 表解法

表解法是用决策损益表来选择风险型决策方案的一种方法。决策损益表主要包括决策方案,各方案所面临的自然状态,自然状态出现的概率和各方案在各种自然状态下的损益值。

[例 4-5] 某企业夏季生产饮料,每箱成本 80 元,售出价格 120 元,每箱销售后可获利 40 元,如果销售不完,剩余每箱就要损失冷藏保管费 10 元。如缺货,除损失销售额外无其他损失。今年市场销售情况不明,根据去年同期日销售统计资料,日销售量为 100 箱、110 箱、120 箱、130 箱,而完成上述日销售量的天数分别为 12 天、24 天、18 天、6 天。要求对该企业日生产计划进行决策。

决策步骤是:① 确定不同自然状态下日销售量概率值,见表 4-9,该例概率属客观概率;② 计算各方案在不同自然状态下的日收益值,见表 4-10;③ 根据确定的概率,求出各方案在整个期间的期望值;④ 根据最大期望收益值原理求出最优方案。

表 4-9 自然状态统计概率确定表

日销售量(箱)	天 数	概 率
100	12	12/60=0.20
110	24	24/60=0.40

续表 4-9

日销售量(箱)	天 数	概 率
120	18	18/60＝0.30
130	6	6/60＝0.10
Σ	60	1.00

表 4-10　各方案的日收益值和期望收益值

方案(日产量)	自然状态 概 率 日收益值	100 0.2	110 0.40	120 0.30	130 0.10	期望 收益值(元)
100		4 000	4 000	4 000	4 000	4 000
110		3 900	4 400	4 400	4 400	4 300
120		3 800	4 300	4 800	4 800	4 400
130		3 700	4 200	4 700	5 200	4 350

日收益值 ＝ 日销量×每单位收益值－剩余量×单位损失值

如：日产量110箱，日销量100箱，日收益值＝100×40－(110－100)×10＝3 900元。

各方案的期望收益值是根据在不同自然状态下的收益值分别乘以概率后相加之和。如：日产量120箱方案期望收益值＝4 400元。该例最优方案是日产量120箱。

2. 决策树法

决策树法是运用树状图形来分析和选择决策方案的方法，其基本原理也是以决策收益为依据。它不仅可以解决单阶段问题，而且可以解决收益表不易表达的多阶段序列决策问题。决策树的特点是：① 可以明确地比较决策问题的各种可行方案的优劣；② 对方案的相关事件表现得一目了然；③ 可表明每一方案实现的概率，一般为主观概率；④ 能计算出每一方案预期的收益；⑤ 特别适合于多级决策的分析。

决策树的构成有六个要素：决策点、方案枝、自然状态结点、概率枝、结果点和修枝。用符号表示如下：

□：表示决策点，用来表明决策结果。

○：表示自然状态结点，用来表明自然状态所能获得的机会。

□＜：表示方案枝，由决策点引出若干枝条，每一枝条代表一个方案，并由它与状态结点连接。

○<：表示概率枝（也称状态枝），是由状态结引出若干枝条，每一枝条代表一种自然状态，并表明每一自然状态的概率。

△：表示结果点，用来表明状态的收益或损失值。

≠：表示结果点，用来表明状态的收益或损失值。

[例 4-6] 为生产某种产品设计了两个建设方案，一是建造大工厂，二是建造小工厂。大工厂需投资 1 000 万元，小工厂需投资 400 万元，两项目寿命周期均为 10 年。据估计，在此期间产品销路好的概率为 0.8，建造大工厂每年收益 250 万元，建造小工厂能获收益 80 万元；产品销路差的概率为 0.2，建造大工厂每年将损失 40 万元，建造小工厂每年获益 20 万元。要求用决策树法对该例进行决策。决策树的树形如图 4-6 所示。

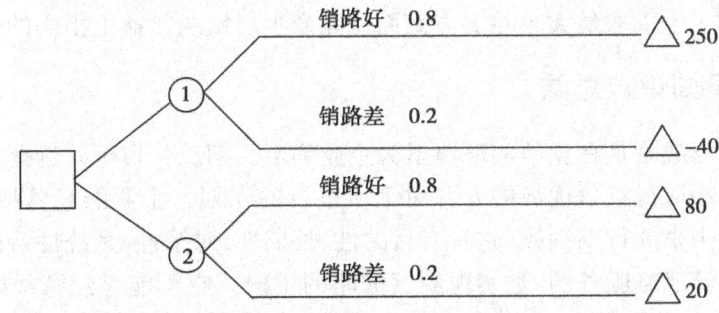

图 4-6 产品设计建设方案决策树

期望值计算如下：

大工厂方案期望值 $= 0.8 \times 250 \times 10 + 0.2 \times 10 \times (-40) - 1\,000 = 920$（万元）

小工厂方案期望值 $= 0.8 \times 80 \times 10 + 0.2 \times 10 \times 20 - 400 = 280$（万元）

两者比较可见，建大工厂的方案比建小工厂的方案为好，因为大工厂方案的期望值比小工厂多 640 万元（920－280）。

以上介绍的决策树属单级决策问题，但是，有些复杂的决策问题，需在完成第一层次决策后，再连续进行第二层次、第三层次决策，还可以进行多级决策。

（三）非确定型决策

非确定型决策的条件与风险型决策基本相同，只是无法测算各种状态出现的概率，决策主要取决于决策者的经验。由于决策者面临哪一种自然状态是完全不确定的，因而决策的结果也是完全不确定的，所以称为非确定型决策。

非确定型决策的方法有小中取大法、大中取大法、最小最大后悔值法等。

（1）小中取大法。这种方法是在计算出各种行动方案在各种自然状态下可能有的收益值的前提下，找出各种自然状态的最小收益值，再把与最小收益值中最大值对应的方案作为决策方案。由于选择方法是以最小收益值中的最大值为依据的，因此选定的方案是在最不利情况下的最好方案。这是一种悲观、保守的决策方法，采用此法进行决策没有风险。

（2）大中取大法。此法与小中取大法正好相反，它是先找出各种行动方案在各种自然状态下的最大收益值，然后选择最大收益值中的最大值，并将与之对应的行动方案作为决策方案。这是一种持冒险乐观态度并愿承担较大风险的决策方法，一般情况不宜采用。

（3）最小最大后悔值法。此法是以各方案对应的自然状态下的后悔值来进行决策的方法。所谓"后悔值"就是某行动方案的收益值与最大收益值之间的差额。它是由于未采取最大收益的方案而可能产生后悔的收益上损失的数值。

本章重要知识点总结

企业经营战略是在竞争的环境里为企业确定长期成长目标并选择实现这些目标的途径和取得竞争优势的方针对策所进行的谋划。企业的经营战略，是指导企业走向未来的行动纲领，它具有目的性、长期性、对策性、系统性特征。经营策略是为经营战略服务的，是实现经营战略的手段。它可能是经营战略的一个组成部分，是战略的补充，也可能是为了实现战略目标所制定的具体政策，还可能是为了适应环境的变化所采取的应变措施。

企业战略理论主要包括设计学派与计划学派、学习学派和结构学派的企业战略理论。结构学派的代表人物是迈克尔·波特。他的主要观点是：① 产业结构分析是确立企业竞争战略的基础。② 一个产业内部的竞争状态取决于五种基本作用力，即进入威胁、替代威胁、买方砍价能力、供应方砍价能力和现有竞争对手的竞争能力。这五种作用力共同决定着产业竞争强度以及产业利润率。③ 为成功地对付五种竞争作用力，波特提出了三种提供成功机会的基本战略：总成本领先战略、差异化战略、目标集中战略。④ 企业实施竞争战略的过程就是寻求、维持、创造竞争优势的过程。为了系统地识别和分析企业竞争优势的来源，波特提出了"价值链理论"。他认为，每一种企业的价值链都是由以独特方式联结在一起的九种活动类别构成的。具体包括内部后勤、生产作业、外部后勤、市场和销售、服务五种基本活动和采购、技术开发、人力资源管理、企业基础设施四种辅助活动。一个企业与其竞争对手的价值链差异就代表着竞争优势的一种潜在来源。

经营战略结构是指经营战略的内容及其相互之间的关系。任何一个战略系统都必须包括战略目标、战略方针、战略规划这三项最基本的内容。经营的战略目标在经营战略体系中居于主导地位；经营战略方针在经营战略体系中居于关键或核心地位；战略规划在企业的战略体系中居于一个特殊的地位，既是企业经营战略的一个重要组成部分，又是指导战略实施的纲领性文件。可以按照不同的标准对企业的经营战略进行分类。按照战略的目的性，可把企业经营战略划分为成长战略和竞争战略；按照战略的领域，可以把企业的经营战略划分为产品战略、市场战略和投资战略；按照战略对市场环境变化的适应度，可以把企业经营战略划分为进攻战略、防守战略和撤退战略；按照战略的层次性，可把企业经营战略划分为公司战略、事业战略和职能战略。战略管理的过程一般包括环境分析、战略设计与选择、制定政策、调整组织结构、指导战略实施五个重要阶段。

　　成本领先战略思想是，企业力争以最低的总成本取得行业中的领先地位，并按照这一基本目标采用一系列的方针。差别化战略的战略目标是使企业的产品在设计、工艺、性能、款式、品牌、顾客服务等各方面与其他企业的同类产品相比有显著差别，具有独特性。目标集中战略的方针是企业将所拥有的产品开发、设计、制造和营销能力集中在某个特定的、较小的目标市场上，使企业与竞争者相比，能够以更高的效率、更好的效果满足这个特定的目标市场的需求。一般性竞争战略是企业取得竞争中相对优势的有效的战略方针，但三种战略要求不同的应用条件。这些条件主要是企业所处产业的经营特点和企业自身的技术、资源及管理能力等。

　　企业经营战略（方案）评价的准则包括统一性、适宜性、可行性、可接受性、优势性几个方面，企业经营战略（方案）评价的模型方法有波士顿矩阵模型评价法、SWOT模型评价法等，影响企业经营战略（方案）选择的非理性因素主要有历史、态度、文化、关系、环境、时间、竞争、需要与欲望等，这些因素会以各种形式和方式对企业经营战略（方案）选择产生重要影响，对此，企业战略（方案）选择者在进行企业战略（方案）选择时必须给予充分的重视。

　　经营决策是企业管理的核心问题，它是指为实现企业经营目标，在对企业外部环境和内部条件进行分析、预测的基础上，运用科学的手段和方法，通过定性和定量分析，对多种经营方案进行分析评价，从中选择一个令人满意的方案的过程。因此经营决策的基本出发点是谋求企业外部环境、内部条件和经营目标这三个方面的综合因素的动态平衡。经营决策是一个发现问题、分析问题和解决问题的过程，它是在调整经营形势和环境的基础上分几个基本步骤进行的，包括确定经营目标、拟定可行方案、评价选择方案、决策实施和反馈等基本环节。经营决策的方法很多，可分为定量决策法和定性决策法两大类，二者应结合起来应用。在企业经营决策中，定量决策法主要有以下三种：确定型决策方法、风险型决策方法、非确定型决策方法。

案例

格兰仕战略转移

一、背景介绍

格兰仕微波炉是中国消费者所熟悉的产品,但它的制造商——格兰仕集团却是以生产羽绒制品起家的。

格兰仕的前身广东顺德桂洲羽绒厂成立于1979年,职工不过200人,以手工操作洗涤鹅鸭羽毛供外贸单位出口,年产值46.81万元。1988年,桂洲畜产品企业(集团)公司成立,其成员企业包括"桂洲畜产品工业公司"以及该公司与外商合资的三家工厂,同时,格兰仕牌羽绒被、服装开始在国内市场销售,仅羽绒被年销售额就达1 500万元。此外,公司获得"中国乡镇企业百强"的称号,产值超亿元。

1992年6月,公司更名为广东格兰仕企业(集团)公司,格兰仕牌羽绒系列制品全国总销售额达3 000万元,集团公司总产值18亿元人民币,年出口达2 300万美元。

1991年,格兰仕的决策层普遍认为,羽绒服装及其制品的出口前景不佳,并达成共识:从现行业转移到一个成长性更好的行业。经过市场调查,选定小家电业为新的经营领域,并确定以微波炉作为进入该行业的主导产品。

1992年9月,中外合资的格兰仕电器有限公司开始试产,第一台以"格兰仕"为品牌的微波炉正式诞生。1993年,格兰仕试产微波炉1万台,开始从以纺织业为主转向以家电制造业为主。1999年1月,格兰仕结束最后一项轻纺产业毛纺厂,转型为家电集团。

二、案例回放

(一)成长历程

格兰仕集团二十多年的成长历程,大体上可划分为三个阶段,每个阶段的战略过程及业绩分述如下:

1. 创业:羽绒、服装(1978—1992年)

1978年9月28日梁庆德带领十余人破土动工筹办羽绒制品厂。1979年广东顺德桂洲羽绒厂成立,职工不过200人,以手工操作洗涤鹅鸭羽毛供外贸单位出口,年产值46.81万元。1983年,桂洲羽绒厂与港商、广东省畜产进出口公司合资兴建的华南毛纺厂建成投产,引进日本最新型号的粗梳毛纺生产线,年产量300吨,主要产品供出口,年创汇400多万美元。1984年桂洲羽绒厂扩建,水洗羽绒生产能力达600吨,年产值达300多万元。1985年,桂洲羽绒厂更名为"桂洲畜产品工业公司",拥有员工600余人。1987年与港商合资成立华丽服装公司,与美国公司合资成立华美实业公司,生产羽绒服装和羽绒被直接出口。

1988年,桂洲畜产品企业(集团)公司成立,其成员企业包括"桂洲畜产品工业公司"以及该公司与外商合资的三家工厂,年产值超过亿元。1989年与港商合资的桂洲毛纺有限公司投产。1991年,中外合资的华诚染整厂有限公司建成投产。至此,公司的经营业务包括原白色兔毛纱出口、染色纱出口、纱线染色加工、羽绒被、服装等制品生产、出口。同时,格兰仕牌羽绒被、服装开始在国内市场销售,仅羽绒被年销售额就达1500万元。

2. 转向:微波炉(1992—1997年)

1991年,格兰仕最高决策层普遍认为,羽绒服装及其制品的出口前景不佳,并达成共识:从现行业转移到一个成长性更好的行业。经过市场调查,初步选定家电业为新的经营领域(格兰仕所在地广东顺德及其周围地区已经是中国最大的家电生产基地)。格兰仕选定小家电为主攻方向(当时,大家电的竞争较为激烈),并最终确定将微波炉为进入小家电行业的主导产品(当时国内微波炉市场刚开始发育,生产企业只有四家,其市场几乎被外国产品垄断)。

为此,格兰仕人首先以真诚感动了上海的著名微波炉专家,从上海无线电18厂聘请了五名微波炉高级工程师。以上海专家为主,格兰仕很快形成了一支技术人员队伍。然后,以创业十多年的资金积累,从日本东芝集团引进具有20世纪90年代先进水平的自动化生产线,并与其进行技术合作。1992年9月,中外合资的格兰仕电器有限公司开始试产,第一台以"格兰仕"为品牌的微波炉正式诞生。

1993年,格兰仕试产微波炉1万台,开始从以纺织业为主转向以家电制造业为主。

1994年格兰仕面临创业以来最大的挑战:一是从紧的宏观经济政策导致商品购买力大幅度下降;二是珠江三角洲遇到百年来的特大洪水灾害,格兰仕厂区水深2.8米,遭受到巨大损失。但由于格兰仕人的共同努力,当年实现产销量10万台的目标,获得销售额、利润"双超历史"的业绩。同时,格兰仕集团推行股份制改革,集团骨干人员贷款购买公司股份成为公司的主要股东,并依照现代企业制度重组公司的治理结构,初步建立了一个遍布全国的销售网络。

1995年,格兰仕微波炉销售量达25万台,市场占有率为25.1%,在中国市场占据第1位,获得惊人的业绩。其原因主要是两个方面:一是格兰仕的营销策略获得巨大的成功;二是原中国市场第1位的蚬华公司,由于美国惠而浦公司的收购产生较大的波动,收购后的整合工作进展不力。当年,格兰仕集团销售收入3.84亿元,利润3100万元。

1996年8月,格兰仕集团在全国范围内打响微波炉的价格战,降价幅度平均达40%,带动中国微波炉市场从1995年的不过100万台增至200多万台。格兰仕集团以全年产销量65万台的规模占据我国市场的34.7%,部分地区和月份的市场占有率超过50%。

1997年2月,国家统计局授予格兰仕"中国微波炉第一品牌"称号;经国家权威部门评估,"格兰仕"的品牌价值达38.1亿元;10月,格兰仕集团第2次大幅降价,降价幅度在29%~40%;全年微波炉产销量达198万台,市场占有率达47.6%以上,稳居第一位。

3. 从全国单项冠军到全球单项冠军(1998年开始)

自1995年至今,格兰仕微波炉国内市场占有率一直居第一位,且大大超过国际产业、学术界确定的垄断线(30%),达到60%以上(1998年5月市场占有率达到73.5%,为历史最高点)。在国内市场微波炉单项冠军地位巩固的基础上,格兰仕集团于1998年开始实施新的战略:通过国际化与多元化,实现全球市场小家电多项冠军的宏伟目标。

1998年,格兰仕微波炉年产销量达450万台,成为全球最大规模化、专业化制造商。同时,格兰仕集团投资1亿元进行自主技术开发,并在美国建立研究开发机构;下半年利用欧盟对韩国微波炉产品进行反倾销制裁的机会,格兰仕微波炉大举进入欧洲市场;从单项微波炉走向产品多元化,全年豪华电饭煲产销规模达到250万台,成为全球最大的制造商。

1999年1月,格兰仕结束最后一项轻纺产业毛纺厂,转型为家电集团;3月,格兰仕北美分公司成立,同时美国微波炉研究所成立;向市场推出新开发的品种百余种,其产品融入新开发出的专有技术;聘请Anderson公司为集团财务顾问;全年销售额达29.6亿元,微波炉销售量达600万台,其中内销与出口各占50%,国内市场占有率为67.1%,稳居第一位,欧洲市场占有率达25%;在关键元器件供应领域,开始采取垄断战略;电饭煲国内市场占有率达12.2%。

(二)企业战略

格兰仕的成长与业绩,与其制定的富有个性化的战略并坚持不懈地实施其战略密切相关,或者说,格兰仕的成功主要是其企业战略的有效运作。因此,有必要对格兰仕集团二十多年来的企业战略形成、主要内容及变化进行较为全面的探讨。

1. 总体战略

有研究认为,总体战略主要由领域与地域两大部分构成。领域是指企业经营的行业范围,即"我们现在做什么,我们未来要做什么?"地域是指企业经营的地理空间,即"我们在何处做?"领域战略依其经营行业数目可分为专业化经营和多元化经营(此处还有程度的不同),地域战略依其经营的地理范围可分为本地、全国、跨国、全球化四种类型。依此,可以结合格兰仕集团的历程,构造其总体战略矩阵(见表1)。

表1 格兰仕总体战略

阶 段	经 营 领 域	经营地域
1978—1992年	畜毛整理、粗纺、染色加工、服装及其制品生产	广东顺德/中国市场
1993—1997年	微波炉、电饭煲、电风扇制造	广东顺德/产品出口
1998年	开始微波炉制造/轻纺产品生产	广东顺德/全球市场

注:包括产品的生产基地和主要市场范围两方面。

格兰仕的总体战略可作出如下的归纳:

(1) 创业阶段。格兰仕在轻纺行业,再具体就是以畜毛为原料的轻纺行业从事经营活动,其经营范围具有较明显的一体化,即从畜毛的洗涤、整理到粗梳加工,到染色,再到纺织,最后到羽绒服装及羽绒被生产。可以认为,格兰仕在一体化战略实施方面有一定的经验和能力。这个阶段的产品主要是供外贸公司出口,且产品的加工和生产大多是以合资经营方式进行,这表明格兰仕人从创业开始就注重利用外部资源,善于与他人合作,通过内外部资源的优化组合来实现企业的目标。

(2) 转向阶段的集中一点战略。这个阶段的格兰仕总体战略是以集中一点为核心的,但其集中一点战略有自身的特点,即在战略性行业转移的背景下的集中一点,这与企业创业初期的集中一点战略有较大的不同:前者是将原有行业的经营资源大规模地转移到新选择的"某点",从原有行业中撤离出来,集中全部资源来经营这个新的"点";后者是在创业之初就集中全部资源攻其一点,没有行业转移问题。从这个角度来看格兰仕的集中一点战略实施的困难度要大,这是因为从原有行业撤出并不是短时间能完成的,再加上原有行业与新选择的微波炉行业两者的相关程度极低(可以说是不相关的),经营资源的转移量小且效率低。因此,格兰仕集中一点战略的成功是一个很值得探讨的问题。

这个阶段的起点——1993年,格兰仕集团的产品销售额中微波炉所占的份额不超过10%。在其后的过程中,格兰仕集团不断从轻纺行业中撤出,利用积累的资金不断地扩大微波炉的生产规模,到这个阶段的终点——1997年底,格兰仕集团的产品销售额中,轻纺产品所占的份额很低,成功地从以轻纺业为主转型为以家电业为主。

集中一点战略的要点是选择一个较合适的"点",集中全部或几乎全部的经营资源把这个"点"做精、做深、做透、做大,并建立进入壁垒,使竞争者不断退出

（主动或被动），潜在竞争者不敢贸然进入，从而实现企业的持续经营目标。

格兰仕集团于1991年选择微波炉为其集中经营"点"是合适的：第一，我国微波炉市场处在发育的初期，与发达国家相比差距很大，因此其市场前景看好，市场潜力很大。第二，微波炉生产企业不多，且年生产规模大多在10万台以下，市场竞争程度比其他家电产品要低得多。第三，外国品牌的产品在市场上居主导地位，但这些产品在这些制造商的销售总额中所占的比重很小，因此，微波炉并非这些制造商的战略性或主导性产品。第四，格兰仕所在地——广东顺德是中国著名的家电产品生产基地，元器件、零配件的供应及其他制造技术和服务较为稳定。第五，微波炉产品的生产技术已经较为成熟。

不仅如此，格兰仕集团在其后的经营中，始终坚持集中一点毫不动摇。据说，1995年格兰仕放弃了一份几百万美元的羽绒制品订单。格兰仕集团不仅将轻纺行业十多年的经营积累以及撤出的收益全部投入到微波炉的生产与销售上，而且将微波炉产品本身的收益也全部投入，从而使格兰仕集团的微波炉产销量以惊人的速度增长，从1993年的试产1万台到1997年的近200万台。

建立进入壁垒是集中一点战略的重要内容。格兰仕集团在这方面的表现也是突出的。主要包括：第一，在总成本不变或降低的前提下，不断开发新产品和专有技术。1995年以来，格兰仕集团共获得球体微波、多层防漏等与微波炉相关的专利和专有技术100多项，开发100多个品种的新产品。尤其是美国研究机构成立以来，格兰仕的自主技术水平有较大的提高，新产品推出更多、更快。第二，利用总成本领先的优势，向市场推出质好价廉的产品，扩大市场占有率。1996年8月和1997年10月在全国范围内大规模、大幅度地降低产品价格，其成效非常明显：首先，使不少竞争者退出微波炉行业；其次，扩大了中国微波炉市场的总体容量；再次，极快地提高了格兰仕的市场占有率。第三，关键元器件的开发，在上述基础之上，格兰仕开始利用自己的技术力量开发关键元器件并投入生产，进一步降低总制造成本。

（3）新阶段的多元化与国际化战略。1998年开始是格兰仕集团发展的新阶段，其战略重点在多元化与国际化。多元化是在小家电行业范围内进行的，除微波炉外，格兰仕集团向市场推出电饭煲和电风扇产品。如果依照以4位数行业标准来划分，这些产品是不同的4位数行业，因此，可称其为多元化经营。这个阶段的多元化经营有如下特点：第一，以获取范围经济效益、提升企业战略能力为目标；第二，产品的技术、生产尤其是销售存在高度的相关性；第三，是在初步形成亚核心能力的基础上进行的；第四，以内部开发为主的战略途径；第五，工业先导/技术主导型的战略模式。

国际化是指格兰仕集团不仅引进并集成了世界各国的先进生产设备和技

术,而且还表现在:第一,市场的国际化,从全球市场视角来配置资源,以自有品牌或 OEM 方式向全球市场推出产品;第二,研发的国际化,美国的研究机构与中国的研究机构共同合作开发自主技术和新产品;第三,人才的国际化,聘请外国专家和管理人才,以适应国际化经营的需要。但是,到目前为止,作为国际化战略最主要的生产国际化并未成为格兰仕集团的重要策略。

2. 竞争战略

竞争战略的关键问题是在给定的产品/市场上怎样实现可持续的竞争优势。美国哈佛大学商学院的迈克尔·波特教授总结的两种通用的竞争战略是:成本领先和差别化。

很明显,格兰仕集团在微波炉及其他小家电产品/市场上的竞争战略是成本领先,而不是差别化。格兰仕集团的成本领先战略在转向阶段和新阶段中有所不同:转向阶段格兰仕集团的竞争优势主要来源于规模经济基础上的成本领先;在新阶段,则主要来源于规模和范围经济基础上的成本领先。

格兰仕的规模经济首先表现在生产规模上。据分析,100 万台是单间工厂微波炉生产的经济规模界限,格兰仕在 1996 年就达到了这个规模,其后每年以两倍于上一年的速度迅速扩大生产规模。生产规模的迅速扩大带来了生产成本的大幅度降低,成为格兰仕成本领先的重要环节。其次,格兰仕的规模经济还表现在销售、科研和管理等方面。

格兰仕集团的范围经济主要表现在利用微波炉经营的资源和能力积累,开拓电饭煲和电风扇的产品/市场。由于微波炉与电饭煲、电风扇同属于小家电行业,其产品技术、销售网络尤其是品牌延伸方面的相关程度很高,所以,格兰仕从单一产品向多种产品发展,其范围经济效益非常明显。

3. 职能战略

职能战略是在实施竞争战略过程中,公司各部门或各种职能应该发生什么作用,如何发挥这些作用。职能战略取决于竞争战略,每个竞争战略都要转变为职能层次上的战略才能具体实施,如市场营销、研究与开发、财务、人事、生产等。职能战略的内容非常具体和丰富,针对格兰仕集团的情况,这里选择其中比较有特色的内容进行说明。

(1) 营销战略。格兰仕集团在微波炉市场上的营销战略主要包括以下内容:第一,培育市场。通过赠送微波炉食谱图书、在报刊上开辟专栏等方式培育中国的微波炉市场。第二,启动市场。通过建立全国性的营销网络,主要是与各地代理商合作,共同启动微波炉市场。第三,占领市场。在微波炉市场上主要通过价格战方式,而在电饭煲市场上,通过多年的赠送活动来占领市场。第四,巩固市场。通过不断推出新产品,针对不同的市场区域推出合适的产品来实现。还有,通过提高产品服务质量和水平来巩固市场。例如,格兰仕推出的"四心级"服务(对顾客诚心、精心、让顾客安心、放心),"三大纪律、八项注意"的规范服务,一地购物、全国维修的跨区域服务等,都是格兰仕巩固市场的重要策略。

(2) 研究与开发战略。格兰仕的技术战略经历了引进、消化吸收、合作开发、自主开发阶段。在 1997 年以前,格兰仕集团主要是以引进、消化吸收为重点,从 1992 年引进东芝公司的生产线和技术,到 1996 年引进全球范围内最先进的微波炉生产设备和技术,并在消化吸收的基础上进行集成。1997 年格兰仕集团设立研究与开发部门,1998 年又在美国设立技术开发机构,开始走向合作和自主开发的新阶段。

(3) 财务战略。为适应国际化经营的战略需要,格兰仕集团自 1998 年开始聘请全世界著名的咨询公司——Andersen 公司为财务顾问,具体制定和实施格兰仕的财务战略。这在中国企业,尤其是乡镇企业中是罕见的。以 Andersen 公司的实力和经验,可以推断,格兰仕集团的财务战略对其竞争战略、总体战略的实现将会起到巨大的促进作用。

(4) 人才战略。引进人才并大胆使用是格兰仕集团的传统策略。早在 1991 年,格兰仕集团就聘请了五名来自上海的中国微波炉专家,正是这五名高级工程师组成了格兰仕微波炉技术队伍的核心,奠定了其后与外国技术合作的基础。1993 年格兰仕集团聘请日本人从事生产管理;1998 年为实施国际化战略,聘请韩国人担任国际营销主管;聘请美国人从事技术开发活动,等等。格兰仕集团人才战略的主要特点是,引进全球视野范围内的优秀人才。但这仅是人才战略的一个方面,更为重要的是,面临国际化经营的需要,格兰仕集团如何提高各类人才的总体素质和能力,这也许是格兰仕集团未来发展的薄弱环节。

综上所述,将格兰仕集团的成长历程与企业战略结合起来,可形成一个较全面反映格兰仕集团企业战略形成、内容、变化的图表(见表2)。

表2 格兰仕集团的成长与战略

战　略	创业(1978—1992年)	转向(1993—1997年)	新阶段(1998年开始)
总体战略	轻纺业一体化	集中一点	小家电业多元化与国际化
竞争战略		规模经济基础上的成本领先	规模和范围经济基础上的成本领先
职能战略	合资经营	引进、消化吸收、营销等	外部资源借用为中心

📝 案例思考

结合本章战略理论的学习,对格兰仕集团的成长与经营战略进行评价。

✎ 本章练习题

一、单选题

1. 企业要想在市场竞争中获得长期的竞争优势和持续稳定的发展,就必须有一套长期的、系统的( )。
   A. 经营战略   B. 市场预测   C. 经营策略   D. 企业文化

2. 钱德勒的经营战略是从( )出发的,着重于企业成长目标的实现和资源分配。
   A. 组织变革   B. 组织设计
   C. 经营创新   D. 战略决策

3. 经营战略具有( )特点。
   A. 目的性、长期性、对策性   B. 目的性、组织性、对策性
   C. 效益性、长期性、对策性   D. 目的性、长期性、市场性

4. 学习学派的企业战略理论的主要代表人物是( )。
   A. 安东尼   B. 奎因和明茨伯格
   C. 迈克尔·波特   D. 钱德勒

5. 结构学派的代表人物是( )。
   A. 明茨伯格   B. 安索夫
   C. 迈克尔·波特   D. 安东尼

6. 任何一个战略系统都必须包括( )三项最基本的内容。
   A. 战略目标、战略方针、战略规划
   B. 战略目标、战略决策、战略规划
   C. 战略目标、经营策略、战略规划
   D. 战略方针、组织结构、发展策略

7. 战略目标在经营战略体系中居于( )地位。
   A. 主导   B. 核心   C. 关键   D. 从属

8. 按照战略的目的性,可把企业经营战略划分为( )。
   A. 公司战略、事业战略和职能战略
   B. 进攻战略、防守战略和撤退战略
   C. 产品战略、市场战略和投资战略
   D. 成长战略和竞争战略

9. 美国学者波特归纳出,在行业竞争中,蕴藏着三种能战胜其他企业的一般性竞争战略。即(　　)。
   A. 进攻战略、防守战略和撤退战略
   B. 公司战略、事业战略和职能战略
   C. 成本领先战略、差别化战略和目标集中战略
   D. 成长战略、多元化发展战略和竞争战略
10. 中间产品产业的产品特点决定了实施(　　)战略的企业具有明显的优势。
    A. 成本领先　　　　　　　　B. 差别化战略
    C. 目标集中战略　　　　　　D. 多元化发展战略

二、名词解释
1. 企业经营战略
2. 经营战略结构
3. 经营决策
4. 战略规划
5. 成本领先战略
6. 差别化战略

三、问答题
1. 经营战略的含义和特点是什么？
2. 简述结构学派企业战略理论的主要观点。
3. 战略系统的内容是什么？
4. 简述一般性竞争战略的内容及应用条件。
5. 简述企业经营战略(方案)评价的准则。
6. 三种常用的定量决策方法分别是哪些？

第五章 经营策略

📖 **学习目的与要求**

在科学技术不断提高,社会生产日益现代化的当今社会,企业经营的关键在于销售、在于争夺市场。企业经营的成败,取决于其企业经营策略的制定和实施。学习本章,主要要树立正确的市场营销观念,掌握企业如何进行目标市场的选择及制定科学的经营策略等问题。

通过本章学习,要求理解和掌握以下重要内容:
(1) 理解市场营销组合策略的含义及特点。
(2) 掌握"4P"与"4C"的内容、联系与区别。
(3) 理解市场细分的含义及作用,了解市场细分的要求、标准和程序。
(4) 掌握选择目标市场时通常可采用的策略。
(5) 掌握产品组合策略的含义及方法。
(6) 掌握价格策略的基本方法。
(7) 掌握促销策略的基本方法。
(8) 了解销售渠道的含义及销售渠道的分类与选择方法。

第一节 市场营销组合策略

市场营销组合策略,又称为市场营销组合,是指企业在选定的目标市场上综合运用各种市场营销策略和手段,以销售产品并取得最佳经济效益的策略组合。

市场营销的因素有多种组合方式,运用最广泛的是所谓"4P"的分类方法。"4P"是美国营销学学者麦卡锡教授在 20 世纪 60 年代提出的,包括产品(Product)、价格(Price)、渠道(Place)和促销(Promotion)。他认为一次成功和完整的市场营销活动，意味着以适当的产品、适当的价格、适当的渠道和适当的传播促销推广手段，将适当的产品和服务投放到特定市场的行为。在市场营销组合观念中，"4P"分别是产品（Product）、价格（Price）、地点（Place）、促销（Promotion）。产品的组合，主要包括产品的实体、服务、品牌、包装。它是指企业提供给目标市场的货物、服务的集合，包括产品的效用、质量、外观、式样、品牌、包装和规格，还包括服务和保证等因素。定价的组合，是指企业出售产品所追求的经济回报，主要包括基本价格、折扣价格、付款时间、借贷条件等。地点通常称为分销的组合，主要包括分销渠道、储存设施、运输设施、存货控制，它代表企业为使其产品进入和达到目标市场所组织实施的各种活动，包括途径、环节、场所、仓储和运输等。促销组合是指企业利用各种信息载体与目标市场进行沟通的传播活动，包括广告、人员推销、营业推广与公共关系等等。以上"4P"（产品、价格、地点、促销）是市场营销过程中可以控制的因素，也是企业进行市场营销活动的主要手段，对它们的具体运用，形成了企业的市场营销战略。

这几年，有一种观点——"整合行销传播（IMC）的开始，意味着4P已成明日黄花，新的营销世界，已经转向4C了。4C必将取代4P"。

"4C"营销组合策略于1990年由美国营销专家劳特朋教授提出，它以消费者需求为导向，重新设定了市场营销组合的四个基本要素，即消费者（Consumer）、成本（Cost）、便利（Convenience）和沟通（Communication）。它强调企业首先应该把追求顾客满意放在第一位，其次是努力降低顾客的购买成本，然后要充分注意到顾客购买过程中的便利性，而不是从企业的角度来决定销售渠道策略，最后还应以消费者为中心实施有效的营销沟通。与产品导向的"4P"理论相比，"4C"理论有了很大的进步和发展，它重视顾客导向，以追求顾客满意为目标，这实际上是当今消费者在营销中越来越居主动地位的市场对企业的必然要求。

在"4C"理念的指导下，越来越多的企业更加关注市场和消费者，与顾客建立一种更为密切的和动态的关系。现在消费者考虑价格的前提就是自己的"花多少钱买这个产品才值"。于是作为销售终端的苏宁电器专门有人研究消费者的购物成本，以此来要求厂家定价。这种按照消费者的成本观来对厂商制定价格要求的做法就是对追求顾客满意的"4C"理论的实践。

"4C"理论的不足之处是：首先，"4C"理论以消费者为导向，着重寻找消费者需求，满足消费者需求，而市场经济还存在竞争导向，企业不仅要看到需求，而且还需要更多地注意到竞争对手。冷静分析自身在竞争中的优劣势并采取相应的策略，才能在激烈的市场竞争中立于不败之地。其次，在"4C"理论的引导下，企业往往失之于被动适应顾客的需求，往往令他们失去了自己的方向，为被动地满足消费者需求付出更大的成本。如何将消费者需求与企业长期获得利润结合起来是"4C"理论有待解决的问题。

一、市场营销组合策略的特点

市场营销组合作为企业一个非常重要的营销管理方法,具有以下特点:

1. 市场营销组合是一个变量组合

构成营销组合的"4Ps"的各个自变量,是最终影响和决定市场营销效益的决定性要素,而营销组合的最终结果就是这些变量的函数,即因变量。从这个关系看,市场营销组合是一个动态组合,只要改变其中的一个要素,就会出现一个新的组合,产生不同的营销效果。

2. 营销组合的层次

市场营销组合由许多层次组成,就整体而言,"4Ps"是一个大组合,其中每一个P又包括若干层次的要素。这样,企业在确定营销组合时,不仅更为具体和实用,而且相当灵活,不但可以选择四个要素之间的最佳组合,而且可以恰当安排每个要素内部的组合。

3. 市场营销组合的整体协同作用

企业必须在准确地分析、判断特定的市场营销环境、企业资源及目标市场需求特点的基础上,才能制定出最佳的营销组合。所以,最佳的市场营销组合的作用,绝不是产品、价格、渠道、促销四个营销要素的简单数字相加,即 $4Ps \neq P+P+P+P$,而是使它们产生一种整体协同作用。就像中医开出的处方,四种草药各有不同的效力,治疗效果不同,所治疗的病症也相异,而且这四种中药配合在一起的治疗效果大于原来每一种药物的作用之和。市场营销组合也是如此,只有它们的最佳组合,才能产生一种整体协同作用。正是从这个意义上讲,市场营销组合又是一种经营的艺术和技巧。

4. 市场营销组合必须具有充分的应变能力

市场营销组合作为企业营销管理的可控要素,一般来说,企业具有充分的决策权。例如,企业可以根据市场需求来选择确定产品结构,制定具有竞争力的价格,选择最恰当的销售渠道和促销媒体。但是,企业并不是在真空中制定的市场营销组合。随着市场竞争和顾客需求特点及外界环境的变化,必须对营销组合随时纠正、调整,使其保持竞争力。总之,营销组合对外界环境必须具有充分的适应力和灵敏的应变能力。

二、制定市场营销组合策略的原则

企业在具体运用和实施市场营销组合时,应遵循以下几个原则:

（一）坚持整体性

在激烈的市场竞争中，影响市场营销的因素是多种多样的，营销组合包含四个大因素，每一个大因素中又包含许多具体的因素，因此，企业在制定市场营销组合时必须遵循整体性原则。其中，在时间上，市场营销组合各策略要同时制定，以便同时考虑相互有内在影响的各种因素，使其有机地联系起来；在空间上，市场营销组合各要素必须同时并存，相互配套，综合运用，以便形成市场营销组合的系统整体，实现企业资源的最优化使用。

（二）突出重点

企业在制定市场营销组合策略时，应考虑到整体性的要求，但并不是说分散使用力量，将产品、价格、销售渠道和促进销售四大因素都放到同等重要的位置上，而是要突出重点。要根据产品和市场特点，重点使用其中一个或两个因素，设计相应的策略。例如，对一些生活必需品，人们对价格比较敏感，则应以价格因素作为竞争的主要手段；对于手机、家电等耐用品，人们关心其性能、售后服务等因素，则应主要考虑产品因素；对于化妆品、营养保健品等，则应主要考虑促销因素。由此可见，市场不同、产品不同，市场营销组合的重点就应当不同，缺乏重点的市场营销组合是不会有竞争力的。

（三）适时变化

穷则变，变则通，通则久。市场竞争中唯一不变的就是变化。市场形势是复杂多变的，企业营销的内外条件也在不断变化，因而企业的市场营销策略也不会一成不变，应根据变化了的情况和条件采取新的行之有效的营销组合策略。在产品的投入期，市场营销组合的重点自然是产品因素，新产品的性能、特征等是消费者能否接受的前提。在产品进入成长期后，新产品试销取得成功，在转入成批生产时就需要扩大市场销售，这时市场营销组合中的销售渠道因素就是重点。在产品进入成熟期后，市场竞争最激烈，市场营销组合中就要突出促销因素，通过大做广告、人员推销等参与竞争。在产品进入衰退期后，市场上已出现新的换代产品，市场竞争突出地表现为价格竞争，市场营销组合必然要以价格因素为重点。

美国卡特皮勒公司是怎样制定市场营销组合策略的呢？

(1) 产品策略。作顾客调查，掌握顾客价值：需求高质量的产品。

(2) 促销策略。销往120多个国家的产品，无论哪一个零部件坏了，都保证48小时之内送到顾客手中，如超过48小时则该零部件白送。就某次生意来说可能是赔本了，但它却长久地赢得了顾客的信任。

(3) 销售渠道建设，营销网络。同国际经销商合作，经销商称无钱进货，于是卡特皮勒公司给这些国际经销商低息贷款。但这样做了以后，经销商还是不大量进货，原因是怕进货后卖不出去。卡特皮勒公司于是承诺三个月卖不出去的产品原价退还，同时，对经销商进行免费培训，帮助经销商将产品卖出去。该公司专门成立了几个国际培训中心，而且还将经销商的第二代也培训了，对将来的营销都做了安排。经销商是企业的客户，要想方设法为其提供满意的服务。

（4）定价策略。定价时是定高价还是低价呢？该公司根据"高质量产品＋高水平服务→高价"的原则，决定定高价，比一般同类产品高出 5%～10%。

第二节　市场细分与目标市场选择策略

一、市场细分

企业市场细分是企业目标市场定位的基础。对于新企业来说，他们面对的是评价、选择市场，使企业在市场更有效率，在选择目标市场时，不仅要以客户为选择基础，还要根据竞争、技术、政治和社会环境。对于老企业来说，要对现有的市场进行细分、评估和整理。

（一）企业市场细分的概念及作用

市场细分的概念是美国市场学家温德尔·史密斯（Wendell. R. Smith）于20世纪50年代中期提出来的。所谓市场细分是指依据消费者的需要和欲望、购买行为和购买习惯等方面的差异，把某一产品的市场整体划分为若干消费者群的市场分类过程。每一个消费者群就是一个细分市场，每一个细分市场都是具有类似需求倾向的消费者构成的群体。

根据威恩德和卡多佐的解释，企业市场细分是具有某些共同特征的现有和潜在客户群体，通过某个主要变量来细分市场，其目的是解释或预测供应商营销战略实施结果。

企业市场和消费品市场的市场细分方式完全不同，这主要是因为这两类市场的运行主体不同。消费者市场的基本市场要素是家庭，因而在具体市场细分时，年龄、性别、收入、职业、受教育程度、婚姻状况、家庭规模和居民类型等是主要市场细分变量。企业市场的基本市场要素却是组织单位，或者是盈利性企业，或者是非盈利性组织，或者是政府机构，这样，影响企业购买的所有因素都可能成为市场细分的变量，这些变量既有宏观变量，例如地理区域、人口统计、组织性购买因素等，又有微观变量，例如购买过程、购买过程参与者等。相对而言，宏观变量具有客观性和可测性，而微观变量则具有主观性，没有恰当的评价标准对企业市场进行细分。

市场细分是营销原理的进一步深化和发展，成功的市场细分可以对客户、合作伙伴和竞争者有更深刻的理解，特别是对公司实现产品发展战略具有更重要的意义，见图5-1。对于每一个公司而言，其基本的战略目标是形成竞争优势的中长期发展战略，这一战略包含了购买战略等子战略组成的体系，而公司的购买战略是建立在为自己产品服务的基础上，它主要包括供应的及时性、供应成本和供应质量，这是公司产品战略的完整评价。不同产品战略必然会选择不同的供应商，如低成本战略和技术领先战略在选择供应商时就明显不同，这样，就需要对企业市场进行细分，根据企业产品战略评价企业市场。

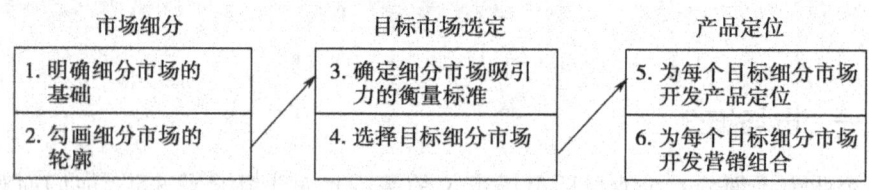

图5-1 市场细分和产品定位模型

从产品定位的角度看，市场细分是目标市场选择，从而是企业产品定位的基础，只有在细分市场的基础上，才能明确企业所处市场的容量、竞争态势和发展趋势。

(二) 市场细分的要求

实行市场细分，要求企业对市场的每一部分都予以关注，同时又要求具有实用价值。为此，企业在进行市场细分时应该注意以下几个标准：

(1) 要具有可衡量的明显特征。用来划分细分市场特性的标准是可以衡量的。也就是说，企业对于特定消费者对某种产品明显性的偏好可以获得准确的情报，细分出的市场应有明显的特征，各子市场之间应有明显的区别，各子市场内部都有明确的组成，特定消费者应具有共同的需求特征，表现出类似的购买行为。

(2) 要根据企业的具体情况量力而行。在市场细分中，企业对所选的目标市场，要能有效地集中营销能力开展营销活动。在子市场上，能充分发挥企业的人力、物力、财力和生产、技术、营销能力的作用；反之，那些不能充分发挥企业资源作用、难以被企业所占领的子市场则不能作为目标市场，否则会浪费企业资源。

(3) 要具有实效。市场细分范围必须合理，细分市场的规模必须使企业有利可图，而且有相当的发展潜力。一个细分市场能否达到可以实现具有经济效益的营销目标，取决于这个市场容量。因此，为细分市场提供的产品要有一套独立的特别营销手段,付出相当的成本,如果市场过于窄小,或者潜在购买者很少,入不敷出,该市场就不值得去占领。

(4) 要有发展潜力。市场细分应具有相对的稳定性,以便企业实现较长期的市场营销策略,从而有效地开拓并占领目标市场,获得较大的经济效益。如果细分市场变化过快,目标市场如昙花一现,则营销风险会随之增加。同时,企业所选中的目标市场,不仅要给企业带来眼前利益,还必须有相当的发展潜力,能够给企业带来较长远的利益。因此,企业在市场细分时,必须考虑选择的目标市场不是处于饱和或即将饱和的市场,否则就没有潜力可挖。

企业在运用细分标准时,还必须注意以下几个问题:

(1) 市场调查是市场细分的基础。在市场细分前,必须经过市场调查,掌握顾客需求和欲望、市场需求量等有关信息,营销人员才能据此正确选择市场细分标准,进行市场细分,并具体确定企业为之服务的经营对象——目标市场,制定有效的市场营销组合策略。

(2) 顾客的需求、爱好和购买行为都是由很多因素决定的。市场营销人员可运用单个标准,也可结合运用双指标标准、三维指标标准或多种标准来细分市场。但是选用标准不能过多,要适可而止,择其主要的,确定少数主要标准和若干次要标准,否则既不实用,也不经济。

(3) 市场特性是动态的,经常变化的,细分标准不能一成不变,应经常根据市场变化,研究分析与调整。

(4) 预期市场细分所得收益将大于因细分市场而增加的生产成本和销售费用时可进行市场细分,否则可不细分。在这一细分市场的组合变量中,改变其中任何一个因素都会形成另外一个细分市场。

(三) 市场细分的标准

1. 消费品市场细分的标准

市场细分的基础是客观存在的需求的差异性,但差异性很多,应按哪些标准进行细分,没有一个绝对正确的方法或固定不变的模式。各行业、各企业可采取许多不同的变数,有许多不同的判断标准,以求得最佳的营销机会。影响消费品市场需求的因素,即用来细分消费品市场的变数,可概括为表 5-1 所示。

表 5-1 影响消费品市场需求的因素

细分标准	具 体 因 素
地理因数	地理区域、自然气候、资源分布、人口密度、城市大小等
人文因数	年龄、性别、收入、职业、受教育程度、宗教信仰、种族、国籍、家庭成员、社会阶层等

续表 5-1

细分标准	具 体 因 素
心理因数	生活方式、性格(乐观或悲观、内向与外向等)、个人偏好等
购买行为因数	购买频率：常用、一般、不常用等 购买状态：无知、认识、无兴趣、愿尝试、试用、经常购买等 购买动机：随和、依赖等 价格敏感程度：高度、一般、轻度、不一定等 服务敏感程度：高度重视、一般重视、不重视等 广告敏感程度：易受影响、一般、不易受影响、不一定等

(1) 地理因素。这是按消费者居住的地区和地理条件来划分的。消费者居住的地区和地理条件不同，其需求和欲望也不同。如居住在我国南方沿海经济比较发达的城市和居住在北方内地农村的消费者，对家具的材质、款式、价格等的需求都不一样。

地理因素包括国界(国际、国内)、气候、地形、政区、城市、乡村、自然环境、城市规模、交通运输、人口密度等。

地理因素是一个静态因素，往往容易辨别，对于分析研究不同地区消费者的需求特点、需求总量及其发展变化趋势有一定意义，有助于企业开拓区域市场。但是，即使居住在同一国家、地区、城市的消费者，其需求与爱好也不相同，差别很大，因而还要进一步按其他标准细分市场。

(2) 人文因素。运用人文因素细分市场，就是根据人口统计变量如国籍、民族、人数、年龄、性别、职业、教育、宗教、收入、家庭人数、家庭生命周期等因素将市场进行细分。

市场细分主要是分析顾客的需求。不同国籍或民族、不同年龄和性别、不同职业和收入的消费者，其需求和爱好是大不相同的。因此人口统计变量与消费者对商品的需求爱好和消费行为有密切关系，而且人口统计变量资料比较容易获得和进行衡量。为此，人文因素是市场细分中常用以区分消费者群体的标准。

(3) 心理因素。包括社会阶层、生活方式、性格、购买动机等。同样性别、年龄，相同收入的消费者，由于其所处的社会阶层、生活方式或性格不同，往往表现出不同的心理特性，对同一种产品会有不同的需求和购买动机。心理因素对消费者的爱好、购买动机、购买行为有很大影响。企业以心理因素进一步深入分析消费者的需求和爱好，更有利于发现新的市场机会和目标市场。例如，有的消费者购买昂贵的名牌商品，不仅是追求其质量，而且具有显示其经济实力和社会地位的心理；有的消费者身穿奇装异服，为的是突出其个性；有的消费者喜欢购买洋货，是为了满足其崇洋心理等等。企业根据心理因素细分市场，可为不同细分市场设计专门产品,采用有针对性的营销组合策略。

(4) 购买行为因素。即根据消费者的不同购买行为来进行市场细分,它包括追求利益、品牌商标忠诚度(品牌偏好)、使用者地位、使用频率等等。例如,人们对化妆品的需求,有的消费者追求化妆品的润肤护肤功能,有的则希望用于颜面增白。有的对某种品牌化妆品是从未使用者或首次使用者,有的则是经常使用者且有品牌偏好。企业可以根据消费者购买行为因素细分市场,推出适合细分市场所需要的产品。

2. 生产者市场的细分依据

生产者市场的购买者是工业用户(包括贸易企业),其购买的目的是为了再生产或再销售并从中谋求利润,它与消费者市场中的消费者购买目的不同、需求不同。根据工业用户的特点,生产者市场细分依据是:

(1) 用户的行业类别。用户的行业类别包括农业、军工、食品、纺织、机械、电子、冶金、汽车、建筑等。用户的行业不同,其需求有很大差异。即使是同一产品,军工与民用对质量要求也有不同。营销人员可以用户行业为依据进行市场细分。

(2) 用户的地理位置。除国界、地区、气候、地形、交通运输等条件外,生产力布局、自然环境、资源等也是很重要的细分变量。用户所处的地理位置不同,其需求有很大不同。例如香港地价昂贵,香港企业希望购买精细小巧的机械设备。自然环境、资源、生产力布局等因素,形成某些行业集中于某些地区,如我国东北地区,钢铁、机械、煤炭、森林工业比较集中;山西省则集中着煤炭、煤化工和能源工业。按用户地理位置细分市场,有助于企业将目标市场选择在用户集中地区,有利于提高销售量,节省推销费用,节约运输成本。

(3) 用户规模。包括大型、中型、小型企业,或大用户、小用户等。不同规模的用户,其购买力、购买数量、购买频率、购买行为和方式都不相同。用户规模是生产者市场的又一细分依据。

(4) 购买行为因素。包括追求利益、使用率、品牌商标忠诚度、使用地位(如重点户、一般户、常用户、临时户等)、购买方式等。

(四) 市场细分的一般程序

根据国际市场营销学家的普遍看法,市场细分应遵循的程序由七个步骤组成,学术界和企业界又称为"细分程序七步法"。

(1) 选择应研究的产品市场范围。企业在确定经营目标之后就必须确定市场经营范围,这是市场细分的基础。为此,企业必须开展深入细致的调查研究,分析市场消费需求的动向,做出相应决策。企业在选择市场范围时,应注意使这一范围不宜过大,也不应过于狭窄。企业应考虑到自己所具有的资源和能力。

(2) 根据市场细分的标准和方法,列出所选择市场范围内所有潜在消费者的全部需求,这是确定市场细分的依据。为此,企业应对市场上刚开始出现或将要出现的消费需求,尽可能全面而详细地罗列归类,以便对消费需求的差异性,决定实行何种细分市场的变数组合,为市场细分提供可靠的依据。

(3) 分析可能存在的细分市场,并进行初步细分。企业通过分析不同消费者的需求,找出各类消费者的典型及其需求的具体内容,并找出消费者需求类型的地区分布、人口特征、购买行为等方面的情况,加上营销决策者的经营经验,做出估计和判断,进行正式的市场细分。

(4) 确定在细分市场时所应考虑的因素,并对初步细分的市场加以筛选。企业应分析哪些需求因素是重要的,并将其与企业的实际条件进行比较。然后删除那些对各个细分市场无关紧要的因素,以及企业无条件开拓的市场。如价廉物美可能对所有消费者都很重要,但这类共同的因素,对企业细分市场并不重要;而对畅销紧俏产品,企业又不可能及时投产,所以在细分市场时也不足取。最后筛选出最能发挥企业优势的细分市场。

(5) 为细分市场定名。企业应根据各个细分市场消费者的主要特征,用形象化的方法,为各个可能存在的细分市场确定名称。

(6) 分析市场营销机会。在细分市场过程中,分析市场营销机会,主要是分析总的市场和每个子市场的竞争情况,以及总的市场或每一个子市场的营销组合方案,并根据市场研究对需求潜力的估计,确定总的或每一个子市场的营销收入和费用情况,以估计潜在利润量,作为最后选定目标市场和制定营销策略的分析依据。

(7) 提出市场营销策略。一个企业要根据市场细分结果来决定营销策略。这里要区分两种情况:一是如果分析细分市场后,发现市场情况不理想,企业可能放弃这一市场;二是如果市场营销机会多,需求和潜在利润量满意,企业可依据细分结果提出不同的目标市场营销战略。

二、目标市场策略与选择

选择目标市场,明确企业应为哪一类用户服务,满足他们的哪一种需求,是企业在营销活动中的一项重要策略。所谓目标市场就是通过市场细分后,企业准备以相应的产品和服务满足其需要的一个或几个子市场。

为什么要选择目标市场呢? 因为不是所有的子市场对本企业都有吸引力,任何企业都没有足够的人力资源和资金满足整个市场或追求过大的目标,只有扬长避短,找到有利于发挥本企业现有的人、财、物优势的目标市场,才不至于在庞大的市场上瞎撞乱碰。如太原橡胶厂是一个有 1 800 多名职工,以生产汽车、拖拉机轮胎为主的中型企业。1992年以前,因产品难以销售而处于困境。后来,他们进行市场细分后,根据企业优势,选择了省内十大运输公司作为自己的目标市场,生产适合大型运输车辆使用的轮胎。1992年与香港中策投资有限公司合资经营,成立了"双喜轮胎股份有限公司"。1993年,在全国轮胎普遍滞销的情况下,该公司敲开了一汽的大门,为之提供高吨位配套轮胎。正确选择目标市场是太原橡胶厂跨入全国500家优秀企业的有效策略之一。

(一)企业在选择目标市场时通常采用的策略

1. 无差异性市场策略

无差异性市场策略,又叫无差异性市场营销。采用这种策略时,企业对构成市场的各个部分一视同仁,只针对人们需求中的共同点,而不管差异点。它试图仅推出一种产品,以单一的营销策略来满足购买群体中绝大多数人的需求。如某汽车厂生产4吨载重汽车,以一种车型、一种颜色、一个价格行销全国,无论是企业或机关还是城市或农村都不例外。在无差异性市场策略下,企业视市场为一个整体,认为所有消费者对这一产品都有共同的需要,因而希望凭借大众化的分销渠道、大量的广告媒体以及相同的主题,在大多数消费者心目中建立产品形象。例如,在相当长的时间内,可口可乐公司因拥有世界性的专利,仅生产一种口味、一样大小和同一形状瓶装的可口可乐,连广告字句也只有一种。

无差异性市场策略的立论基础是成本的经济性,认为营销就像制造中的大量生产与标准化一样,缩减产品线可降低生产成本,无差异市场策略能因广告类型和市场研究的简单化而节省费用。然而,无差异性市场营销完全忽略了市场需求的差异性,将顾客视为完全相同的群体,致使越来越多的人认为,这一策略不一定算得上最佳策略,因为一种产品长期被所有消费者接受毕竟罕见。并且,采用这一策略的企业,一般都针对最大的细分市场发展单一的产品与营销计划,易引起在此领域内的竞争过度,而对较小的细分市场又被忽视,致使企业丧失机会。激烈的竞争将使最大细分市场的盈利率低于其他较小细分市场的盈利率。认识到这一点,将促使企业充分重视较小细分市场的潜力。

2. 差异性市场策略

差异性市场策略,又叫差异性市场营销。采用这种策略时,企业承认不同细分市场的差异性,并针对各个细分市场的特点分别设计不同的产品与市场营销计划,利用产品与市场营销的差别占领每一个细分市场,从而获得大销量。由于差异性市场营销能分别满足各顾客群的需要,因而能提高顾客对产品的信赖程度和购买频率。

在差异性市场策略下,企业试图以多产品、多渠道和多种推广方式去满足不同细分市场消费者的需求,力求增强企业在这些细分市场中的地位和顾客对该类产品的认同。近年来,由于大市场的竞争者增多,国外一些稍具规模的企业都越来越多地实行差异性市场策略。例如,可口可乐公司现已采用各种大小不同的瓶装,加上罐装,推销网遍及世界各地。过去的美国雪佛莱汽车只是单一形式的低价品种,以一种规格型号卖给所有的顾客,现已有多种形式、多样车体及一系列新型品种,价格与特征也各有不同,以满足不同细分市场的需要。在工业品营销活动中,实行差异性市场策略的趋势正在不断发展,生产者接受不同买主不同规格的订货日益增多。

尽管差异性市场策略能更好地满足不同消费者群的需要,并给予次要的细分市场以足够的注意,因而能够增加企业总销售量。但是,企业资源将被分散用于各个细分市场,企业产品的变动成本、生产成本、管理费用、存货成本和营销费用势必随之增加。

3. 密集性市场策略

密集性市场策略,又叫集中性市场营销。企业面对若干细分市场,无不希望尽量网罗市场的大部分及全部。但如果企业资源有限,过高的希望将成为不切实际的空想。明智的企业家宁可集中全力争取一个或少数几个细分市场,而不再将有限的人力、财力、物力分散于所有的市场。在部分市场若能拥有较高的占有率,远胜于在所有市场都获得微不足道的份额。在一个或几个细分市场占据优势地位,不但可以节省市场营销费用,增加盈利,而且可以提高企业与产品的知名度,并可迅速扩大市场。集中性营销策略的指导思想是:与其四处出击收效甚微,不如突破一点取得成功。这一策略特别适合于资源力量有限的中小企业。中小企业由于受财力、技术等方面因素制约,在整体市场可能无力与大企业抗衡,但如果集中资源优势在大企业尚未顾及或尚未建立绝对优势之处,就可能取得成功。例如,生产空调器的企业不是生产各种型号和款式、面向不同顾客和用户的空调机,而是专门生产安装在汽车内的空调机,又如汽车轮胎制造企业只生产用于换胎业务的轮胎,均是采用此策略。

无差异性市场策略或差异性市场策略是以整个市场为目标。而密集性市场策略则是选择一个或少数子市场为目标,这使得企业可集中采用一种营销手段服务于该市场。所以采用密集性市场策略对目标市场的需求容易做较深入的调查研究,获得较透彻的了解;加之可能提供较佳的服务,企业常可在目标市场获得较有利的地位和特殊的信誉;再加上生产及营销过程中作业专业化的结果,产品设计、工艺、包装、商标等都精益求精,营销效益大为提高。密集性市场策略也有较大的风险性,因为把企业的前途和命运全系于一个细分市场,若该特定的目标市场遭遇不景气时,则企业将受到较大影响,甚至大伤元气。即使在市场景气时,有时也会招徕有力的竞争者进入同一目标市场而引起营销状况的较大变化,致使在总需求增长不变或不快的情况下,使原企业的盈利大幅度降低。因此,多数企业在采取密集性市场策略的同时,仍然愿意局部采用差异性市场策略,将目标分散于几个细分市场中,以便获得回旋的余地。

(二) 目标市场的营销策略选择

不同的目标市场策略各有其优点和缺点,也有其市场适应性。不同营销观念的企业对待目标市场的态度不同,市场营销组合策略的手段也不同。在生产观念指导下,企业从产品出发,把消费者看作具有同样需求的整体市场,大量生产单一品种的产品,推行无差异性市场策略,力求降低成本和售价,不同企业之间主要是价格竞争,消费者得到的是品种单调的产品。在营销观念指导下,企业从消费者需求出发,较多地采用差异性市场策略和密集性市场策略,有针对性地提供不同的产品,运用不同的分销渠道和广告宣传方式,力求满足不同消费者的不同需求。有时,企业也可能采用两种策略综合运用,以便获得好的营销效果。在营销实践中,大中型企业在选择目标市场策略时应考虑以下因素:

1. 企业资源实力

主要指人力、物力、财力和技术状况。企业实力雄厚,供应能力强,可采用无差异性或差异性市场策略;如果资源少,无力兼顾整个市场,宁可采用密集性策略,进行风险性营销。

2. 市场类似性,或市场同质性

不同的市场具有不同的特点,各类市场消费者的文化水平、职业、兴趣、爱好、购买动机等都有较大差异。消费者的需要、兴趣、爱好等特征大致相同或较为接近,即市场类似程度大、同质性高,可采用无差异性市场策略;市场需求差别大,消费者的挑选性强,则宜采用差异性市场策略或密集性市场策略。

3. 产品同质性

是指消费者所感觉产品特征相似的程度。产品的特征不同,应分别采用不同的市场策略,选择不同的目标市场。有些产品,如米、面、煤、盐等日常生活消费品,虽然事实上存在品质差别,但多数消费者都很熟悉,认为它们之间并没有特别显著的特征,不需要作特殊的宣传介绍。对这类同质性高的产品,可实施无差异性市场策略。但另外一些产品,如家用电器、照相机、机械设备以及高档耐用消费品,其品质、性能差别较大,消费者选购时十分注意其功能和价格,并常以它们所具有的特性为依据,对这类同质性低的产品,宜采用差异性或密集性策略。

4. 产品生命周期

产品生命周期一般有投入期、成长期、成熟期和衰退期四个阶段。企业应随产品生命周期的发展而变更目标市场策略,尤其要注意投入期及衰退期两个极端时期。当新产品处于投入期时,重点在于发展顾客对产品的基本需求,一般很难同时推出几个产品,宜采取无差异性市场策略,以探测市场需求与潜在顾客。当然,企业也可发展只针对某一特定市场的产品,采取密集性市场策略,尽全力于该细分市场。当产品进入衰退期,企业若要维持或进一步增加销售量,宜采用差异性市场策略开拓新市场。或采取密集性市场策略,强调品牌的差异性,建立产品的特殊地位,延长产品生命周期,避免或减少企业的损失。

5. 竞争者市场策略

目标市场策略的选择,往往视竞争者的策略而定。商场如战场,在激烈的竞争中,知己知彼方能百战不殆。当竞争者在进行市场细分并采用差异性市场策略时,该企业如采取无差异性策略,就不一定能更好地适应不同市场的特点,必然与竞争者抗衡;而当强有力的竞争者实施无差异性策略时,因可能有较次要的市场被冷落,这时该企业若能采用差异性市场策略乘虚而入,定能奏效。由于竞争双方的情况经常是复杂多变的,因此在竞争中应分析力量对比和各方面的条件,掌握有利时机,采取适当策略,争取最佳效果。

6. 竞争者的数目

市场竞争的激烈程度,常迫使企业不得不采用适应竞争格局的策略。当竞争对手很多时,消费者对产品的品牌印象便很重要。为了使不同的消费者群都能对本企业产品建立很强的品牌印象,增强该产品的竞争力,宜采用差异性或密集性市场策略。在竞争者甚少,甚至处于独占地位时,消费者的需求只能从本企业产品得到满足,就不必采用成本较高的差异性市场策略。

第三节 产品策略

面对市场经济,面对越来越激烈的市场竞争,企业如何进入市场?如何占领市场?如何巩固市场?除了依靠正确的营销观念、优秀的营销人才、完善的营销计划外,灵活使用的经营策略则成为现代企业成功的首要也是最关键的因素,而产品策略是企业市场营销组合的第一要素,是推行其他策略的出发点,是工商企业市场营销的重要策略和方法。

一、整体产品

查尔斯·雷弗森说:"在工厂里,我们生产化妆品;在商店里,我们出售希望。"这句话非常形象地说明了产品除了物质形态带给消费者的需求和利益满足外,还有非物质形态的服务所给予消费者心理上的满足。因此,企业在生产经营过程中除了注重商品的使用价值(商品的实体),也应该注重商品的有形利益和附加利益,树立起整体产品观念,只有如此,才能更好地满足消费者的需求,从而赢得更多的消费者。企业应该将产品看成以下三部分的组合:

(1) 核心产品,即产品的物质形态及其功能,是产品的基本使用价值,它提供给消费者实际的效用和物质满足。

(2) 形式产品,即产品的外观面貌和市场形式,包括产品的名称、式样、规格、色泽、商标、包装等。在现代竞争条件下,产品的市场形式是否符合消费需求,对企业经营起决定性作用,是消费者选购某些商品时的直接依据。

(3) 延伸产品,即产品的附加利益或无形利益,指工商企业为更好地发挥产品使用价值的特征或延长产品的使用寿命所提供的必要条件。比如免费送货、代客安装调试、指导使用和保养、上门维修等一系列售前、售中、售后服务措施。产品的无形利益,有利于引导、启发、刺激消费者购买或增加购买某些产品尤其是耐用商品,除取决于商品质量价格外,是否能吸引消费者、能否在市场竞争中取得优势取决于售后服务的好坏。可见,整体产品策略对于企业开拓市场具有重要的指导意义。

二、产品组合策略

(一) 产品组合及其相关概念

1. 产品组合、产品线与产品项目

产品组合是指企业生产经营各种不同类型产品之间质的组合和量的比例。产品组合由全部产品线和产品项目构成。

产品线是指产品在技术上和结构上密切相关,具有相同使用功能,规格不同而满足同类需求的一组产品。如雅芳化妆品公司的产品线有化妆品、珠宝首饰和家常用品三条产品线。

产品项目是指产品线内不同品种、规格、质量和价格的特定产品。很多企业都拥有众多的产品项目,如上述的雅芳化妆品公司有1 300个以上的产品项目,而通用电器公司则有25万个产品项目。

2. 产品组合的宽度、长度、深度和关联性

产品组合的宽度指企业拥有的不同产品线的数目;产品组合长度指每条产品线内不同规格的产品项目的数量;产品组合的深度是指产品线上平均具有的产品项目数;产品组合的关联性则是指企业各条产品线在最终用途、生产条件、分配渠道或其他方面的密切相关程度。

产品组合的宽度越大,说明企业的产品线越多;反之,宽度窄,则产品线少。

同样,产品组合的深度越大,企业产品的规格、品种就越多;反之,深度浅,则产品就越少。产品组合的深度越浅,宽度越窄,则产品组合的关联性越大;反之,则关联性越小。

产品组合的宽度、长度、深度和关联性对企业的营销活动会产生重大影响。一般而言,增加产品组合的宽度,即增加产品线和扩大经营范围,可以使企业获得新的发展机会,更加充分地利用企业的各种资源,也可以分散企业的投资风险;增加产品组合的长度和深度,会使各产品线具有更多规格、型号和花色的产品,更好地满足消费者的不同需要与爱好,增强行业竞争力;增加产品组合的关联性,则可发挥企业在其擅长领域的资源优势,避免进入不熟悉行业可能带来的经营风险。因此,产品组合决策就是企业根据市场需求、竞争形势和企业自身能力对产品组合的宽度、长度、深度和关联性方面作出的决策。

(二) 产品组合策略

优化产品组合,可依据不同情况采取以下策略:

1. 扩大产品组合

包括拓展产品组合的宽度和加强产品组合的深度,前者指在原产品组合中增加产品线,扩大经营范围;后者指在原有产品线内增加新的产品项目。当企业预测现有产品线的销售额和盈利率在未来可能下降时,就须考虑在现有产品组合中增加新的产品线,或加强其中有发展潜力的产品线。

2. 缩减产品组合

市场繁荣时期,较长较宽的产品组合会为企业带来更多的盈利机会。但是在市场不景气或原料、能源供应紧张时期,缩减产品线反而能使总利润上升,因为剔除那些获利小甚至亏损的产品线或产品项目,企业可集中力量发展获利多的产品线和产品项目。

3. 产品线延伸策略

总体来看,每一企业的产品线只占所属行业整体范围的一部分,每一产品都有特定的市场定位。例如,宝马汽车公司(BMW)所生产的汽车在整个汽车市场上属于中高档价格范围。当一个企业把自己的产品线长度延伸超过现有范围时,我们称之为产品线延伸。具体有向下延伸、向上延伸和双向延伸三种实现方式。

(1) 向下延伸。是在高档产品线中增加低档产品项目。实行这一决策需要具备以下市场条件之一:利用高档名牌产品的声誉,吸引购买力水平较低的顾客慕名购买此产品线中的廉价产品;高档产品销售增长缓慢,企业的资源设备没有得到充分利用,为赢得更多的顾客,将产品线向下伸展;企业最初进入高档产品市场的目的是建立品牌信誉,然后再进入中、低档市场,以扩大市场占有率和销售增长率；补充企业的产品线空白。实行这种策略也有一定的风险,如处理不慎,会影响企业原有产品特别是名牌产品的市场形象,而且也有可能激发更激烈的竞争对抗。虽然新的低档产品项目可能会蚕食掉较高档的产品项目,但某些公司的重大失误之一就是始终不愿意填补市场上低档产品的空隙。哈利·戴维森公司的失败就在于忽视了轻型摩托车市场。

(2) 向上延伸。是在原有的产品线内增加高档产品项目。实行这一策略的主要条件是：高档产品市场具有较大的潜在成长率和较高利润率的吸引；企业的技术设备和营销能力已具备加入高档产品市场的条件；企业要重新进行产品线定位。采用这一策略也要承担一定的风险,要改变产品在顾客心目中的地位是相当困难的,处理不慎,还会影响原有产品的市场声誉。

(3) 双向延伸。即原定位于中档产品市场的企业掌握了市场优势以后,向产品线的上下两个方向延伸。

(三) 产品市场定位策略

即企业为了自己生产或销售的产品在市场竞争中获得稳定的销路,就要从各方面为产品培养一定的特色,树立一定的形象,以求在顾客心目中形成一种特殊偏爱,以吸引顾客购买。现代企业常用的产品定位策略有：

(1) 以属性和利益定位。如日本产品是高质量高科技的象征。劳斯莱斯汽车则是身份、地位、财富的象征,其中一种车型价格高达每辆 1 400 万英镑,是世界上最贵的车。通过产品本身的这种属性使消费者体会到产品给其带来的特殊利益和满足。

(2) 以价格和质量定位。例如瑞士手表一向以精密、高品质著称,其价格也极其昂贵。宝洁公司的汰渍洗衣粉以其经济实惠定位,同样是其公司产品的玉兰油以高质高价定位。又如海尔电冰箱由于是 1997 年国内唯一出口的免检电冰箱,故以高价定位。由此,采用不同组合的价格与质量定位法,可吸引不同档次的消费者,避免同一档次的激烈竞争。

(3) 根据用途定位。如伊利食品公司的雪糕一反以往雪糕带给人的单调乏味感,其"伊利苦咖啡"以苦定位；宝洁公司的舒肤佳香皂以"含有迪宝肤,可杀灭有害菌"的卫生健康定位,既突出了产品的独到功能,又抓住了消费者的心理需求重点,产品定位准确独到。

(4) 根据使用者定位。如奥妮首乌洗发露、奥妮皂角洗发液均是以中国传统纯天然原料为特点,以"黑头发,中国货"一反外国产品或中外合资产品带给人们的乏味感；而海飞丝的使用者则是"头屑去无踪,秀发更出众"；同是宝洁公司的洗发用品,而飘柔的使用者则是"张德培信赖飘柔,头发更飘柔"的不同定位,满足不同需求的消费者。

(5) 根据产品档次定位。通过产品档次的不同,产生差异化产品,吸引不同细分市场的消费者。中国名酒茅台酒素以高品位定位,是中国传统的最名贵的高档白酒,而秦池古酒则是以其古朴韵味且富含现代气息的中档白酒定位,而北方白酒如北京二锅头则以中、低档大众酒定位。同样是名酒,档次不同,消费层次不同。

(6) 根据竞争地位定位。如美国有名的爱飞斯出租汽车公司在美国出租汽车业排行第二,其市场定位广告是"我们仅是第二,为什么还坐我们的出租车?因为我们做得更好!"其定位说明实力虽是第二,但服务质量勇争第一。

第四节 价格策略

价格是市场营销组合的重要因素。在市场营销活动中,企业必须综合考虑影响价格的各种因素,运用多种策略与方法灵活确定产品价格。

一、影响价格的主要因素

1. 产品成本因素

成本是商品价格构成中最基本、最重要的因素,也是商品价格的最低经济界限。公司制定的价格除了应包括所有生产、销售、储运该产品的成本外,还应考虑公司所承担的风险。

2. 产品供求因素

成本为公司制定其产品的价格确定了底数,而市场需求则是价格的上限。受商品供给与需求的相互关系的影响,当商品的市场需求大于供给时,价格应高一些;当商品的市场需求小于供给时,价格应低一些。反过来,价格变动影响市场需求总量,进而影响销售量,影响企业目标的实现。因此,企业制定价格就必须了解价格变动对市场需求的影响程度。反映这种影响程度的一个指标就是商品需求弹性。

3. 竞争因素

成本因素和供求因素决定了价格的下限和上限,然而在上下限之间确定具体价格时,则很大程度上要考虑市场的竞争状况。竞争性定价在当今市场上越来越普遍。在缺乏竞争的情况下,企业几乎可完全依照消费者对价格变化的敏感度来预期价格变化的效果。然而由于有了竞争,对手的反应甚至可完全破坏企业的价格预期。因此,市场竞争是影响价格制定的一个非常重要的因素。

4. 心理因素

消费者心理是影响企业定价的另一个重要因素。任何消费者的消费行为,都会受到复杂的心理因素的影响。大多数情况下,市场需求与价格呈现反向关系,即价格升高,市场需求降低;价格降低,市场需求增加。但在某些情况下受消费者心理的影响,会呈现完全相反的反应。消费过程中的"买涨不买跌"现象就是一个例子。因此,在研究消费者心理对定价的影响时,要持谨慎态度,要仔细了解消费者心理。

5. 国家的宏观经济政策

在市场经济条件下,国家不直接干预商品的价格,主要通过宏观经济政策和税收、信贷等经济杠杆来影响价格的形成和变化。

二、价格策略

按照产品与市场情况,灵活地运用各种定价方法与策略,可以吸引顾客,刺激购买,扩大产品销路,实现营销目标。

(一) 新产品定价策略

企业向市场上推出新产品时,首先要考虑的便是新产品的定价问题,新产品的定价策略选择得正确与否,直接关系到新产品能否顺利地打开和占领市场,能否获得较大的经济效益。新产品的定价策略主要有撇脂定价和渗透定价两种。

1. 撇脂定价

撇脂定价又称取脂定价、撇油定价,该策略是一种高价格策略,是指在新产品上市初期,将新产品价格定得较高,以便在较短的时间内获取丰厚利润,尽快收回投资,减少投资风险。这种定价策略因类似于从牛奶中撇取奶油而得名,在需求缺乏弹性的商品上运用得较为普遍。

撇脂定价的优势非常明显,在顾客求新心理较强的市场上,高价有助于开拓市场;主动性强,产品进入成熟期后,价格可分阶段逐步下降,有利于吸引新的购买者;价格高,限制需求量过于迅速增加,使其与生产能力相适应。

当然,运用这种策略也存在一定的风险。高价虽然获利大,但不利于扩大市场、增加销量,也不利于占领和稳定市场;价格远远高于价值,在某种程度上损害了消费者利益,容易招致消费者的抵制,甚至会被当作暴利加以取缔,损坏企业形象;容易招来竞争者,迫使企业下调价格,好景不长。

因此,在消费者日益成熟、购买行为日趋理性的今天,采用这一定价策略必须谨慎。

2. 渗透定价

与撇脂定价策略相对立的是渗透定价策略。这是一种低价策略,又称薄利多销策略,指在新产品投入市场时,利用消费者求廉的消费心理,有意将价格定得较低,以吸引顾客,迅速扩大销量,提高市场占有率。这种定价策略适用于新产品没有显著特色、产品存在着规模经济效益、市场竞争激烈、需求价格弹性较大、市场潜力大的产品。低价可以有效地刺激消费需求,阻止竞争者介入,从而保持较高的市场占有率,扩大销售而降低生产成本与销售费用。

对于企业来说,撇脂策略和渗透策略何者更优不能一概而论,需要综合考虑市场需求、竞争、供给、市场潜力、价格弹性、产品特性、企业发展战略等因素才能确定。在定价实务中,往往要突破许多理论上的限制,通过对选定的目标市场进行大量调研和科学分析来制定价格。

(二)折扣定价策略

折扣定价策略是指销售者为回报或鼓励购买者的某些行为,如批量购买、提前付款、淡季购买等,将其产品基本价格调低,给购买者一定的价格优惠。具体办法有现金折扣、数量折扣、功能折扣、季节性折扣等。

1. 现金折扣

现金折扣是企业为了鼓励顾客尽早付款,加速资金周转,降低销售费用,减少企业风险,而给购买者的一种价格折扣。财务上常用的表示方式为"$2/10, n/30$",其含义是:双方约定的付款期为 30 天,若买方在 10 天内付款,将获得 2% 的价格折扣;超过 10 天,在 30 天内付款则没有折扣;超过 30 天要加付利息。现金折扣的前提是商品的销售方式为赊销或分期付款,因此,采用现金折扣一般要考虑三个因素:折扣比例,给予折扣的时间限制,付清全部贷款的期限。

2. 数量折扣

数量折扣是因买方购买数量大而给予的折扣,目的是鼓励顾客购买更多的商品。购买数量越大,折扣就越多。其实质是将销售费用节约额的一部分以价格折扣方式分配给买方,目的是鼓励和吸引顾客长期、大量或集中时间到本企业购买商品。

3. 功能折扣

功能折扣又称交易折扣、贸易折扣,指企业根据其中间商在产品销售中所承担的功能、责任和风险的不同而给予的不同价格折扣,以补偿中间商的有关成本和费用。对中间商的主要考虑因素有:在分销渠道中的地位、对生产企业产品销售的重要性、购买批量、完成的促销功能、承担的风险、服务水平、履行的商业责任以及产品在分销中所经历的层次和在市场上的最终售价等等。目的在于鼓励中间商大批量订货,扩大销售,争取顾客,与生产企业建立长期、稳定、良好的合作关系。一般而言,给批发商的折扣较大,给零售商的折扣较少。

4. 季节折扣

季节折扣是企业为在淡季购买商品的顾客提供的一种价格折扣。由于有些商品的生产是连续的,而其消费却具有明显的季节性,通过提供季节折扣,可以鼓励顾客提早进货或淡季采购,从而有利于企业降低库存,加速商品流通,迅速收回资金,促进企业均衡生产,充分发挥生产和销售潜力,避免因季节需求变化所带来的市场风险。如商家在夏季对冬季服装进行的打折促销便是季节折扣。

(三)差别定价策略

差别定价是指企业对同一产品或劳务制定两种或多种价格以适应顾客、地点、时间等方面的差异,但这种差异并不反映成本比例差异。差别定价主要有以下几种形式:

1. 顾客细分定价

即企业按照不同的价格把同一种产品或劳务卖给不同的顾客。比如,对老客户和新客户、长期客户和短期客户、女性和男性、儿童和成人、残疾人和健康人、工业用户和居民用户等,分别采用不同的价格。

2. 产品式样定价

即企业对不同花色、品种、式样的产品制定不同的价格,但这个价格与产品各自的成本是不成比例的。

3. 地点定价

即对处于不同地点的同一商品采取不同的价格,即使在不同地点提供的商品成本是相同的。比较典型的例子是影剧院、体育场、飞机等,其座位不同,票价也不一样。这样做的目的是调节客户对不同地点的需求和偏好,平衡市场供求。

4. 时间定价

即企业对于不同季节、不同时期甚至不同钟点的产品或服务分别制定不同的价格。如在节假日,旅游景点收费较高。又如哈尔滨市某洗衣机商场规定,商场的商品从早上9点开始,每小时降价1%。特别在午休时间及晚上下班时,商品降价幅度较大,吸引了大量上班族消费者,在未延长商场营业时间的情况下,带来了销售额大幅度增加的好效果。

(四)心理价格策略

心理价格策略是考虑到消费者购买心理而实行的各种价格策略的总称,主要适用于零售企业使用。

1. 尾数定价

尾数定价又称非整数定价,指企业利用消费者求廉、求实的心理,故意将商品的价格带有尾数,以促使顾客购买商品,这种定价方法多用于中低档商品。心理学家的研究表明,价格尾数的微小差别,能够明显影响消费者的购买行为。如将肥皂的零售价定为3.9元而不是4.1元。虽然两者仅相差2角钱,但会让消费者产生一种前者便宜很多的错觉。有时价格为尾数让消费者觉得真实,如98.95元一瓶的葡萄酒,让消费者觉得其价格是经过企业仔细算出来的,给人以货真价实的感觉。有时候尾数的选择完全是出于满足消费者的某种风俗和偏好,如西方国家的消费者对"13"忌讳;日本的消费者对"4"忌讳;美国、加拿大等国的消费者普遍认为单数比双数少,奇数比偶数显得便宜;我国消费者则喜欢尾数为"6"和"8"。

2. 整数定价

整数定价是指针对消费者的求名、求方便心理,将商品价格定为以"0"结尾的整数。在日常生活中,对于难以辨别好坏的商品,消费者往往喜欢以价论质,而将商品的价格定为整数,使商品显得高档,正好迎合了消费者的这种心理。如将一套西服定价为1 000元,而不是998元,尽管实际价格仅相差2元,但给人的感觉却是这套西服上了一个档次,因为它的价格是在1 000元的范围内,而不是900元的范围内。因此,对那些高档名牌商品或消费者不太了解的商品,采用整数定价可以提高商品形象。另外,将价格定为整数还省去了找零的麻烦,提高了商品结算速度。

3. 声望定价

声望定价策略是指根据消费者的求名心理,企业有意将名牌产品的价格制定得比市场中同类商品的价格高。名牌商品不但可以减轻购买者对商品质量的顾虑,还能满足某些消费者的特殊欲望,如地位、身份、财富、名望和自我形象等,因而消费者往往愿意花高价来购买。

声望定价往往采用整数定价方式,这更容易显示商品的高档。当然,声望定价策略切不可滥用,一般适用于名优商品。

4. 招徕定价

招徕定价是有意将少数商品降价以吸引顾客的定价方式。企业在一定时期将某些商品的价格定得低于市价,一般都能引起消费者的注意,吸引他们前来购物,这是适合消费者求廉心理的。顾客在选购这些特价商品时,往往还会光顾店内其他价格正常或偏高的商品,这实际上是以少数商品价格的损失带来其他商品销售的扩大,增加企业的总体利润。

采用这种策略要注意以下几点:商品的降价幅度要大,一般应接近成本或者低于成本,只有这样,才能引起消费者的注意和兴趣,才能激起消费者的购买欲望;降价品的数量要适当,太多商店亏损太大,太少容易引起消费者的反感;用于招徕的降价品应该与低劣、过时商品明显地区别开来。招徕定价的降价品必须是品种新、质量优的适销产品,而不能是处理品,否则不仅达不到招徕顾客的目的,反而可能使企业声誉受损。

5. 投标价格

投标价格也称作密封定价法。这是事先对商品不规定具体价格,而以投标、拍卖方式由买方相互出价,而后以其最高价格成交的定价策略。这种价格策略是利用顾客竞争求胜心理,从中牟取高价的一种定价策略。这往往是在处置承包工程、企业倒闭或者特殊文物、工艺美术珍品时采用。

第五节 促销策略

在现代营销环境中,企业仅有一流的产品、合理的价格、畅通的销售渠道是远远不够的,还需要有一流的促销策略。市场竞争是产品的竞争、价格的竞争,更是促销的竞争。企业的营销能力特别体现在企业的促销能力上。那么如何从理论上定义促销呢?不同的市场学和促销理论著作对促销都从不同角度给出了定义,如《Marketing Today》一书中对促销是这样定义的:"促销就是公司向人们传递有关公司产品、服务、公司形象、社会效益等信息的一切沟通活动。"《Marketing》一书中对促销的定义则是:"促销就是通过信息传播和说服活动,与个人、组织或群体沟通,以直接或间接地促使他们接受某种产品。"而《Promotion》一书则这样定义促销:"促销就是在卖方控制下,直接或通过其他能够影响购买决策的渠道向潜在购买者传递有关卖方产品的有说服力和有利于卖方的信息。"虽然促销的定义五花八门,但归纳起来,都包含了信息和说服两个内容。本书对促销定义如下:促销是企业组织实施的一系列以说服顾客采取购买行动为最终目的的活动,通过这些活动,使潜在顾客了解产品,引起其注意和兴趣,激发其购买欲望和购买行为,从而达到扩大销售的目的。

促销的本质是传播与沟通信息。在通常情况下,为了实现对目标市场集中的信息传播,企业往往采取广告、人员推销、公共关系、营业推广等方式。然而,有效的传播不是单向的,它需要营销人员着眼全局,了解、掌握信息沟通的全过程并有步骤地加以实施。

促销策略就是对广告、人员推销、公共关系、营业推广等各种促销方式的选择、组合和运用。

一、广告策略

"商品不做广告,就好像一个少女在黑暗中向你暗送秋波。"西方这句名言充分表现了广告在营销中的独特地位。

(一)广告的含义

广告是广告主以付资的方式,通过一定的媒体,有计划地向受众传递有关商品、劳务和其他信息,借以影响受众的态度,进而诱发或说服其采取购买行动的一种大众传播活动。

从以上定义可以看出,广告主要有以下特点:① 广告是一种有计划、有目的的活动;② 广告的主体是广告主,客体是消费者或用户;③ 广告的内容是商品或劳务的有关信息;④ 广告的手段是借助广告媒体直接或间接传递信息;⑤ 广告的目的是促进产品销售或树立良好的企业形象。

(二)广告的作用

在当代社会,广告既是一种重要的促销手段,又是一种重要的文化现象,广告对企业、消费者和社会都具有重要作用。

1. 对企业的功能

(1)传播信息,沟通产销。广告对企业的首要功能是沟通产销关系,所以一个企业不善于做广告,就好像在黑暗中向情人暗送秋波。

(2)降低成本,促进销售。从绝对成本的角度看,上述四种促销方式中广告的成本是最高的。但如果从相对成本的角度看,因为广告的大众化程度高,所以广告的成本又是比较低的。比如可口可乐,每年的巨额广告费平均分摊到每一个顾客身上只有0.3美分;但如果用人员推销成本,则需60美元。据统计,在发达国家,投入一元广告费,可收回20~30元的收益。

(3)塑造形象。广告是塑造企业形象的重要手段。

2. 对消费者的功能

(1)指导消费。消费者获取商品信息的来源主要有四种,即商业来源、公共来源、人际来源和个人来源。广告即是消费者最重要的商业来源。可以说,现代社会,面对琳琅满目的商品,如果离开了广告,消费者将无所适从。

(2)刺激需求。广告的一个重要功能就是刺激消费者的购买欲望,促使消费者对商品产生强烈的购买冲动。广告刺激的需求包括初级需求和选择性需求。所谓初级需求,是指通过广告宣传,促使消费者产生对某类商品的需求,如对电脑、汽车等的需求;选择性需求是指通过广告宣传,促使消费者产生对特定品牌商品的需求,如对联想电脑、红旗汽车的需求等,引导消费者认牌购买。

(3) 培养消费观念。广告引导着消费潮流，促使消费者树立科学的消费观念。

3. 对社会的功能

(1) 美化环境，丰富生活。路牌广告、POP 广告、霓虹灯广告等美化城市形象，使都市的夜晚变得星光灿烂，绚丽多姿。因此，广告被称为"现代城市的脸"。优美的广告歌曲、绚丽的广告画、精彩的广告词，也无不给人以艺术的享受。

(2) 影响意识形态，改变道德观念。据调查，一个美国人从出生到 18 岁，在电视中看到的广告达 1 800 多个小时，相当于一个短期大学所用的学时。所以，广告对社会的价值观念、文化传承都具有非常重要的影响。

(三) 广告的种类

按照不同的标准，广告的种类有两种划分方法：根据广告的目的和内容，可将广告划分为商品广告和企业广告；根据广告的传播媒体，可将广告分为形声广告、文图广告和实物广告。

1. 商品广告

商品广告是提供商品信息的，也是针对商品开展广告宣传的。根据产品生命周期不同阶段中广告作用和目标的不同，这类广告又分为告知、劝说和提示三种。

(1) 告知性广告(开拓性广告)，主要用于向市场推销新产品，介绍产品的新用途和新功能，宣传产品的价格变动、推广企业新增的服务以及新企业开张等。告知性广告的主要目标是促使消费者产生初始需求。

(2) 劝说性广告(竞争性广告)，在产品进入成长期、市场竞争比较激烈的时候，消费者的需求是选择性需求，此时企业广告的主要目标是促使消费者对本企业的产品产生偏好，具体包括：劝说顾客购买自己的产品，鼓励竞争对手的顾客转向自己，改变消费者对产品属性的认识，以及使顾客有心理准备乐于接受人员推销等。劝说性广告一般通过现身说法、权威证明、比较等方法说服消费者。

(3) 提示性广告(备忘性广告)，是在产品的成熟期和衰退期使用的主要广告形式，其目的是提示顾客购买，比如提醒消费者购买本产品的地点，提醒人们在淡季时不要忘记该产品，提醒人们在面对众多新产品时不要忘了继续购买本产品等。

2. 企业广告

企业广告是提供企业信息的，着重介绍企业的名称、厂牌、商标、地址、历史情况等，以增强企业在行业、社会和消费者中的形象和建立好的声誉。这类广告一般是着眼于长期性营销目标的。

3. 形声广告

形声广告是指以电影、电视、电台广播等为传播媒介的广告。其特点是传播面积大,传递信息迅速及时,特别是其中的电视广告,集图像、色彩、声音和活动于一身,直观、生动地传播信息,能做到家喻户晓、老少皆宜,具有其他媒体没有的强烈感染力和传播优势,发展速度远远超过其他媒体广告;其缺点是费用高,存留时间短。

4. 文图广告

文图广告是指以报纸、杂志、产品目录、广告牌等为媒介的广告。这类广告的特点是作用时间长,可文图照片并用,信息容量更大,说明更清晰,报纸、杂志、产品目录等还可以长期保存、传阅和查找;其缺点是感染力差,易被忽略。

5. 实物广告

实物广告是指以橱窗、展销会、博览会等为媒介,展示产品实体的广告。其特点是能使观众对产品的构造、款式一目了然,并可以就地表演产品的性能、使用方法,对顾客指导性强,刺激购买作用较大;其缺点是适用范围较窄,不能得到广泛的应用。

除上述广告形式外,还有邮寄广告、标语广告、广告塔等多种形式。

(四) 广告设计的要求

任何广告都必须花费成本,而且一旦传播即会产生社会影响。因此,企业必须重视广告的质量,而质量首先是由设计决定的,一个高质量的广告设计应符合下列要求。

(1) 真实性。信誉是企业的命脉,广告作为一种宣传手段,直接关系到企业的产品在顾客心目中的印象。因此,广告必须真实,不能浮夸、欺骗或攻击他人。

(2) 针对性。广告的主要目的是刺激销售。因此,必须针对顾客的心理特征、消费偏好等选择设计方案,突出广告主题。

(3) 创造性。创造性是指为了在竞争中占上风,广告无论在内容还是在形式上都必须多样化,独具特色,吸引力强,切忌千篇一律、陈词滥调。

(4) 简明性。为了节省费用,广告必须简明扼要,在有限的版面、时间内输出尽可能多的信息,并且要适应顾客的视、听、读和记忆能力。

(5) 艺术性。为引人入胜,广告在内容上要给人以知识和美的享受,在形式上则力求图文并茂,具有艺术感染力。

(6) 合法性。广告在内容、项目、形式上都必须遵守国家广告管理法规和其他有关法律法规,特殊产品和荣誉宣传还必须附有权威机构的证明。

(五) 广告策略的运用

企业的广告策略是市场营销策略的重要组成部分。运用广告策略,就必须明确广告目的,选择最有效的广告媒体和广告时机,使企业以最低的广告费用达

到预期的广告宣传效果。具体地说主要应做好以下工作:

1. 确定广告目标

广告目标是企业通过广告活动要达到的目的,其实质就是要在特定的时间对特定的目标受众完成特定内容的信息传播,并获得目标受众的预期反应。

企业的广告目标取决于企业的整个营销目标。出于企业营销任务的多样性和复杂性,企业的广告目标也是多元化的。美国市场营销专家罗希尔·科利在《确定广告目标、衡量广告效果》一书中曾列举了52种不同的广告目标。

根据产品生命周期不同阶段中广告作用和目标的不同,一般可以把广告目标大致分为告知、劝说和提示三大类。

2. 制定广告预算

广告目标确定后,企业必须确定广告预算。企业在确定广告预算时必须充分考虑以下因素:

(1) 产品生命周期。产品在投放期和成长期前期的广告预算一般较高,在成熟期和衰退期的广告预算一般较低。

(2) 市场占有率的高低。市场占有率越高,广告预算绝对额越高,但面向广大消费者的产品的人均广告费用却比较低;反之,市场占有率越低的产品,广告预算绝对额也较低,但人均广告费并不低。

(3) 竞争的激烈程度。广告预算多少与竞争的激烈程度成正比。

(4) 广告频率的高低。广告频率的高低与广告预算多少成正比。

(5) 产品的差异性。高度同质性的产品,消费者不管购买哪家企业生产的都一样,广告的效果不明显,广告预算低;高度差异性的产品,因为具有一定的垄断性,不做广告也会取得较好的销售效果,而具备一定差异性但这种差异又不足以达到垄断地位的产品,因为市场竞争激烈,广告预算反而应该比较多。

3. 设计广告信息

广告效果并不主要取决于企业投入的广告经费,关键在于广告的主题和创意。广告主题决定广告表现的内容,广告创意决定广告表现的形式和风格。只有广告内容迎合目标受众的需求,广告表现具有独特性,广告才能引人注意,并给目标受众带来美好的联想,促进销售。

世界经典广告语

雀巢咖啡:味道好极了

这是人们非常熟悉和喜欢的一句广告语。简单而又意味深远,朗朗上口。

M&M巧克力:只溶在口,不溶在手

这是著名广告大师伯恩巴克的灵感之作,堪称经典,流传至今。它既反映了

M&M巧克力糖衣包装的独特 USP,又暗示 M&M 巧克力口味好,以至于我们不愿意使巧克力在手上停留片刻。

百事可乐：新一代的选择

在与可口可乐的竞争中,百事可乐终于找到突破口,它从年轻人身上发现市场,把自己定位为新生代的可乐,邀请新生代喜欢的超级歌星作为自己的品牌代言人,终于赢得青年人的青睐。

大众甲壳虫汽车：想想还是小的好

20世纪60年代的美国汽车市场是大型车的天下。伯恩巴克提出"thinksmall"主张拯救了大众的"甲壳虫",运用广告的力量改变了美国人的观念,使美国人认识到小型车的优点。

耐克：Just do it

耐克通过以"Just do it"为主题的系列广告,以及篮球明星乔丹的明星效应,迅速成为体育用品的第一品牌。

（四）选择广告媒体

广告表现的结果就是广告作品。广告作品只有通过恰当的广告媒体才能实现广告传播的目标。

广播、电视、报纸和杂志是传统的四大大众传播媒体,因特网被称为第五大大众媒体。除大众传播媒体以外,还有招牌、墙体等户外媒体,车身、车站等交通媒体,信函、传单等直接媒体等众多种类。

广告媒体的选择,主要依据下列因素进行：

1. 广告产品的特征

一般生产资料适合选择专业性的报纸、杂志、产品说明书；而生活资料则适合选择形象生动、感染力强的电视媒体和印刷精美的彩色杂志等媒体。

2. 目标市场的特征

（1）目标市场的范围。全国性市场适合选择全国性媒体,如中央电视台、《经济日报》等；区域性市场适合选择地区性媒体,如《南京日报》、南京电视台等。

（2）目标市场的地理区域。农村市场需要选择适合农民的媒体,如《南方农村报》等；城市市场则适合选择都市类媒体,如《南方都市报》等。

（3）目标市场的媒体习惯。每种媒体都有自己独特的定位,每类消费者也都有自己的媒体习惯。所以,媒体选择要有针对性,如针对中产阶级的广告,适合选择《新快报》等时尚类媒体。

3. 广告目标

以扩大市场销售额为目的的广告应选择时效性、表现性、针对性强的媒体；树立形象的广告则适宜选择覆盖面广、有效期长的媒体。

4. 广告信息的特征

情感诉求的广告适合选择广播、电视等媒体;理性诉求的广告适合选择报纸、杂志等印刷类媒体。

5. 竞争对手的媒体使用情况

一般情况下,应尽可能避免与竞争对手选择同一种媒体,特别是同种媒体的同一时段或同一版面。如果中国移动和中国联通的广告登在同一种报纸的同一版面上,或者在电视的同一时段投放,效果就可能大打折扣。

6. 广告媒体的特征

各类广告媒体都有各自的广告适应性,如电视的优势是生动形象,时效性强,多手段传播,但不易保存,费用高;报纸价格低,易保存,但不生动等。选择广告媒体一定要对各类媒体的广告属性有充分的把握。

7. 国家广告法规

广告法规关于广告媒体的规定是选择广告媒体的重要依据。

(五)评估广告效果

广告效果主要体现在三方面,即广告的传播效果、广告的促销效果和广告的社会效果。广告的传播效果是前提和基础,广告的销售效果是广告效果的核心和关键,企业的广告活动也不能忽视对社会风气和价值观念的影响。

1. 广告传播效果的评估

主要评估广告是否将信息有效地传递给目标受众。这种评估在传播前和传播后都应进行。传播前,既可采用专家意见综合法,由专家对广告作品进行评定;也可以采用消费者评判法,聘请消费者对广告作品从吸引力、易读性、好感度、认知力、感染力和号召力等方面进行评分。传播后,可再邀请一些目标消费者,向他们了解对广告的阅读率或视听率以及对广告的回忆状况等。

2. 广告促销效果的评估

促销效果是广告的核心效果。评估广告的促销效果,主要是测定广告所引起的产品销售额及利润变化的状况,一般可以采用比较的方法。在其他影响销售的因素一定的情况下,比较广告后和广告前销售额的变化;或者其他条件基本相同的甲和乙两个地区,在甲地做广告而在乙地不做广告,然后比较销售额的差别,以此判断广告的促销效果。

3. 广告的社会效果的评估

主要评定广告的合法性以及广告对社会文化价值观念的影响。一般可以通过专家意见法和消费者评判法进行评估。

二、人员推销

人员推销虽然是一种传统的古老的促销方式,但在现代企业市场营销中,人员推销仍然起着十分重要的作用。而且国内外许多企业在人员推销方面的费用支出要远远大于在其他促销组合因素方面的费用支出。

(一)人员推销的含义

所谓人员推销是指企业通过派出销售人员与一个或一个以上可能成为购买者的人交谈,作口头陈述,以推销产品,促进和扩大销售。不难看出,人员推销是销售人员帮助和说服购买者购买某种产品或服务的过程。在这一过程中,销售人员要通过自己的努力来吸引和满足购买者的各种需求,使双方能从公平交易中获取各自的利益。

(二)人员推销的特点

相对于其他促销形式,人员推销具有以下特点:

(1) 注重人际关系。与顾客进行长期的情感交流。情感的交流与培养使顾客产生购买动机,从而与企业建立稳定的购销关系。

(2) 具有较强的灵活性。推销员可以根据各类顾客的特殊需求,设计有针对性的推销策略,容易诱发顾客的购买欲望,促成购买。

(3) 具有较强的选择性。推销员在对顾客调查的基础上,可以直接针对潜在顾客进行推销,从而提高推销效果。

(4) 及时促成购买。推销员在推销产品和劳务时,可以及时观察潜在顾客对产品和劳务的态度,并及时予以反馈,从而迎合潜在消费者的需要,及时促成购买。

(5) 营销功能的多样性。推销员在推销商品过程中,承担着寻找客户、传递信息、销售产品、提供服务、收集信息、分配货源等多重功能,这是其他促销手段所没有的。

人员推销作为促销方式的主要缺点是成本很高,且销售面有限。根据美国学者的调查,在许多企业里,人员推销费用是一项最大的经费开支,通常占企业销售额的8%~15%,而广告费用开支仅占1%~3%。另外,人员推广效果在很大程度上取决于推销人员的个人素质,理想的推销人员应具备较高的专业知识、交流能力以及较高的个人素养。

(三)人员推销决策

企业进行人员推销,必须做好以下决策:

1. 确定合理的推销目标

人员推销的目标主要包括以下方面:① 发现并培养新顾客,并将产品信息传递给顾客;② 将产品推销给顾客;③ 为顾客提供服务;④ 进行市场调研,搜集市场情报;⑤ 分配货源。

人员推销的具体目标的确定,取决于企业面临的市场环境期的不同阶段。

2. 选择恰当的推销方式

推销主要有以下方式:① 推销员对单个顾客,指推销员当面或通过电话等形式向某个顾客推销产品;② 推销员对采购小组,指一个推销员对一个采购小组介绍并推销产品;③ 推销小组对采购小组,指一个推销小组向一个采购小组推销产品;④ 会议推销,指通过洽谈会、研讨会、展销会或家庭聚会等方式推销产品。

3. 确定合适的推销组织形式

一般来说,可供选择的推销组织形式有以下几种:

(1) 区域性结构。指每一个(组)推销员负责一定区域的推销业务。这种形式适用于产品和市场都比较单纯的企业。主要优点是:① 推销员责任明确,便于考核;② 推销员活动地域稳定,便于与当地建立密切联系;③ 推销员活动范围小,节约差旅费用;④ 容易熟悉当地市场,便于制定有针对性的推销策略;⑤ 售后服务能做得比较到位。

(2) 产品型结构。每个推销员(组)负责某种或某类产品的推销业务,其最大优点是能为顾客提供相对比较专业的服务。这种结构比较适用于产品技术性比较强、工艺复杂、营销技术要求比较高的企业。

(3) 顾客型结构。主要根据不同类型的顾客配备不同的推销人员,其主要优点是能更深入地了解顾客的需求,从而为顾客提供差异化的服务。

(4) 复合式结构。即将上述三种结构形式混合运用,有机结合。如按照"区域—产品"、"产品—顾客"、"区域—顾客",甚至"区域—产品—顾客"的形式进行组合,配备推销员。其优点是能吸收上述三种形式的优点,从企业整体营销效益出发开展营销活动。这种形式比较适合那些顾客种类复杂、区域分散、产品比较多样化的企业。

4. 建立有效的推销队伍

(1) 确定推销队伍的规模

企业推销队伍的规模必须适当。西方企业一般采用工作负荷量法确定推销队伍的规模。设某企业有 250 个客户,若每个客户每年平均需要 20 次登门推销,则每年就需要 5 000 次登门推销。若平均每个推销员每年能上门推销 500 次,则该企业就需要 10 名推销员。

(2) 选拔、培训推销员

企业的推销员主要有两个来源,即在企业内部选拔和在企业外部招聘。不管推销员来自何方,一个合格的推销员需要具备良好的思想政治素质、文化修养和较强的实际工作能力,以及适宜的个性素质。西方营销专家麦克墨里给超级推销员列出这样几个特点:"精力异常充沛,充满自信,经常渴望金钱,勤奋成性,并有把各种异议、阻力和障碍看作是挑战的心理状态。"企业必须对推销员进行专业培训。推销员培训的一般内容包括企业历史、现状、发展目标、产品知识、市场情况、推销技巧、法律常识、有关产品的生产技术和设计知识等。

(3) 推销员的评价和激励

对推销员的合理评价决定了推销员的积极性。企业必须建立一套合理的评估指标体系,并随时注意收集有关的信息和资料。

合理的报酬制度是调动推销员积极性的关键。确定推销员的报酬应以推销绩效为主要依据,一般有以下几种形式:固定工资制、提成制、固定工资加提成制。由于推销工作的复杂性,固定工资加提成制是一种比较理想的选择。

调动推销员的积极性除了对推销员的绩效的合理评价以及合理的报酬制度外,对推销员的激励也必不可少。一般对推销员的激励手段主要有奖金、职位的提升、培训机会、表扬及旅游度假等。

三、公共关系

公共关系简称公关,指的是企业利用传播手段,促进企业与公众之间的相互了解,达到相互协调,使公众与企业建立良好关系,树立起企业的良好形象,求得社会公众对企业的理解和支持,提高产品和企业声誉的一系列活动的总称。公共关系反映的是公众对企业认知、评价、支持与合作的程度和趋向。

(一) 公共关系的功能

公共关系作为一门经营管理艺术,能为企业营造良好的市场环境,主要表现在扩大影响、采集信息、咨询建议、协调沟通四个方面。

1. 扩大影响

公共关系的最终目标就是要树立组织良好的形象,维系组织良好的公关状态。无疑,有效的公关活动将有利于提升企业的知名度及美誉度,即能够起到吸引公众注意力,扩大企业知名度,以争取更多的潜在顾客,以及树立企业良好信誉、增强公众对企业的好感和信任感、吸引公众经常惠顾的功效。

2. 采集信息

公共关系在公众双向沟通的过程中,所收集的信息主要有两大类,即产品形象信息与企业形象信息。产品形象信息包括公众特别是用户对于产品价格、质量、性能等方面的反映,对于该产品优点、缺点的评价以及如何改进等方面的建议;企业形象信息则包括公众对于企业领导机构、管理水平、人员素质及服务质量等方面的评价。

3. 咨询建议

公关人员在企业经营管理中的特殊地位,不仅使得他们能够对所采集的信息进行整理、选择、分类、归档,并向企业领导提供有关公众方面可靠的情况说明和建议,而且他们也能够切实地站在公众立场上发现问题,将公众利益、公关目标纳入决策视野,为企业高层决策提供咨询建议。

4. 协调沟通

公共关系的基本内容即妥善处理各种内外关系,尽管公众各异,具体公共关系的方法也不同,但一切工作都是围绕它展开的。有效的公共关系将有利于招揽人才、吸引投资、获得理解、争取支持、促进销售等,特别是在企业与公众关系不明朗、不和谐时,公共关系能够起到很好的"润滑剂"功效,为促销成功及企业长远发展扫除障碍。

(二) 公共关系行为准则

公共关系行为应遵守一定的行为准则,以保证公共关系工作的科学性和实效性。

1. 真实性原则

真实性原则一直是公共关系工作最首要、最基本的行为准则。企业要在公众心目中树立良好的形象,关键在于以诚取信、实事求是,并及时地把有关信息传达给公众,以满足其"了解原因和详情"的要求和权利,任何隐瞒、拖延、敷衍甚至欺骗的做法,只会加深公众的误解,导致矛盾的激化。当然,在不违反真实性原则的前提下,企业的信息传播也应当掌握一定的技巧,灵活、辩证地认识这个问题。

2. 互利性原则

公共关系所追求的良好状态是企业与公众之间相互了解、相互合作的和谐关系,是一种共赢模式。一方面,企业的生存发展离不开社会的支持,诸如劳动力、资金、生产资料的提供及政府的宏观调控等;另一方面,公众需求特别是消费者需求的挖掘和满足则是企业营销工作的出发点和归宿点。因此,企业的公共关系行为应奉行互惠互利原则,为社会公众提供更多的优质产品和服务,适应不断发展变化的顾客或市场需要。

(三) 公共关系的构成要素

如前所述,公共关系是社会组织运用多种传播手段来建立和维持与公众之间良好内外部关系的活动。由此,可以分解出公共关系运作过程中的三大要素:

1. 公共关系的主体——社会组织

社会组织一般指具有特定目标和职能并具有一定独立性的社会群体。从市场营销角度来说,公共关系的主体即为开展公共关系活动的各类企业,具体的公共关系活动可以由企业自己的公关部门或公关人员,或是企业聘请的公关公司或公关顾问来完成。

2. 公共关系的客体——公众

公众是与社会组织发生相互作用、相互影响的各种群体、社会组织或个人的总和。公众具有同质性、广泛性、多样性、可变性、互动性,通常可按公众的性质将其分为内部公众和外部公众。内部公众主要指组织的员工和股东;外部公众主要指消费者公众、政府公众、媒介公众、竞争者公众、社区公众等。从市场营销角度,将公共关系作为一种促销手段所研究的公众主要指的是外部公众,特别是消费者公众。

3. 公共关系的手段——传播沟通

信息传播是公共关系主体和客体开展双向沟通的纽带与桥梁,但公共关系传播不同于一般的信息传播,它不仅要求技术层面上的信息准确传达,还要求公共关系双方在情感层次、态度层次以及行为层次上的交流与传播,即达到联络感情,建立或改变公众态度,并进而影响行为的作用。因此,公共关系传播特别强调信息的针对性、整体性、真实性及双向沟通性。

(四)公共关系活动类型

实践中,常见的公关活动类型有宣传型公共关系、交际型公共关系、服务型公共关系、社会型公共关系、征询型公共关系等。

1. 宣传型公共关系

这是企业运用各种传媒及沟通方法,向公众传递组织信息,使之充分了解组织、支持组织,从而对内增强凝聚力,对外扩大影响、提高美誉度的公关活动模式。其特点是传播面广、主导性强、时效性强、见效快,但传播主要停留在表面的层次上。常用的方式有:对内有座谈会、闭路电视等;对外有新闻发布会、开业庆典、周年纪念、形象广告、宣传图册、影视作品等。

2. 交际型公共关系

这是企业与公众的直接接触,通过人际交往进行感情上的联络,建立广泛的社会关系网络,形成有利于组织的人际关系环境的公关活动模式。其特点是具有灵活性,富有人情味,能促进企业与公众之间的情感交流。常用的方式有:舞会、招待会、茶话会、座谈会、春节团拜、工作午餐、联欢会等。

3. 服务型公共关系

这是通过提供优质服务来获取社会公众的了解和好评,建立良好组织形象的公关活动模式。这种模式直接向公众展示组织的行为和行动,使公关上升到行为层次,能够更好地影响公众,获得公众好感。常用的方式有:免费安装、终生保修、提供保险、热线导购、代看婴幼童、出借雨具等。

4. 社会型公共关系

这是社会组织利用举办各种社会性、公益性活动,展现企业关心社会、关爱他人的高尚道德,以扩大组织的社会影响、提高社会声誉、赢得公众好感的公关活动模式。常用的方式有:赞助社会福利事业和文化、体育、卫生事业,资助公共服务设施的建设,宣传社会新风尚,参与再就业创造工程等。

5. 征询型公共关系

这是以采集信息、了解民意为主要内容的公关活动模式,其目的是通过征询这种特殊方式,表明企业愿意听取公众意见、改进自己工作的诚意,加强双向沟通,加深公众印象。常用的方式有:进行民意测验、开办各种咨询业务、建立来信来访制度和相应的接待机构、开设公众热线电话和聘请兼职的信息人员等。

四、营业推广

营业推广又称销售促进,美国市场营销协会将其定义为:"那些不同于人员推销、广告和公共关系的销售活动,它旨在激发消费者购买和促进经销商的效率,诸如陈列、展出与展览表演和许多非常规的、非经常性的销售尝试"。可见,营业推广是企业为了刺激购买需求、购买数量或购买频率而采取的一系列短期的促销措施。

（一）营业推广的方式

营业推广的方式各种各样,在选择具体的营业推广方式之前,企业营销人员必须首先明确促销目标。不同的目标市场应采用不同的营业推广方式。

1. 消费者推广

消费者推广方式有:免费赠送、优惠折让券、增量包装、销售奖励、销售现场示范等。

（1）免费赠送。是指企业免费向顾客提供产品。这是一种见效快但企业花费较高的一种营业推广方式。

（2）优惠折让券。是指企业向顾客发放一种票证,顾客持有这种票证在购买产品时享受折扣优惠待遇。

（3）增量包装。是指加量不加价的一种包装销售。这种方法见效较快。

（4）销售奖励。是指顾客在购买某一产品时,企业向顾客提供获得额外的现金、物品的机会。

（5）现场示范。是指企业在销售点以服务示范等办法吸引顾客的一种促销活动。

2. 交易推广

常用的交易推广方式有价格折让、额外贴补、免费赠品、交易优待、销售奖励、合作广告等,这是针对中间商的一类营业推广方式,通过刺激中间商,促使中间商迅速做出购买行为。

(1) 价格折让。即在一定时期内,经销商可得到低于产品定价的价格折让。

(2) 额外贴补。指企业提供若干免费产品给购买该产品者或购买达到一定数量的中间商,即额外赠送。

(3) 免费赠品。通常指企业向其产品的经销商赠送专门广告品,如挂历、记事本、办公包等。

(4) 交易优待、销售奖励。指企业为了鼓励中间商的销售业绩,给予中间商现金或其他物质奖励。

(5) 合作广告。指企业和中间商共同承担为产品所做广告的费用或给予广告折扣的一种方式。

3. 业务推广

主要方式有订货会、展销会等,目的是通过对顾客、中间商的展示刺激来扩大影响,增加销售机会。

(1) 订货会。这是企业吸引中间商或顾客购买的一种较为普遍和有效的形式,它可以将目标市场中购买者集中在一起,销售量较大,其收益远大于订货会费用的支出。

(2) 展销会。这是一种边展边销或先展后销的形式,是业务推广中较重要的形式。

(二) 营业推广方案的制订

一次完整的营业推广活动大致经历三个步骤:营业推广方案的制订→营业推广方案实施→营业推广效果评估。其中营业推广方案的制订至关重要,直接决定了营销推广活动的行为方向和准则,以及最终的推广效果,它是企业根据总体营销目标的要求,综合分析营销环境后,对营业推广的强度、方法、时间、对象及预算作出的具体安排。

1. 确立营业推广目标

企业的营业推广目标应与总体营销策略相一致,并根据不同的推广对象加以确定,如针对消费者,目标包括促进大批量购买、吸引竞争者品牌的使用者等;针对中间商,目标包括吸引其经营本企业新产品、鼓励其帮助企业推销产品等;针对销售人员,目标包括激励其挖掘新顾客、开拓新市场等。

2. 确定最佳诱因

即提供一定的诱因(刺激物)来刺激需求。诱因的大小还与推广费用成正比。

3. 选择营业推广方法

除考虑推广对象外,企业还应综合考虑营业推广目标、产品类型、市场环境、竞争条件和各种工具的效益成本等各种因素,灵活有效地选择营业推广方法。

4. 明确营业推广时间

这是一个多向度概念,既包括推广时点(时机)的把握,又包括时长的选择,还包括推广时频的设定。调查发现,一般日用品的营业推广最佳频率为每季度有三周的推广活动,最佳的时间长度为平均购买周期。

5. 界定参加者的条件

企业应对营业推广的对象进行合理的界定,除要求为企业的公众之外,还应注意在涉及有奖销售等活动形式时避免内部人员参与,严格控制参加者资格,以免给人造成弄虚作假的印象。

6. 编制营业推广预算

常见的营业推广预算方法有三种:一是参照法,即参照上期费用来确定本期费用的额度;二是比例法,即按总促销费用的一定比例来确定营业推广的费用,再将之分配到各个推广项目上;三是总和法,即先确定各营业推广项目的费用,然后汇总得出营业推广的总预算。

第六节　销售渠道策略

IBM公司开拓中国市场,从建立销售渠道起步;日本松下公司的成功,不仅在于其优质的产品、独特的促销手段,更在于其数以万计、密如蛛网的营销网络;小天鹅洗衣机公司的销售渠道以高达1.6亿元的价值在合资中占20%的股份……越来越多的企业发现,在产品、价格乃至广告同质化趋势加剧的今天,单凭产品的独立优势赢得竞争已非常困难。优秀企业把建立销售渠道视为企业开拓和占领市场的关键。销售渠道亦称配销渠道、营销渠道或销售通路,一般是指产品或服务从生产者流向消费者(用户)所经过的整个渠道。这个渠道通常由制造商、批发商、零售商及其他辅助机构组成,他们为使产品到达企业用户和最终消费者而发挥各自职能,通力合作,有效地满足市场需求。良好的营销渠道不仅要通过在合适的地点以合适的质量、数量和价格供应产品或服务来满足需求,而且要通过渠道成员的各种营销努力来刺激需求。因此,营销渠道是促使产品(服务)顺利地经过市场交换过程转移给消费者(用户)使用或消费的一整套相互依存的组织。

一、中间商概念及作用

为了实现企业的市场销售目标,各企业都需招募合格的中间商来从事渠道营销活动,从而成为企业产品销售渠道的一个成员。中间商是指介于生产者与消费者之间,专门从事组织或参与产品流通业务,促进交易行为实现的企业和个人。这些独立企业和个人,按照市场需要,向生产者收购产品,转卖给广大消费者和用户,在生产者和消费者或用户之间起着产品交换的"中间人"的作用。

根据货物的所有权是否发生转移,中间商有经销商与代理商之分:代理商不拥有产品的所有权;经销商则拥有产品的所有权。根据销售的对象是否为最终用户(消费者),中间商可分为零售商与批发商:批发商销售的对象一般不是最终用户;零售商销售的对象则是最终用户。

中间商在商品销售中具有十分重要的作用:

(1) 简化交易联系,扩大交换范围,加速产品流转,保证市场供应。如果没有中间商的介入,生产者直接销售,这就意味着每个生产者同许多消费者发生交易关系,生产者就要投入大量的人力、物力、财力来承担流通任务,对生产者来说使交易变得复杂,而且由于生产者自身条件所限,交换范围和市场供应受到很大限制,供求矛盾突出。中间商的介入,由于其专业性强、联系面广、熟悉市场、掌握供求规律,能加快产品转化,调节供求矛盾,减少产品占压资金,增加生产的资金,简化生产者的交易联系,为生产者节约时间、人力、物力、财力,使生产者为社会创造更多的价值。

(2) 集中、平衡和扩散产品,均衡地按照消费者的需要组织产品实体位移,更好地满足消费者的需要。中间商发挥其组织产品流通的技能和特长(如:丰富的市场营销经验,熟悉产品的特点、储存保管、运输的专业技能及推销技巧等),把若干个生产企业所生产的产品集中采购,进行分类,根据不同的市场需求,从品种、数量和时间上加以平衡分配,推销扩散到各地,以满足不同地区广大消费者的需要。中间商从收购产品开始,到向消费者出售产品为止,始终伴随着产品实体的位移,而这种位移能均衡地按照消费者的需求进行。

(3) 沟通信息和反馈信息,促进产需更好地结合。中间商联系面广,承担着产品购、销、调、存的具体业务,沟通生产者和消费者之间的经济联系,能及时收集和掌握来自生产者和市场的信息,传递给消费者,并把市场和消费者的信息反馈到生产企业,促进产需结合。

总之,正是由于中间商的存在,大多数生产企业产品的销售才成为可能。因此,企业应把发挥中间商的作用、处理好与中间商的关系作为市场销售的重要问题予以足够的重视。

二、销售渠道的模式

一个企业所处的行业、所营销的产品不同，所设计的营销渠道网络也有所不同。而且随着企业的发展，传统的营销渠道也要经过改造以适应现代营销的发展。建立完整、高效的营销渠道网络，必须选择合适的营销渠道网络模式。比较常见的主要有：经销商模式、代理商模式、直销模式、垂直营销渠道、水平营销渠道、多渠道营销渠道等模式。

（一）经销商模式

选用经销商模式是在营销渠道中一种最为常见的网络方案。经销商模式主要由生产商、经销商、批发商、零售商构成。在国外比较大的生产企业，其选用的网络方案大多是这种经销商模式。宝洁公司在进入中国市场后，在全国各地选择经销商，从而利用经销商网络迅速实现产品销售。

经销商模式的优点是生产企业利用经销商现有的网络，组织渠道批发系统和零售系统，将商品从生产企业传递到消费者手中。在这一传递过程中，生产企业通过建立与经销商良好的合作关系，形成与经销商共存共荣的联合体。经销商的优势在于有健全的网络，能够完成生产企业在目标市场的销售目标。生产企业的优势在于能够为网络成员提供多方面的营销支持和优惠。

采用经销商模式后，生产企业负责市场开发，销售网络负责商品销售。生产企业为打开销路，通常采用减价政策、研制新产品、广泛传授保护维修技术等办法以制造社会需求。而销售网络则在销售过程中，通过店员通信、电话征求顾客意见，或到顾客家中访问等多种形式，进行极为广泛的市场调查，并将顾客的要求和信息及时地反馈给生产厂商，以推动产品的开发和改良。这对提高生产企业的市场开发能力、扩大销售网络的销售能力都有非常大的帮助。比较大的经销商网络也成为企业最广泛的市场信息来源渠道。

经销商模式的弱点就在于企业对经销商难以控制，如果发生利益冲突，就非常有可能使企业建立起来的网络瘫痪。所以利用一定的经销商政策加以管理与控制是保证经销商顺利发挥作用的关键。

（二）代理商模式

代理商模式是国际上通行的分销方式。主要内容是通过合同契约形式，取得生产企业产品的代理销售权或用户的代理采购权，交易完成后收取佣金。

对于代理商的选用，一般出现在新的区域市场和专业产品的营销上。因为专业产品在营销过程中，需要专业的营销知识和技术知识，而这不是一般的经销商所能完成的。同时对于新产品，由于新的目标市场还不容易测定，所以生产企业采用代理的方式就容易获得中间商。尤其是生产企业在一个不熟悉的市场，利用代理商可以迅速打开市场。

代理商在市场中按照是否有独家代理权可以分为独家代理与多家代理。独家代理是指在某一市场（可能以地域、产品、消费者群等划分）独家权利，厂商的某种特定的商品全部由该代理商代理销售。多家代理是指不授予代理商在某一地区、某一产品上的独家代理权，代理商之间并无代理区域划分，都为厂家搜集订单，无所谓"越区代理"，厂家也可在各地直销、批发商品。

按照是否有权授予代理权可以划分为总代理和分代理。总代理是指该代理商统一代理某一厂家某产品在某地区的销售事务，同时它有权指定分代理商，有权代表厂商处理其他事务。因此，总代理商必须是独家代理商。在总代理制度下，代理层次比较复杂，在某一市场中总代理商为一级代理，分代理商可以是二级代理或三级代理，按照与厂家的交易方式有佣金代理和买断代理。最为常见的是佣金代理，它是一种纯粹的代理关系。

代理商模式对于节省厂家的财力，提高销售效率具有重要的意义。生产企业选用何种代理方式取决于产品的销售潜力、企业的营销基础设施、企业对代理商团管理水平等多方面因素，所以要灵活应用独家代理和多家代理、买断代理和佣金代理以及总代理，使企业能够达到促进产品销售、占有市场的目的。

（三）直销模式

直销是指生产厂家直接将产品销售给消费者，如戴尔电脑公司等，这种销售方式主要有上门推销、邮购、制造商自设商店以及现代的互联网销售等。

直销网络的建设主要是依靠现代营销媒介，如邮政系统、电信系统、互联网来获取顾客。

在直销方面做得最好的是戴尔公司，所以直销模式又称为戴尔模式。所谓戴尔直销方式就是由戴尔公司建立一套与客户联系的渠道，由客户直接向戴尔发订单，订单中可以详细列出所需的配置，然后由戴尔"按单生产"。这种销售渠道模式的实质是简化、消灭中间商，从而节省销售成本和储存成本，通过与顾客直接沟通达到产品销售的目的。

直销模式与传统的分销模式相比具有比较明显的优势。因为直销关注的是与顾客建立一种直接的关系，让顾客能够直接与厂家互动，通过这种互动，不管是通过互联网，还是通过电话，或者与销售员面对面互动，顾客都可以十分方便地找到他们需要的产品，并随时得到十分专业的服务。厂家可以准确了解顾客的信息，很好地跟踪顾客服务。

多数产品都适用直销模式，而且越来越多的人会愿意接受直销。之所以这样说，是因为直销不仅仅指面对面的销售。它可以通过其他途径，与顾客建立互动关系。所有的大众化标准产品都有机会实现直销模式,而且可以节省很多用于销售渠道、代理商、展厅等方面的开支,把这些钱转送给顾客。这样产品更便宜,或者为用户提供更有成本效益的产品。

建立直销模式需要一定的条件。资产条件是最大的约束,首先是在广告上的投入。由于缺少面对面与顾客交流的机会和诸多的销售网点,直销厂商必须加大其他方面的宣传力度。其次,从表面上看,直销越过了分吃利润的中间商,节省了可观的销售成本;但事实是,公司首先得拥有一个日益庞大和复杂的全球信息和通信网络,包括免费的电话和传真支持,如戴尔平均每天要处理5万个以上的电话。同时,还要自己建立一支优秀的销售服务队伍。戴尔为弥补市场覆盖面和服务队伍精力上的缺陷,专门建立增值服务渠道,需要耗费较大的费用。与一般的 PC 厂商相比,需要更强大的计划、培训、投资和管理能力,而这一切确实是一笔不小的投入。当然,适合直销的高端产品也是一个重要条件。

(四) 垂直营销渠道

垂直营销渠道是针对传统的营销渠道关系松散的特点,通过产权、特约代营或者加盟合作的方式建立的一种由生产者、批发商和零售商所组成的统一的联合体。垂直营销渠道可以由生产商支配,也可以由批发商或者零售商支配,其特征是:专业化管理和集中执行的网络组织,事先规定了要达到的成本经济和最高市场效果。垂直营销渠道有利于控制渠道行动,消除渠道成员为追求各自利益而造成的冲突。它们能够通过其规模、谈判实力和减少重复服务而获得效益,并以这种相互联系的方式达到最佳成本经济和顾客反应。目前垂直营销渠道网络主要有以下三种类型:

1. 公司式垂直营销渠道

公司式的垂直营销渠道是由同一个所有者名下的相关的生产部门和分配部门组成,这种营销渠道网络之间是由产权互相联系的。一般是一个企业通过收购渠道企业的股权,达到彼此之间的利益相通而得以控制渠道企业,这种模式使用的前提是生产商要有一定的经营规模和资产规模。康佳通过与成都的经销商共同组建合资企业而使产品得以在成都站稳脚跟,应用的就是这种模式。

2. 管理式垂直营销渠道

管理式垂直营销渠道网络不是由同一个所有者属下的相关生产部门和分配部门组织形成的,而是由某一家规模大、实力强的企业出面组织的。即名牌生产商通过其在市场中的地位,获得经销商强有力的支持,所以在商品展销、货柜位置、促销活动和定价政策等方面取得经销商大力支持的一种营销渠道。显然对于生产商来说,这种模式是依靠其强大的市场地位形成的。

3. 契约式垂直营销渠道网络

这是生产商通过契约为基础统一渠道成员的行动，以求得比独立行动时更大的经济和销售效果。在市场中契约式垂直营销渠道网络的联系方式是契约，所以其建立的基础要比上面两种形式薄弱，但较为适合大多数企业。一般契约式垂直营销渠道网络主要有两种常见的形式：一种是代理制，另一种是加盟营销渠道网络。代理制是制造商通过组织各目标市场的代理商，以契约连接的方式建立起批发或零售代理网络。加盟营销渠道网络主要存在于服务业，一般是由一个服务公司组织整个系统，以便将其服务有效地提供给消费者。如加盟快餐服务的麦当劳，通过与加盟的企业订立契约，提供给加盟企业管理、技术、店面指导等服务，从而迅速扩大营销渠道网络的一种模式。

4. 水平式营销渠道

水平式营销渠道网络是由两个或两个以上的公司联合开发一个营销机会，从而获得共同发展的一种模式。一般采用这种模式是这些公司缺乏资本、技能、生产或营销资源来独自进行商业冒险，或者承担风险，或者它发现与其他公司联合可以产生巨大的协同作用。公司之间的联合可以是暂时性的，也可以是永久性的，也可以专门组建一个专门公司，我们把这种营销方式称为捆绑式销售。最为典型的例子是微软公司和戴尔公司，当他们发现他们的软件和硬件结合起来可以销售得更好的时候，这种水平式的营销网络就组建起来了。

推行捆绑式销售，不是任何企业都可以进行的，它有诸多条件限制。首先，最重要的一点就是两个企业要具有一定的品牌优势，已经得到消费者的认知和了解，至少在目标销售市场上具有一定的知名度。其次，进行捆绑式销售的双方要具有足够的诚意，能够以双方的利益为重，而不能仅把眼光盯在自身的利益上不放。再次，企业之间进行捆绑式销售，有一定的领域和合作项目的限制。只有那些市场信息多变、结构变革迅速和竞争激烈的产业领域，那些能给企业带来高附加值活动的项目，才适合搞捆绑式营销模式。同时，企业还应该考虑到企业间联合的成本费用情况，只有合作所增加的收益大于联合所产生的成本时才能考虑运用捆绑式销售模式。最后，企业产品要具有互补性。否则的话，如"泻立停"与餐巾纸进行捆绑式销售，只能让人产生反感。

5. 多渠道营销渠道

越来越多的公司采取多渠道进入同样或者不同的市场。多渠道是为两个不同层次的顾客提供商品，一般是企业利用经销商或代理商网络为一部分顾客提供商品，另一方面，企业又通过自建的营销渠道为一些重要客户直接提供商品。这样做的目的是企业可以不再单纯依靠经销商，而是通过自己的营销渠道取得更大的营销业绩。这种多渠道的营销渠道如果管理不好，就非常有可能与经销商发生矛盾,并使整个营销渠道有瘫痪的可能。

在企业实际的市场运作中,选用什么样的营销渠道网络模式,要基于企业的条件,并且随着市场的发展、营销渠道的变化使得企业更接近市场。所以,关注渠道变化的动态可以使得企业在市场中更具有竞争力。

三、影响销售渠道选择的因素

影响销售渠道的因素很多,生产企业在制定销售渠道策略时首先必须对下列各因素进行系统的分析和判断,在这一基础上才能设计出合适、高效的分销渠道。

(一) 产品因素

(1) 价值大小。一般而言,商品单个价值越小,分销渠道越多,渠道路线越长。

(2) 体积与重量。体积过大或过重的商品应选择直接渠道或中间商较少的间接渠道。

(3) 时尚性。对式样、款式变化快的商品,应多利用直接分销渠道,避免不必要的损失。

(4) 技术性和售后服务。具有高度技术性或需要经常服务与保养的产品,分销渠道要短。

(5) 产品市场寿命周期。产品在市场寿命周期的不同阶段,对分销渠道的选择是不同的,如在衰退期的产品就要压缩分销渠道。

(6) 新产品。为了较快地把新产品投入市场、占领市场,生产企业一般组织推销力量直接向消费者推销或利用原有分销渠道推销。

(二) 市场因素

(1) 销售量的大小,购买批量的大小。这是用户决定购买途径的重要影响因素,同样,也是生产企业选择分销渠道的主要影响因素。购买批量大,多采用直接分销渠道;购买批量小,多采用间接销售的方式。

(2) 顾客的分布。如果顾客分散,宜采用长而宽的渠道;反之,宜采用短而窄的渠道。工业品销售中,本地用户产需联系方便,因而适合直接销售;外地用户较为分散,通过间接销售较为合适。

(三) 生产企业本身的因素

(1) 企业实力强弱,主要包括人力、物力、财力。如果企业实力强可建立自己的分销网络,则实行直接销售;反之,则应选择中间商推销产品。

(2) 企业的管理能力强弱。如果企业管理能力强,又有丰富的营销经验,可选择直接销售渠道;反之,则应采用中间商。

(3) 企业控制渠道的能力。企业为了有效地控制分销渠道,多半选择短渠道;反之,如果企业不希望控制渠道,则可选择长渠道。

(四) 中间商特性

中间商在分销渠道中可以承担的各种职能及中间商本身的特性对分销渠道的选择也有较大的影响。能否找到合适的中间商,这是选择分销渠道时首先面临的问题。中间商的合适与否包括两方面的含义:一是中间商能否满足企业的要求,能否以较低的成本承担企业所要求承担的职责,如销售量的大小、运输、经销、储存、信息反馈、信用、产品的服务等。二是企业所选的中间商是否愿意经营企业的产品,一些新产品往往会面临这个问题。如果企业能找到合适的中间商,则利用现有中间商的分销渠道;如果找不到合适的中间商,则企业必须利用直接分销渠道。

(五) 环境因素

各种环境因素及其变化对分销渠道的选择都有影响。政治法律因素直接限制着企业使用何种分销渠道。如我国烟草的专卖制度,使得这些产品的生产企业按照专卖程序选择分销渠道。科学技术的发展有可能为某些产品创造新的分销渠道。如食品保鲜技术的发展,使得如水果、蔬菜等的分销渠道由过去的直接渠道变为多渠道销售。经济因素使得企业在经济萧条时不得不考虑尽量使用费用低廉的方式把产品送到消费者手中,使企业缩短分销渠道,减少或取消那些不必要的服务项目。

本章重要知识点总结

经营策略是指企业在经营过程中为实现经营战略规划和自身条件而制定的行动准则和具体的经营方案。企业经营的成败,取决于其企业经营策略的制定和实施。经营策略手段包括市场营销组合策略、市场细分与目标市场选择策略、产品策略、价格策略、促销策略和销售渠道策略。

市场营销组合策略,又称为市场营销组合,是指企业在选定的目标市场上综合运用各种市场营销策略和手段以销售产品并取得最佳经济效益的策略组合。"4C"营销组合策略由美国营销专家劳特朋教授提出,它以消费者需求为导向,重新设定了市场营销组合的四个基本要素,即消费者(Consumer)、成本(Cost)、便利(Convenience)和沟通(Communication)。其基本观点是:企业首先应该把追求顾客满意放在第一位,其次是努力降低顾客的购买成本,然后要充分注意到顾客购买过程中的便利性,而不是从企业的角度来决定销售渠道策略,最后还应以消费者为中心实施有效的营销沟通。

企业市场细分策略是企业目标市场定位的基础,企业在选择目标市场时通常可采用的策略有如下三种:① 无差异性市场策略。采用此种策略时,企业对构成市场的各个部分一视同仁,只针对人们需求中的共同点,而不管差异点。② 差异性市场策略,又叫差异性市场营销。采用此种策略时,企业承认不同细分市场的差异性,并针对各个细分市场的特点,分别设计不同的产品与市场营销计划,利用产品与市场营销的差别,占领每一个细分市场,从而获得大销量。③ 密集性市场策略。密集性市场策略则是选择一个或少数子市场为目标,企业可集中采用一种营销手段,服务于该市场。

产品定位策略是指企业为了自己生产或销售的产品在市场竞争中获得稳定的销路,为产品树立一定的形象,以求在顾客心目中形成一种特殊偏爱。现代企业常用的产品定位策略有:① 以属性和利益定位;② 以价格和质量定位;③ 根据用途定位;④ 根据使用者定位;⑤ 根据产品档次定位;⑥ 根据竞争地位定位。在做好产品定位的基础上,企业要能够更深入的满足消费者的需求,还必须理解产品整体性的特征,做好核心产品、形式产品和附加产品,同时还需要以产品组合策略为手段,不断扩大企业的产品开发以满足更大的市场需求。

价格是经营策略中的重要因素。在市场经营活动中,企业必须综合考虑影响价格的各种因素,运用多种策略与方法灵活确定产品价格。新产品定价策略一般有撇脂定价法和渗透定价法。撇脂定价法的主要目的是尽快收回投资,减少投资风险,主要适用于需求缺乏弹性的商品上;渗透定价法的主要目的是利用低廉的价格吸引顾客,迅速扩大销量,提高市场占有率,主要适用于新产品没有显著特色、产品存在着规模经济效益、市场竞争激烈、需求价格弹性较大、市场潜力大的产品上。

如何将正确的商品销售给正确的顾客,这就需要促销策略,使厂商与消费者拥有一条信息沟通的桥梁,促销策略就是对广告、人员推销、公共关系、营业推广等各种促销方式的选择、组合和运用。商品广告是提供商品信息的,也是针对商品开展广告宣传的。根据产品生命周期不同阶段中广告作用和目标的不同,商品广告分为告知、劝说和提示三种作用。告知性广告,主要用于向市场推销新产品,介绍产品的新用途和新功能,宣传产品的价格变动,推广企业新增的服务以及新企业开张等,主要目标是促使消费者产生初始需求。劝说性广告主要用于产品进入成长期,其主要目标是促使消费者对本企业的产品产生"偏好"。提示性广告主要用于产品的成熟期和衰退期,其目的是提示顾客购买。人员推销虽然是一种传统的古老的促销方式,但在现代企业市场营销中,人员推销仍然起着十分重要的作用,有着其他促销手段无法达到的效果和作用,其主要特点是:

① 注重人际关系，与顾客进行长期的情感交流；② 具有较强的灵活性，推销员可以根据各类顾客的特殊需求，设计有针对性的推销策略，容易诱发顾客的购买欲望，促成购买；③ 具有较强的选择性，推销员在对顾客调查的基础上，可以直接针对潜在顾客进行推销，从而提高推销效果；④ 及时促成购买，推销员在推销产品和劳务时，可以及时观察潜在顾客对产品和劳务的态度，并及时予以反馈，从而迎合潜在消费者的需要，及时促成购买；⑤ 营销功能的多样性，推销员在推销商品过程中，承担着寻找客户、传递信息、销售产品、提供服务、收集信息、分配货源等多重功能，这是其他促销手段所没有的。

最后，一个好的商品还需要有一个合适的渠道到达消费者手中。销售渠道的选择直接影响了消费者获得商品的难易程度和成本。销售渠道通常有两种基本模式，一种是中间商销售，另一种是直销。中间商销售可以迅速扩大产品的市场占有率，提高产品的影响力，简化交易联系，扩大交换范围，加速产品流转，保证市场供应，但会增加消费者的价格成本。而直销可以降低产品的最终价格，让利于消费者，但交易联系比较复杂。

● 案例

华龙方便面的产品组合策略

2003年，在我国大陆市场上，位于河北省邢台市隆尧县的华龙集团以超过60亿包的方便面产销量排在方便面行业第二位，仅次于"康师傅"，同时与"康师傅"、"统一"形成了三足鼎立的市场格局。"华龙"真正地由一个地方方便面品牌转变为全国性品牌。

作为一个地方性品牌，华龙方便面为什么能够在"康师傅"和"统一"这两个巨头面前取得全国产销量第二的成绩，从而成为我国国内方便面行业又一股强大的势力呢？

从市场角度而言，华龙的成功与它的市场定位、通路策略、产品策略、品牌战略、广告策略等都不无关系，而其中产品策略中的产品市场定位和产品组合作用更是居功至伟。下面我们就来分析华龙是如何运用产品组合策略的。

（一）发展初期的产品市场定位：针对农村市场的高中低产品组合

20世纪90年代初期，大的方便面厂家将其目标市场大多定位于中国的城市市场。1994年，华龙在创业之初便把产品准确定位在8亿农民和3亿工薪阶层的消费群上。同时，华龙依托当地优质的小麦和廉价的劳动力资源，将一袋方便面的零售价定在0.6元以下，比一般名牌低0.8元左右，售价低廉。

2000年以前，主推的大众面如"108"、"甲一麦"、"华龙小仔"；中档面有"小康家庭"、"大众三代";高档面有"红红红"、"煮着吃"。

凭借正确的目标市场定位策略,华龙在北方广大的农村打开市场。

2002年,从销量上看,华龙地市级以上经销商(含地市级)销售量只占总销售量的27%,县城乡镇占73%,农村市场支撑了华龙的发展。

(二)发展中期的区域产品策略:针对不同区域市场高中低的产品组合

从2001年开始推行区域品牌战略,针对不同地域的消费者推出不同口味和不同品牌的系列新品。

华龙针对不同市场采取的区域产品策略:
- 定位在小康家庭的最高档产品"小康130"系列;
- 面饼为圆形的"以圆面"系列;
- 适合少年儿童的"A-干脆面"系列;
- 为感谢消费者推出的"甲一麦"系列;
- 为尊重少数民族推出的"清真"系列;
- 回报农民兄弟的"农家兄弟"系列;
- 适合中老年人的"煮着吃"系列。

以上系列产品都有三个以上的口味和六种以上的规格。

(三)华龙方便面组合策略分析

华龙目前拥有方便面、调味品、饼业、面粉、彩页、纸品六大产品线,也就是其产品组合的长度为6。方便面是华龙的主要产品线,在这里,我们也主要研究方便面的产品组合。

(1)华龙的方便面产品组合非常丰富,其产品线的长度、深度和密度都达到了比较合理的水平。它共有17种产品系列,十几种产品口味,上百种产品规格。其合理的产品组合,使企业充分利用了现有资源,发掘现有生产潜力,更广泛地满足了市场的各种需求,占有了更宽的市场面。华龙丰富的产品组合有力地推动了其产品的销售,有力地促进了华龙成为方便面行业老二的地位的形成。

(2)华龙方便面在产品组合上的成功经验:

——阶段产品策略。

根据企业不同的发展阶段,适时推出适合市场的产品。

① 在发展初期将目标市场定位于河北省及周边几个省的农村市场。由于农村市场本身受经济发展水平的制约,不可能接受高价位的产品,华龙非常清楚这一点,一开始就推出适合农村市场的"大众面"系列,该系列产品由于其超低的价位,一下子为华龙打开了进入农村市场的门槛,随后"大众面"系列红遍大江南北,抢占了大部分低端市场。

② 在企业发展几年后,华龙积聚了更大的资本和更足的市场经验,又推出

了面向全国其他市场的大众面的中高档系列,如中档的"小康家庭"、"大众三代",高档的"红红红"等,华龙由此打开了广大北方农村市场。1999年,华龙产值达到9亿元人民币。

这是华龙根据市场发展需要和企业自身状况而推出的又一阶段性产品策略,同样取得了成功。

③ 从2000年开始,华龙的发展更为迅速,它也开始逐渐丰富自己的产品系列,面向全国不同市场又开发出了十几个产品品种,几十种产品规格。2001年,华龙的销售额猛增到19亿元。这个时候,华龙主要抢占的仍然是中低档面市场。

④ 从2002年起,华龙开始走高档面路线,开发出第一个高档面品牌——"今麦郎"。华龙开始大力开发城市市场中的中高价位市场,此举在北京、上海等大城市大获成功。

——区域产品策略。

华龙从2001年开始推行区域品牌战略,针对不同地域的消费者推出不同口味和不同品牌的系列新品。

① 华龙的产品策略和品牌战略是:不同区域推广不同产品;少做全国品牌,多做区域品牌。

② 作为一个后起挑战者,华龙在开始时选择了在中低端大众市场,考虑到中国市场营销环境的差异性很大,地域不同,则市场不同、文化不同、价值观不同、生活形态也大不相同。因此,华龙想最大限度地挖掘区域市场,制定了区域产品策略,因地制宜,各个击破,最大限度地分割当地市场。如华龙针对中原河南大省开发出"六丁目",针对东三省有"东三福",针对山东大省有"金华龙"等等,与此同时还创作出区域广告诉求。

③ 华龙推行区域产品策略——实际上创建了一条研究区域市场、了解区域文化、推行区域营销、运作区域品牌、创作区域广告的思路。

④ 之后华龙又开始推行区域品牌战略,针对不同地域的消费者推出不同口味和不同品牌的系列新品。如针对回族的"清真"系列、针对东三省的"可劲造"系列等产品。

——市场细分的产品策略。

市场细分是企业常用的一种市场方法。通过市场细分,企业可确定顾客群对产品差异或对市场营销组合变量的不同反应,其最终目的是确定为企业提供最大潜在利润的消费群体,从而推出相应的产品。华龙就是进行市场细分的高手,并且取得了巨大成功。

① 华龙根据行政区划推出不同产品,如在河南推出"六丁目",在山东推出

"金华龙",在东北推出"可劲造"。

② 华龙根据地理属性推出不同档次的产品,如在城市和农村推出的产品有别。

③ 华龙根据经济发达程度推出不同产品,如在经济发达的北京推广目前最高档的"今麦郎"桶面、碗面。

④ 华龙根据年龄因素推出适合少年儿童的"A-干脆面"系列,适合中老年人的"煮着吃"系列。

⑤ 华龙为感谢消费者推出的"甲一麦"系列,为回报农民兄弟推出的"农家兄弟"系列。

华龙十分注重市场细分,并且不仅是依靠一种模式。它尝试各种不同的细分变量或变量组合,找到了同对手竞争、扩大消费群体、促进销售的新渠道。

——高中低档的产品组合策略。

华龙面的产品组合是一个高中低档相结合的产品组合形式,而低档面仍占据着其市场销量的大部分份额。

① 全国市场整体上的高中低档产品组合策略。既有低档的大众系列,又有中档的"甲一麦",也有高档的"今麦郎"。

② 不同区域的高中低档产品策略。如在方便面竞争非常激烈的河南市场一直主推的就是超低价位的"六丁目"系列。"六丁目"主打口号就是"不跪(贵)"。这是华龙为了和河南市场众多方便面竞争而开发出来的一种产品,它的零售价只有0.4元/包(给经销商0.24元/包)。同时,华龙将工厂设在河南许昌,因此让河南很多方便面品牌日子非常难过。而在全国其他市场如东北在继"东三福"之后投放中档的"可劲造"系列,在大城市投放"今麦郎"系列。

③ 同一区域的高中低档面组合,开发不同消费层次的市场。如在东北、山东等地都推出高、中、低三个不同档次、三种不同价位的产品,以满足不同消费者对产品的需要。

——创新产品策略。

每一个产品都有其生命发展的周期。华龙是一个新产品开发的专家,它十分注意开发新的产品和发展新的产品系列以满足市场不断变化发展的需要。

① 华龙在产品规格和口味上不断进行创新。从50 g一直到130 g,华龙在10年的时间里总共开发了几十种产品规格。开发出了如翡翠鲜虾、香辣牛肉、烤肉味等十余种新型口味。

② 华龙在产品形状和包装上进行大胆创新。如推出面饼为圆形的"以圆面"系列;"弹得好,弹得妙,弹得味道呱呱叫"的弹面系列;封面上体现新潮、时尚、酷的"A小孩"系列等等。

③产品概念上的创新。如华龙创造出适合中老年人的"煮着吃"的概念,煮着吃就是非油炸方便面,只能煮着吃,非常适合中老年人的需要。

——产品延伸策略。

①产品延伸策略是华龙重要的产品策略。每一个系列产品都有其跟进的"后代"产品。

如在推出"六丁目"之后,又推出"六丁目108"、"六丁目120"、"超级六丁目"。

在推出"金华龙"之后,又推出"金华龙108"、"金华龙120"。

在推出"东三福"之后,又推出"东三福120"、"东三福130"。

②不仅有产品本身的延伸,而且在同一市场也注意对产品品牌进行延伸。在东北三省推出"东三福"系列之后,又推出"可劲造"系列。

总之,华龙面的产品组合策略是比较成功的,值得我们认真分析和思考,有些方面值得借鉴,值得推广和运用。

案例思考

1. 请描绘一下华龙面的产品组合图。
2. 华龙面的产品组合策略为什么能取得成功?

本章练习题

一、单选题

1. 在产品寿命周期的(　　)阶段,企业才采取坚决的淘汰措施。
   A. 投入期　　　B. 成长期　　　C. 成熟期　　　D. 衰退期
2. 在产品寿命周期的(　　)阶段,产品的销售增长率大于零。
   A. 投入期　　　B. 成长期　　　C. 成熟期　　　D. 衰退期
3. 在企业开拓目标市场的策略中,(　　)的市场面狭小。
   A. 人员推销　　　　　　　B. 集中性市场策略
   C. 差异性市场策略　　　　D. 无差异性市场策略
4. 大型机电设备可以采用(　　)。
   A. 直接销售渠道　　　　　B. 经过经销商的销售渠道
   C. 经过代理商的销售渠道　D. 经过代理商—经销商的销售渠道
5. 投标价格是(　　)的一种方法。
   A. 差别定价策略　　　　　B. 新产品定价策略
   C. 折扣定价策略　　　　　D. 心理定价策略
6. 产品整体概念具体来说包括三个层次内容,即核心产品、形式产品和(　　)。

A. 附加产品　　B. 实质产品　　C. 无形产品　　D. 有形产品

7. 消费品的销售渠道结构，一般有直接销售渠道、经过零售商的销售渠道、经过批发商—零售商的销售渠道和（　　）四种形式。

   A. 经过批发商—代理商—零售商的销售渠道

   B. 经过代理商的销售渠道

   C. 经过代理商—批发商的销售渠道

   D. 经过代理商—批发商—零售商的销售渠道

8. 商品广告分为（　　）三种。

   A. 开拓性广告、企业广告、提醒性广告

   B. 开拓性广告、劝导性广告、提醒性广告

   C. 开拓性广告、劝导性广告、公益性广告

   D. 说服性广告、劝导性广告、提醒性广告

9. 现代的质量观念应该是生产和销售（　　）的产品。

   A. 高质量　　B. 适宜质量　　C. 中等质量　　D. 尽善尽美

10. 下列不是市场营销基本功能的是（　　）。

    A. 技术开发　　　　　　　B. 了解用户需求

    C. 指导企业生产　　　　　D. 开拓销售市场

二、名词解释

1. 市场细分
2. 市场营销组合
3. 营业推广
4. 产品寿命周期
5. 产品组合

三、问答题

1. 市场营销的基本功能。
2. 市场细分的作用。
3. 市场细分应正确处理的几个问题。
4. 产品整体观念的基本内容。
5. 产品线策略的基本内容。
6. 市场营销组合策略的基本特点。
7. 制定市场营销组合策略的原则。
8. 人员推销的特点。

第六章 经营业务管理

学习目的与要求

企业在经营目标和战略指导下,通过组织企业经营业务活动,使商品流转得以顺利进行,从而实现商品的价值和企业的经济效益。企业业务经营管理活动是围绕商品价值实现、按照商品流转程序来进行的。在商品流转过程中,商品采购和商品销售是以货币为媒介,在不同企业或个人之间实现商品所有权的转移,属于商流活动;商品运输和商品储存则是实现商品实体在空间位置上的移动,再加上为之服务的商品包装,属于物流活动。它们之间既相互依存、相互制约,又具有各自的独立性,共同构成了企业经营业务管理的全过程。

通过本章学习,要求理解和掌握以下重要内容:
(1) 了解商品采购的程序,掌握商品采购及供应商选择的原则。
(2) 理解并掌握商品包装的含义,掌握商品包装的要求。
(3) 了解商品销售业务的程序。
(4) 了解商品运输的业务程序,掌握合理运输的含义,理解并掌握合理运输的途径。
(5) 了解商品储存的程序,理解并掌握商品储存的原则。

第一节 商品采购管理

一、商品采购概述

(一) 商品采购的含义

商品采购,是企业以市场需要为依据通过等价交换取得工农产品的一种经济活动。商品采购活动标志着商品实物形态在不同所有者之间的转移,是商品流转过程的起点,也是企业经营活动的起点。

（二）商品采购的意义

在商品流转环节中,商品采购具有十分重要的意义,它直接关系到企业经营的成败,其重要性主要表现在以下几个方面：

(1) 商品采购是企业实现经营目标的物质基础。

(2) 商品采购直接决定着商品流通费用的高低,进而决定着企业的经济效益。

(3) 商品采购直接决定着产品的质量。

二、商品采购的原则

商品采购业务要力求做到进货数量充足,花色品种齐全,保持合理的商品库存,避免商品积压和脱销,保证商品销售顺利进行。因此,在商品购进过程中要坚持以下原则：

（一）以需定购,以销定进

企业在制定商品采购计划和实际采购商品时,应以消费者的实际需要为出发点,充分考虑消费者的现实和潜在需求来组织货源,同时,进什么商品、进多少数量、什么时候进货都要从商品销售的实际情况出发,以保证销售需要为前提,避免出现购销脱节的现象。如果企业采购的商品适销对路,就能使消费者的需求得到满足。反之,如果企业采购的商品不能适应销售的需要,就可能造成两种情况：一种情况是由于采购量不足,使消费者需要的商品供不应求,造成脱销；另一种情况则是由于盲目采购,使消费者并不需要的商品供过于求,销售不出去,造成积压。因此,企业在商品购进业务中,必须根据"以需定购,以销定进"的原则,采购适销对路的商品,从而实现在为顾客提供服务的同时获得利润,维持企业的生存和发展。

（二）勤进快销,以进促销

为适应消费者需求的多样性、多变性特点,企业应该充分利用有限的资金,尽可能做到勤进快销,以及时调整商品结构,扩大花色品种,努力满足消费者的需求。企业在采购时,还应多方开拓货源,不断增加新的花色品种,特别是以积极的态度组织新产品的试销、展销等活动,引导消费,从而促进销售的不断扩大。

（三）注重质量,加强核算

企业购进商品的质量,不仅关系到消费者的满意程度,也直接关系到商品销售。因此,企业在商品购进时应严格把好质量关,做到"三无"产品(即无产地、无商标品牌、无厂名)不进,"三证"(即产品检验证、产品合格证、生产许可证)不齐不进,商品不合规范(即无生产日期、无保质期、食品无原料或成分配方)不进,尤其要做到防止购进假冒伪劣商品。同时,企业还应坚持逐项核算,降低商品购进成本和费用支出,提高采购效益。

(四)适应商品供求规律

企业在商品购进时应随时注意商品在一定时期的供求变化趋势,根据不同的情况制定应对措施,使商品购进的时间与数量符合供求规律。例如:对供求平衡、资源稳定的商品应采取勤进快销,对一些新产品应由少到多,打开销路后再增加进货的数量,切不可大批量进货;对暂时供不应求、货源时断时续的商品,应积极组织货源,争取多进多销;对鲜活商品,则要随销随进,分批进,分批销。

三、商品采购的程序

商品购进是企业最繁杂的业务工作之一,不但种类多,而且金额大,稍有不慎就会给企业带来无可挽回的损失。因此,商务人员必须了解和熟悉商品购进的基本程序,以确保商品购进任务的圆满完成。商品购进工作一般按以下步骤进行:

(一)拟定进货计划

进货计划的内容包括购进商品的品种、价格、式样、质量、数量、花色、规格、进货时间、进货单价等。拟定进货计划应按以下步骤进行:

(1)搞好市场调查和预测。随着商品销售的进行,商品库存逐渐下降,为了保证商品供应连续不断,就必须开展市场调查和预测,及时确定进货需要。

(2)制定要货计划。一般来讲,需要由企业的各商品部组及仓库以要货单的形式提出,确定进货需要,不仅要提出购进什么商品,而且还要详细地说明进货数量、进货时间以及这些商品在经营上的特殊要求。

(3)制定订单,确定进货计划金额。企业的采购部门接到商品部组及仓库提出的要货单后,应按要货单的项目、规格、数量、需要日期、价格条件、交货条件、付款条件等转换成订购需要量,也可根据对未来市场的预测结果,调整要货单的需要量。订购需要量确定以后,采购部门据此填写订货单并统一核定商品资金定额,确定进货计划金额。

(4)建立订单跟踪与督促制度。为了解进货业务的进展情况,采购部门要对订单做适时的跟踪督促,应随时查看采购进度,及时掌握各项资料,确保交货日期、商品质量符合企业的需要,防止意外的发生。

（二）选择货源

商品购进时，应认真选择供货单位，企业要根据对供应方的观察了解和分析，掌握其合作程序，尤其是对于大宗的商品采购，要对各供货方进行比较，比较的时候具体应综合考虑以下因素：

(1) 货源的可靠程度，主要考察企业的生产能力、供应能力、技术力量、管理经验等。分析供应方在以往交易中的信誉及履约情况。

(2) 商品因素，包括商品质量、花色品种、技术及服务要求等，是否与企业目标市场的需求和企业形象相符合。

(3) 效益因素，包括商品价格、数量折扣、价格优惠程度、流通费用等，能否达到计划毛利率水平，该价格市场能否接受，质价是否相符。

(4) 交货的及时性、付款方式、交货方式、破损商品比率等。

为保证货源选择的质量，企业必须建立货源单位的信息资料档案，并随时分析、补充相关信息，切不可临近进货时四处奔波、八方搜寻。

（三）签订购销合同

进货合同是企业在购进商品时，明确买卖双方的权利和义务、保护各自合法权益的书面协议。合同的内容要完整、具体、详实，义务和权利必须明确，责任要分明，文字含义要准确。

（四）商品验收入库

商品验收是加强商品进货管理的首要环节。要严格根据合同条款规定的标准，对商品进行检验和验收，对商品的品种、规格、质量、数量及其包装进行严格审核。发现不符，应查明原因及责任，进行交涉处理。商品验收工作包括：

1. 校对交货清单

一般在收到商品以前，采购部门即可收到供应厂商的交货清单或发货票。收到交货清单后，采购部门通知检验部门和仓库准备接收事宜。如果采购部门收到的验收部门检验报告与交货清单发生差异时，需了解差异情况，商讨对策；通知会计部门做相应的账务处理；通知供应厂商改正错误或采取其他补救措施。

2. 商品的检验和接收

商品到达检验部门时，检验部门要及时组织验收工作。商品的接收工作由仓库部门负责，商品检验符合采购要求，仓库就要及时组织商品入库。特别是零售商业企业，其购销业务特点是批量进货、零星销售。这就要求商品进入企业时必须详细点验，不仅要求清点整件，而且必须逐件查清细数，贵重商品、易碎易损商品、有使用期限的商品、易腐商品等的验收要求必须更为严格。

3. 办理进货手续

办理进货手续主要包括开具收货单，办理入库记账、采购核销等手续；收货单也叫商品验收入库单，是在商品验收无误后由进货员或保管员填制的，填制的依据是供货方的发货单票。记账是在商品购进后，根据收货单，登记库存商品明细账卡。采购核销就是办理采购资金报销手续。采购员购进商品后，凭收货单第二联及增值税专用发票第二、三联到财务部门报销采购资金。

4. 结算货款

商品验收无误后，企业应认真履行合同中有关条款规定的时间及方式结算货款。目前国内主要的结算方式有：银行汇票、商业汇票、银行本票、支票、汇兑、托收承付、委托收款、网上支付等。

5. 记录存档

每次采购活动结束，采购部门都必须认真记录，并将该次采购活动的全部文件整理存档，做到善始善终。

四、商品采购管理

（一）商品品种的确定

企业在确定商品品种时，应重点考虑以下几个问题：

1. 目标市场是确定进货品种的基本依据

企业应注意确定适合本企业特点的目标市场，找出目标市场的需求特点和消费规律，将进货品种与目标市场的需求特点和消费规律紧密地结合起来。

2. 经营能力与进货品种

某些商品的经营，要求其具有相应的专业知识和物质技术设备等条件，并非每个企业都有能力经营任何一种商品，进货时需将本企业的经营能力与进货品种统一起来。

3. 企业经营特色

每个企业都按自己目标市场的需求特点组织商品经营，长此以往便逐渐呈现自身的经营特点，并形成企业的特色和优势。而经营优势和特色的展现则要求在商品购进上得到保证，所以商品购进的品种要考虑到能否发挥本企业的经营特色和优势。

（二）商品结构的确定

采购商品结构是指采购商品中的品种、花色、规格、档次等方面的构成与比例及其适销程度。企业要适时淘汰流行期已过，销小存大的商品品种；要及时补充新品种。只有在制订商品采购目标时认真考虑采购商品的结构，使各种比例都保持合理，才能使购进的商品适销对路，才能实现企业销售目标，获取理想的经济效益和社会效益。

（三）采购数量的控制

影响进货数量的主要因素有：企业销售能力、企业资金状况、库存状况、进货费用等。

企业可以根据本企业的实际情况和上述因素确定是采用大量进货、适量进货还是经济批量进货。

（四）采购时机的把握

把握好进货时机，关键是准确掌握消费的时间规律以及影响商品购进时间因素的各种情况。

消费的时间规律体现在：四季变换呈现的消费时间规律、节假日所具有的消费时间规律，流行商品消费时间规律。一般来说，流行商品的周转较快，利润率较高，吸引了众多的经营者纷纷投入竞争，能在一个较短的时期内使得需求得到满足，因而其流行时间较短。此外，流行商品一般由国外、沿海口岸、大城市向内陆城市，再向乡村逐渐流动，由此产生了流行商品地区消费的时差性，在进货时机的把握上必须注意这些问题。

在掌握消费时间规律的基础上，考虑企业与供货企业的距离远近及运输状况以及供货企业的信誉，特别是供货合同的履约率计算进货所需的在途时间，考虑企业平均日销量及库存状况，一般能够计算出进货的时间。

同时，企业的进货时机还要考虑竞争对手的情况，在激烈的竞争中，谁先推出商品谁就赢得机会。因此，企业应力求了解竞争对手何时进货、何时到货等有关情报。

（五）进货渠道的选择

企业在确定了购买什么商品以后，就要考虑从什么渠道、什么单位进货。供货渠道就是商品所经过的渠道或通道。

企业在进行渠道选择时应遵循以下原则：

1. 经济效益原则

根据对进货地点、运输、在途时间等情况的综合比较，应选择环节少、渠道短、费用省、经济效益好的进货渠道。

（1）环节少。一般来说，流通环节越多，商品在流通过程中停留的时间就越长，而且每多一个环节，就会使商品价格多增加一层差价，因此企业应尽可能减少不必要的中间环节，力求使追加于商品价格中的流通费用降到最低限度。

（2）渠道短。在保证商品品种齐全、数量充足、价格合理的前提下，尽量就近进货，避免远距离运输。

(3) 费用省。企业应从商品的进货距离、时间、运输工具上综合考虑，降低商品的购进成本。

2. 稳定性原则

要选择能够持续稳定合作的进货渠道和单位，使之成为固定的伙伴，可以密切双方关系，相互信赖和支持，保持稳定的货源。

3. 可靠性原则

要选择信誉好、办事可靠的进货单位和渠道。

可供选择的渠道有：① 产销渠道，即企业直接向工农企业生产部门购进，包括生产企业和生产个人购进商品；② 商业渠道，即企业通过商业系统内的供货方购进商品，主要有商品批发企业、批零兼营企业以及批发交易市场、贸易中心、商商联营企业及其他行业开办的经销企业购进商品。具体到批发企业和零售企业进货渠道又会有所不同。

（六）进货方式的确定

进货方式是企业在处理商品购销关系、组织商品购进过程中所采取的进货形式和方法。

进货方式的确定直接关系到企业人、财、物力的合理使用，关系到企业的经济效益。

1. 批发企业的进货方式

批发企业进货的基本方式有：

(1) 市场选购。这是企业根据经营需要直接通过市场选购，协商定价。一般适用于购进花色品种复杂、规格繁多的商品。

(2) 合同定购。这是企业为控制某些商品的一定货源，对某些计划商品或需要统一平衡分配的商品以及其他大批量期货交易，与生产企业预先协商签订合同，订购一定品种、规格、质量、数量的商品，生产企业要严格按照合同规定的要求进行生产并按期供货，企业按照合同规定的内容、标准验收商品、交付货款，双方应按合同承担各自的法律责任。

(3) 计划收购。就是对某些关系国计民生的特别重要的商品，由国家分别下达工商计划，工业企业按计划生产，商业企业按计划收购。工业企业的超计划部分，企业可以自销，商业企业也可以协商收购。

(4) 代批代销。企业可以接受一些生产企业或其他企业的委托，为其办理代批代销计划收购、合同订购和市场选购以外的其他商品，等商品销售完后再办理货款结算手续，并由委托单位按购销数量、金额付给代销企业一定的价格回扣或手续费。

(5) 加工。可分为自行组织加工和委托加工两种方式。

(6) 联营联销。即工商、农商、商商企业在自愿平等的基础上,根据风险共担、利益均等的原则,实行联合经营的经营方式,这是近年来发展起来的一种方式,它有利于加强不同企业之间的内在联系,更好地发挥各类企业的优势,增强竞争能力。

2. 零售企业的进货方式

零售企业进货的基本方式有:集中进货方式、分散进货方式、集中进货与分散进货相结合、联购分销等。

(1) 集中进货方式。这是商业企业采购业务部门统一组织进货,而各商品部只负责销售的一种方式。

(2) 分散进货方式。这是由各商品部直接向供货单位进货,商业企业的业务部门只负责平衡和调节各商品部的资金使用。

(3) 集中进货与分散进货相结合。这是商业企业统一进货与商品部分散进货相结合的一种进货方式。

(4) 联购分销。这是几个零售商业企业联合派出人员外地采购,凑零为整,集中向供货单位进货,然后拆零分销。

上述各种进货方式各有利弊,商业企业应根据自己的具体情况,按照商品特点和进货渠道,选择最为有利的进货方式。一般来说,小型零售企业宜采用集中进货方式,大中型零售企业宜采取分散进货方式;专业商店经营品种少,宜集中进货,综合百货商店经营品种多,宜分散进货;从外地进货宜集中,从当地进货宜分散;大件、大批进货宜集中,花色规格复杂、批量小的商品可适当分散进货。

第二节 商品包装管理

一、商品包装的含义

根据我国国家标准,包装是指为在流通过程中保护产品,方便运输,促进销售,按一定技术方法而采用的容器、材料及辅助物等的总体名称。也指为了达到上述目的而采用容器、材料和辅助物的过程中施加一定技术方法等的操作活动。产品经过包装所形成的总体称包装体。商品包装包含两层含义:一是指盛装商品的容器,通常叫包装用品或包装物,如桶、箱子、筐、袋子、包装盒等;二是指包装商品的操作过程,用一定方法对商品进行包扎、装箱、装袋、装盒、打包等具体操作过程。

二、商品包装的种类

商品包装按不同的功能可以分为工业包装和商业包装。

(一) 工业包装

工业包装是以运输、储存为主要目的的包装,也就是从物流需要出发的包装,也称运输包装,是一种外部包装(包含内包装)。

1. 工业包装的功能

(1) 保护功能。指的是避免装卸过程中的脱落,运输过程中的振动或冲击,储存中的由于承受物重所造成的破损;避免异物的混入和污染;防湿、防水、防锈、遮光,防止因为化学或细菌的污染而出现的腐烂变质;防霉变、防虫害。

(2) 定量功能。指的是将商品整理成为适合装卸、运输的单元;整理成为适合使用托盘、集装箱、货架或载重汽车、货运列车等运载的单元。

(3) 便利功能。指的是包装的形状便于运输、装卸或储存;便于实施运输、装卸货储存等物流作业;便于生产;便于检查核对;便于废弃物的处理。

(4) 效率功能。指的是有利于提高生产、装卸、销售、输配送、储存等效率。

2. 工业包装的分类

工业包装按包装的形式可分为:

单件包装:箱、包、袋、捆、桶等。

集合包装:集装袋、集装箱、托盘组合包装等。

(二) 商业包装

商业包装也叫零售包装,主要是根据零售业的需要,作为商品一部分或为方便携带所做的包装,即逐个包装。

1. 商业包装的主要功能

商业包装有定量功能、标识功能、便利功能和促销功能,起到保护商品、宣传、美化、便于陈列、识别、选购、携带和使用的作用,主要目的在于促销,便于商品在柜台上零售或为了提高作业效率。商业包装应注意选择合适的造型、图案、文字、材料和工艺,并印制条形码。

在有些情况下,工业包装又是商业包装,比如装苹果的纸箱子(10千克装)应属于工业包装,连同箱子出售时,也可以认为是商业包装。为使工业包装更加合理并为促进销售,在有些情况下,也可以采用商业包装的办法来做工业包装,如家用电气的包装就是兼有商业包装性质的工业包装。

2. 商业包装的分类

商业包装按不同的分类标准可以分为不同的类型。

(1) 按使用要求的不同,可分为陈列类、识别类和使用类。陈列类包括堆叠式、吊挂式、展开式等;识别类包括透明式、开窗式、封闭式等;使用类包括普通式、便携式、礼品装、易开式、喷挤式、复合式等。

(2) 按商品包装形态的不同,可分为逐个包装、内包装和外包装三种。逐个包装是指交到使用者手里的最小包装,把物品全部或一部分装进袋子或其他容器里并予以密封的状态或技术;内包装是指将逐个包装的物品归并为一个或两个以上的较大单位放进中间容器里的状态和技术,包括为保护里面的物品而在容器里放入其他材料的状态和技术;外包装是指从运输作业的角度考虑,为了加以保护并为装卸方便,将物品放入箱子、袋子等容器里的状态和技术,包括缓冲、固定、防湿、防水等措施。

按不同用途,商品包装可用钢材、木材、塑料、玻璃、硬纸板等材料制成。

三、商品包装的要求

(一) 对运输包装的要求

商品运输包装是以满足商品运输、装卸、储存需要为目的的包装。它既是保证运输、储存安全的条件,又是提高运输装卸、储存作业效率的物质基础。

运输包装的任务,首先是保护商品;其次要有合理的尺寸,使运输包装及其相关要素的规格尺寸能够相互对接,从而达到空间利用的最大化;再次要有明确的标志,以使商品准确、安全地到达目的地。

运输包装件在物流过程中主要受到机械环境和气候环境的作用,所以运输包装的保护功能包括防冲击、防震、防水、防尘、防照射、防潮、防高温、防低温、防霉、防低气压等等。如果从所包装的货物的角度来看,那就包括防破碎、防漏、防腐败、防虫蛀、防锈蚀、防异味、防自燃、防爆炸等功能。

运输包装尺寸应该标准化,运输包装标准化的大系统可分为运输包装系统和物流系统。运输包装系统由集装箱、运输包装、销售包装三个层次组成。物流系统包括运输设备、装卸设备、仓库设备、货场、站台、港口码头等要素。运输包装标准化就是对运输包装系统和物流系统诸要素进行尺寸协调,使各要素之间取得尺寸系列的最佳效果。

(二) 对销售包装的要求

销售包装是依据内在商品而存在的包装,即必须服从于内在商品对它的要求,这也是对销售包装的第一要求。销售包装涉及生产、流通、消费领域和生态领域。

1. 商品使用环境对销售包装的要求

（1）运输、装卸和储存对包装的要求有：是否具有合理的保护功能，即以较低的成本较好地保护商品的功能；尺寸是否标准化，以使销售包装与运输包装、储运设备之间取得尺寸系列的最佳协调效果。

（2）销售对包装的要求有：是否具有强烈的视觉效用，能否显示出商品特色，是否强调了足够的销售策略，与同类商品比较是否更具有竞争力，是否适于陈列，能否减少被盗窃的可能性。

（3）消费对包装的要求有：包装所使用的材料是否安全，包装的大小、容量是否适合消费者的需要，价格是否合理，是否能满足情感、心理需求，是否方便携带、开启、封存、计量，是否坚固耐用，是否可以复用或有其他用途，是否具有欣赏价值。

（4）社会对销售包装的要求，一是增加社会财富，如减少商品损失，提高生产效率和管理效率，防止过度包装，减轻消费者负担，节省社会资源；二是销售包装应该给人以美感、品位，陶冶人的情操，提高文化修养；三是节省资源，减少环境污染；四是符合政策法律和目标市场的消费习俗。

此外，品牌的不同，形成不同的档次，所用包装也必须有档次差别；商品不同的物态、不同的外形，要求包装选用适宜的材料、结构与造型；商品不同的性质要求商品包装提供不同的保护功能和不同的物理、化学稳定性。

2. 市场营销决策对销售包装的要求

包装是产品的一个构成要素，也是产品策略的一个组成部分。包装是营销策略中的一个要素。在制定包装决策时，要遵循这样的原则：首先，包装要与商品质量、特征协调一致，包装物的大小、形状、材料文字说明、品牌标记以及颜色都必须相互协调；其次，包装要素要与定价、广告、宣传、促销、分销渠道等营销工具相互协调，保持一致性；第三，包装策略的运用要与产品的生命周期相吻合。如：在产品成熟期，善用包装策略可以更好地满足目标市场的需求，从而努力延长产品的生命周期。

四、商品包装的标志

商品包装的标志是用简易的文字或图像在商品包装外面制作的特定记号或说明。商品包装的标志按其功能及用途大致可以分为四类，即运输包装标志、销售包装标志、生态标志、商检标志。

运输包装标志是指在运输包装外部制作的特定记号或说明。运输包装标志的主要目的是：识别商品，实现商品的收发管理；明示物流中应采用的防护措施;识别危险商品,以保证商品安全。与此相对应的运输包装标志也有三大类:一是收发货标志,或叫包装识别标志;二是储运图示标志;三是危险货物标志。

销售包装作为商品的整体与内装物一起转移给消费者,作用是有利于识别,便于分类摆放、展销和供消费者选择,起到宣传介绍商品、刺激顾客购买、指导消费的作用。销售包装标志应根据商品的用途、作用、特点、性质及包装容器的形状和材料进行设计和装饰。销售包装标志的主要内容有:产品名称、生产厂名、厂址;注册商标与牌号图案;净重或数量规格;产品执行标准号;商品条码;使用说明及注意事项;药品需说明生产日期和失效期;食品需说明使用原料或成分、含量、食用方法、生产日期和保存期限。危险品的销售包装,要在明显处印刷或粘贴符合标准要求的相应危险品标志图标。

生态标志是一种反映环保意识的商品包装标志。商品上标有"生态标志",表示该商品具有环保意识,是绿色商品。

商检标志是我国进出口商品检验标志的简称。商检标志分为"卫生标志"、"安全标志"、"质量标志"。

第三节 商品销售管理

一、商品销售概述

（一）商品销售的含义

商品销售是指企业把商品卖出去,实现商品由实物形态向货币形态的转化过程(W-G),是商品所有者通过商品货币关系向货币所有者让渡商品的营利性经济活动。商品销售是企业商品经营活动的终点。根据商品经营者在流通领域的地位和作用,销售可分为批发销售和零售。商品批发销售是指以实现商品转售或加工为目的而进行的商品销售活动,在这一阶段,商品仍处于生产过程或流通过程。商品零售是指将商品卖给最终消费者的活动,通过零售,商品被推出流通领域,最终实现商品价值和使用价值。

（二）商品销售的意义

现代商务业务经营的目的是满足需要、取得利润,而满足需要的程度和取得利润的多少,归根到底取决于商品销售。具体来说,商品销售的重要性主要表现在以下几个方面:

1. 商品销售是实现社会再生产的基本条件

商业是联系社会生产和社会需要的纽带,社会生产的产品只有经过销售才能进入消费领域,使产品转化为货币,商品的价值才能得以实现。否则,商品积压,价值就不能实现,企业无力进行商品采购,生产企业就无法组织再生产,使社会生产与社会需要发生脱节,社会再生产无法继续进行。

2. 商品销售是促进企业改善经营管理、提高经济效益的重要手段

影响商业企业经济效益的因素很多,在正常情况下,只有销售的扩大,才能促进购进的扩大,促进企业经营规模的扩大,从而取得更多的盈利。在条件不变的情况下,销售快,资金周转就快,费用水平就低,经济效益就好。

3. 商品销售是搜集市场信息的主要来源之一

在商品销售中,商务人员直接与消费者打交道,可及时了解他们潜在的、未被满足的或未被充分满足的消费需求,并反馈给生产企业,一方面起到了指导生产的作用,另一方面起到了引导消费的作用。目前一些大中型零售商场正在逐步建立以前台 POS 系统、后台 PC 工作站为特征的商场管理信息系统(MIS),这将更有利于零售企业采集实时信息,逐步实现现代化、科学化管理。

二、商品销售方式

批发企业和零售企业有各自不同的特点,可采用不同的商品销售方式。

(一) 批发企业的销售方式

批发企业的商品销售,可根据各种批发企业所经营商品种类的不同、销售范围大小和销售对象的不同采用不同的方式。通常有以下一些方式:

(1) 各种销售会议。销售会议是由专业公司和批发企业召开的,由商品供应企业与要货单位共同参与,在会上进行商品的平衡与分配,衔接产销计划,签订购销合同的销售方式。具体可分为供应会议、补货会议、物资交流会、专业商品签约会。

(2) 市场批发。这是由批发企业派出人员携带商品或样品外出到工业品贸易中心、小商品批发市场、农村集市贸易参加交易,批售商品的一种方式。

(3) 门市批发。这是批发企业在企业内部设置固定的批发业务部,由批量采购者根据需要随时选购商品的一种现货交易方式,主要通过建立样品室陈列、销售商品。这种方式地点固定,可看样选购,是批发企业向零售企业销售商品的主要方式。

(4) 访问推销。这是由批发企业派出销售人员,访问客户、上门推销的一种方式,它主要用于销售对象比较集中或处于买方市场条件下的商品。

(5) 代批代销。这是由供货方委托销售方代为销售,等销售后结算货款的

一种方式,目的在于调动经营者的积极性,为商品寻找新的市场机会。

(6) 联营联销。这是批发企业与工业企业、其他批发企业、零售企业联合经营、联合销售的一种方式。采取这种方式,可以是批发企业商品销售与资源供应单位或商品销售对象或竞争企业的利润相联系,有利于批发企业妥善处理对外关系,发挥经济联合的优势,扩大商品销售。联营联售的具体形式有工商联营、批批联营及批零联营等。

(二) 零售企业的销售方式

自从连锁经营进入我国以来,我国零售企业的组织形式发生了激烈的变革,已从过去单一的百货商店发展成为多种零售业态共存、百花齐放的模式。现阶段我国常见的商业业态主要有百货商店、专业商店、超级市场、连锁商店、便利店、仓储式商店、购物中心、无店铺销售等。

零售企业应根据不同商品的经营特点和企业自身条件,选择合适的商品销售方式。常见的销售方式有:

(1) 封闭式,这种售货方式的特点是顾客与售货员之间有陈列商品的柜台相隔,顾客不能直接拿取商品,须经售货员传递。

(2) 敞开式,顾客与售货员之间不分隔,在同一场地活动,由售货员办理成交手续。

(3) 自选式,是敞开式售货的一种特殊形式。在封闭的营业场所内敞开陈列所有的待售商品,商场不设售货员,完全由顾客自己任意挑选,然后集中结算付款。

(4) 自动式,采用自动售货机销售商品。

(5) 流动式,零售商店组织力量和货源以流动的方式向顾客出售商品的销售方式。

(6) 邮购销售,根据商店距离较远和外地顾客的函电要求,通过邮寄形式销售商品。

(7) 商品展销,将不同厂家、不同规格、不同花色品种的某一类或某一种商品集中起来展开销售,以满足顾客按自己购买意愿进行充分选择的需要。

(8) 网上销售,它是一种无店铺的销售方式,是借助于 Web 页面及电子邮件交互传递信息,实现网上销售。就目前来说,网上销售仍然存在支付安全、物流配送等配套问题,但网络已展现出其强大的发展潜力。

此外,还有商品代销、访问销售、电视直销等多种销售方式。每一种销售方式都有各自的适用范围和条件,零售企业可以一种方式为主,结合运用其他方式,为商品销售开辟渠道。

三、商品销售过程的组织与管理

商品销售过程,由销前准备、销中的管理和销售后的服务三个阶段组成。商品销售中,批发企业和零售企业在售前准备和售中管理差别较大,售后服务的要求基本一致。下面先按照不同形态企业来介绍商品销售的业务程序,然后再介绍商品售后服务的内容。

（一）批发企业销售业务程序

1. 拟定销售计划

商品销售计划规定了企业计划销售商品的品种、数量、销售收入、销售利润等方面的指标和要求,明确了企业的具体销售目标。销售计划包括了商品总值、类值和主要品种、数量等项指标。

2. 签订销售合同

批发企业销售商品,尤其是对外地销售,一般都要签订合同。买卖双方经过协商取得一致意见后,为了明确双方的权利和义务,以书面合同形式确定双方的买卖关系。

3. 开销货单和增值税专用发票

销货单又称发货单、提货单,是企业在销售商品时添置的载明销售业务执行和完成情况的书面证明,它既是用户提货的凭证,又是仓库发货的依据和财务结算的原始凭证。销货单的形式由各企业根据自己的实际情况和销售的具体要求,本着方便顾客、便于企业内部各环节的衔接配合的基本原则而定。销货单最基本的形式是一式三联,第一联登统联主要用于销售员记卡,第二联提货联主要用于购货方提货,第三联结算联主要用于财务收款记账。

销售员收款后,在开具销货发票的同时,还应同时开具增值税专用发票。增值税专用发票一式四联,第一联存根联由销货方留存备查,第二联发票联由购货方作为付款凭证,第三联税款抵扣联由购货方用作抵扣凭证,第四联记账联由销货方作为销货凭证。

4. 货款结算

通过货币结算,商品的所有权从销售方转移到购进方,这一环节往往直接关系到商品销售业务的成败。结算员或出纳员根据开单员送来的销货单进行数量、单价、金额的复核,同时按双方协商的结算方式办理结算。财务部门办妥收款手续后,要在销货单的提货联上加盖"收款专用章"。

5. 交货发运

仓库在交货时,应认真检查销货单提货联上是否盖有财务部门的"收款专用章",并仔细检查所发商品是否与仓库有关物资账和实物相符。

(二)零售企业柜台销售业务程序

零售企业销售程序根据柜台销售与上门推销两种不同的销售方式,分别按不同的程序进行。

柜台销售程序包括以下步骤:

(1) 商品销售准备。销售前的准备工作是保证销售服务顺利进行的必要条件,有利于缩短交易时间、提高服务质量和劳动效率。主要的准备工作包括商品准备、销售用具的准备(计量用具的准备和辅助用具的准备)、销售场所的准备。零售企业应讲究店容店貌整洁卫生,商品陈列美观,给顾客创造一个舒适的环境,便于顾客参观选购。

(2) 接待顾客。销售人员要销售产品,首先要销售自己。顾客对销售人员的印象来自其外表和行动,所以销售人员要讲究仪表美、讲究礼貌用语,做到热情、主动,以取得顾客的信任和好感,与顾客建立友好关系。

(3) 展示介绍商品。销售人员为帮助顾客了解和认识商品,要主动展示商品,并解答顾客的各种疑问。销售人员应根据自己掌握的商品知识,如实介绍商品的功能、特点、质地、原料,同时,在取得顾客信任的情况下,可以充当顾客的"参谋",但千万不要操之过急,催促顾客购买,以免让顾客有买得不放心的感觉。

(4) 计量包装。对需称量的商品,要以认真负责的态度做到秤平量够。商品要妥善包装,要美观、牢固。商品包装一般要面对顾客进行,包装前要提请顾客进一步检查商品数量,核对价格。

(5) 收款付货。零售企业的收款方式有两种:一种是货款合一,即一手交钱一手交货,货款两清。另一种是货款分开,即设有专门的收银员收取货款,售货员只负责接待顾客,管货不管钱。售货员按顾客选好的商品开具售货凭证,顾客持证到收银台交款,收银员凭证开列的金额检验收款无误后,在凭证上盖章并交还顾客,顾客回原售货地点取货。在自选商场是顾客带着选好的商品到出口处的收银台一次交付货款。

(6) 送别顾客。

(三)零售企业上门推销业务程序

上门推销是推销人员说服和诱导潜在顾客购买某项商品或服务,从而满足顾客需求并实现企业经营目标的过程。一般来说,一个完整的推销活动按时间顺序可以概括为以下步骤:寻找潜在顾客,顾客资格检查,接近顾客,约见与接近顾客,面谈,处理顾客异议,成交及善后工作。这部分内容在推销学课程或营销学课程中产品销售章节有详细阐述,在此不再赘述。

（四）商品售后服务

商品售后服务，是指商品出售后，企业继续向消费者履行应尽的各种责任而付出的劳务。商品售出后并不是销售过程的完结，搞好售后服务，提高服务质量，是商品销售管理的一项重要内容。商品售后服务的内容主要包括信息反馈服务、保证性服务和商品应用技术服务等。

1. 信息反馈服务

商品售出后，商流过程和物流过程结束了，但信息流的过程仍然继续。因为用户或消费者在使用商品后，对商品的性能、优缺点有了最深刻的感受。企业有义务搜集这些信息，及时反馈给有业务关系的经销企业，以使他们进一步改进工作。这既是对有业务关系的企业提供服务，也是对消费者的间接服务。

2. 保证性服务

保证性服务，即指企业在商品售出后，为使顾客熟悉商品性能，保护商品质量，延长商品使用寿命而继续为消费者提供方便和一系列责任条件。主要包括商品退换制度、上门服务制度（对大型商品、使用寿命较长的商品和新商品定期上门服务）；另外还有代储、代运、代装和代调试服务等。下面着重介绍商品退换制度。

商品退换是企业在经营过程中经常发生的现象。解决好商品的退换，是对顾客负责、提高服务水平的重要内容。顾客在购买商品之后要退换的原因主要有：

（1）属于生产制造上的原因，商品质量有问题，影响顾客使用。

（2）属于顾客本身的原因，如在购买时带有盲目性，考虑不周，买回后不能用或不会用。

（3）属于流通过程中产生的原因，如商品在运输、保管过程中发生损坏等。

企业在执行商品退换制度过程中，一定要坚持实事求是的态度，严格掌握以下几条原则：

（1）商品不脏、不残损、不影响再次出售的，应一律管退管换。

（2）确属商品质量有问题的，应包退包换。

（3）确属商品出售过程中售货员介绍有误或检查疏忽而出现问题的，应负责退换。

（4）属于顾客不慎造成商品损伤的，可由双方协商处理。

（5）入口商品，已开封的丈量商品、精密仪器、使用价值限次的商品和处理商品一律不予退换，但在出售时应事先向顾客说明。

3. 商品应用技术服务

商品应用技术报务，是指商品售出后，在商品的科学使用、合理利用的储存等方面所进行的技术咨询、技术辅导和示范维修等活动。主要项目有商品知识宣传、使用技术指导、保养维修培训和试验、示范和推广等。

第四节 商品运输管理

一、商品运输概述

（一）商品运输的含义及其存在的基础

商品运输是指商品借助于各种运力，实现其在空间位置上的转移的活动和过程。商品生产的目的是为了实现社会消费的需求。从经济的角度来说，商品被生产出来之后就具有一定的使用价值，但是这种使用价值只有在消费的过程中才能够实现，商品在未进入消费领域进行消费之前，其使用价值只是一种潜在的可能性。在商品经济条件下，由于商品生产的相对集中和商品消费的极其分散，商品在产销和供需空间上存在着距离。要把已经生产出来的商品从可供消费的可能性变为现实性，就必须通过商品的运输，实现商品空间位置的移动。如果没有商品运输，商品经营就无法进行。

（二）影响商品运输的主要因素

商品运输不仅由商品产、供、销的需要所决定，而且受到地理位置、交通运输条件等多种因素制约。具体来说，影响商品合理运输的因素主要有：

1. 运输距离

运输距离长短是合理组织商品运输的最基本的影响因素，它与运输时间、运输货损、运输费用、车辆或船舶周转等指标都有一定的比例关系。合理组织商品运输就应尽可能缩短运输距离，从而缩短运输时间，加速运输工具的周转和资金周转，充分发挥运力。

2. 运输环节

商品运输环节越多，越会增加运输费用，也会增加运输的附属活动如装卸、搬运等，从而增加不必要的商品损耗。所以，减少运输环节对合理组织商品运输有着促进作用。

3. 交通运输条件

优越的交通运输条件，为合理组织商品运输提供了可能性。否则，如果交通运输的发展跟不上经济发展的需要，受交通运输条件的限制，就会造成商品积压待运等不合理的运输现象。因此,交通运输条件也是合理组织商品运输的重要影响因素。

4. 商品运输的技术水平和管理水平

合理组织商品运输工作涉及面广,货运规章严,作业技术性强,是一项复杂细致的组织工作,需要具备各方面专业知识的人才,要求企业建立起完善的经营管理制度。较高的经营管理水平和技术水平,是合理组织商品运输不可忽视的条件。

5. 市场供求和市场竞争

市场供求状况和市场竞争状况如何,直接影响着企业的生存和发展。因此,为了保证市场的需要,满足竞争的要求,维护企业信誉,要求企业在组织商品运输过程中,必须在考虑节约运输费用、合理使用运输工具的基础上,着重考虑货源、交货速度和交货时间,做到时间省、速度快、费用低,能及时满足市场需求。由此可见,市场供求状况和市场竞争也影响着商品合理运输的实现。

二、商品运输的业务程序

商品运输的业务程序包括商品的发运、接收和中转三项具体工作。这三项工作通常是联系在一起的。商品发运是整个运输的开端,商品接收是整个运输的终结,而在其间,某些不能直达的商品必须通过中转才能到达目的地。因此,商品运输过程中,企业应认真做好每一个环节的工作,保证商品运输能够连续、稳定、高效地进行。

1. 商品发运

商品发运时发货单位按照交通运输部门的有关规定,根据双方协商认可的计划和合同,通过一定的运输方式,将商品从发货地运达目的地。由于商品发运是整个运输工作的第一道环节,因此,对整个运输过程中的时间、运量、质量、费用及安全性等起着决定性作用。商品发运之前,首先要落实好待运货物的货源及运力,做好各项运输准备工作,然后向有关运输单位提出运输申请和运输计划,依据运输部门核准的申请和计划办理有关发运手续。

2. 商品接收业务

商品从发运地运到收货地后,收货单位根据商品到达站、港的通知,同承运部门办理商品的点验和接收工作。

3. 商品中转业务

商品从发运地到接收地的运输过程中,由于受交通路线、自然地理位置等影响而不能直达,必须经两种或两种以上的运输工具换装才能运达目的地,这就是商品中转业务。由于中转运输联结着发货方和收货方,在运输过程中起着承前启后的作用。所以,中转运输直接影响着商品运输时间的长短、费用的大小、商品的安全和运输的经济效益。

三、商品合理运输的途径

（一）商品合理运输的含义

商品的合理运输不只是个"合理流向"的问题,还应包括商品的生产、消费和商品购销对商品运输的要求,以及各种运输方式的合理分工和运输业务的组织管理。因此,商品的合理运输可以表述为:在促进商品流通,充分利用各种运输方式的条件下,选择最经济合理的运输路线和运输工具,从而以最短的里程、最少的环节、最快的速度和最省的劳动消耗,安全优质地完成商品运输活动。

（二）商品合理运输的重要性

商品合理运输的重要性主要表现在以下几个方面：

（1）合理的商品运输,有利于缩短商品的待运时间、在途时间,保证商品经营的顺利进行,及时满足市场消费需要,使企业在商品销售竞争中处于有利地位。

（2）合理的商品运输,有利于缩短商品运输里程,有效地利用各种工具,避免劳动力和运力的浪费,提高运输效率,使现有的运输工具能更好地为完成运输任务服务。

（3）合理的商品运输,有利于减少待运商品和在途商品积压,加速资金周转,节约贷款利息,减少商品损耗,从而降低流通费用,提高企业的经济效益。

（三）组织商品合理运输的途径

1. 选择合理的运输路线

选择合理的运输路线是组织商品运输的首要途径。企业应在满足生产和市场需要的前提下,从现有交通运输的实际状况出发,尽可能减少商品流转环节,缩短运输里程和在途时间。主要措施有：

（1）按照经济区域组织商品流通。经济区域是商品流通规律在地区上的反映,它是指商品从生产地到消费地的流通,根据工农业生产布局、地理、交通运输条件、供求关系和消费习惯等自然形成的一定的商品流通范围。按照经济区域组织商品运输,就是不受行政区划的限制,实现跨区供应、跨区收购,以经济区域为基础,形成毗邻行政地区之间的购销关系,从而减少不必要的经济层次和环节,避免出现迂回和倒流等不合理运输。

（2）实行分区产销平衡合理运输。就是根据商品的产销分布情况和交通运输条件,在产销平衡的基础上,按照近产近销原则,规划商品的基本流向和流通范围,划分商品的调运区域,制定商品合理流向图,并以此选择合理的运输路线和运输方式。

(3) 直线直达运输。直达运输是越过中间批发仓库环节，把商品从产地或起运地直接送往销地、销售单位或主要用户。直线运输是按商品合理流向，走最短的路程，消除倒流、迂回等不合理的运输现象，使商品运输直线化。直达直线运输可以省去不必要的中间环节，减少商品在途时间，加快商品流转；同时还可以简化手续，节省人员使用，提高工作效率。

直达直线运输适合品种单一、运量较大的商品，以及鲜活易腐烂的商品的运输。

(4) "四就直拨"运输。"四就直拨"运输，指企业在组织发运和接收商品时，对当地生产或外地运达的商品，不经过商业批发仓库环节，直接分拨到要货单位或直拨车站、码头运往外地的方式。通常是指就厂直拨、就车站(码头)直拨、就仓库直拨、就车(船)直拨。

① 就厂直拨。在工厂购进验收后，直接调拨给销售单位、主要用户或直拨车站(码头)发运外地。

② 就车站(码头)直拨。在车站(码头)对外地调入的商品，在交通运输部门允许占用货位的时间内，经交接验收后，直接分拨各要货单位。

③ 就仓库直拨。对需要储存或需要更新库存的商品，越过不必要的中间环节，直接从仓库分拨要货单位。

④ 就车(船)直拨。对外地运入商品，经交接验收，直接转换其他交通工具运往要货单位。

"四就直拨"运输越过了中间环节，减少了装卸搬运次数，有利于降低商品损耗和运杂费用。

2. 选择合理的运输工具

合理选择和使用运输工具，是合理组织商品运输的重要途径。合理使用运输工具，就是根据运输工具的特点，结合商品的自然属性和形态，考虑市场需求的缓急，将全部运量统配于各种运输工具，充分发挥运输设备的效能。下面简要介绍铁路运输、水路运输、公路运输、航空运输、管道运输的特点。

(1) 公路运输。公路运输具有换装环节少、候车时间短、机动灵活、方便、及时等优点，而且公路建设周期短、投资较少，可实现"门到门"的运输。公路运输主要是承担近距离、小批量的货运和水运、铁路运输难以到达的长途、大批量货运，以及铁路、水路运输优势难以发挥的短途运输，也可作为其他运输方式的衔接手段。公路运输的经济半径一般在 200 公里以内。

(2) 铁路运输。铁路运输是完成商品运输的主要力量。其优点是运载量大、速度快，运输成本低，不受气候、季节的影响，在运输上有高度的连续性和准确性。缺点是候车时间长,灵活性差。主要用于大宗物资的远程运输。

(3) 水路运输。水路运输在我国商品运输中占有重要地位,我国水运的自然条件较好,具有很大的发展潜力。水路运输的优点是费用低,运量大,能耗小。缺点是连续性差,换装环节多,速度慢。因此,时间性要求不强和相对分散的商品,有条件利用水路运输时要尽量利用。水路运输又可以分为内河运输和海上运输。

(4) 航空运输。航空运输是现代运输中最先进的运输手段。航空运输最为突出的优点是运输速度快,能够使商品的远程运输在很短的时间内完成。但是,航空运输量比其他方式的运输量小得多,而且运价昂贵,同时还要受机场地理位置的限制。目前,航空运输只适用于远距离急需商品和重量轻、体积小、贵重商品的运输。

(5) 管道运输。通常利用管道输送气体、液体和粉状固体,和其他运输方式的重要区别在于管道设施是静止不动的。管道运输的主要优点是运输量大,在运输途中可避免货物散失,也不存在运输设备本身在运输过程中消耗动力所形成的无效运输问题。

总之,企业在选择商品运输工具时,应从实际出发,根据具体情况,分析运费和运输速度的关系。一般来说,单位价值低的商品要尽量选择运费低的运输工具,单位价值高或易腐烂的商品要尽量选择速度快的运输工具。远程运输应选择火车作为运输工具,而近程运输则应该利用汽车作为工具。

第五节 商品储存管理

一、商品储存概述

(一) 商品储存的含义

商品储存是指商品尚未进入消费领域,而在流通领域内为保持销售连续性,或为调整产品生产或消费的季节差异,或为应付不时之需所出现的暂时停滞。它和商品采购、销售一样,也是商品流通过程的一个必要环节,是企业适应市场需要的一个可控因素。在任何经济形态下,为了保证社会再生产的顺利进行和满足生活消费的正常需要,都要保持一定量的产品储存。

商品储存具有静止性的外观,但其本质是流动的。流通过程中的商品储存,就使用价值的形态来看,是在经常地更新,就价值形态看,则是变动着的商品资金,它看起来是商品在流通过程中的停滞,实际上是商品在离开生产过程以后,尚未进入消费领域之前的一种特殊的商品运动形式。

(二) 商品储存的原则

企业在组织商品储存的过程中,应贯彻和遵循以下主要原则:

1. 保证销售原则

企业的商品储存虽然有形成的必然性,但决不能因此而得出商品储存在质和量上不存在任何限度的结论,它应以保证商品销售为限度。一般来说,当第一批采购的商品验收入库,具备出售条件的时候,就形成了最高储存量,这是商品储存对商品销售的调节作用的上限。随着商品陆续销售出去,商品储存就相应地从上限陆续下降,下降到采购点开始第二批采购的进货初期。由于第二批进货尚未到达而销售照常进行,商品储存就达到最低点,这是商品储存对商品销售的调节作用的下限。当商品储存在上限和下限之间进行周期性变动,既不至于剩余过多,也不至于消耗殆尽时,就能保证销售,这样的商品储存量才是最合理的。

2. 结构合理原则

在具体保证销售的原则时,必须从储存商品的数量和结构两个方面去适应市场需要的变化。一般来说,商品储存量主要取决于商品销售量。也就是说,不同品种、规格、花色、档次的商品储存量必须与其销售量保持同时增减的比例关系。只有这样,才能从数量和结构上满足日益增长的消费需要,防止脱销或积压。

3. 先进先出原则

绝大多数商品随着储存时间的延长,因受外界条件的影响,其质量会有所下降而影响使用或食用价值。因此,要做到先入库的商品先出库,形成良性循环,以保证商品质量完好。特别是对有保管期限和使用(食用)限制的易变质商品,应严格控制在保质期限之内出库和销售。

二、商品储存的组织与管理

商品储存是以商品保管为中心而开展的,是由一系列相互联系、相互独立的作业活动构成的,包括从接收准备入库商品开始,到把这些商品根据各种需要发运出去为止的全过程。为保证商品质量,防止商品损耗,在储存管理中要做好以下工作:

(一) 严格入库验收

商品入库验收,主要包括数量验收、包装验收和商品质量验收三个方面。必须严格认真,以保证入库商品数量准确,质量完好,包装符合要求,发现质量或数量问题应及时分清责任,认真妥善处理。

(二)安排适宜的存放地点

选择适当的储存场所是商品安全储存的基础。在选择商品储存的场所中,要根据商品的性能和保管要求安排适宜的存放地点。安排保管场所,最主要的业务内容是分区分类保管和仓容定额管理。

1. 分区分类保管

分区分类保管是根据物资储存任务、物资类别和性能特点,结合仓库内各库房、货场等的容量,建筑结构,装卸设备,专用线位置等条件,确定每一库房、货场、货棚存放物资的种类数量,分区分类编成目录并绘制平面图。具体的分区分类方法主要有按商品种类和性质划分储存区域、按商品发往地区分区分类、按危险品储存条件要求进行分区分类等。

2. 仓容定额

仓容定额,又称单位面积储存定额,是指在一定条件下,单位面积合理存放商品的最高数量。仓容定额是确定仓库储存能力的依据。每个仓库都应根据自身状况制定仓容定额,一般可采取统计分析法来制定。具体库房的仓容定额还可以用该库房历年存放物质情况的统计分析资料加以修正,测算出一个合理的定额。

(三)科学堆码

商品堆码是指商品的堆放形式和方法。商品堆码应当符合合理、牢固、定量、整齐、节省、方便的基本要求。

(1)合理。一是指分类合理,不同种类、不同供方的商品应分别存放;二是指垛形合理,要根据商品性能特点选择适宜的垛形,如怕潮的商品,货垛应采用通风式码垛;三是码垛的大小应该合理,以合理而充分地利用仓容、墙距(货垛或货架离建筑物墙壁的距离)、垛距(货垛和货垛之间的距离)要合理;四是要标明码垛的先后次序,以便贯彻"先进先出"的原则。

(2)牢固。是指码垛稳固,防止货垛倒塌及其他毁货伤人事故。

(3)定量。每行每层的物资数量要尽量成整数,如五十成行、五十成方、五十成串、五十成包、五十成堆等,以达到过目知数。过磅物资不能整数时,每层应明显分隔,标明重量,以便于清点和便于发货。

(4)整齐。排列要整齐有序,无论横看竖看,均成行成列。包装外有标志者,标志一律朝外。要彻底清除灰尘污迹,以便达到整齐、清洁、美观。

(5)方便。垛位垛形要符合装卸搬运、发放、检查等作业方便、高效的要求。

(四)健全在库商品管理

为了保证在库储存商品的质量和数量,企业应加强在库商品管理,具体内容有:

1. 加强库检工作

就是对在库储存商品进行定期和不定期、定点和不定点、重点和一般相结合的检查制度。检查方法以感官检查为主,充分利用检测设备,必要时要进行理化检验。库检工作的内容有以下几方面:

(1) 查数量。清点实物量,检查数量是否准确,规格有无混杂,有无超过保管期限及长期未使用造成积压的物资,并核对账、卡、物是否一致。

(2) 查质量。检查质量有无变化。如金属商品是否发生锈蚀,水泥是否受潮而降低标号,纺织品是否被虫蛀(毛织物)等。

(3) 查保管条件。检查保管条件与储存商品的保管要求是否符合。如苫垫的严密性、清洁卫生性、库房的密封性、温湿度控制设备的有效性等。

(4) 查计量工具。检查计量工具,如皮尺、磅秤等的计量是否准确,使用与保养是否合理。

(5) 查安全。检查各种安全设施与消防设备是否符合安全要求。

2. 加强商品盘点

对库存商品进行数量上的清点和质量上的验点的业务活动称为商品盘点。通过核对,可以及时发现库存商品数量上的溢余、短缺、品种互串等问题,以便分析原因,采取措施挽回和减少保管损失,还可以检查库存商品有无质量变化、残损、呆滞等情况。盘点时要求逐垛逐批、点货(库存商品)对卡(货卡)、以卡对账(商品明细账)。核对相符应做好盘点标记并签章,不相符的也应做好记录。

3. 库存管理

是指在物流过程中商品数量的管理。库存多,占用资金多,利息负担加重,但是如果过分降低库存则会出现断档。过去认为仓库里的商品多,表明企业发达、兴隆,现在则认为零库存是最好的库存管理。

(五)做好商品出库

商品出库管理是指根据业务部门开出的商品出库凭证所进行的业务凭证核对、备料、出库、复核点交等业务活动的总称。

1. 商品出库方式

商品出库方式有三种:一是用户自提方式,用户持出库凭证,自备交通工具前来仓库提货,也有的用户委托承运部门来仓库提货;二是代提代发运方式,是仓库根据用户开出的提货单,代办提货和承运手续;三是送货到用户方式,是用户委托仓库送货到需要单位,其交接手续在货车卸货地点办理。

2. 商品出库业务

包括出库前的准备、核对出库凭证、备料复核、点交、清理等。其中,特别是抓住"复核"和"点交"两个环节。"复核"是防止是否出现差错出库的重要环节。

3. 商品出库要求

商品出库是仓储业务的最后阶段,要求做到:必须具有业务部门开出的提货单据,认真验证,手续齐备才能交货;交付商品的品种、规格、数量要准确、清楚,质量完好,复核要仔细,不错、不漏、单货同行;商品包装完整牢固,标志清楚、准确,符合运输要求;本着先进先出、易坏先出和接近失效期先出的原则,及时发货,对变质失效的商品不准出库。

三、商品储存的养护与安全管理

(一) 商品的养护

商品养护是商品储存过程中的一个重要环节。商品养护主要包括两个方面:一是商品的质量变化,防虫害、防霉变、防老化、防锈虫、防爆炸、防毒害等;二是控制仓储环境的温湿度与清洁卫生。

商品养护的方法很多,下面简单介绍几种常用的方法。

(1) 低温冷藏法。利用液态氨、天然冰、人造冰、冰盐混合物等各种制冷剂来降低温度,保持仓库中所需要的一定低温,抑制微生物的生理活性和酶的活性的方法,主要方法有冷却法和冷冻法两种。

(2) 空调法。通过调节仓储环境的空气,保持适合于商品储存的温度和湿度的方法。

(3) 气体净化。清除空气中多余的杂质,以满足保证商品质量需要的标准气体。气体净化方法和手段调节空气中氧和二氧化碳的比例,达到控制环境气体、有利于商品质量完好储存的目的。

(4) 防虫害法。主要有两类方法:一类是杜绝仓库害虫的来源。包括对商品原材料进行杀虫和防虫处理。加强对入库商品虫害的检查和处理,加强仓储设施及用具的消毒及清扫等措施。另一类是药物防治。主要有驱避剂驱虫法、杀虫剂杀虫法和高低温杀虫法,也可以采用药物熏蒸措施。

除了上述养护技术外,还有除尘技术、密封技术、消声技术、防辐射技术等。

(二) 仓储安全管理

仓储安全管理是仓库管理中至关重要的一环。它不仅关系到商品的安全,也影响着人的健康和安全。仓储安全管理的内容主要包括人身安全、商品安全和设备安全。人身安全,指仓库人员在商品装卸、搬运、保管、养护等作业中,要防止商品发生人身伤亡和中毒事故。商品安全,指在商品储存期间要防止发生霉烂变质、虫蛀鼠咬、自燃、爆炸、火灾、水淹、丢失等事故。设备安全,是指要防止仓库超高、超重储存商品,机具超速、超负荷操作和不按时维修,以免造成损毁建筑物和损坏机器设备等事物。仓储安全的三个方面是相互联系的,一旦某一方面发生问题,商品、人员、设备都会直接受到损失。

要做好仓储安全工作,必须采取一系列行之有效的措施。具体而言,包括领导亲自抓安全,做好仓储安全的宣传教育工作;严格执行商品分区分类管理制度;严格控制火种、火源和电源;要有足够有效的消防设施;严格执行安全检查制度;严肃纪律,奖惩严明等等。

本章重要知识点总结

企业经营业务活动既包括属于商流活动的商品购进业务和商品销售业务,也包括属于物流活动的商品运输业务和商品储存业务以及商品包装业务。企业经营业务管理的内容就是要对于上述各类活动进行组织和管理。

商品购进是商业经营活动的起点,企业总是按照一定的要求和原则,并按拟定进货计划、选择货源、签订进货合同、商品验收入库、结算货款、记录存档的基本程序来组织商品购进业务。企业应该从进货品种、进货数量、进货时机、进货渠道、进货方式等方面来加强对商品采购业务的管理,为企业取得良好的经济效益奠定良好的基础。

商品包装可分为工业包装和商业包装两大类,运输包装和销售包装有不同的要求。

商品销售就是商品所有者通过货币结算方式向货币持有者让渡商品的经济活动,商品销售处于企业经营业务活动的终点,也是经营活动的中心环节。商品销售的意义主要体现在商品销售是实现社会再生产的基本条件,是促进企业改善经营管理、提高经济效益的重要手段,也是搜集市场信息的主要来源之一。根据批发企业和零售企业的不同特点,商品销售需采用不同的方式,并按照不同的程序来组织销售。相同的是,不管是哪类企业,并不是商品销售出去销售工作就结束了,在商品销售过程中,搞好售后服务、提高服务质量是非常重要的一项工作。商品售后服务的内容主要包括信息反馈服务、保证性服务和商品应用技术服务等。

商品运输是商品实体借助于各种运力在空间上的位移。合理组织商品运输要求在最适当的时间、最适当的地点,迅速地把商品从产地运往销地,及时满足市场需要。企业应了解影响商品合理运输的主要因素,寻求商品合理运输的途径,实现商品运输的合理化。

商品储存是指商品在生产、流通领域中的暂时停泊和存放过程。商品储存是商品流通的"蓄水池",以保证市场供应不致中断。商品储存要遵循保证销售的原则、先进先出的原则以及储存商品结构合理的原则。储存商品的养护和安全管理对物流的顺利进行非常重要。

💣 案例一

如何成为沃尔玛的供应商

世界顶级零售企业沃尔玛在全球有5 160家商场,在大陆20多个城市开设了342家商场,沃尔玛2003年直接或间接从中国采购商品150亿美元,2004年达到180亿美元,因此,没有供应商能够拒绝沃尔玛合同的诱惑。但是,许多实力不弱、知名度不小的企业面对沃尔玛却屡屡碰壁。那么,如何才能成为沃尔玛的供应商呢?

一、沃尔玛跟谁打交道

沃尔玛的供应商基本上可以分成两类:制造商与贸易商。从沃尔玛的一贯风格来看,他更愿意直接与制造商打交道,因为贸易商本身有利润的要求,这必然导致采购成本增加,从而违背其向消费者提供最低价格商品的宗旨。但是,在中国目前物流业不发达、沃尔玛在中国的发展受到一定限制的情况下,沃尔玛同样会对中国贸易商们伸出橄榄枝。

贸易商与沃尔玛的合作有一个前提条件,那就是贸易公司要把自身价值加到产品上面,而不是将其成本加在产品上面。简单的做贸易差价是行不通的,贸易商们需要的是提供增值服务。

对于制造商,沃尔玛对供应商的要求近乎苛刻,这已不仅仅是质量上的问题了。沃尔玛对供应商的考察非常全面:企业给不给职工买养老保险?消防设施是否齐全?工人有没有饮水处?食堂环境如何?厕所是否干净?等等。这些因素可能成为沃尔玛拒绝采购的理由。

除此之外,一个特殊的群体出现在沃尔玛的采购会上,这就是地方政府工作人员,他们希望用政府的信誉为自己辖内的企业取得订单。这种做法对沃尔玛根本行不通。沃尔玛认为,政府部门的出现只会使采购效率低,甚至信息失真,一般不会与之打交道。

二、沃尔玛需要什么样的商品

沃尔玛对于商品,有四个检验标准,即供应商的产品拿来以后会不会提高沃尔玛的质量、会不会使沃尔玛的价格得以改善、会不会增加沃尔玛的价值、会不会丰富沃尔玛的种类。

还有一种情况是沃尔玛最为青睐的,那就是专门为沃尔玛生产的商品,包括商品用供应商自己的品牌名,但只在沃尔玛销售和贴沃尔玛的牌子。目前,沃尔玛店内的自有品牌占到总商品的20%～25%。供应商可以根据自己的实际情况迎合沃尔玛的需要,从而赢得规模供应合同。

不少实力雄厚的供应商发现,虽然自己的产品在国内知名度不小,但沃尔玛却完全不感兴趣。造成这种情形的主要原因是对国外市场需求产品研究不足。沃尔玛的跨国采购除了在国内销售,更多的产品可能都要面向国外市场。但是由于供货商对国外商品需求研究不够,虽然费了九牛二虎之力,但是由于缺乏针对性,经常会空手而归。

三、沃尔玛选择供应商的条件

对于沃尔玛这样的超级零售商而言,产品只是其中一个方面。沃尔玛首先看中的是企业,其次才是产品,他们对供应商的选择高于对商品质量的选择,对他们来说,选择了合适的供应商才有可能采购到合格的商品,没有好的供应商,一切都无从谈起。也就是说,产品的丰富性并不是沃尔玛考虑的重点,因此沃尔玛强调与其接触所带样品不需要超过10个。

要成为沃尔玛的供应商,企业必须满足以下条件:所提供的商品质量优良,符合中国政府及地方政府的各项标准和要求;商品价格是市场最低价;提供全部的企业及商品资料;首次洽谈新品必须带样品;有销售记录的增值税发票复印件;能够满足大批量订单的需求,接连三次不能满足沃尔玛订单将取消与该供应商的合作关系;供应商应提供年度佣金、仓库佣金、新店赞助费、新品进场费等;供应商不得向采购人员提供任何形式的馈赠,如有发现,将做严肃处理。

沃尔玛会随时检查供应商的状况,如果供应商达不到沃尔玛的要求,根据合同,沃尔玛有理由解除双方的合作。

四、沃尔玛的采购手法和要求

对于一项产品,沃尔玛首先会组成一个采办小组。采办小组最先做的是产品信息的采集,主要是各地供应商提供的新产品及报价。在经过简单的分类后,该小组会和沃尔玛全球主要店面的买手们沟通,这个过程会比较长。在确定买手们需要的大致产品后,在世界各大区买手来到中国前(一般一年两到三次),采办的员工会准备好样品,样品上会清楚地标明价格和规格,但绝不会出现厂家的名字。因此,买手们并不知道该样品的生产厂家。在采办的办公室里,买手们开始选择产品,他们将最后决定采购哪些产品,而采办的人员并不能过多地推荐。随后买手会和采办人员对看上的产品进行价格方面的内部讨论,定下大致的采购数量和价格,由采办人员通知厂家过来就细节和价格谈判,而该过程,买手们也基本不和厂商直接碰面，一切由采办人员负责。在正式下单后，采办人员将继续负责跟单，整套流程就基本结束了。这种采购方式杜绝了决定采购的买手与供应商进行"合作"的可能性。

案例思考

结合上述案例以及本章的学习，谈谈选择供应商应遵循的原则。

案例二

青啤集团现代物流管理

青啤集团引入现代物流管理方式，加快产成品走向市场的速度，同时使库存占用资金、仓储费用及周转运输在一年多的时间里降低了 3 900 万元。

1998 年第一季度，青啤集团以"新鲜度管理"为中心的物流管理系统开始启动，当时青岛啤酒的年产量不过 30 多万吨，但库存就高达 3 万吨，限产处理积压，按市场需求组织生产成为当时的主要任务。青啤集团将"让青岛人民喝上当周酒，让全国人民喝上当月酒"作为目标，先后派出两批业务骨干到国外考察、学习，提出了优化产成品流通渠道的具体做法和规划方案。这项以消费者为中心，以市场为导向，以实现"新鲜度管理"为载体，以提高供应链运行效率为目标的物流管理改革，建立起了集团与各销售点物流、信息流和资金流全部由计算机网络管理的智能化配送体系。

青啤集团首先成立了仓储调度中心，对全国市场区域的仓储活动进行重新规划，对产品的仓储、转库实行统一管理和控制。由提供单一的仓储服务，到对产成品的市场区域分部、流通时间等全面的调整、平衡和控制，仓储调度成为销售过程中降低成本、增加效益的重要一环。以原运输公司为基础，青啤集团注册成立具有独立法人资格的物流有限公司，引进现代物流理念和技术，并完全按照市场机制运作。作为提供运输服务的"卖方"，物流公司能够确保按规定要求，以最短的时间、最少的环节和最经济的运送方式将产品送至目的地。

同时，青啤集团应用建立在 Internet 信息传输基础上的 ERP 系统，筹建了青岛啤酒集团技术中心，将物流、信息流、资金流全面统一在计算机网络的智能化管理之下，建立起各分公司与总公司之间的快速信息通道，及时掌握各地最新的市场库存、货物和资金流动情况，为制定市场策略提供准确的依据，并且简化了业务运行程序，提高了销售系统动作效率，增强了企业的应变能力。同时，青啤集团还对运输仓储过程中的各个环节进行了重新整合、优化，以减少运输周转次数、压缩库存、缩短产品仓储和周转时间等。具体做法如：根据客户订单，产品从生产厂直接运往港、站；省内订货从生产厂直接运到客户仓库。仅此一项，每箱的成本就下降了0.5元。同时对仓储的存量作了科学的界定，并规定了上限和下限，上限为1.2万吨。低于下限发出要货指令，高于上限发出再安排生产，这样使仓储成为生产调度的"平衡器"，从根本上改变了淡季库存积压、旺季市场断档的尴尬局面，满足了市场对新鲜度的需求。

目前，青啤集团仓库面积由7万多平方米下降到29 260平方米，产成品库存量平均降到6 000吨。

这个产品物流体系实现了环环相扣，销售部门根据各地销售网络的要货计划和市场预测制定销售计划；仓储部门根据销售计划和库存及时向生产企业传递要货信息；生产厂有针对性地组织生产，物流公司则及时地调度运力，确保交货质量和交货期。同时，销售代理商在有了稳定的货源供应后，可以从人、财、物等方面进一步降低销售成本，增加效益。经过一年多的运转，青岛啤酒物流网已取得了阶段性成果。首先是市场销售的产品新鲜度提高，青岛及山东市场的消费者可以喝上当天酒、当周酒；省外市场的东北、广东及沿海城市的消费者可以喝上当周酒、当月酒。其次是产成品周转速度加快，库存下降使资金占用下降了3 500多万元；再次是仓储面积降低，仓储费用下降187万元，市内周转运输费降低了189.6万元。

现代物流管理体系的建立，使青啤集团的整体营销水平和市场竞争能力大大提高。1999年，青岛啤酒集团产销量达到107万吨，再登国内榜首。其建立的信息网络系统还具有较强的扩展性，为企业在拥有完善的物流配送体系和成熟的市场供求关系时开展电子商务准备了必要的条件。

案例思考

结合本章的学习，谈谈加强现代物流管理对提升青啤整体营销水平和市场竞争力的意义。

本章练习题

一、单选题

1. 企业经营业务的起点是（　　）。
   A. 商品采购　　　　　　　B. 商品销售
   C. 商品储存　　　　　　　D. 商品包装
2. 确定企业进货品种的基本依据是（　　）。
   A. 目标市场　　　　　　　B. 经营能力
   C. 企业经营特色　　　　　D. 经济效益

3. 一般来说,小型企业宜采用( )。
   A. 分散进货　　B. 集中进货　　C. 代批代购　　D. 市场选购
4. 商品包装按不同的功能可以分为( )。
   A. 陈列包装、识别包装和使用包装
   B. 单件包装和集合包装
   C. 内包装和外包装
   D. 工业包装和商业包装
5. ( )处于经营业务活动的终点。
   A. 商品采购　　B. 商品销售　　C. 商品储存　　D. 商品包装
6. ( )是商品流通的"蓄水池"。
   A. 商品采购　　B. 商品销售　　C. 商品储存　　D. 商品包装
7. 商品储存过程中,应贯彻和遵循的原则有( )。
   A. 注重质量　　B. 先进先出　　C. 注重保养　　D. 后进先出
8. 商品储存的本质是( )。
   A. 流通过程中的停滞　　　　B. 静止的
   C. 静止的商品资金　　　　　D. 流动的
9. 单位价值低的商品,要尽量选择( )的运输工具。
   A. 运费低　　B. 运费高　　C. 速度快　　D. 速度慢
10. ( )是组织商品运输的首要途径。
    A. 选择合理的运输路线　　B. 选择合理的运输工具
    C. 仓库设置要合理　　　　D. 选择适当的运输方式

二、名词解释

1. 商品合理运输
2. 先进先出原则
3. 商品包装
4. 仓容定额
5. 商品销售

三、问答题

1. 企业在进行渠道选择时应遵循哪些原则?
2. 商品包装中对销售包装有什么要求?
3. 简述商品销售的意义。
4. 商品售后服务的主要内容有哪些?
5. 简述商品合理运输的途径。

第七章
企业发展与投资

📖 学习目的与要求

通过本章学习,掌握市场经济中企业已成为投资决策主体,企业作为投资决策主体自我发展的能力得到了不断增强。发展离不开投资,投资的前提是融资。在市场竞争中,企业发展的前景取决于其是否能抓住时机进行合理的融资和科学的决策。本章是在阐述企业发展的特征及其发展类型的基础上,着重研究企业融资决策、投资方向和投资决策的经济评价、资金成本分析等问题。通过本章教学,学生应了解融资和投资的特点和基本原理,掌握投资决策的方法。

通过本章学习,要求理解和掌握以下重要知识点:
(1) 企业发展的含义及特征。
(2) 企业发展的类型。
(3) 吸收直接投资的优缺点。
(4) 普通股融资评价。
(5) 优先股融资评价。
(6) 发行债券种类、要素、价格、评价。

第一节 企业发展及方式

一、企业发展的含义及特征

企业发展是指企业投入自有资金或其他途径融资的资金,通过建造、购置、改造及兼并其他企业等方式提高生产经营能力,形成新的企业规模的过程。这个过程的主要特征是:

(1) 它是企业经营活动从量的提高到质的飞跃的过程,其标志是形成超过原有的新的企业经营规模。以这个标志来衡量,企业发展是有特定含义的概念。它不是一般的经营业务的发展和扩大,而是特指企业新的生产经营能力不断形成又不断被超越的企业规模扩大过程。

(2) 企业发展的方式是多种多样的。它既包括外延式的发展,如建设安装新的生产线和营业设施等,又包括内涵式的发展,如对现有生产经营装备与设施进行技术改造等。近年来,随着我国改革的深化而出现的企业兼并和企业集团已经成为企业发展中广泛采用的方式。

(3) 企业发展是与追加投资联系在一起的。投入相当数量的资金是企业发展的前提。因此,就其实质内容来说,企业发展就是企业为扩大生产经营能力而进行的融资与投资活动。由于我国市场经济刚刚起步,企业自我积累能力还很弱,企业发展对资金的需要与可能的矛盾始终是存在的。为了求得加快发展,越来越多的企业摆脱了计划体制下"有多少钱,办多少事"的小生产意识的束缚,敢于承担风险,把"举债建设,负债经营"作为企业发展的重要手段,多方筹集资金走出一条"借鸡生蛋,以蛋孵鸡"的快速发展之路。可以说,自主地吸收外部作为企业自我发展的能量之源是现阶段企业发展的又一显著特征。

(4) 企业不断发展是一种客观必然趋势。从整体上或根本上看,它是不以企业领导人主观意志为转移的市场竞争的必然结果。优胜劣汰是市场竞争的无情法则,不进步、不发展就会在竞争中处于劣势,直至被淘汰。巨大的压力推动企业必须随着经济技术的进步不断地更新技术,扩大经营规模,力争在竞争中占据有利地位。可以说,能否不失时机地进行自我发展,是关系到企业生死存亡的重大问题。

二、企业发展的类型

通过追加投入来实现企业的发展,主要表现为企业生产能力的扩大、技术的改进、产量的增加、品种的增多、质量的提高以及开发新产品等,使企业原有的生产圈和市场圈得到扩大。企业发展的类型比较多,归纳起来主要有以下五种类型:

(一) 原型发展

所谓原型发展,是指不改变原有的经营方向和产品结构,通过追加投入增加产品的数量和提高产品质量。其具体形式是:

(1) 由于市场需求的扩大,增加原有产品的产量。增加产量的方法:一是通过增加设备和人力,扩大生产能力;二是对原有设备进行改造,提高劳动生产率。前一种方法属于外延式的发展,后一种方法属于内涵式的发展。

(2) 不改变原有的经营方向和生产规模,通过追加投资进行技术改造。采取新技术、新材料和新工艺,提高产品质量,增加产品价值。企业发展不是靠产品数量的增加,而主要是靠产品质量的提高。

(二) 部门内部发展

部门内部发展,是指不跨出本部门和本行业的范围,增加本企业未生产过的产品。其具体形式是:

(1) 不改变原有的经营方向,扩大经营范围,增加本企业未生产过的产品,但经营范围的扩大局限在本部门经营的范围内,与生产同种产品的企业进行竞争。

(2) 利用原有生产条件,改变原有的生产经营方向,放弃原有产品的生产,通过追加投资增加新的生产条件,生产本部门已有的产品。

由于对原有经营方向和经营规模调整的程度不同以及所增加产品的发展程度不同,还可以组合成许多具体的发展形式。一般情况下,完全改变原有经营方向的企业居少数,就大多数企业来说,基本上都是在原有经营的基础上扩大经营范围求得发展。

(三) 部门外部发展

部门外部发展,是指企业的生产经营活动向别的部门发展,增加生产别的部门已有的产品,跨出本部门、本行业,在部门之间展开竞争。其具体形式是:

(1) 不改变原有的经营方向,扩大经营范围,增加生产别的部门已经生产经营的产品。

(2) 改变原有的经营方向,放弃原有产品的生产,利用已有的生产条件,通过追加投资增加新的生产条件,生产别的部门经营的产品。

(四) 交叉性发展

交叉性发展,是指企业在部门内部进行发展的同时向外部门进行发展。企业经营范围的扩大,不仅增加原有产品的生产,而且本部发展与外部发展同时并存。其具体形式是:

(1) 不改变原有的经营方向和生产规模,通过追加投资,以部门内部发展为主,以部门外部发展为辅;或者以部门外部发展为主,以部门内部发展为辅。

(2) 通过调整原有的经营方向和生产规模,追加投资扩大经营范围,既向本部门内部发展又向部门外部发展。根据企业自身具体条件,发展部分必然会有所侧重。

（五）开放性发展

开放性发展，是指企业在原有的经营基础上，通过追加投资开发新产品、新技术，即增加生产本部门和外部门从未生产过的产品，向新部门和新领域进军，具有明显的开发性质。其具体形式是：

（1）不改变原有的经营方向，通过追加投资进行研制和开发新产品、新技术。

（2）对原有的生产规模和经营方向进行调整，增加新的生产条件，进行新产品开发。

第二节　融资决策与风险分析

融资是企业根据其生产经营活动对资金的需求，通过资金市场，采用适当的融资方式，获取所需资金的一种行为，是企业财务管理的重要内容，是企业的基本财务活动。融资是企业整个资金运动的起点，也是企业维持正常生产经营和扩大经营规模、分配资金的前提条件。

一、融资概述

（一）融资的动机

1. 扩张性融资动机

扩张性融资动机是企业因扩大生产经营规模或增加对外投资的需要而产生的追加融资动机。处于成长时期、具有良好发展前景的企业通常会产生这种融资动机。

2. 调整性融资动机

企业的调整性融资动机是企业因调整现有资本结构的需要而产生的融资动机。

3. 混合性融资动机

企业既为扩张规模又为调整资本结构而产生的融资动机，可称为混合性融资动机。

企业融资的基本要求：合理性、及时性、效益性和合法性。

（二）企业融资渠道与方式

1. 融资渠道与方式的定义

融资渠道是指筹措资金的来源与通道，反映资金的源泉和流量。融资渠道属客观范畴,即融资渠道的多与少企业无法左右,它与国家经济发展程度及政策制度等相关。企业了解融资渠道的种类及每种渠道的特点,有助于正确利用融资渠道。

融资方式是指企业筹措资金所采取的具体形式,反映资金在企业的具体存在形式。融资方式属于主观范畴,可以由企业来选择。企业只有了解融资方式的种类及每种方式的特点,才能灵活运用不同的融资方式,降低资本成本,有效筹集所需资金。

2. 融资渠道与方式的内容

企业现有的融资渠道共有七种来源,融资方式也有七种可供企业选择。

(1) 融资渠道

① 国家财政资金。国家财政资金,是指国家以财政拨款、财政贷款、国有资产入股等形式向企业投入的资金。它是我国国有企业,包括国有独资公司的主要资金来源,今后也仍然是国有企业筹集资金的重要渠道。

② 银行信贷资金。银行信贷资金是指银行对企业的各种贷款,是各类企业重要的资金来源。银行以储蓄存款做后盾,财力雄厚,并为企业提供多种多样的贷款,可以满足各类企业的需要。

③ 非银行金融机构资金。非银行金融机构是指各种从事金融业务的非银行机构,主要有信托投资公司、租赁公司、保险公司、证券公司、财务公司等,它们可以为企业直接提供部分资金或为企业融资提供服务。虽然非银行金融机构没有银行实力雄厚,但它们资金供应灵活,且可提供多种特定服务,具有广阔的发展前景。

④ 其他企业资金。其他企业资金是其他企业向企业投资或由于业务往来企业暂时占用的资金。企业之间以闲置资金相互投资或者提供短期商业信用也是企业的一种资金来源。

⑤ 民间资金。企业职工和城乡居民利用节余资金向企业投资,也是企业资金的一种来源。随着城乡经济的发展,人们投资意识的增强,这部分资金的利用空间会越来越大。

⑥ 企业内部资金。企业内部资金是指企业在经营过程中形成的内部资金,主要包括提取公积金、未分配利润以及提取折旧而形成的资金。

⑦ 外商资金。外商资金是企业利用外国投资者以及我国港、澳、台地区投资者的资金,它是外商投资企业的主要资金来源。随着我国资本市场向着国际化发展,外商资金会为越来越多的企业所利用。

(2) 融资方式

企业筹集资金的方式主要有以下七种:① 吸收直接投资;② 发行股票;

③借款；④商业信用；⑤发行债券；⑥发行融资券；⑦租赁融资。这些融资方式的具体内容将在本节中详细介绍。

(3) 融资渠道与融资方式的关系

融资渠道与融资方式是两个不同的概念。融资渠道反映企业资金的来源与方向，即资金从何而来；融资方式反映企业融资的具体手段，即如何取得资金。但在实际融资的具体过程中，渠道与方式之间又有着密切的关系。一定的融资方式可能适用于某一特定的融资渠道，但一种融资方式可能适用于多种不同的渠道，而一种渠道的资金也可以采取多种不同的方式取得。企业融资时应根据不同的融资渠道选择合适的融资方式。各种融资渠道与方式的配合见表7-1所示。

表7-1 各种融资渠道与方式的配合

组合渠道	吸收直接投资	发行股票	借款	商业信用	发行债券	发行融资券	租赁融资
国家财政资金	√	√					
银行信贷资金	√	√	√		√	√	
非银行金融机构资金	√	√	√		√	√	√
其他企业资金	√	√		√	√	√	√
民间资金	√	√					
企业内部资金							
外商资金	√	√	√		√	√	√

(三) 融资的类型

企业融资由于渠道和方式的不同，形成多种不同的资金。按照不同的分类标准，企业融资可分为多种类型，包括自有资金与借入资金、短期资金与长期资金、内部融资与外部融资、直接融资与间接融资等。

1. 自有资金与借入资金

企业资金根据其属性不同可分为自有资金和借入资金。自有资金是指企业总资金中归投资人所有的部分资金，即所有者权益，包括实收资本、资本公积、盈余公积和未分配利润。它是由企业投资人的原始投资和积累而形成的，是企业永久性的资金来源。我国财务制度规定，在企业存续期内，投资人投入资本可以依法转让但不得抽回。企业吸收自有资金可采取吸收直接投资、发行股票、留用利润等方式。

借入资金是指企业总资产中由债权人提供的那部分资金。借入资金形成企业负债，要按期支付本金和利息。借入资金包括应付账款、应付票据、银行借款、应付债券及其他各种应付而未付款项。借入资金可采用借款、发行债券、发行融资券、商业信用、融资租赁等方式筹措取得。自有资金与借入资金的比例反映企业的资本结构和财务风险的高低。

2. 短期资金与长期资金

企业资金按期限的不同分为短期资金和长期资金。

短期资金是指能够在一年以内使用的资金。企业为满足日常生产经营中资金周转的需要,往往筹集一些短期资金。一般通过银行短期借款、商业信用、发行短期融资券等方式来筹措。

长期资金是指能够在一年以上时间使用的资金。企业为保证长期、稳定的资金供应,需要筹集一定数量的长期资金。如:购建固定资产、取得无形资产、长期投资等等。长期资金的筹集一般采用吸收直接投资、发行股票、发行债券、银行长期借款、融资租赁等方式。

广义的短期资金与长期资金有两种不同角度。从融资角度看,反映的是资金使用时间的长短;从投资角度看,反映的是资产使用时间的长短,即相应形成的短期资产(流动资产)与长期资产。虽然企业常规筹措短期资金是为了短期资产占用,筹措长期资金是为了形成长期资产,但在企业资金自主调配使用的情况下也不乏长期资金短期占用或短期资金弥补长期资金不足的例子。企业在融资与投资时都要注意长短期资金的合理配置。

3. 内部融资与外部融资

企业资金按其范围不同又可分为内部融资与外部融资。由于内部融资不需要耗费融资费用,且资金能立即到位,所以,企业融资时应优先考虑内部融资,不足部分再寻求外部来源。

内部融资就是从企业内部来筹措资金。企业内部由于留用利润、提取公积金和计提折旧增加的资金可以直接由企业使用,无需进行融资活动。内部融资所形成的都是企业自有资金。

外部融资是指从企业外界筹措所需资金。外部融资可以采取吸收直接投资、发行股票、发行债券、借款、商业信用、融资租赁等方式,筹集到的既有自有资金又有借入资金。

4. 直接融资与间接融资

企业融资活动按其是否以金融机构为媒介,可分为直接融资与间接融资。

直接融资是指企业直接与资金供应者协商融资,无需通过金融机构作为中介。直接融资中资金供需双方直接接触,资金也直接进行交割。一般常见的形式有联营投资、融资租赁、股票或债券直接发售等。

间接融资是指企业借助银行等金融机构进行的融资活动。在间接融资中涉及了企业、资金供应者及金融机构三方面的利益,资金也是从供应者手中转到金融机构,再由金融机构提供给企业。间接融资的基本方式是银行借款,此外还有非银行金融机构借款、融资租赁等某些具体形式。

直接融资与间接融资相比,两者有明显的差别,主要表现在以下几个方面:

(1) 融资机制不同。直接融资依赖于资本市场机制如证券交易所,以各种证券如股票和债券为媒介;而间接融资则既可运用市场机制,也可运用计划或行政手段。

(2) 融资范围不同。直接融资具有广阔的领域,可利用的融资渠道和融资方式比较多;而间接融资的范围相对较窄,融资渠道和融资方式比较少。

(3) 融资效率和融资费用高低不同。直接融资因程序较为繁杂,准备时间较长,故融资效率较低,融资费用较高;而间接融资过程简单,手续简便,故融资效率高,融资费用低。

(4) 融资效应不同。直接融资可使企业最大限度地筹集社会资本,并有利于提高企业的知名度和资信度,改善企业的资本结构;而间接融资有时主要是为了适应企业资本周转的需要。

二、吸收直接投资

(一) 资本金制度

1. 资本金及其意义

(1) 资本金和法定资本金概念

资本金是企业投资者创办企业时投入的资金,是企业得以存在的基础和进行生产经营活动的必要条件。在我国,资本金是企业在工商行政管理部门登记的注册资金。法定资本金是企业在设立时必须筹集的、相关法律所要求的最低资本金数额。我国《公司法》为不同类型的公司规定了最低的注册资金数额,即法定资本金。

资本金按投资主体的不同,可分为国家资本金、法人资本金、个人资本金和外商资本金。与此相适应,股份制企业的股权划分为国家股、法人股、个人股和外资股。这种分类有利于确定企业的所有制结构,保护投资者的合法权益。

(2) 资本金制度

实收资本制要求企业在设立时必须确定资本金总额并一次缴足,实收资本必须等于注册资本;授权资本制下,注册资金为授权资本,即企业有权募集资本的最高限额,实收资本与注册资本可以不一致,未筹足部分可在企业设立之后分期到位,提高了企业增减资本的灵活性;折中资本制下,企业成立时确定资本总额,并规定第一期出资数额或比例以及缴足资本金总额的最长期限。

2. 资本金的筹集

(1) 筹集方式

所有者可以以货币方式出资,也可以实物财产、无形资产等方式出资。在所有者以实物财产、无形资产出资的情况下,企业的融资活动与投资活动实际上已经融为一体了。

(2) 筹集期限

资本金可以一次或分期筹集。企业筹集资本金是一次筹集还是分期筹集,应根据有关法律法规、合同、章程的规定来确定。

(3) 资本金验证

企业筹集的资本金是否符合法律法规的规定,作价是否合理,需要进行审核。国际上通行的做法是聘请中介机构进行验资。我国企业在筹集资本金时,必须聘请中国注册会计师验资,出具验资报告之后,工商部门才会签发营业执照,企业据此向所有者发放出资证明书。

(4) 违约责任

资本金的筹集方式、筹集期限等事项均要在投资合同协议中约定,并在公司章程中作出规定,以确保资本金的及时、足额到位。如果某一所有者未按合同、协议和公司章程的约定及时、足额出资,即为违约,企业和其他所有者可以依法追究其违约责任,如要求违约者支付拖延期的利息、赔偿其他所有者的直接损失等,国家工商部门还要按照国家法律法规对企业和违约者进行处罚。

3. 资本金的管理

国家对资本金的管理主要体现在企业从所有者处取得资本金后便享有占有、使用和依法处分的权利,而所有者只能与企业共担风险、共享利润,但不能抽回投资。如果某一所有者因自身经济原因陷入困境、与其他所有者合作不愉快或对企业前景担忧等,可依法将其投资转让给其他所有者,但这不改变企业的资本金数额。

(二) 吸收直接投资

1. 吸收直接投资的种类

从投资者看,吸收直接投资可分为吸收国家直接投资(主要为国家财政拨款)、吸收企业事业单位等法人的直接投资、吸收企业内部职工和城乡居民的直接投资、吸收外国投资者和我国港澳台地区投资者的直接投资,分别形成国家资本金、法人资本金、个人资本金和外商资本金。从出资形式看,吸收直接投资可分为吸收现金直接投资、吸收实物直接投资和吸收无形资产直接投资。

2. 吸收直接投资的条件

企业吸收直接投资必须符合一定的条件,主要是:企业通过吸收直接投资而取得的实物资产或无形资产,必须符合生产经营、科研开发的需要,在技术上能够消化应用。在吸收无形资产投资时,应符合法定比例。企业通过吸收直接投资而取得的实物资产和无形资产必须进行资产评估。

3. 吸收直接投资的程序

(1) 确定吸收直接投资的数量。

(2) 选择吸收直接投资的具体形式。

(3) 签署决定、合同或协议。

(4) 取得资金来源。

4. 吸收直接投资评价

吸收直接投资的优点是:

(1) 吸收直接投资所融资本属于企业的自有资本,与借入资本相比较,能够提高企业的资信和借款能力。

(2) 吸收直接投资不仅可以取得一部分现金,而且能够直接获得所需的先进设备和技术,尽快形成生产经营能力。

(3) 吸收直接投资的财务风险较低。

吸收直接投资的缺点主要是资本成本高,要为所有者带来丰厚的回报,同时由于该融资方式没有以证券为媒介,产权关系有时不够明晰,也不便于产权交易,投资者资本进入容易出来难,难以吸收大量的社会资本参与,融资规模受到限制。

我国的中外合资企业和中外合作企业资本金的筹集采用的就是吸收直接投资的方式。中方通常以土地使用权、物资等形式出资,外方以设备、现金等形式出资,按照出资比例或契约分配利润。在实践中的主要问题是:外商的设备、技术等作价过高,中方资产按面值计价作价过低;外商的资本金及时足额到位率低,中方过于迁就不索赔不追讨;不注意掌握控制权,使得高价从国外购买原材料,低价向国外销售商品的现象屡有发生,外商醉翁之意不在酒,出现恶意投资与收购现象,在购销环节大捞好处,而企业却经常亏损。

三、股票融资

(一) 股票的特点与种类

股票是股份公司为筹措自有资本而发行的有价证券,是持股人拥有公司股份的凭证,它代表持股人即股东在公司中拥有的所有权。

1. 股票的特点

股票作为一种所有权凭证,代表着对发行公司净资产的所有权。股票具有永久性、流通性、风险性、参与性等特点。

2. 股票的种类

股份有限公司根据融资者和投资者的需要,发行各种不同的股票。股票的种类很多,可按不同的标准进行分类。

(1) 按股东权利和义务的不同分类

按股东权利和义务的不同,股票可分为普通股和优先股。

普通股是股份有限公司发行的无特别权利的股份,也是最基本、最标准的股份。通常情况下,股份公司的资本金主要以普通股为主。

根据我国《公司法》规定,普通股股东主要享有以下权利:

① 经营管理权。普通股股东有权出席股东大会,并依公司章程规定行使表决权,对公司账目和股东大会决议有审查权。

② 分享盈余权。

③ 优先认股权。为了不影响原有股东对公司的控制权,公司发行新的股票时,普通股股东有优先认购的权利。

④ 剩余财产分配权。公司清算时,在偿还负债与优先股股本后,剩余财产归普通股股东分配。

⑤ 转让股份的权利

普通股股东对公司也负有一定的义务,包括遵守公司章程规定、缴纳股款、对公司负有限责任、不得退股等义务。

优先股是股份有限公司发行的具有一定优先权的股票。

优先股股东享有的权利主要包括:

① 股利的优先分配权。优先股股利一般是固定的,并且在普通股股利前支付。有些优先股股利还可累积支付。

② 剩余财产优先分配权。优先股股东对公司剩余财产的分配权在普通股股东之前。

另外,优先股股东对公司没有经营管理权,除涉及自身利益的重大决策外,一般无权参加股东大会。

(2) 按股票是否记名分类

按股票是否记名,可分为记名股票和无记名股票。

记名股票是在股票票面上记载股东姓名或名称的股票,股东姓名或名称要记入公司的股东名册。我国《公司法》规定,公司向发起人、国家授权投资的机构、法人发行的股票,应为记名股票;向社会公众发行的股票,可以为记名股票,也可以为无记名股票。记名股票除股票上所记载的股东外,其他人不得行使其股权,其转让、继承要办理过户手续。

无记名股票是在股票票面上不记载股东的姓名或名称的股票,股东姓名或名称也不记入公司的股东名册。这类股票的持有人即为股份的所有人,股票的转让、继承无需办理过户手续。

（3）按股票是否标明票面金额分类

按股票是否标明票面金额,可分为面值股票和无面值股票。

面值股票是在票面上标有一定金额的股票。股票面值有两种意义：第一,用来计算付息比率；第二,清算时偿还资本。持有这种股票的股东,对公司享有权利和承担义务的大小,以其所拥有的全部股票的票面金额之和占公司发行在外股票总面额的比例大小来定。我国《公司法》规定,股票应当标明票面金额,且发行价格不得低于票面金额。

无面值股票是不在票面上标出金额,只载明所占公司股本总额的比例或股份数的股票。无面值股票的价值随公司财产的增减而变动,而股东对公司享有的权利和承担义务的大小直接依照股票标明的比例而定。

（4）按发行时间的先后分类

股票按发行时间的先后可分为始发股和新股。始发股（也称原始股）是公司设立时发行的股票。新股是公司增资时发行的股票。始发股和新股发行的具体条件、目的和发行价格不尽相同,但股东的权利、义务是相同的。

（5）按发行对象和上市地区分类

股票按发行对象和上市地区不同可分为 A 股、B 股、H 股、S 股和 N 股。

A 股是供我国大陆地区个人或法人买卖的,以人民币标明票面金额并以人民币认购和交易的股票。

B 股是指在大陆境内发行,专供外国和我国的港、澳、台地区投资者买卖的,以人民币标明票面金额但以外币认购和交易的股票。2003 年以后大陆境内中国公民也可以以外币认购和交易。

H 股泛指内地企业或有中国内地背景的企业股票在香港上市的股票。

N 股泛指内地企业或有中国内地背景的企业股票在纽约上市的股票。

S 股泛指内地企业或有中国内地背景的企业股票在新加坡上市的股票。

（6）按投资主体的不同分类

股票按投资主体的不同可分为国家股、法人股、个人股和外资股。

(二) 股票的发行

1. 股票发行的动机

企业股票发行的动机主要表现为：筹集资本,扩大影响,分散风险,将资本公积金转化为资本金,发放股利,兼并与反兼并,股票分割将公司发行的可转换证券转换为股票,为了发行更多的债券而发行股票以使公司净资产扩大,等等。

2. 股票发行的程序

(1) 设立发行股票的程序

股份公司设立时发行股票的基本程序如下：

① 发起人认足股份，交付出资。

② 提出募集股份申请。

③ 公告招股说明书，制作认股书，签订承销协议。

④ 招认股份，缴纳股款。

⑤ 召开创立大会，选举董事会、监事会。

⑥ 办理公司设立登记，交割股票。经创立大会选举产生的董事会，应在创立大会结束后 30 天内办理申请公司设立的登记事项。

(2) 增资发行股票的程序

① 做出发行新股决议。

② 提出发行新股的申请。

③ 公告招股说明书，制作认股书，签订承销协议。

④ 招认股份，缴纳股款，交割股票。

⑤ 改选董事、监事，办理变更登记。

3. 股票发行的条件与原则

根据我国《公司法》及《证券法》有关规定，对股票发行的条件如下：

(1) 设立发行股票的条件

发起人认缴和向社会公开募集的股本达到法定资本的最低限额；发起设立需由发起人认购公司应发行的全部股份；募集设立的，发起人认购的股份不得少于公司股本总额的 35%，其余部分向社会公开募集；发起人应有五人以上，其中半数以上在中国境内有住所；发起人以工业产权、非专利技术作价出资的金额不得超过公司注册资本的 20%。

原有企业改组设立股份有限公司申请公开发行股票，除应当符合上述条件外，还应符合下列条件：发行前一年，净资产在总资产中所占比例不低于 30%，无形资产在净资产中所占比例不高于 20%（证券委另有规定的除外）；近三年连续盈利。

有限责任公司变更为股份有限公司时，折合的股本总额应等于公司净资产额；原有限责任公司的债权债务由变更后的股份有限公司承担；变更后的股份有限公司若要增加资本，首次向社会公开募集股份，需具备向社会公开募集股份的条件。

(2) 增资发行股票的条件

前一次发行的股份已募足，且间隔时间超过一个完整的会计年度；公司最近三年内连续盈利,并可向股东支付股利;公司最近三年内财务会计文件无虚假记载;公司预期利润率可达到同期银行存款利率。

(3) 股票发行的原则

股份有限公司的资本划分为股份,每一股金额相等;公司的股份采取股票的形式,股票的发行实行公开、公平、公正的原则,必须同股同利、同股同权;同次发行的股票,每股的发行条件和价格相同,任何单位或个人认购的股份,每股应当支付相同的价款;股票的发行价格可以按票面金额,也可以超过票面金额,但不得低于票面金额。溢价发行股票,须经国务院证券管理部门批准,所得溢价款应列入公司资本公积。

4. 股票发行的方式

(1) 有偿增资发行股票方式

有偿增资是指投资者须按股票面额或溢价,用现金或实物购买股票,它包括公开招股发行方式、老股东配股发行方式和向第三者配股发行方式三种。

(2) 无偿增资发行股票方式

无偿增资是公司不向股东收取现金或实物财产,而是无偿地将公司发行的股票交付给股东。这种做法目的不在于融资,而是为了调整公司所有者权益的内部结构,增强股东的信心,提高公司的社会影响。它包括转增方式(将资本公积转入股本,按股东现有比例无偿交付股票)、股票股利方式(将公司盈余转为股本)和股票分割方式(不增加股本纯粹增加了流通股数,降低了股票的票面金额和股价)。

(3) 有偿无偿并行增资方式

采用这种方式时,股份公司发行新股交付股东时股东只需交付一部分股款,其余部分由公司公积金抵免。例如,新股每股面额 10 元,其中 6 元为有偿部分,4 元由公司公积金抵免转入。这样,股东只需支付 6 元即可获取面额为 10 元一股的新股票。这种做法兼有增加资本和调整所有者权益内部结构的作用。

另外,股票发行方式也可根据通过何种途径发行股票进行分类。可区分为两种类型:公开间接发行与不公开直接发行。

公开间接发行是指股份公司通过中介机构向社会公众发行股票。我国《公司法》规定股份有限公司向社会公开发行股票,必须由依法设立的证券经营机构承销。因此,股份有限公司采用募集设立方式首次发行股票和设立后向社会公开发行新股都需通过中介机构。

这种发行方式的优点是:① 发行范围广,发行对象多,容易筹集到所需资金;② 股票的流通性好,易于转让;③ 发行风险较小;④ 有助于提高发行公司的知名度,扩大影响力。缺点是:① 发行成本高;② 手续繁杂;③ 国家有关法规限制较多,急需资金的企业往往不具备规定的条件。

不公开直接发行是指公司不公开对外发行股票,只向少数特定的对象发行,因而不需中介机构承销。我国股份有限公司采用发起人设立方式和以不向社会公开募集的方式发行股票,就不需通过中介机构,属于股票的不公开间接发行方式。

这种发行方式的优点是发行成本低,发行规模弹性较大,且手续简单。缺点是发行范围小,融资量有限,尤其在发行新股增资时困难较多;股票的流通性差,不易于转让。

5. 股票销售方式

股票的销售方式是指股份有限公司向社会公开发行股票时所采取的股票销售方法。股票销售方式分两类:自销和委托承销。

(1) 自销

股票发行的自销方式是指发行公司自己直接将股票销售给投资者,而不需通过中介机构承销。这是股份公司与投资者直接进行的融资活动,不需经过证券经营机构代理。这种销售方式可节约发行费用,整个发行过程由公司直接控制,便于其发行意图的实现。但是发行公司要承担全部发行风险,且融资时间较长。一般仅适用于发行风险较小,手续较为简单,数额不多的股票发行。

(2) 承销

股票发行的承销方式是指公司将股票销售业务委托给证券经营机构代理。证券经营机构是指专门从事证券买卖业务的金融中介机构,在我国主要为证券公司、信托投资公司等等。

我国《公司法》规定,股份有限公司向社会公开发行股票,必须与依法设立的证券经营机构签订承销协议,由证券经营机构承销。因此,在我国股票的发行普遍采用承销方式销售。

股票承销又分为包销和代销两种具体办法。

股票发行的包销,是由发行公司与证券经营机构签订承销协议,全权委托证券承销机构代理股票的发售业务。采用这种方法,一般由证券承销机构根据承销协议商定的价格一次性全部购进发行公司公开发行的全部股票,然后以较高的价格出售给社会上的投资者。在规定的募股期限内,若实际销售的股票数达不到预定发行股数,剩余部分由证券承销机构全部承购下来。

对于发行公司而言,选择股票包销的办法能够及时足额筹集资金,且不必承担发行风险。但是,采用包销方式股份公司往往只能以较低的价格将股票销售给承销商。

股票发行的代销,是由证券经营机构代理股票发售业务,并由此获取一定佣金。在规定的募股期限内,若实际销售的股票数达不到预定的发行股数,承销机构不负承购剩余股份的责任,而是将未售出的股份归还给发行公司。采用这种方式销售股票,公司能够以较高的价格发售股票,但是发行风险全部由公司自己承担。

6. 股票发行价格

股票的发行价格,是股份公司发行股票时,将股票出售给投资者所采用的价格。股票发行价格通常是发行公司根据股票的面额、每股税后利润、市盈率(考虑股市行情、流通盘大小、所属地区、所属行业和其他因素)与证券经营公司协商确定,报国务院证券管理机构核准。

$$新股发行价 = 每股税后利润 \times 市盈率$$

式中:每股税后利润以发行前一年每股税后利润和发行当年摊薄后每股税后利润加权平均数计算,前者的权数为70%,后者的权数为30%。所谓"摊薄"是指由于流通在外普通股股数增加而导致每股税后利润等指标的下降。市盈率的规定较为复杂,根据当时股票市场交易情况估计确定。实际工作中一般取值在5倍至20倍之间。

初次发行时,少数公司有平价(按面值)发行股票的情况。再次发行股票时还有时价发行和中间价发行两种情况。现分别介绍如下:

时价发行就是以本公司流通在外股票的现行市价为基准确定股票发行价格。这种发行考虑了市场对发行公司股票的认同情况,发行公司也能获得较多的溢价款。中间价发行是取股票票面额和股票市价的中间值(不一定是简单平均数)作为股票的发行价格,通常在向老股东配股时采用。配股价一般低于市价,而高于每股净资产。由于中间价大大低于现行市价,流通在外的股票数量会因配股而增加,价格上有一个平均化过程,表现为在除权后股票市价会低于现行市价(除权,英文简称XR,一般公司的流通股股数发生变化时需要除权,在股权登记日购买股票的股东有权参与,在除权日购买股票的股东无权参与)。现介绍配股除权后理论价值的计算。

$$配股后理论价值 = \frac{股权登记日每股收盘价 + 每股所配股份 \times 每股配股价}{1 + 每股所配股份}$$

(三) 股票上市

1. 股票上市的意义

股票上市对公司有利的是:可以提高股票的流动性和变现能力;促进公司股权的社会化,防止股权过于集中;提高公司的知名度;便于确定公司的价值,以利于促进公司实现财富最大化目标;有助于确定公司增发新股的发行价格。

股票上市对公司不利的是：公司将负担较高的信息报道费用；各种信息公开的要求可能会暴露公司的商业秘密；股价有时会扭曲公司的实际状况，丑化公司声誉；可能会分散公司的控制权，造成管理上的困难。

2. 股票上市条件

各证券交易所规定的股票上市条件各不相同，但都包括资本额、获利能力、资本结构、偿债能力和股权分散情况等项目。

3. 股票上市程序

股份有限公司申请股票上市交易，必须报经国务院证券管理监督机构核准，并应当提交相关文件，包括：上市报告书、申请上市的股东大会决议、公司章程和营业执照、经法定验证机构验证的公司最近三年或者公司成立以来的财务会计报告、法律意见书和证券公司的推销书、最近一次的招股说明书等。

获得国务院证券管理监督机构核准后，证券交易所应当自接到该股票发行人提交的规定文件之日起六个月内安排该股票上市交易。上市公司应当在上市交易的五日前公告经核准的股票上市有关文件，并将该文件置备于指定场所供公众查阅。还应当公告股票获准在证券交易所交易的日期、持有公司股份最多的前十名股东的名单和持股份额、董事监事经理及有关高级管理人员的姓名以及持有本公司股票和债券的情况。

4. 海外上市

企业股票在海外上市的方式有三种。分别是：

(1) 境外直接上市。它是指直接以国内公司的名义向国外证券主管部门申请发行登记注册，发行股票（或其他衍生金融工具），并在当地证券交易所申请挂牌上市交易，如 H 股、N 股、S 股等。境外直接上市的工作主要包括两大部分：国内重组、审批和境外申请上市。

(2) 境外间接上市。它是指国内企业在境外注册公司，该境外公司以收购、股权置换等方式取得国内资产的控股权，然后将境外公司拿到境外交易所上市。间接上市主要有两种形式：买壳上市和造壳上市。

(3) 其他境外上市方式。存托凭证是一种可转让的代表某种证券的证明，包括 ADR（美国存托凭证）和 GDR（全球存托凭证）。

5. 股票上市的暂停与终止

上市公司有以下情形之一的，经国务院证券管理部门决定暂停其股票上市资格，包括：

(1) 公司股本总额、股权分布等发生变化不再具备上市条件（限期内未能消除的，终止其股票上市）。

(2) 公司不按规定公开其财务状况,或者对财务报告作虚假记载(后果严重的,终止其股票上市)。

(3) 公司有重大违法行为(后果严重的,终止其股票上市)。

(4) 公司连续三年亏损(限期内未能消除的,终止其股票上市)。

(5) 公司决定解散、被依法破产时,由国务院证券管理部门决定终止其股票上市。

(四) 普通股融资评价

1. 普通股融资的优点

发行普通股是公司筹集资金的一种基本方式,其优点主要包括:

(1) 没有固定利息负担。公司有盈余,并认为适合分配股利,就可以分给股东;公司盈余较少,或虽有盈余但资金短缺或有更有利的投资机会,就可以少支付或不支付股利。

(2) 没有固定到期日,不用偿还。利用普通股筹集的资金是永久性资金,除非公司清算才偿还。它对保证公司最低的资金需求具有重要的意义。

(3) 融资风险小。由于普通股没有固定到期日,不用支付固定的股利,此种融资实际上不存在不能偿付的风险,因此风险最小。

(4) 能增加公司的信誉。普通股本和留存收益构成公司所借一切债务的基础。有了较多的自有资金,就可为债权人提供较大的保障。因而,普通股融资既可以提高公司的信用价值,又可为使用更多的债务资金提供强有力的支持。

(5) 融资限制较少。利用优先股或债券融资通常有许多限制,这些限制往往会影响公司经营的灵活性,而利用普通股融资则没有这种限制。

2. 普通股融资的缺点

(1) 资金成本较高。一般来说,普通股融资的成本要高于债务资金。这主要是因为普通股股东要比债权人承担较大的风险进而要求较高的投资报酬率,支付给普通股股东的股利要从净利润中支付,而债务资金的利息可在税前扣除,另外普通股的发行费用也比较高。

(2) 容易分散控制权。利用普通股融资,出售了新的股票可能会引进新的股东,容易导致公司控制权的分散。

此外,新股东分享公司未发行新股前累积的盈余,会降低普通股的每股净收益,从而可能引起股价下跌。

(五) 优先股融资

1. 优先股的特征

优先股股票是指由股份有限公司发行的,在分配公司收益和剩余财产方面比普通股股票具有优先权的股票。优先股常被看成是一种混合证券,介于股票与债券之间的一种有价证券。发行优先股对于公司资本结构、股本结构的优化,提高公司的效益水平,增强公司财务弹性无疑具有十分重要的意义。

发行优先股是公司获得所有权资本的方式之一。利用优先股股票筹集的资本称为优先股股本。优先股与普通股相比,在分配公司收益方面具有优先权,一般只有先按约定的股息率向优先股股东分派了股息,普通股股东才能进行分派红利。因此,优先股股东承担的风险较小,但收益稳定可靠。不过,由于股息率固定,因此,即使公司的经营状况优良,优先股股东一般也不能分享公司利润增长的利益。如果公司破产清算,优先股对剩余财产有优先的请求权。优先股股东的优先权只能优先于普通股股东,但次于公司债券持有者。从控制权角度看,优先股股东一般没有表决权(除非涉及优先股股东的权益保障时),无权过问公司的经营管理,所以发行优先股一般不会稀释公司普通股股东的控制权。

从公司的最终所有者——普通股股东的立场看,优先股是一种可以利用的财务杠杆,可视为一种永久性负债。公司有时也可以赎回发行在外的优先股,当然要付出一定的代价,如溢价赎回的贴水。从债权人的立场来看,优先股又是构成公司主权资本的一部分,可以用作偿债的铺垫。

2. 优先股的种类

公司发行优先股,在操作方面与发行普通股无较大差别,但由于公司与优先股股东的约定不同,从而有多种类型的优先股。

(1) 按股息是否可以累积,可分为累积优先股与非累积优先股。

(2) 按优先股能否参与剩余利润的分派和参与程度,可分为全部参与优先股、部分参与优先股和不参与优先股。

(3) 可转换优先股、可赎回优先股、有投票权优先股与股息率可调整优先股。

3. 优先股融资评价

优先股融资的优点:

(1) 优先股的股息率一般为固定比率,从而优先股融资有财务杠杆作用。

(2) 公司采用优先股融资,可以避免固定的支付负担。

(3) 优先股一般没有到期日,实际上可将优先股看成一种永久性负债,但不需要偿还本金。只有在有利于公司的根本利益时,公司才会赎回优先股。优先股的赎回、股息支付等方面公司较为主动,增强了公司财务的机动性。

(4) 优先股股东也是公司的所有者,不能强迫公司破产。

另外,由于优先股股东一般没有投票权,所以发行优先股不会引起普通股股东的反对,所以其融资能够顺利进行。当使用债务融资风险很大,利率很高,而发行普通股又会产生控制权问题时,优先股是一种最理想的融资方式。有些国家的税法对于企业购买优先股的股息有部分免税的政策优惠,这就对发行公司的优先股股票的销售十分有利了。

优先股融资的缺点:

(1) 资本成本较高。

(2) 由于优先股在股息分配、资产清算等方面拥有优先权,使得普通股股东在公司经营不稳定时收益受到影响。当公司盈利下降时,优先股的股息可能会成为公司一项沉重的财务负担。

(3) 优先股融资后对公司的限制较多。

(六) 留存收益融资

1. 收益分配与融资

从性质上讲,企业通过有效经营实现的收益属于企业的所有者。从会计的角度看,收益的确认计量是建立在权责发生制基础上的,企业不一定有相应数额的现金净流量增加,因而企业不一定有足够的现金将收益全部分派给所有者。另一方面,企业的所有者对于企业的再生产、投资机会、控制权、与优先股股东及债权人的契约等有通盘考虑,当期收益在弥补以前年度亏损之后也不一定将剩余收益全部分掉。此外,法律法规从保护债权人利益、维持企业简单再生产、维持市场经济秩序等角度限制企业将收益分光。有的企业的收益质量很差,稳健性原则几乎不用,这种明盈实亏企业根本没有能力向所有者分派利润。可以看出,企业在账面上实现利润的时候大多数情况下要将一部分利润留在企业。企业将实现利润的一部分甚至全部留下来,称为保留盈余或留存收益。保留盈余的具体方式有:当期利润不分配、向股东送红股(即股票股利)、将盈利的一部分发放现金股利。至于向股东交付转增股,则是将企业的资本公积金转化为生产经营的主要资本,不属于利润分配范畴。保留盈余的实质是所有者向企业追加投资,因而对企业而言是一种融资活动。有人将这种融资称为"内源融资"、"内部融资"或"收益留用融资"。

需要说明的是,收益留用融资在融资方式中绝非配角。美国1973年的经济报告中曾提到,美国企业的内部资金来源约占全部资金来源的60%。因此,有的财务学家甚至将收益留用融资看成最佳融资方式,在融资时比债券、发行股票要优先考虑。内源融资与外源融资一样是企业融资不可分割的组成部分,片面强调其中一个都是有害的。

2. 收益留用融资评价

收益留用融资的优点:

(1) 收益留用融资不发生取得成本。

(2) 收益留用融资可使企业的所有者获得税收上的利益。

(3) 收益留用融资性质上属于主权融资,可以用作偿债而为债权人提供了保障,相应地增强了企业获取信用的能力。

收益留用融资的缺点:

(1) 保留盈余的数量常常会受到某些股东的限制。

(2) 保留盈余过多,股利支付过少,可能会影响到今后的外部融资。

(3) 保留盈余过多,股利支付过少,可能不利于股票价格的上涨,影响企业在证券市场上的形象。

四、负债融资

负债融资是指通过借债的方式筹集资金。企业资金来源有两种:主权资金与负债。负债是企业资金的一个重要来源,任何企业在生产经营活动中,除了自有资金以外,都要运用负债。企业运用负债可以解决日常经营中的资金暂时困难,同时为企业扩大经营规模、增加新的投资机会提供必要的资金援助。负债融资形成的是企业的债务,企业负有按期付息、到期还本的义务。因此,负债增加了企业的支付压力,使企业财务风险加大。负债按其偿还期限的不同,可分为短期负债与长期负债。

(一) 短期负债资金筹集

1. 商业信用

商业信用是指商品交易中以延期付款或预收贷款进行购销活动而形成的借贷关系,它是企业之间的直接信用行为。

企业利用商业信用融资的具体形式,通常有应付账款、应付票据、预收货款。

(1) 应付账款

应付账款是企业赊购商品而形成的应付款,它是一种卖方信用。销货方选择赊销作为一种促销手段以吸引客户,购货方可以在取得商品一定时期以后再付,能够缓解暂时的资金压力。一般应付账款大多是不需支付利息的,对于购货方而言等于筹集到一部分无偿的短期资金。由于企业生产经营的连续性,其购销业务也在持续稳定地进行,旧的债务结清,新的债务又形成。因此,对于购货方而言应付账款是一种相对稳定的短期资金来源,它是以企业信用为担保的。

应付账款与应收账款相对应,也包括信用期限、现金折扣等付款条件。现金折扣是卖方为了促使买方提前付款而对购货款进行的折扣。例如:规定"2/10、$n/30$"的信用条件,指如果在购货后 10 天内付款,可以享受 2% 的现金折扣,支付货款的 98%;如果在 10 天后至 30 天内付款,则没有折扣,必须 100% 全额支付货款。

应付账款这种信用形式，按其是否有代价，分为免费信用、有代价信用和展期信用。免费信用是买方企业在规定的折扣期内享受折扣而获得的信用；有代价信用是买方企业以放弃现金折扣为代价而获得的信用；展期信用是买方企业超过规定的信用期限推迟付款而强制获得的信用。

$$放弃现金折扣成本 = \frac{折扣百分比}{1-折扣百分比} \times \frac{360}{信用期限-折扣期限}$$

（2）应付票据

应付票据可分为带息票据和不带息票据。带息票据需要加计利息；不带息票据则不收取利息，属于免费信用。我国目前实务中，应付票据一般为不带息票据。

（3）预收货款

预收货款是指销货企业按照合同或协议约定，在交付货物之前向购货企业预先收取部分或全部货物价款的信用形式。

此外，企业在生产经营活动中往往还形成一些应付费用，如应付水电费、应付工资、应付税金、应付利息等。这些项目的发生受益在先，支付在后，或支付晚于发生期，故为企业形成一种"自动性融资"。其期限通常有强制性的规定，如按月支付工资、按规定期限交纳税金等。这些短期融资项目通常不花费代价。

（4）商业信用融资的缺点

企业利用商业信用筹集短期资金有一定的优点：

① 它是一种"自然性融资"，伴随商品交易自然产生，使用比较方便。

② 与银行借款融资相比，限制条件较小，选择余地较大。

③ 如果没有现金折扣，或者企业不放弃现金折扣，以及使用不带息应付票据，则企业利用商业信用融资并不发生融资成本。

其不足之处是：

① 一般期限较短，尤其是应付账款期限更短。

② 对应付账款而言，如果放弃现金折扣，须负担很高的成本。

③ 对应付票据而言，如不带息，可利用的机会极少，如带息则成本较高。

2. 短期借款

短期借款是企业向银行和其他非银行金融机构借入的期限在一年以内的借款。短期借款在企业起着很重要的作用，企业日常经营周转中的资金缺口主要靠银行借款解决。短期借款的种类很多，按其借款的目的和用途分为生产周转借款、临时借款、结算借款等；按其有无担保分为抵押借款和信用借款；按偿还方式分为一次偿还借款和分期偿还借款。

（1）短期借款的信用条件

按照国际惯例，银行向企业发放贷款往往有一些附带条件，也就是借款的信用条件。短期借款的信用条件包括信用额度、周转信用协议、补偿性余额、借款抵押、借款的偿还方式及利息支付方式等几个方面。

① 信用额度。信用额度是银行对借款人规定的无担保贷款的最高限额。信用额度的有效期限通常为一年,但也可以延期一年。企业在批准的信贷限额内可随时使用银行借款,也可随时归还动用的银行借款以保证累计借款额不超过信用额度。但是,银行并不承担必须提供全部信贷限额的义务。当企业财务状况恶化,虽然有信用额度,银行也可以不向企业提供贷款。

② 周转信用协议。周转信用协议是银行具有法律义务地承诺提供不超过某一最高限额的正式贷款协议。信用额度是一种非正式协议,银行不承担提供贷款的法律义务;而周转信用协议是一种正式协议,银行必须满足企业任何时候提出的限额以内的贷款要求,并就限额内未使用部分向企业收取一定的承诺费。

③ 补偿性余额。补偿性余额是银行要求借款企业将借款总额一定百分比(一般为10%~20%)的平均存款余额留存银行。银行采取这种方式的目的是为了降低贷款风险。企业实际可动用的贷款减少,但其支付利息还必须按贷款总额计算,从而使实际利率提高。

④ 借款抵押。借款抵押也就是有担保借款,银行在发放短期借款时,为降低贷款风险,对财务风险较大或信誉一般的企业可索取担保品。作为短期借款的担保品,通常有应收账款、应收票据、有价证券和存货等。银行一般按照抵押品面值的30%~90%发放贷款金额。抵押借款的利息率一般高于信用借款的利息率。对于借款企业而言,将其财产作为抵押品后,其对资产的使用会受到限制,并影响企业以后的举债能力。

⑤ 偿还条件。短期贷款的偿还一般有两种方式:到期一次性偿还或定期等额偿还。不同的偿还方式对企业的财务负担和融资成本有不同的影响。一般而言,企业选择前一种方式实际可用的借款多、时间长,所以实际利率水平比较低;而后一种方式实际可用的借款少、时间短,所以实际利率水平比较高。但从银行出发,后一种偿还方式能降低风险,且实际利率水平较高。

(2) 短期借款的成本

企业取得短期银行借款要支付利息。银行发放的短期借款,会因借款企业的不同、借款金额及时间的不同而确定不同的利息率水平。一般而言,对于信用状况好、贷款风险低的企业,银行给予较优惠的低利率;而对信用状况差、贷款风险较高的企业,银行则采取较高利率。银行贷款利率的计算方式也有收款法、贴现法和加息法等不同方式。

① 收款法。收款法是在借款到期时向银行计算支付利息的方法。在此方法下,借款本息都在到期时一次清偿,计算借款利息所用的是简单利率,此时名

义利率与实际利率相符。

② 贴现法。贴现法是银行向企业发放贷款时就先从本金中扣掉利息部分,而企业到期时则要偿还全部贷款本金的一种计息方式。这种方式下,企业可动用的借款减少,但利息却是按贷款全额计算,因此使实际利率超过名义利率。贴现法下实际利率的计算可用下式:

$$实际贷款利率 = \frac{实际利息}{贷款总额 - 实际利息} \times 100\%$$

其中:

$$实际利息 = 贷款总额 \times 利息率$$

在计算时,需注意指标的时间口径,如以年利率表示,需将月利率折算为年利率。

③ 加息法。加息法是银行发放分期等额偿还贷款时,虽然贷款本金逐期减少,但银行仍按贷款总额和名义利率计算利息的方法。在这种方式下,企业可利用的借款逐期减少,但利息并不减少,因此实际利率较高。由于分期等额偿还贷款,企业平均能用的贷款实际只相当于贷款总额的一半,但却要支付全部贷款的利息。加息法下实际利率的计算一般可用下列公式:

$$实际利率 = \frac{实际利息}{借款总额/2} = 名义利率 \times 2$$

同样,在指标计算时需按时间换算为年利率。

短期借款的优缺点:短期借款是企业除商业信用外的重要融资方式。与其他融资方式相比它的主要优点是灵活方便且时效性强,企业可根据自身资金需要随时取得短期借款;但其最大的缺点就是融资成本高,尤其是带有附加条件的情况下,使企业融资风险加大。

(二) 长期借款

长期借款是指企业向银行或其他非银行金融机构借入的期限在一年以上的各种借款。长期借款与短期借款在借款信用条件方面基本相同。企业举借长期借款主要用于购建固定资产和满足长期流动资金占用的需要。

1. 长期借款的种类

长期借款有多种分类方式。

(1) 长期借款按提供贷款的机构,分为政策性银行贷款、商业性银行贷款和其他金融机构贷款等。

政策性银行贷款是指执行国家政策性贷款业务的银行向企业发放的贷款,一般为长期贷款。商业性银行贷款是指由各商业银行向工商企业提供的贷款,包括短期贷款和长期贷款。企业还可以从保险公司、信托投资公司、财务公司等其他金融机构取得贷款,这类贷款一般期限较长,要求的利率也高,而且对借款企业的信用选择比较严格。

(2) 长期借款按有无抵押品作担保,分为抵押贷款和信用贷款。

抵押贷款指要求企业以特定的抵押品作为担保的贷款。长期借款的抵押品一般有房屋、建筑物、机器设备、股票、债券等。抵押贷款能够提高贷款的安全性,降低偿付风险。信用贷款是指不需企业提供抵押品,仅凭其信用或担保人信誉而发放的贷款。一般银行只贷给那些资信条件好的企业。

(3) 长期借款按其用途,可分为固定资产投资借款、更新改造借款、科技开发和新产品试制借款等。

2. 长期借款的程序

企业取得长期借款一般要按照规定的程序办理必要的手续。一般程序如下:

(1) 企业提出借款申请。企业要取得银行借款必须先向银行递交借款申请,说明借款原因、借款金额、用款时间与计划、还款期限与计划等。申请借款的企业还必须符合规定的借款条件。

(2) 银行审批。银行针对企业的借款申请,按照有关政策和贷款条件对企业进行审查。审查的内容主要包括:企业的财务状况、资信情况、盈利能力、发展能力以及借款投资项目的经济效益等。

(3) 签订借款合同。银行经审查批准借款申请后,可与借款企业进一步协商贷款条件,签订正式的借款合同,对贷款的数额、利率、期限以及限制性条款做出明确规定。

(4) 企业取得借款。借款合同签订后,银行可在核定的贷款总额范围内,根据用款计划和企业实际需要,一次或分次将贷款转入企业的存款结算户,以便企业按规定的用途和时间支取使用。

(5) 借款的归还。借款的偿还方式常见的有两种:到期一次还本付息和分期分批偿还。企业应按合同约定的方式按期履行还本付息义务。如果到期不能偿付,应提前向银行申请延期,但只能延期一次。借款逾期不归还,银行将从企业存款户中扣还贷款本息并加收罚息,或者没收抵押品。

3. 长期借款合同的内容

借款合同是规定借款当事人双方权利和义务的契约,具有法律约束力,当事人双方必须严格遵守合同条款,履行合同规定的义务。

(1) 借款合同的基本条款。根据我国有关法规,借款合同应具备以下基本条款:① 借款种类;② 借款用途;③ 借款金额;④ 借款利率;⑤ 借款期限;⑥ 还款资金来源及还款方式;⑦ 保证条款;⑧ 违约责任等。

(2) 借款合同的限制条款。由于长期借款期限长、金额大、贷款风险较高,银行通常都对借款企业提出一些限制性条款,主要包括:① 企业需持有一定的现金及其他流动资产,以保持企业资产的流动性及偿债能力;② 限制支付现金股利;③ 限制资本支出的规模;④ 限制借入其他长期债务;⑤ 定期向银行报送财务报表;⑥ 及时偿付到期债务;⑦ 限制资产出售;⑧ 禁止应收账款转让等。

4. 长期借款融资的优缺点

长期借款与股票、债券等其他融资方式相比,有优点也有缺点,其优点主要表现在:

(1) 融资速度快,手续简单。与股票、债券发行相比,长期借款融资手续简单,资金到位快。

(2) 融资弹性大。借款合同签订后,企业在借款金额或用款时间方面在实际情况发生变化后也可与银行协商变更解决。而股票、债券发行后所面对的是广大的社会投资者,融资条件很难协商。

(3) 融资成本低。长期借款的利息率一般低于债券利率,且融资费用也较少。与股票股息相比,借款利息属税前列支项目,具有抵税作用,因此企业长期借款的实际成本较低。

(4) 财务杠杆作用。长期借款筹到的是借入资金,运用财务杠杆作用,在经营状况好时,借入资金可以为企业带来利润率超过利息率的差额收益,从而提高自有资金收益水平,增加股东财富。

长期借款的缺点主要有:

(1) 融资风险较高。长期借款加大了企业负债比重,同时,固定的利息和到期本金的偿付加大了企业的支付压力,企业财务风险增大。

(2) 限制条件较多,影响企业经营的灵活性。长期借款的众多限制性条款使企业在投资与融资方面都受到牵制,影响企业未来的资金运作。

(3) 融资数量有限。与股票、债券发行相比,长期借款融资规模较小,且往往有限额规定。在企业需要大量资金时,采取这种方法可能达不到企业融资目的。

(三) 发行债券

1. 债券性质与分类

债券是债务人为筹集债务资本而发行的、约定在一定期限内还本付息的一种有价证券(又称长期应付票据)。债券融资是一种直接融资,面向广大社会公众和机构投资者,对发行企业的资格有严格要求。在我国,非公司制企业发行的债券称为企业债券,股份有限公司和有限责任公司发行的债券称为公司债券,简称公司债。企业发行债券的目的通常是为其大型投资项目一次募集大额长期资本。从性质上讲,债券与借款一样是企业的债务,发行债券一般不影响企业的控制权,发行企业无论盈利与否必须到期还本付息。

公司债券可按不同标准分类。

(1) 记名债券与不记名债券

记名债券是指在券面上记有持券人的姓名或名称。对于这种债券,公司只对记名人偿本付息,凭身份证或其他有效证件领取本息。记名债券的转让,由债券持有者以背书等方式进行,并向发行公司通报受让人的姓名或名称,以便公司登记在债券存根簿上。

不记名债券是指在券面上不记载持券人的姓名或名称,还本付息以债券为凭。其转让手续简单,只需将债券交付给受让人即发生效力。我国发行的债券一般是不记名债券。

(2) 有担保债券与无担保债券

有担保债券是指企业发行的有指定的财产作为担保的债券。按照抵押品的不同,还可进一步分为不动产抵押债券、动产抵押债券和信托抵押债券。其中信托抵押债券是指发行企业以其持有的其他企业发行的证券作抵押品而发行的债券。

无担保债券是指没有具体财产担保而仅凭发行企业的信誉发行的债券,又称信用债券。但为了保护投资者利益,对发行者使用债务资本有一些约束或限制规定。

(3) 一次到期债券和分次到期债券

一次到期债券是指在到期日发行企业一次偿还全部本金的债券。这种债券发行企业到期必须一次筹集比较大的资金,增加了调度资金的难度,或为还本而建立偿债基金,不利于资本的流通和运用。

分次到期债券有两种情况:一是企业对同次发行的债券规定不同的到期日;二是企业对同一种债券的本金分次偿还,于到期日全部偿还完毕。这样,可以逐渐减少债券的流通量,维持债券的市价和企业信用,同时与项目产生的现金流入量较为一致,是比较合理的还本方式。

(4) 固定利率债券与浮动利率债券

固定利率债券是指企业在发行时在券面载有确定利率的债券,在债券有效期内,不论周围环境如何变化,债券利率始终不变。浮动利率债券是指发行时不确定债券利率的债券,在债券有效期内,其利率可以根据有关利率(如银行存款利率或国库券利率)的变动作为参照物进行浮动的债券。

(5) 可转换债券与不可转换债券

可转换债券是指债券持有者可以根据规定的价格转换为发行企业股票(一

般为普通股)的债券。这种债券在发行时,对债券转换为股票的价格和比率等都作了详细规定。对发行企业来讲,发行这种债券可大大降低其利率,节约企业的利息支出。但其转换会稀释普通股股东的控制权。另外,如果转股价格规定不合理,债券持有者在规定时间内不行使转换权,而发行企业又没有足够的思想准备,有可能引发大规模集中性的本息兑付而导致企业破产。我国《公司法》规定,可转换债券的发行主体是股份有限公司中的上市公司。

不可转换债券是指不能转换为发行企业股票的债券。大多数债券属于这种类型。

除上述主要分类外,债券还有其他分类标准。如:按照债券是否可提前收回可分为可提前收回债券与不可提前收回债券,前者指发行企业在特定的时间内可按溢价回收的债券,一般在债券票面的背后要规定一些条款,如溢价比率、回收时间等;后者指发行企业将按债券票面上约定的到期日才偿还债券本金的债券。按照债券是否上市,可分为上市债券与非上市债券,上市债券可以在证券交易所挂牌交易,这种债券信用度高、变现能力强,能提高企业的知名度,但上市条件严格,还要承担上市的有关费用;非上市债券则不能在证券交易所挂牌交易。按照发行企业的情况分为重点企业债券、地方企业债券、短期融资债券和企业内部债券等等。

2. 企业利用债券融资的动因

(1) 作为银行信贷资金的替代物

企业自有资本尚不能满足企业发展的资本需要,向银行借款却受到国家金融政策的制约,或者受到银行借款限额的制约等等,使企业不能稳定地从银行等金融机构获取必要的资本来源。在这种情况下,如企业经营状况良好,又有良好的发展前景,发行债券融资不失为一种最合理的选择。

(2) 利用债券融资的特殊机制

与长期借款相比,债券融资具有一些特殊的灵活性。如企业对于债券发行的面值、价格、利率、偿还期和偿还方式等均可根据企业和当时市场的实际情况自行研究决定,这对企业无疑十分有利。

从发行债券或银行借款决策角度看,一般期限较短、额度较小,主要用途为增加适量存货、扩大赊销或增加小型设备等以借款为好。反之,期限较长(一般五年以上)、额度较大,用于公司扩展、增加大型固定资产投资,多采用发行债券方式。

在利率确定上,债券票面利率一般受以下几个因素决定:政府的限制(如普通债券的票面利率不得高于同期银行存款利率的 40%);债券的期限(一般期限越长,利率越高);发行公司的信用级别(信用越差,票面利率越高);付息频率(付息频率越快,票面利率可适当降低)。

在期限选择上,一般受以下几个因素影响:项目性质(如用于增加固定资产应与投资项目的回收期一致);债券交易方便程度(如果债券市场很发达,可以发行期限较长的债券);利率预期走向(如果预期利率将不断上扬,可发行期限较长的债券);居民的投资心理状态和消费趋势(如当地居民具有较强的投资意识和冒险精神,可以选择较长期限)。我国企业发行的债券一般是按面值平价发行,到期一次还本付息,不计复利。关于债券的发行价格及偿还方式后面再加以阐述。

(3) 其他动因

维持普通股股东对公司的控制权;获得财务杠杆利益;增强企业在社会上的知名度等等。

债券的发行必须符合一定的条件,不同国家有不同的规定。此外,发行公司债券所筹集的资金,必须按审批机关批准的用途使用,不得用于弥补亏损和非生产支出。上市公司发行可转换债券还必须具备一些条件,如:财务报表经过注册会计师审计无保留意见;最近三年连续盈利,从事一般行业其净资产利润率在10%以上,从事能源、原材料、基础设施的公司要求在7%以上;发行本次债券后资产负债率必须小于70%;利率不得超过同期银行存款利率;发行额度在1亿元以上;证监委的其他规定。

发行公司发生下列情形之一的,不得再次发行公司债券:前一次发行的债券尚未募足的;对已发行的公司债券或者其债务有违约或者延迟支付本息的事实,而且仍处于继续状态的。

3. 债券发行的程序

(1) 做出决议

公司在实际发行债券之前,必须由股东会(或董事会)做出发行债券的决议,具体决定公司发行债券的总额、票面金额、发行价格、募集办法、偿还日期及方式等内容。

(2) 提出申请

我国规定,公司申请发行债券由国务院证券管理部门批准。公司申请应提交公司登记证明、公司章程、公司债券募集办法、资产评估报告和验资报告。

(3) 公告募集办法

发行公司债券的申请经批准后,公开向社会发行债券,应当向社会公告债券募集办法。我国《公司法》规定,公司债券募集办法中应当载明本次发行债券总额、债券面额、票面利率、还本付息的期限与方式、债券发行的起止日期、公司净资产额、已发行而未到期的公司债券总额、债券的承销机构等事项。公司若发行可转换债券,还应在债券募集办法中规定具体的转换办法。

(4) 委托证券机构发售

公司债券的发行方式一般有私募发行和公募发行两种。前者是指由发行公司直接将债券发售给投资者，因限制较多在我国极少采用。后者是指发行公司通过承销团向社会发售债券，发行公司可以选择代销或包销方式。我国有关法律、法规要求采用公募发行。

(5) 交付债券，收缴款项，登记债券存根簿

发行公司公开发行公司债券，由证券承销机构发售时，投资者直接向承销机构付款购买，承销机构代理收取债券款，交付债券；然后，发行公司向承销机构收缴债券款并结算代理费及预付款项。

根据我国《公司法》的规定，公司发行的公司债券，必须在债券上载明公司名称、债券面额、利率、偿还期限等事项，并由董事长签名、公司盖章。

公司发行的债券，还应在置备的公司债券存根簿登记。登记项目主要有：债券持有者的姓名或者名称及住所；债券持有者取得债券的日期及债券的编号；（此两项适用于记名债券）；债券总额、票面利率、还本付息的期限与方式；发行日期等。

4. 债券发行的价格

债券发行价格主要取决于债券票面利率与市场利率的对比。如果投资者对于购买债券与储蓄及其他债权投资没有特殊偏好的话，债券票面利率大于（小于、等于）市场利率，企业可以溢价（折价、平价）出售债券。由于债券的转让在大多数情况下比银行存款提前支取困难，因此在发行价格上要有所考虑。

债券发行价格主要由两部分组成：债券利息（有时简称债息）的年金现值；到期本金的复利现值。

5. 债券的偿还

债券可以像长期借款那样到期一次偿还本息或分期偿还，或根据情况提前收回。为了减轻到期一次支付的现金流量压力，企业可以建立偿债基金，定期向代理机构支付一笔款项，通过代理机构的有效营运，到期连本带利用于还本付息。偿债基金每年缴纳数额可以是一常数（即年金形式），也可是一变数。有时，发行企业还可采取发行新债券换回即将到期的债券，以达到节约利息费用和继续融资的双重目的，又称换债。有时企业发行债券之后，国家降低了存贷款利息率；或者旧债券的限制条件很苛刻；或者债券到期时企业实际的现金流入量与预计的现金流入量在时间和数额上出入较大，企业都可考虑实施换债。

现以节约利息费用换债为例，说明换债决策的步骤。这种决策需要比较新旧两种债券的利息费用，以新债能节约利息费用、降低债务成本作为决策标准。

第一步：计算换债实际支出

$$换债实际支出＝换债净投资－税收节约$$

其中：

$$换债净投资＝收回贴水＋重复利息支出＋新债的发行费用$$

$$税收节约＝(收回贴水＋重复利息支出＋旧债券未摊销的发行成本)×所得税率$$

收回贴水是指企业在收回旧债券按事先约定的补偿条件，以高于债券面值一定比例的优惠价格付给旧债券持有者的额外支出，即溢价比率部分。重复利息支出是指在新债券已经发行旧债券尚未收回的这段时间内付给旧债券的利息额。发新债的费用包括注册、印刷、法律等方面费用。

第二步：计算换债后的现金流出量节约额

$$年净现金流出量＝年利息支出额－(利息费用＋发行费用摊销额)×所得税率$$

比较旧债和新债的年净现金流出量，计算出差额，即新债的年现金流出量节约额。

$$年现金流出量节约额＝旧债年净现金流出量－新债年净现金流出量$$

第三步：计算换债的净现值

$$换债净现值＝年现金流出量节约额的年金现值－换债实际支出$$

如果换债净现值大于零，则换债方案可行；否则，换债不可行。

6. 债券的信用评级

债券的信用等级表示债券质量的高低。债券的信用等级通常由独立的中介机构进行评估，投资者根据这些中介机构的评级结果选择债券进行投资。

不同国家对债券的评级不尽相同，即使同一个国家的不同评级机构，其评级也有差异。但有一点是相同的，即都将债券按发行公司还本付息的可靠程度、财务质量、项目状况等因素，用简单的符号、文字说明等公开提供给广大投资者。目前，世界各国已基本对债券信用评级形成惯例，即将其划分为三等九级。以美国著名的债券评级机构标准普尔公司的评级为例，其将债券级别从高到低分为AAA、AA、A、BBB、BB、B、CCC、CC、C(或D)九个等级。各级别的含义为：

AAA：该债券到期具有极高的还本付息能力，投资者没有风险；

AA：该债券到期具有很高的还本付息能力，投资者基本没有风险；

A：该债券到期具有一定的还本付息能力，经采取保护措施后，有可能按期还本付息，投资者风险较低；

BBB：该债券到期还本付息资金来源不足，发行企业对经济形势的应变能

力较差,有可能延期支付本息,投资者有一定的风险;

BB:该债券到期还本付息能力低,投资风险较大;

B:该债券到期还本付息能力脆弱,投资风险很大;

CCC:该债券到期还本付息能力很低,投资风险极大;

CC:该债券到期还本付息能力极低,投资风险最大;

C:发行企业面临破产,投资者可能血本无归。

对于发行企业来说,若能按期还本付息,树立良好的现象,争取划入较高等级,这样便于吸引投资者,成功地实现融资目的,而且融资成本也较低。根据美国著名的债券评级机构莫迪公司的一项统计报告:在1980年AAA级债券的利率平均为11.94%,AA级债券的利率平均为12.5%,A级债券的利率平均为12.89%,BAA(相当于标准普尔的BBB)债券的利率平均为13.67%。这完全符合风险收益均衡原理。在国外,许多稳健的机构如慈善组织都规定不得购买A级以下债券。

7. 可转换债券

(1) 可转换债券的性质

可转换债券是一种混合型金融产品,可以被看作普通公司债券与期权的组合体,其特殊性在于它所特有的转换性。作为现代金融创新的一种产物,可转换债券在某种程度上兼具了债务性证券与所有权证券的双重功能。从证券权利角度来分析,可转换债券赋予持有者一种特殊的选择权,即按事先约定在一定时间内将其转换为公司的股票的选择权,这样可转换债券就将传统的债券与股票的融资功能结合起来,在转换权行使之前属于公司的债务资本,权利行使之后则成为发行公司的所有权资本。

(2) 可转换债券的基本要素

可转换债券的基本要素包括标的股票、票面利率、转换价格、转换比率、转换期限、赎回条款、回售条款、转换调整与保护条款。

① 标的股票。可转换债券作为期权的二级派生产品与期权一样也有标的物,它的标的物一般是发行公司自己的普通股票,不过也可以是其他公司的股票,如该公司的上市子公司。

② 票面利率。可转换债券的票面利率一般大大低于普通债券的票面利率,其上限是同期银行存款利息率。可转换债券的持有者看重的是转换为股票获得资本利得的好处,因此,如果发行公司的预期收益增长前景良好,可以将票面利率设计得低一些。

③ 转换价格。转换价格指的是可转换债券在存续期间内债券持有者据以转换为普通股而给付的每股价格。转换价格一般定在比债券发售日股票市场价

格高出10%～30%。在发行公司股票除权时,可转换债券的转股价格要相应调整。如:发行可转换债券时该公司的每股股价50元,则可将转换价格定为60元左右。一年后该公司每股股价为56元,10送10,则除权后转换价格应调整为30元。

④ 转换比率。转换比率指的是每一份可转换债券在既定的转换价格下能转换为普通股股票的数量。在债券面值和转换价格确定的前提下,转换比率为债券面值与转换价格之商。

⑤ 转换期限。转换期限指的是可转换债券转换为股票的起始日至结束日的期间。转换期间的规定通常有四种情形:发行日至到期日;发行日至到期前;发行后某日至到期前;发行后某日至到期日。至于选择哪种,要看公司的资本使用状况、项目情况、投资者要求、可转换债券的期限等。由于转换价格高于公司当前股价,投资者一般不会在发行后立即行使转换权,采取前两种类型能吸引更多投资者;如果公司现有股东不希望过早稀释控制权,可采用后两种类型。

⑥ 赎回条款。赎回是指在一定条件下公司按事先约定的价格买回未转股的可转换债券。发行公司为了避免因市场利率下降而带来的损失,同时为了避免可转换债券的持有者过分享受因公司收益大幅度提高所产生的回报,通常设计有赎回条款。赎回条款通常包括不赎回期、赎回价格、赎回条件等。公司在赎回债券之前要向投资者发出赎回通知,此时投资者必须在转股与售给发行公司之间作出选择。正常情况下,投资者会选择前者。可见,赎回条款最主要的功能是强制可转换债券的持有者积极行使转股权,因此又被称为加速条款。

⑦ 回售条款。回售是指公司股票价格在一定时期内连续低于转股价格达到某一幅度时,可转换债券的持有者按事先约定的价格将债券卖给发行公司。回售对于投资者而言实际上是一种卖权,有利于降低投资者的持券风险。与赎回一样,回售条款也有回售时间、回售价格和回售条件等规定。

⑧ 转换调整条款与保护条款。发行公司发行可转换债券之后,其股票价格可能出现巨大波动。如果股价表现不佳,又未设计回售条款,公司可设计转换调整条款以保护公司利益,预防投资者到期集中挤兑引发公司破产的悲剧。转换调整条款又称向下修正条款,允许发行公司在约定时间内将转股价格向下修正为原转换价格的70%～80%。

(3) 可转换债券融资评价

可转换债券融资的优点:

① 可节约利息支出。由于可转换债券的利率大大低于普通债券,使得发行公司在转换前所支付的利息费用很低,转换之后又节约股票发行成本。

② 稳定股票市价。转换价格通常高于公司当前股价,因此在当前股权融资

时机不佳时,发行可转换债券可以延迟当前低价股权融资,从而避免了进一步降低公司股票市价。可转换债券的转换期限较长,对公司股价的影响较温和,也有利于公司股价的稳定。

③ 增强融资灵活性。发行可转换债券不影响公司偿还其他债务的能力,不会受到其他债权人的反对。同时,其投资者是公司的潜在股东,与公司利益冲突较少。如果公司对可转换债券的有关条款设计周到,将有助于公司主动调整资本结构,增强公司财务弹性。

可转换债券融资的缺点:

① 增强了对管理层的压力。发行可转换债券之后,如果其股价长期低迷,持券者到期未能转股,会造成公司的集中兑付债券本金的财务压力,或者债券转股票后股价迅速大幅度下跌,两者都会影响公司的声誉,恶化公司财务形象。因此,管理层须保持公司经济效益的稳定增长,这种压力很大。

② 回售风险。若可转换债券发行后,公司业绩虽然不错但公司股票却随大盘下跌,或者公司业绩不佳股价长期低迷。在设计有回售条款的情况下,投资者集中在一段时间内将债券回售给发行公司,公司如果对此准备不足将导致公司陷入财务支付危机。

③ 股价大幅度上扬风险。如果可转换债券发行之后,公司股价大幅度上扬,持券者纷纷按较低转换价格行使转换权,这实际上会相对减少公司的融资数量,投资者则获益过多。

8. 债券融资的评价

债券融资的优点:

(1) 资本成本较低。与股票的股利相比,债券的利息允许在所得税前支付,公司可享受税收上的利益,故公司实际负担的债券成本一般低于股票成本。

(2) 可利用财务杠杆。无论发行公司的盈利多少,持券者一般只收取固定的利息,若公司用资后收益丰厚,增加的收益大于支付的债息额,则会增加股东财富和公司价值。

(3) 保障公司控制权。持券者一般无权参与发行公司的管理决策,因此发行债券一般不会分散公司控制权。

债券融资的缺点:

(1) 财务风险较高。债券通常有固定的到期日,需要定期还本付息,财务上始终有压力。在公司不景气时,还本付息将成为公司严重的财务负担,有可能导致公司破产。

(2) 限制条件多。发行债券的限制条件较长期借款、融资租赁的限制条件多且严格,从而限制了公司对债券融资的使用,甚至会影响公司以后的融资能力。

(3) 融资规模受制约。公司利用债券融资一般受一定额度的限制。

（四）租赁融资

租赁是出租人以收取租金为条件，在契约或合同规定的期限内，将资产租借给承租人使用的一种经济行为。租赁是一种融物融资，用以解决企业急需设备而又资金不足的困难。一般办理出租业务的主要是各种专业租赁公司，承租人是其他各类企业，租赁对象大多是各种机器设备等固定资产。

1. 租赁的种类

租赁的种类很多，但主要分成两大类：经营租赁和融资租赁。

（1）经营租赁

经营租赁又称营业租赁或业务租赁，是由出租人向承租企业提供租赁设备，并提供设备维护保养和人员培训等的服务性业务。经营租赁一般为短期租赁，是承租企业为取得设备的短期使用权而采取的融资行为。

经营租赁的特点主要表现在：① 承租企业可随时根据需要向出租人承租资产；② 租赁期短，只是资产使用寿命的一小部分；③ 它是一种可解约的租赁，在合理条件下，承租人有权在租赁期间预先通知出租人后解除租约，或要求更换租赁物；④ 出租人提供维修保养和技术指导等专门性服务；⑤ 一次租赁其租金不足以弥补其资产成本，租赁期满后资产由出租人收回自用或多次出租；⑥ 租赁资产的风险由出租人承担。企业对于那些单位价值高、使用频率低的机器设备可采用经营租赁方式租入使用，如偶尔使用的吊车、推土机等。

（2）融资租赁

融资租赁又称财务租赁、资本租赁，是由租赁公司按照承租企业的要求融资购买设备，并在契约或合同规定的较长期限内提供给承租企业使用的信用性业务。融资租赁属长期租赁，是承租企业为融通资金而采用的集融资与融物于一身的特殊融资方式。

融资租赁与经营租赁相比，其特点主要表现在：① 承租人对设备和供应商具有选择的权利和责任，一般由承租企业向出租方提出正式申请，由出租方根据承租的要求融通资金购入设备给承租企业使用；② 租赁期限较长，大多为设备耐用年限的一半以上；③ 它是一种不可解约的租赁，在规定的租期内非经双方同意，任何一方不得中途解约；④ 由承租企业负责租赁物的维修保养和管理，但不能自行拆卸改装；⑤ 出租人几乎可以通过一次出租，就可收回在出租资产上的全部投资；⑥ 租约期满后，可以按以下办法处理租赁资产：将设备作价转让给承租人、由出租人收回或续租。

融资租赁按其业务上的不同特点，又可细分为直接租赁、售后租回和杠杆租赁三种具体形式。

直接租赁是指承租人直接向出租人租入所需要的资产并支付租金。它是融资租赁的典型形式，其出租人一般为设备制造厂商或租赁公司。

售后租回是租赁企业将其设备卖给租赁公司，然后再将所售资产租回使用并支付租金的租赁形式。承租企业出售资产可得到一笔现金，同时租回资产不影响企业继续使用，但其所有权已经转移到租赁公司，售后租回出租人一般为租赁公司等金融机构。

杠杆租赁是当前国际上流行的一种特殊形式的融资性租赁。在这一租赁方式中，出租人一般出资相当于租赁资产价款20%～40%的资金，其余60%～80%的资金由其将欲购置的租赁物作抵押向金融机构贷款，然后将购入的设备出租给承租人，并收取租金。这种方式一般要涉及承租人、出租人和贷款人三方当事人。从承租方看，这一租赁方式跟前两种租赁方式没有什么差别。但从出租方看，出租人只垫付部分资金便获得租赁资产的所有权，而且租赁收益大于贷款成本支出，出租方能够取得财务杠杆收益，故这种方式称为杠杆租赁。

2. 租金的确定

在租赁融资方式下，租金是承租方因租用资产而付给出租人的报酬，相当于租赁融资成本。租金数额的多少以及支付方式的不同会对企业未来财务状况产生不同的影响，因此租金是租赁融资决策的重要依据。

融资租赁的租金包括资产买价和租息两部分。资产买价包括资产购买价格、运杂费、途中保险费等，它是租金的主要组成部分。租息包括租赁公司的融资成本和租赁手续费，其中，融资成本是指租赁公司为购买租赁设备所融资金的成本，即设备租赁期间的利息；租赁手续费包括租赁公司承办租赁设备的营业费用和一定的盈利。租赁手续费的高低一般没有固定标准，由承租企业与租赁公司协商确定。

租金的支付方式决定着每次支付租金的时间间隔和每期租金的大小。租金的支付方式主要有三种：① 按支付期长短分为年付、半年付、季付和月付；② 按在期初和期末支付分为先付租金和后付租金；③ 按每次是否等额支付，分为等额支付和不等额支付。在实际中，大多为后付等额年金。

租金的计算一般采用等额分摊的办法，如果不考虑资金时间价值，就采取平均分摊法计算，可用如下公式：

$$每次支付租金 = \frac{应付租金总额}{支付期数}$$

其中：

$$应付租金总额 = 设备买价 + 租息$$

如果考虑资金时间价值,则采用等额年金分摊法计算,用如下公式:

$$每次支付租金 = \frac{设备买价}{年金现值系数}$$

上式中,折现率应综合考虑利息率和手续费率在租赁协议中确定。

3. 租赁融资的优缺点

租赁融资的优点:

(1) 融资与融物为一体,可迅速获得所需资产。租赁融资不需进行机器设备的购置过程,能使企业所需设备尽快投入使用。

(2) 避免债务的限制性条款。与其他负债融资方式相比,租赁融资的限制性条件较少,能使企业经营决策更具灵活性。

(3) 转嫁设备陈旧过时的风险。企业采取租赁方式,既取得了资产的使用权,又不必承担设备陈旧过时的风险,尤其对一些技术进步较快、无形损耗较大的固定资产,采用这种方式对承租企业更有利。

(4) 租金费用在所得税前扣除,减轻企业的实际租金负担。

(5) 保存企业的借款能力。租赁融资是一种报表外融资方式,企业采取租赁方式融资,可以保持其借款能力,尤其是在经营租赁方式下,既不构成企业负债,也不改变公司的资本结构。

租赁融资的缺点:

(1) 租赁成本高。租赁融资的主要缺点是租赁成本高,与通过银行借款融资自行购建资产相比,租赁的租金要比借款利息高得多。

(2) 丧失资产残值。租赁期满,除非承租企业购买该项资产,其残值一般归租赁公司所有。

第三节 投资决策与风险分析

一、企业投资的特点

企业投资不同于正常生产经营过程中的资金运用,它是为实现企业发展过程中某一阶段的具体目标而投入的数额较大的资金。因此,企业投资具有自己的特点:

1. 影响时间长

用于企业技术更新改造和产品开发的投资,是在将来发挥作用。一般的投资项目要经过投资准备期、投资建设期、生产期和投资收回期,从投资准备到生产投入一般需要三年以上,投资全部收回则需要更长的时间。

2. 涉及范围广

企业投资既涉及企业外部环境又涉及企业内部条件。外部环境有国家经济建设的方针、政策及其他政治、社会因素,还涉及技术、经济、法律、银行信贷、利用外资等一系列因素。内部条件有产品结构、生产条件、技术力量、物质资源、财务状况、销售渠道和经营实力等。上述因素协调一致,才能作出投资决策。

3. 需要资金多

企业投资决策是企业高层决策,它决定企业未来的发展方向、速度与规模,影响较长时间的经济效果,涉及企业整体发展战略,所以一般投入的资金较多,少则百万,多则几千万甚至上亿元。

4. 遭受风险大

由于企业投资影响时间长、涉及范围广、需要资金多,势必使企业投资遇到较大的风险。这些风险是新技术、新产品开发风险,企业转向风险,市场开拓风险和扩大产品产量风险等。企业投资风险既存风险损失,同时也存在风险效益。

二、企业投资的分类

工商企业投资,可以从不同角度进行分类。

1. 企业投资按再生产过程中的作用,可以分为企业初建时建设性投资、维持企业简单再生产的更新改造投资、从事扩大再生产的追加性投资和因调整生产经营方向发生的转向性投资

(1) 企业初建时建设性投资,是指平地起家的企业为建立生产经营必备的条件和一切辅助设施的投资。其特点是投入的资金是企业的原始资金。

(2) 维持企业简单再生产的更新改造投资,是为了适应社会技术进步的需要,对已经老化的机器设备和其他固定资产进行更新改造所投入的生产资金。其特点是将原来投入经营过程的资金收回后再投入到生产经营过程。

(3) 扩大再生产的追加性投资,是企业为了扩大生产经营规模,在增加人力、设备和生产面积或提高技术装备水平等生产要素的投资。其特点是将积累的资金,通过建设转化为企业更大规模的投资。

(4) 调整生产经营方向发生的转向性投资,是企业为了调整原有的生产经营方向,部分或全部改变原有经营方向,将抽调出来的资金投向新的市场或开拓加强另一种产品的生产。其特点是企业的资金总量不发生变化,但资金在使用上发生转向。

2. 企业投资按所构成企业资金性质,可以分为固定资产投资、流动资金和专用基金投资

(1) 固定资产投资,是企业对房屋、建筑物、机器设备、运输工具等劳动资料方面的投资。其中又分为生产性固定资产投资和非生产性固定资产投资。

(2) 流动资金投资,是企业为维持正常的生产经营活动,购买原材料、燃料、辅助材料、动力、支付工资和其他费用的投资。它包括初建时投入的流动资金和生产经营过程中追加投入的流动资金。

(3) 专用基金投资,是企业研制新产品、发展生产、奖励职工所作的贡献、解决职工生活困难给予的补助和改善职工福利的投资。

3. 企业投资按回收时间的长短,可以分为长期投资、中期投资和短期投资

(1) 长期投资,是指投资回收期为 5 年以上的投资。

(2) 中期投资,是指投资回收期为 3～4 年的投资。

(3) 短期投资,是指投资回收期为 1～2 年的投资。

进行中长期投资决策时,一要考虑投资风险;二要考虑货币的时间价值。

4. 企业投资按发生作用的地点不同,可分为对内投资和对外投资

(1) 对内投资又可以分为企业本体和企业联合投资。企业本体投资是企业对其内部生产经营活动的投资,其特点是投资的所有权与使用权是统一的。企业联合投资是企业通过合资经营、股份、补偿贸易等形式对其他企业的投资,其特点是这种投资的所有权与使用权相分离。

(2) 对外投资又可分为对国外直接投资和对国外间接投资。对外直接投资是在国外建立企业的投资或对这些企业的追加投资。对外间接投资是购买外国政府债券、外国公司的股票等。对外直接投资不仅要取得企业经营的利润,而且要在一定程度上控制企业的经营管理权。对外间接投资仅以取得利息和股息为目的,一般并不企图参与企业的经营活动,只有达到控股时参与企业的经营管理。

5. 企业投资按投资对象不同,可分为市场开发投资、新产品开发投资、设备更新投资、人才开发投资、证券投资等

6. 企业投资按目的不同,可分为扩大收入的投资和降低成本的投资

(1) 扩大收入的投资,是指扩大生产能力且扩大销售量、增加收入的投资。

(2) 降低成本的投资,是指为降低产品成本在设计技术、生产工艺、质量、设备改造和劳动组织等方面的投资。

7. 企业投资按投资形式,可分为直接投资和间接投资

(1) 直接投资,是指直接用于建立各种企业、公司,从事生产经营职能活动,并从直接经营活动中取得投资收益的投资形式,其特点是规模大、周期长和风

险大。

(2) 间接投资,它不直接用于组建企业、公司,而是通过各种金融媒介机构购买各种金融商品的投资活动,其特点是比较灵活、便利和广泛。

三、企业投资的方向

企业投资决策,就是企业根据其发展规划和发展目标,正确地确定资金的投向,选择合理的投资项目和最佳的投资方案的过程。

(一) 资金的确定

资金投向是指投入的具体方向或领域。确定资金投向就是企业要明确一定时期内企业投资的领域和范围。它属于企业投资的战略性决策,对企业未来的发展具有深远的影响。因此,每个企业都应根据企业的实际情况,慎重地选择确定自己的资金方向。

确定资金投向一般要考虑以下三个方面的要求:

1. 资金投向要与企业发展方向和发展阶段的要求相适应

在企业的发展过程中,可能会遇到多次有利可图的投资机会,各部门也可能提出各种各样的投资项目,在这种情况下,企业的投资应首先选择那些最能体现企业发展方向和对实现现阶段发展目标具有关键作用的领域和经营环节,而不能将投资分配在各个领域和经营环节。这是因为,任何企业能够筹集的资金都是有限的,只有首先保证上述领域和生产经营环节发展的投资需要,才能最好地发挥有限的资金对企业发展的促进作用。如与之相反,投资领域偏离企业发展轨道,虽然可得到局部效益,但却削弱了企业在主要发展方向的投资能力,影响到企业的长远发展。因此,确定投资方向首先应服从于企业总的发展方向。

2. 资金投向要以企业的技术改造为重点

国内外的经验都表明,把投资重点放在对企业现有的生产经营条件的技术改造上,风险小,把握大,收效快。一般来说,通过技术改造形成的生产能力,比新建同等规模的企业要少用 1/3 左右的资金,节省一半的设备和原材料,工期可缩短 1/2 到 2/3,因此,像美国、日本等技术先进的国家,企业的投资重点也已经逐步转到技术改造上来。我国企业技术还普遍落后,更应将企业资金重点投入技术改造领域,尽快用新技术、新工艺更换陈旧落后的技术和工艺,将企业的主要产品提高到 20 世纪 80 年代或 90 年代的水平。

3. 资金投向要考虑国家的产业政策,优化企业产品结构

企业投资是调整企业产品结构,发展新产品的重要手段。在确定其投向时,要认真研究国家的产业政策,使企业产品结构的调整符合国家对社会产品结构的调整方向。企业产品开发投资应优先用于发展高技术含量、高附加值、高质

量、低耗能的产品；当企业实行多元化经营，向新的生产经营领域发展时，应尽可能将资金投向国家大力扶持的新兴产业。总之，企业投资方向与国家产业政策的要求相适应，有助于企业得到国家在财政、信贷、税收等各方面的支持，为生产经营的进一步发展创造更为有利的条件。

（二）投资项目的选择

投资项目的选择是企业投资决策的核心内容和主要工作。一般情况下，企业资金投向确定后，在一定时期是稳定不变的，所以投资决策主要是指投资项目的提出、评价与决策过程。

1. 投资项目的提出

企业所有成员均可能提出新的投资项目。企业领导者应鼓励各级、各部门广泛提出各种各样的投资项目，以便找出足够的有利可图的投资机会。这些项目往往是互不关联、目标分散的。为了使有限的资金得到充分利用，有必要加以筛选、分类、排队，经过系统的研究分析，确定一个符合企业长期目标的投资项目系列，然后根据主客观条件，有选择的编制投资支出预算。在投资中切忌过于分散。

2. 投资项目的评价

每个投资项目都应从技术、经济和社会效益等方面进行可行性分析和评价。财务管理部门就要负责其中的盈利分析和方案的经济评价，即检查项目投产后的收入是否可靠，成本是否合理，能够提供多少利润，有多少风险以及整个方案经济上是否合理等，并提出是否采取和采纳以及先后次序的建议。除此之外，有关部门还应考虑与本企业相关的其他因素。如产品销售的影响，对同行的竞争影响，对本企业声誉的影响，消费者组织的影响，对整个国民经济的影响等。

3. 投资项目的决策

企业投资项目经过综合评价和可行性研究之后即进入决策审批阶段。在此期间，项目决策审批人员应分别征询工程技术人员、市场研究人员和财务人员等从不同角度对项目的分析评价。对重大投资项目更应集思广益，集体决策，避免失误。对投资风险较大或发展前景不确定性较大的项目，应在评价其对有关目标要求的满足程度之后作出批准或否决的决策。这些目标是：

（1）利益目标的要求。投资的最终目标是获取最大限度的收益。然而，并非任何时候、任何项目都能够获得最佳或是最优的收益目标。因为投资风险的存在，在利益目标决策时，必须考虑投资回收的安全和可能承担的风险损失。为此，要采取各种相应的预防措施，要坚决放弃那些过高追求。最佳利益目标就是在正确处理收益和风险损失的前提下既不冒进又不保守，充分估计到利益实现的客观可能条件基础上制定的。

(2) 安全目标的要求。即投资免遭风险损失,确保投资安全回收和既定效益目标实现的目标决策。安全目标是投资的核心,它包括本金的安全、利益的安全和有效回收期的安全。

(3) 前景目标的要求。即投资项目的生命力。由于各种投资追求的目的要求不同,对投资前景的选择亦有所不同。一般来说,短期的、小数额的周转性的过渡性投资所追求的短期投资利益不重点考虑其投资前景,而那些长期的、大型项目的投资则必须考虑其投资前景。

四、投资项目的可行性研究

可行性研究,概括地说就是对预定的投资项目从技术、经济、社会、法律等多方面进行研究分析,对项目实施后可能达到的经济效益、社会效益、发展前景进行预测,为项目决策、筹措资金、方案设计等提供科学依据。

可行性研究作为一种科学方法,主要用于对投资项目的必要性、可能性和经济效益作出综合评价,也可以用于对具体方案的分析研究,其程序是由粗到细、由浅入深分步完成的。一般可将其分为三个步骤:

1. 机会研究

这是对投资的初步设想和建议所进行的一种概略性的分析。主要是分析其必要性,并根据少数几个大的综合性经济指标对其经济效益进行估算,根据已掌握的内外情况对所需的最基本条件具备程度进行估计,以此来确定是否还继续进行更深一步的研究。如果结论是肯定的,就进行下一步。

2. 初步可行性研究

这是当机会研究因资料不足,基本经济指标缺少把握,不能确定投资项目发展前途时所进行思维深一步研究(如果机会研究得出的是有发展前途的结论,就可越过这一步)。它是在有了项目概貌的基础上,运用易得到的资料和研究人员的经验,通过少量有选择意义的指标、条件等,对经济效益和条件具备程度的分析。目的也是为了确定是否应继续进行研究。如果结论是肯定的,就可以进行下一步。

3. 详细可行性研究

也是最后的可行性研究。它是在认真调查、掌握足够情报资料的基础上对项目进行的系统分析,其结果应为决策提供确切、全面的依据和结论意见。结论意见可以是对少数几个可行方案的利弊说明,或对最好方案的推荐,也可以是都不可行的说明。

详细研究的成果一般通过可行性研究报告的形式反映出来。报告的内容主要包括:投资项目的必要性、可能性;项目的具体实施计划;项目的财务分析和经济评价;研究总结等。

对投资项目的可能性的分析,主要是指：是否真正需要投资本身实现的直接成果,如是否需要新建厂房、新购置设备等;是否真正需要利用完成的投资项目所从事的生产经营活动,如是否需要利用新建的厂房、新设备所生产的产品等。

对投资项目的可能性的分析,主要是指：实现这一项目必须具备哪些条件,是否真正具备了这些条件;利用完成的投资项目所从事的生产经营活动又必须具备哪些条件,是否真正具备了这些条件。

对投资项目的经济评价,主要是用一系列指标如投资收益率、投资回收期、追加投资回收期等来衡量与评价项目投资的经济效益。对投资较大的项目,一般还要对方案各部分、各时期的资金运作进行细致的定量分析与评价。

五、投资决策的风险分析

(一) 投资活动的风险投资特征

投资活动是一种典型的风险活动,而且这种风险属于投机性风险,既有可能获得收益,也有可能发生损失。投资者进行投资,主要是受投资活动的机会与收益的诱导,而是否取得这种预算期收益则受风险的影响。

投资活动之所以具有风险,是因为投资活动具有以下风险特征：

1. 投资收益具有不确定性

在投资项目实施之前,决策者对投资收益的估计结果仅仅是一种预期收益,这种预期收益具有一定的不确定性;投资项目实施的结果,有可能偏移这种预期收益,一旦实际投资收益低于预期收益便构成了风险损失。

决策论中,一般将投资收益状况分为几种状态,并且在假设这些状态的概率已知的情况下进行风险决策,而在实际过程中,往往状态的概率都难以估计,即现实中的投资不确定性往往比数学模型所设定的不确定性更严重。在这种状况下作出的决策具有很大的不确定性与风险。当实际的投资收益很低甚至为负数时,如果决策者误认为投资收益率很高,那么,有可能使决策者选择这种项目并进行大量投资,从而导致决策失误、投资失败与资金损失。

2. 投资活动具有周期性与时滞性

一项投资活动的实施需要一定的时间或周期,在实施周期里,投资活动的外部环境将发生变化,而如果投资者未预先考虑这种变化,那么,环境的变化便会给投资者带来巨大的风险。

当国家产业结构调整以及产业政策发生变化时,便可能使得企业正在投资的产业处于国家产业政策所限制的范围;或国家法律有可能禁止某些产品的生产,例如,禁止含氟利昂的空调机、电冰箱的生产,这样,便会使正在投资于这些产品的企业遭遇风险;原来限制进口的产品,一旦降低关税或竞争并不激烈的产品,随着时间的推移,新的竞争者的加入,竞争对手的强大,将使投资活动面临复杂的竞争风险。因此,时间因素隐含不确定性,而这种不确定性又导致投资风险。

投资活动又具有时滞性和惯性,例如,企业进行某项生产投资,一旦投入的资金变为最大资产实物(如设备)时,即使企业已察觉到风险,但因投资过程缺乏可逆性而不能有效的防范损失的发生。

3. 投资活动具有投资的测不准性

投资活动的风险性,还表现在项目投资的测不准性上。投资测不准,不仅表现在项目的所需投资预算不准性,而且表现在项目的实际所需投资往往超过预期的匡算。例如,三峡工程所需静态投资,1993 年的估算为 954 亿元,是前两年估计值的 2 倍,远远超过以前的估计,当三峡工程完工时,其实际投资可能更多。投资的测不准,将从两个方面加剧投资风险:

(1) 投资的测不准,实际上是对项目所需投资估计过低,而对投资的低估,势必夸大投资的预期效益,从而易导致决策者在项目选择时做出错误决策。

(2) 对投资的过低估计,将使投资者的资金准备不足,使筹集的资金不能满足项目的实际需要,从而形成项目的资金缺口,项目的中止与延期又会导致项目中止、延期,而项目的中止与延期又会导致各种费用的增加和投资需求的进一步扩大。

(二) 风险分析的方法

风险分析的目的在于估计风险可能给经营活动的结果带来的影响程度,为企业经营决策提供依据,也便于企业采取对策,把风险造成的损失减少到最低限度。

风险程度是指经营活动的不确定结果(称随机变量,用 x 表示)对期望值可能发生的偏离程度,它是反映风险大小的指标。风险程度的大小用标准离差和标准离差率来表示,其计算公式为:

$$\sigma = \sqrt{\sum P_i(X_i - \mu)}$$

$$y = \sigma/\mu$$

式中:σ——标准离差;

P_i——第 i 个客观自然状态的概率;

X_i——第 i 个随机变量;

μ——期望值;

y——标准离差率。

风险价值又称风险报酬,或称风险效益,是指经营者因在经营活动中冒风险而取得的报酬。风险价值同风险程度成正比,风险程度越大,所取得的风险价值就越高。风险价值是风险程度(标准离差)的函数,可用下列公式表示:

$$Q = f(\sigma/\mu)$$

式中:Q——风险价值(风险报酬);
f——风险系数。

1. 风险程度分析

当比较两个投资方案以便作出选择时,可按以下原则选取:

(1) 当两个方案的期望回收率相同时,应当选择标准离差率(风险程度)低的方案。

(2) 当两个方案的标准离差率(风险程度)相同,应当选择期望回收率高的方案。

(3) 当一个方案的期望回收率低于第二个方案,而其标准离差率却高于第二个方案时应当选择第二个方案。

(4) 当一个方案的期望回收率高于另一方案,但其风险程度也高于另一方案时,一般不能简单地肯定哪一个方案好,这要取决于决策者的主观愿望。有的决策者愿意冒较大的风险以追求较高的回收率,就会选取回收率和标准离差率均高的方案。而有的决策者则可能相反,不愿意冒较大的风险去追求较高的回收率,他就会选取回收率低些,风险也小些的方案。

2. 风险价值分析

假设投资者主观确定的风险报酬系数为 1/12,则上例的风险报酬为:

$$Q = f(\sigma/\mu) = 1/12 \times 141\% = 11.75\%$$

又假定市场上的无风险利率(如银行存款利率)为 6.3%,那么,对于投资者来说,必须取得 18.05%(风险报酬和无风险报酬之和)以上的期望回收率。但本例的期望回收率只有 17%,因此,此项工程投资是缺乏吸引力的。

📖 本章重要知识点总结

通过本章教学,使学生掌握吸收直接投资、普通股与优先股融资、负债融资、租赁筹资等筹资的基本原理及操作技巧,了解企业筹资的渠道和方式,掌握各种筹资方式的优缺点,为今后工作打下基础。

通过追加投入来实现企业的发展,主要表现为企业生产能力的扩大,技术的改进,产量的增加,品种的增多,质量的提高以及开发新产品等,使企业原有的生产圈和市场圈得到扩大。

融资是企业根据其生产经营活动对资金的需求,通过资金市场,采用适当的融资方式,获取所需资金的一种行为,是企业财务管理的重要内容,是企业的基本财务活动。融资是企业整个资金运动的起点,也是企业维持正常生产经营和扩大经营规模、分配资金的前提条件。融资渠道是指筹措资金的来源与通道,反映资金的源泉和流量。融资渠道属客观范畴,即融资渠道的多与少企业无法左右,它与国家经济发展程度及政策制度等相关。企业了解融资渠道的种类及每种渠道的特点,有助于正确利用融资渠道。融资方式是指企业筹措资金所采取的具体形式,反映资金在企业的具体存在形式。融资方式属于主观范畴,可以由企业来选择。企业只有了解融资方式的种类及每种方式的特点,才能灵活运用不同的融资方式,降低资本成本,有效筹集所需资金。企业融资由于渠道和方式的不同,形成多种不同的资金。按照不同的分类标准,企业融资可分为多种类型,包括自有资金与借入资金、短期资金与长期资金、内部融资与外部融资、直接融资与间接融资等。

资本金是企业投资者创办企业时投入的资金,是企业得以存在的基础和进行生产经营活动的必要条件。在我国,资本金是企业在工商行政管理部门登记的注册资金。法定资本金是企业在设立时必须筹集的、相关法律所要求的最低资本金数额。我国《公司法》为不同类型的公司规定了最低的注册资金数额,即法定资本金。资本金按投资主体的不同,可分为国家资本金、法人资本金、个人资本金和外商资本金。与此相适应,股份制企业的股权划分为国家股、法人股、个人股和外资股。这种分类有利于确定企业的所有制结构,保护投资者的合法权益。

所有者可以货币方式出资,也可以实物财产、无形资产等方式出资。在所有者以实物财产、无形资产出资的情况下,企业的融资活动与投资活动实际上已经融为一体了。

股票是股份公司为筹措自有资本而发行的有价证券,是持股人拥有公司股份的凭证,它代表持股人即股东在公司中拥有的所有权。优先股股票是指由股份有限公司发行的,在分配公司收益和剩余财产方面比普通股股票具有优先权的股票。优先股常被看成是一种混合证券,是介于股票与债券之间的一种有价证券。发行优先股对于公司资本结构、股本结构的优化,提高公司的效益水平,增强公司财务弹性无疑具有十分重要的意义。

股票上市对公司有利的是:可以提高股票的流动性和变现能力;促进公司股权的社会化,防止股权过于集中;提高公司的知名度;便于确定公司的价值,以利于促进公司实现财富最大化目标;有助于确定公司增发新股的发行价格。股票上市对公司不利的是:公司将负担较高的信息报道费用;各种信息公开的要求可能会暴露公司的商业秘密;股价有时会扭曲公司的实际状况,丑化公司声誉；可能会分散公司的控制权，造成管理上的困难。

负债融资是指通过借债的方式筹集资金。企业资金来源有两种：主权资金与负债。负债是企业资金的一个重要来源，任何企业在生产经营活动中除了自有资金以外，都要运用负债。企业运用负债可以解决日常经营中的资金暂时困难，同时为企业扩大经营规模、增加新的投资机会提供必要的资金援助。负债融资形成的是企业的债务，企业负有按期付息、到期还本的义务。因此，负债增加了企业的支付压力，使企业财务风险加大。负债按其偿还期限的不同，可分为短期负债与长期负债。

租赁是出租人以收取租金为条件，在契约或合同规定的期限内，将资产租借给承租人使用的一种经济行为。租赁是一种融物融资，用以解决企业急需设备而又资金不足的困难。一般办理出租业务的主要是各种专业租赁公司，承租人是其他各类企业，租赁对象大多是各种机器设备等固定资产。融资租赁又称财务租赁、资本租赁，是由租赁公司按照承租企业的要求融资购买设备，并在契约或合同规定的较长期限内提供给承租企业使用的信用性业务。融资租赁属长期租赁，是承租企业为融通资金而采用的集融资与融物于一身的特殊融资方式。

企业投资不同于正常生产经营过程中的资金运用，它是为实现企业发展过程中某一阶段的具体目标而投入的数额较大的资金。企业投资决策，就是企业根据其发展规划和发展目标，正确地确定资金投向，选择合理的投资项目和最佳的投资方案的过程。

资金投向是指投入的具体方向或领域。确定资金投向就是企业要明确一定时期内企业投资的领域和范围，它属于企业投资的战略性决策，对企业未来的发展具有深远的影响。因此，每个企业都应根据企业的实际情况，慎重地选择确定自己的资金投向。

投资项目的选择是企业投资决策的核心内容和主要工作。一般情况下，企业资金投向确定后，在一定时期是稳定不变的，所以投资决策主要是指投资项目的提出、评价与决策过程。

可行性研究，概括地说就是对预定的投资项目从技术、经济、社会、法律等多方面进行研究分析，对项目实施后可能达到的经济效益、社会效益、发展前景进行预测，为项目决策、筹措资金、方案设计等提供科学的依据。可行性研究作为一种科学方法，主要用于对投资项目的必要性、可能性和经济效益作出综合评价，也可以用于对具体方案的分析研究。它的程序是由粗到细、由浅入深、分步完成的。

投资活动是一种典型的风险活动，而且这种风险属于投机性风险，既有可能获得收益，也有可能发生损失。投资者进行投资，主要是受投资活动的机会与收益的诱导,而是否取得这种预算期收益则受风险的影响。

通过本章教学,学生应了解融资和投资的特点和基本原理,掌握投资决策的方法。

案例一

南海汽车制造公司筹资决策案例

南海汽车制造公司是一个多种经济成分并存,具有法人资格的大型企业集团。公司现有58个生产厂家,还有物资、销售、进出口、汽车配件4个专业公司,1个轻型汽车研究所和1所汽车工业学院。公司现在急需1亿元的资金用于"七五"技术改造项目。为此,总经理赵广文于1988年2月10日召开由生产副总经理张伟、财务副总经理王超、销售副总经理李立、某信托投资公司金融专家周明、某研究中心经济学家吴教授、某大学财务学者郑教授组成的专家研讨会,讨论该公司筹资问题。下面是他们的发言和有关资料。

总经理赵广文首先发言,他说:"公司'七五'技术改造项目经专家、学者的反复论证已被国务院于1987年正式批准。这个项目的投资额预计为4亿元,生产能力为4万辆。项目改造完成后,公司的两个系列产品的各项性能可达到国际80年代的先进水平。现在项目正在积极实施中,但目前资金不足,准备在1988年7月筹措1亿元资金,请大家讨论如何筹措这笔资金。"

生产副总经理张伟说:"目前筹集的1亿元资金,主要是用于投资少、效益高的技术改造项目。这些项目在两年内均能完成建设并正式投产,到时将大大提高公司的生产能力和产品质量,估计这笔投资在投产后3年内可完全收回。所以应发5年期的债券筹集资金。"

财务副总经理王超提出了不同意见,他说:"目前公司全部资金总额为10亿元,其中自有资金为4亿元,借入资金为6亿元,自有资金比率为40%,负债比率为60%,这种负债比率在我国处于中等水平,与世界发达国家如美国、英国等相比,负债比率已经比较高了。如果再利用债券筹集1亿元资金,负债比率将达到64%,显然负债比率过高,财务风险太大。所以不能利用债券筹资,只能靠发行普通股股票或优先股股票筹集资金。"

但金融专家周明却认为:目前我国金融市场还不完善,一级市场刚刚建立,二级市场尚在萌芽阶段,投资者对股票的认识尚有一个过程。因此,在目前条件下要发行1亿元普通股股票十分困难。发行优先股还可以考虑,但根据目前的利率水平和市场状况,发行时年股息率不能低于16.5%,否则无法发行。如果发行债券,因要定期付息还本,投资者的风险较小,估计以12%的年利息率便可顺利发行债券。

来自某研究中心的吴教授认为：目前我国经济正处于繁荣时期，但党和政府已发现经济过热所造成的一系列弊端，正准备采取措施治理经济环境，整顿经济秩序。到时汽车行业可能会受到冲击，销售量可能会下降。在进行筹资和投资时应考虑这一因素，否则盲目上马，后果将是十分严重的。

公司的销售副总经理李立认为：治理整顿不会影响该公司的销售量。这是因为该公司生产的轻型货车和旅行车，几年来销售情况一直很好，畅销全国29个省、市、自治区，市场上较长时间供不应求。1986年全国汽车滞销，但该公司的销售状况仍创历史最高水平，居全国领先地位。在近几年全国汽车行业质量评比中，轻型客车连续夺魁，轻型货车两年获第一名，一年获第二名。李立还认为：治理整顿可能会引起汽车滞销，但这只可能限于质次价高的非名牌产品，该公司的几种名牌汽车仍会畅销不衰。

财务副总经理王超补充说："该公司属于股份制试点企业，执行特殊政策，所得税税率为35%，税后资金利润率为15%，准备上马的这项技术改造项目，由于采用了先进设备，投产后预计税后资金利润率将达到18%左右。"所以，他认为这一技术改造项目仍应付诸实施。

来自某大学的财务学者郑教授听了大家的发言后指出：以16.5%的股息率发行优先股不可行，因为发行优先股所花费的筹资费用较多，把筹资费用加上以后，预计利用优先股筹集资金的资金成本将达到19%，这已高出公司税后资金利润率，所以不可行。但若发行债券，由于利息可在税前支付，实际成本在9%左右。这时不宜发行较长时期的具有固定负担的债券或优先股股票，因为这样做会长期负担较高的利息或股息。所以，郑教授认为，应首先向银行筹措1亿元的技术改造贷款，期限为1年，1年以后，再以较低的股息率发行优先股股票来替换技术改造贷款。

财务副总经理王超听了郑教授的分析后，也认为按16.5%发行优先股的确会给公司造成沉重的财务负担，但他不同意郑教授后面的建议。他认为，在目前条件下向银行筹措1亿元技术改造贷款几乎不可能；另外，通货膨胀在近1年内不会消除，要想消除通货膨胀，利息率有所下降，至少需要两年时间。金融学家周明也同意王超的看法，他认为1年后利息率可能还要上升，两年后利息率才会保持稳定或略有下降。

📝 案例思考

1. 你认为总经理最后应该选择何种筹资方式？
2. 本案例对你有哪些启示？

案例二

利达 VCD 制造厂生产线投资方案

利达 VCD 制造厂是生产 VCD 的中型企业，该厂生产的 VCD 质量优良，价格合理，长期以来供不应求。为扩大生产能力，厂家准备新建一条生产线。负责这项投资工作的总会计师经过调查研究后得到如下有关资料：

(1) 该生产线的原始投资额为 12.5 万元，分两年投入。第一年初投入 10 万元，第二年初投入 2.5 万元，第二年末项目完工可正式投产使用。投产后每年可生产 VCD 1 000 台，每台销售价格为 300 元，每年可获销售收入 30 万元，投资项目可使用 5 年，残值 2.5 万元，垫支流动资金 2.5 万元，这笔资金在项目结束时可全部收回。

(2) 该项目生产的产品总成本构成如下：材料费用 20 万元，制造费用 2 万元，人工费用 20 万元，折旧费用 2 万元。

总会计师通过对各种资金来源进行分析，得出该厂加权平均的资金成本为 10%。

同时，还计算出该项目的营业现金流量、现金流量、净现值，并根据其计算的净现值，推导出该项目可行。

(3) 厂部中层干部意见。

经营副总认为：在项目投资和使用期间，通货膨胀率在 10% 左右，将对投资项目各有关方面产生影响。

基建处处长认为：由于受物价变动的影响，初始投资将增长 10%，投资项目终结后，设备残值也将增加到 37 500 元。

生产处处长认为：由于物价变动的影响，材料费用每年将增加 14%，人工费用也将增加 10%。

财务处处长认为：扣除折价后的制造费用每年将增加 4%，折旧费用每年仍为 20 000 元。

销售处处长认为：产品销售价格预计每年可增加 10%。

案例思考

1. 分析、确定影响利达 VCD 投资项目决策的各种因素。
2. 根据影响利达 VCD 投资项目的各因素，重新计算投资项目的现金流量、净现值等。
3. 根据分析，计算结果，确定利达 VCD 项目投资决策。

📝 本章练习题

一、单选题

1. 直接筹资与间接筹资是将筹资按（　　）标准进行的分类。
   A. 资金的取得方式不同
   B. 是否通过金融机构
   C. 资金的来源渠道
   D. 筹资的结果是否在资产负债表上反映

2. 下列不属于发放股票股利优点的是（　　）。
   A. 可将现金留存公司用于追加投资,减少筹资费用
   B. 能增强经营者对公司未来的信心
   C. 便于今后配股融通更多资金和刺激股价
   D. 会引起公司每股收益下降,每股市价下跌

3. 企业选择股利政策通常不需要考虑的因素是（　　）。
   A. 企业的控制权结构　　　　B. 企业支付能力的稳定情况
   C. 企业获利能力的稳定情况　　D. 投资者的态度

4. 相对于发行股票而言,发行公司债券筹资的优点是（　　）。
   A. 筹资风险小　　　　B. 限制条款少
   C. 筹资额度大　　　　D. 资金成本低

5. 在下列各项中,能够引起企业自有资金增加的筹资方式是（　　）。
   A. 吸收直接投资　　　　B. 发行公司债券
   C. 利用商业信用　　　　D. 留存收益转增资本

6. 下列筹资方式中,资本成本最低的是（　　）。
   A. 发行股票　　　　B. 发行债券
   C. 长期贷款　　　　D. 保留盈余资本成本

7. 按投资对象的存在形态,可以将投资分为（　　）。
   A. 实体投资和金融投资
   B. 长期投资和短期投资
   C. 对内投资和对外投资
   D. 独立投资、互斥投资和互补投资

8. 筹资风险,是指由于负债筹资而引起的（　　）的可能性。
   A. 企业破产　　　　B. 资本结构失调
   C. 企业发展恶性循环　　D. 到期不能偿债

9. 长期借款筹资与长期债券筹资相比,其特点是（　　）。

A. 利息可以节税　　　　　B. 筹资弹性大
C. 筹资费用大　　　　　　D. 债务利息高

10. 企业采取宽松的营运资金持有政策,产生的结果是(　　)。
   A. 收益性较高,资金流动性较低
   B. 收益性较低,风险较低
   C. 资金流动性较高,风险较低
   D. 收益性较高,资金流动性较高

11. 若投资组合包括市场全部股票,则投资者(　　)。
   A. 只承担公司特有风险　　B. 承担公司财务风险
   C. 只承担市场风险　　　　D. 所有风险均承担

二、名词解释

1. 融资租赁
2. 资金成本
3. 融资渠道
4. 内部融资
5. 外部融资
6. 股票融资
7. 普通股融资
8. 优先股融资
9. 固定资产投资
10. 流动资金投资

三、问答题

1. 什么叫企业筹资？其动机和目的是什么？
2. 什么叫筹资渠道？我国企业的筹资渠道主要有哪几种？
3. 简述企业筹资的类型。
4. 筹集投入资本的形式和种类有哪些？这种筹资方式有何优缺点？
5. 简述短期借款的信用条件。
6. 债券筹资的优缺点是什么？
7. 资本结构决策的方法有哪些？
8. 请简要回答在编制时间序列资料时应注意哪几个方面问题。

四、计算题

1. 某公司发行面额为1 000元,票面利率8%,期限5年的债券,每年末付息一次。试分别计算市场利率为9%、10%、12%时债券的发行价格。
2. 某企业计划筹集资金100万元,所得税税率为33%。有关资料如下：

向银行借款 10 万元,借款年利率为 6%,手续费率为 2%。按溢价发行债券,债券面值 14 万元,溢价发行价格为 15 万元,票面利率 8%,期限三年,每年支付一次利息,筹资费用率为 3%。发行优先股 25 万元,预计年股利率为 10%,筹资费用率为 3%。发行普通股 4 万股,每股发行价格 10 元,筹资费用率 4%。预计第一年每股股利 0.8 元,以后每年按 4% 递增。其余所需资金通过留存收益取得。

要求:(1) 计算个别资金成本。

(2) 计算该企业综合资金成本。

3. 某企业拥有资金 500 万元,其中,银行借款 200 万元,普通股 300 万元。该公司计划筹集新的资金,并维持目前的资本结构不变。随着筹资额的增加,各个筹资方式的资本成本变化如下:

筹资方式	新筹资额(万元)	资本成本(%)
银行借款	<30	6
	30~80	7
	>80	8
普通股	<60	12
	>60	14

要求:(1) 计算各筹资总额的分界点。

(2) 计算各筹资总额范围内资金的边际成本。

第八章 跨国经营策略

📖 学习目的与要求

随着全球经济一体化时代的到来,国与国之间的经济联系更加紧密,无论是资本、技术、商品还是人力资源等要素的流动都具备了国际性的特征。经济全球化的发展使各国经济更加全面地融入到世界经济之中。各国都从本国的优势出发,突破自身资源局限,在全球范围内寻求生产要素的最佳配置,在进一步参与国际分工与合作中获取更大的收益。众多国际知名的跨国公司纷纷进入我国市场;同时,我国许多优势企业也从过去只关注国内资源、国内市场,实行了跨国经营,走国际化发展的道路,开拓国际市场,利用国际资源,不断拓展自身的生存与发展空间。跨国经营活动在经济发展过程中发挥了越来越重要的作用,跨国经营问题日益为人们重视和关注。本章从理论和实践的结合上对跨国经营的产生、发展,跨国经营的方式,跨国公司的组织与控制进行了阐述和探讨。

通过学习本章,要求理解和掌握以下重要内容:
(1) 掌握跨国经营的含义及特征。
(2) 掌握跨国经营的发展阶段、基本动机及意义。
(3) 掌握跨国经营的基础理论,理解理论的基本内容。
(4) 掌握跨国经营的方式及其含义,理解各种方式的优缺点。
(5) 掌握跨国公司的组织结构形式,理解各种组织结构的优缺点。
(6) 掌握跨国公司的控制模式。

第一节 跨国经营概述

一、跨国经营的含义及特征

从现代企业运行特征来看,企业是一种资源转化体。企业将资金、劳动力、自然资源、技术、知识、经验等资源转化为物质产品和精神产品供应给市场,这一转化过程就是企业的生产经营过程,其转化活动就表现为企业的经营活动。如果一个企业的资源转化活动只限于它作为法人的单一主权国家,就称之为国内经营。跨国经营是指企业所进行的资源转化活动超越了一国主权范围,以国际市场为经营场所,这些活动包括商品、劳务、资本、服务等多种形式的经济资源的国际传递与转化。

与国内经营相比,跨国经营具有以下特征:

(一)跨国经营是国内经营的必然发展

从社会经济发展的角度来看,跨国经营体现了商品经济国际化的内在必然性。商品生产的基本特征表现为价值的生产,因而具有内在扩张趋势,物质生产过程和市场是这种扩张的两个基础条件。

科学技术进步是推动社会生产力发展的主要力量。以蒸汽机技术的发明和使用为代表的第一次工业革命,建立了机器大工业的工业体系。生产的纵深发展,需要生产要素和产品的供给与需求突破民族、国家的传统疆界,形成了以国际贸易为主要内容的跨国经营活动。19世纪末20世纪初以内燃机的发明和运用为代表的第二次科学技术革命,带来了电力、钢铁、化学和交通运输业的革命。原有工业部门不断发展和分解的同时,新兴工业部门不断涌现,物质生产的范围不断扩大,劳动对象的范围也空前扩大,带来了生产国际化。20世纪50年代以来,世界范围内兴起了第三次科学技术革命,微电子技术的开发和应用、新材料技术、航天技术、生物工程和海洋工程技术的开发,进一步加深和加速了生产国际化进程。

社会生产的发展是伴随着社会分工而发展的,在分工基础上产生的交换既服务于分工,又促进了分工的进一步发展,其结果必然形成分工的国际化。生产力的发展水平,决定着分工的内容、范围和形式,决定着国际分工的深度。早期的国际分工主要表现为国际贸易,随后的国际分工逐渐演变为世界范围内的工业分工,产业部门内部的分工逐渐深入,进而发展到以专业化为基础的分工,各国技术水平的差异日益取代自然资源在国际分工中的基础地位。另一方面,国际分工的纵深发展,促进了世界市场的形成,将世界各国社会再生产各阶段和各环节紧密地联系在一起,从本质上消除了经济发展的民族、国界的局限。

（二）跨国经营的环境日趋复杂化

跨国经营不仅涉及在国内经营中必须面临的国内环境因素,而且还面临国际环境因素和东道国环境因素。由于跨国经营涉及不同的主权国家,因此在政治体制、经济结构、法律制度、文化传统等方面往往存在着较大的差异。国际市场的供求关系往往随着一个或几个不可控因素的变化而变化,呈现出不确定性。在这种差异化的国际环境条件下,企业所承受的风险也比单纯的国内经营要高得多,这对管理者提出了更高的要求。

（三）国际市场竞争日趋激烈

科学技术的进步和生产力水平的提高使国际市场的性质起了变化,即由有利于生产者的卖方市场转变为有利于消费者的买方市场。市场上大多数商品供过于求的局面,让消费者在购买时有了充分的选择自由。各国的生产企业为了让自己的商品在市场上打开销路,不惜力量投入竞争,使得市场上企业之间的竞争日趋激烈。特别是拥有强大实力的跨国公司的出现,更增加了企业在国际市场上竞争的激烈程度。

二、跨国经营的发展阶段

跨国经营是机器大工业在西方发达国家确立以后逐渐发展起来的,其发展大致经历了四个阶段：

（一）产品出口阶段

这是跨国经营的起步阶段,其经营地点和方针主要在国内,一般通过国际贸易将其产品输出到其他国家。

（二）国外销售阶段

随着出口产品份额的不断提高,就进入跨国经营的国外销售阶段。企业直接在国外设立销售机构,直接主动地同国外消费者打交道。但产品和劳务的生产仍在国内进行。

（三）国外投资阶段

企业直接在国外投资兴办生产性子公司,在国外从事供、产、销一条龙的经营活动。这一阶段的经营活动扩大到许可证贸易、特许专营、国际合作经营、合资经营等方面。

（四）跨国公司阶段

随着国际投资和国际合作的发展，产生了跨国公司。跨国公司是以世界市场为目标，在最有利的国家或地区进行研究、开发、生产和销售所经营的产品和劳务，从而使企业经营战略全球化，并形成了全球性的组织结构。

三、跨国经营的基本动机

企业为何从事跨国经营？其原因很多，据美国国家外贸委员会对其具有跨国经营业务的成员企业做的一份调查表明，这些企业参与跨国经营的最主要原因和动机有：跨越关税和进口壁垒与管制；降低关税和消除高额运输成本；获取和利用当地原材料，利用廉价生产要素；获得东道国政府的鼓励与优惠；预见到国外市场扩大的潜在机会；控制特种产品的制造质量；跟随国外顾客需要；追随国外竞争者行动；获得国外技术、设计与营销技能；参与国外基础设施工程投标；获取规模经济效益；分散经营风险。

企业从事跨国经营的原因和动机虽然很多，但基本动机不外乎以下三点：

（一）扩大销售的需要

根据市场营销学的基本原理，一个企业的销售状况将受到对其产品或劳务感兴趣的消费者人数和消费者购买力水平的影响。当企业将其市场扩大到其他国家后，消费者人数必然会增加，绝对的购买力水平也会提高，在一般情况下，销售额会大幅增长。因而，具有较强经济实力，特别是具有过剩生产能力的企业都会有跻身于国际市场的强烈动机和愿望。如雀巢咖啡、诺基亚公司都明显具有这样的特征。改革开放后兴起并迅猛发展的我国家电企业，在国内市场相对饱和以后，纷纷出国投资建厂（如康佳集团、海尔集团），也可以认为是这一动机驱使的结果。

一般来说，不考虑其他因素，较大的销售量会意味着较高的利润。因为当单件产品的利润一定的时候，利润的总量会随着销售的数量正比例递增；同时，产品销售量的增加还会给企业带来规模效益，使得产品的成本减少。因此，扩大销售能给企业带来更为丰厚的利润。

（二）获取资源的需要

提供商品或劳务的企业往往利用原材料丰富的国家的资源就地生产，可以大大降低在产品成本中占有很高比例的原材料成本；生产基地接近市场既可以减少运输成本，也可以更好地搜集信息来了解市场、服务市场，避免决策失误带来的损失，增强企业的竞争实力。如西方石油公司几乎都将大量的投资投向了西亚地区；为开拓中国市场，众多的西方发达国家公司纷纷到中国投资，兴办企业。这些都是为获取资源,降低成本,争取获得高额利润的跨国经营的做法。成本的降低,一方面可以增加企业的利润,另一方面也可以使企业制定更为合适的市场战略,吸引顾客,扩大产品销售的数量,以利于企业与竞争对手开展竞争。

到具有潜力的目标市场所在国家投资兴办企业的另一个目的是绕过贸易壁垒,避免国际商务纷争,更好地挤占他国市场,从本质上看,也可以看成是一种资源的获取。如海尔集团到美国投资生产电冰箱,就是在海尔集团生产的中小型电冰箱已占领美国市场30%以上份额的情况下,为进一步开拓美国市场,避免可能发生的贸易纷争,而采取的跨国投资行为。

(三) 经营战略的需要

多元化经营是企业为了分散经营风险,发现新的经营机会而常采用的经营战略。其主要做法是在关联度不大的产业进行投资,或在不同的市场开展经营,以确保"东方不亮西方亮"的经营效果。具有一定实力的企业往往利用国际性经营活动实现经营的多元化,以保证企业收入稳定,避免市场波动带来的风险。

经营方式的多元化主要包括经营、产品和市场的多元化。经营的多元化是指企业在不同的行业开展经营活动。例如在垂直多元化的经营中,钢铁企业可以向铁矿、煤矿经营方向发展,石油企业可以向化工生产方向发展。也就是说,企业可以将经营活动拓展到原材料生产、产品深度开发甚至产品的市场销售中去。又如,在水平多元化的经营中,工业企业可向金融、房地产等其他行业拓展,从而可以占领多个不同产业的市场。在产品多元化经营中,企业可以开发多种不同类型的产品满足顾客不同的需求,也可以生产一种产品的系列品种满足不同层次顾客的需求。市场的多元化可以根据国与国、地区与地区在发展、需求、民族文化等方面的差异,所处产品生命周期的不同,而采用不同的市场开发策略。如美国的施乐公司1986年在其主要经营方向——办公室自动化设备销售不景气的情况下,金融业却取得了成功,为公司提供了2.28亿美元的收入,填补了主业的亏空。日本的NEC(日本电气公司)曾在电子领域的计算机、通信设备、电子元件、家用电器四个方面开发出15 000多个品种的产品,在140多个国家销售,成为世界著名的电气公司。美国的福特汽车公司针对北美、南美、欧洲以及东南亚市场需求的差异,开发出不同档次的产品,全方位地开展市场争夺,在满足不同地区顾客需求的同时,保证了公司在各个市场的竞争实力。这些都是多元化经营取得成功的范例。

四、跨国经营的基础理论

第二次世界大战后,西方学者开始注意到跨国公司的对外直接投资活动,并提出了一系列理论进行解释。理论界大致已经形成了两大类跨国经营的基础理论,即基于贸易视角的跨国经营理论和基于对外直接投资视角的跨国经营理论。同时,针对发展中国家和地区的跨国经营理论也正在形成中。所有这些理论不仅对存在的跨国经营现象做出了合理的解释,加深了对此问题的理解,更为重要的是对企业今后的跨国经营实践活动起到了相当大的指导作用。

(一) 基于贸易的跨国经营理论

1. 贸易结构优化理论

在相当长的一段时间里,贸易结构优化是一个最为热门的话题。一个国家应当向哪些国家出口何种产品,又应当从何处进口何种产品以增进本国福利,促进本国发展? 从亚当·斯密的绝对优势论到当代克鲁格曼的新贸易理论,都在为各国间的贸易活动寻求适当的理论解释。有关贸易理论关于贸易结构的论述代表性的有:

(1) 古典的比较优势理论。古典贸易理论起源于亚当·斯密的以地域分工为基础的绝对优势学说,该理论提出后引起许多争议,并被进一步补充和完善,其中李嘉图的比较优势理论和俄林的要素禀赋理论被广泛接受和认同。

(2) 动态比较优势学说。日本在二战结束后恢复重建,在短短的几十年间就迅速进入贸易大国和发达国家行列。日本的经济迅速崛起,激发了经济学家们对这一经济现象研究的兴趣,逐渐建立了动态比较优势理论。动态比较优势理论从动态、长期的观点出发,把生产要素的供求关系、政府政策、各种可利用资源的引进、开放程度等综合到贸易理论之中,将古典的静态比较优势理论动态化。主要代表理论包括筱原三代平的动态比较优势理论和赤松的雁形理论。

(3) 技术缺口理论。经济学家普斯纳尔认为,国际间技术水平的高低也是比较优势产生的重要原因,基于此,普斯纳尔提出了技术缺口理论。该理论认为:国际间技术的差别导致了国家间贸易的产生。当一国在技术上处于领先地位时,成本对贸易流的走向没有太大的影响,而技术是决定贸易的关键要素;当其他国家通过模仿也掌握了这一技术时,该国便会丧失在技术上的优势地位,这时,成本差别会逐步决定贸易的走向。可以说,由技术缺口所主导的贸易是对外投资的第一阶段,由成本差别所主导的贸易是对外贸易的第二阶段。

2. 产品周期理论

产品周期理论是美国哈佛大学跨国公司研究中心负责人雷蒙·弗农在1966年5月《经济学季刊》上发表的《产品周期中的国际贸易和国际投资》一文中首先提出的。

弗农认为,垄断优势理论无法更好地解释为什么跨国公司必须通过设立海外子公司的途径去达到获利的目的。而事实上,拥有新产品、新技术的跨国公司,总是在这些新产品、新技术在国内经历了一定的发展阶段后才会逐步通过对外直接投资而到海外建立子公司,从事相同产品的生产和销售。根据这一现象,弗农通过对战后美国跨国公司发展的长期研究,提出了产品周期理论。该理论将产品的周期划分为三个阶段,即新产品阶段、成熟产品阶段和标准化产品阶段。弗农指出:跨国公司的对外直接投资与产品的周期有着直接的关系。

该理论的重要前提条件是:企业创新的程度和形式及企业的产品研究与开发,主要由企业所在国家的市场需求和相对要素价格决定,巨大的市场有利于企业的研究与开发、生产和销售新的生产工艺、新的产品。

产品周期理论的贡献在于:一是这种理论将对外直接投资同国际贸易、产品的生命周期有效地结合在一起。二是它将传统学说中应用的静态分析方法改换为动态分析方法;同时,它抛弃了传统理论的理论假说,建立起较为完整的、系统的理论形态。三是它重视研究与开发、市场需求、规模经济等因素。因此,该理论的影响很大。

3. 边际产业理论

边际产业理论亦称为日本"小岛清"模式,它从企业比较优势的动态变迁的角度来解释日本企业对外直接投资理论。

日本一桥大学国际经济学教授小岛清,运用比较优势原理,提出"边际产业扩张论",解释了日本式对外直接投资问题,其理论核心是:"一国应该从已经或即将处于比较劣势的产业开始对外直接投资,并依次进行。"根据小岛清理论模式,日本对外直接投资有以下特点:

(1) 日本对外直接投资的重心在于开发海外的自然资源,补充本国资源的短缺;同时,将本国已属于"边际性生产"(即劳动密集型生产)转移到海外。

(2) 日本对外直接投资的主体是中小企业,并以与东道国技术差距最小的产业依次进行投资。

(3) 日本对外直接投资大多采用合资经营方式,投资扩散效应大。

(4) 日本式的对外直接投资是"顺贸易导向的投资",即按"边际产业"顺序进行对外直接投资,符合比较成本与比较利润率相对应的规则,既有利于扩大双方的比较成本差距,也有利于贸易扩大。

(二) 基于对外直接投资的跨国经营理论

1. 垄断竞争理论

垄断竞争理论产生于20世纪60年代初期,它是由美国学者海默于1960年在其博士论文《本国公司的国际性经营:一种对外直接投资的研究》中首先提出的。该理论的核心内容包括两个部分:"垄断优势"和"市场不完全"。此后,美国学者金德伯格又对该理论进行了发展和补充。

海默研究了美国企业对外直接投资的工业部门构成,发现直接投资和垄断的工业部门结构有关,美国从事对外直接投资的企业主要集中在具有独特优势的少数部门。美国企业走向国际化的主要动机是为了充分利用自己独占性的生产要素优势,以谋取高额利润(所谓独占性的生产要素是指企业所具有的各种优势,这些优势具体表现在技术先进、规模经济、管理技能、资金实力、销售渠道等方面。海默认为,其他国家的对外直接投资也与部门的垄断程度较高有关)。

另一方面,海默还分析了产品和生产要素市场的不完全性对对外直接投资的影响(所谓市场的不完全性指的也就是市场上存在着不完全竞争,市场上存在着一些障碍和干扰,如:关税和非关税壁垒的存在,少数卖主或买主能够凭借控制产量或购买量来影响市场价格决定的现象的存在,政府对价格和利润的管制等)。在市场完全的情况下,国际贸易是企业参与国际市场或对外扩张的唯一方式,企业将根据比较利益原则从事进出口活动。但在现实生活中,市场是不完全的,这种产品和生产要素市场的不完全性为对外直接投资打开大门。正是由于上述障碍和干扰的存在严重阻碍了国际贸易的顺利进行,减少了贸易带来的益处,从而导致企业利用自己所拥有的垄断优势通过对外直接投资参与国际市场。

垄断竞争理论的贡献在于这种理论是在抛弃传统理论基础的前提下展开研究的。西方从事跨国公司研究的学者认为:这是一种理论性的突破,它奠定了当代跨国公司研究的理论基础。垄断竞争理论对以后的各种理论产生了深远的影响,西方许多国家从事跨国公司研究的学者基本上是沿着海默的思路,以该理论为基础进一步补充和完善跨国公司的理论。

2. 内部化理论

用交易费用概念解释跨国公司的形成及其运行,并形成内部化理论,是20世纪70年代以来跨国公司理论发展的主要方向。内部化理论典型的代表人物有巴克利、卡森、邓宁、蒂斯、亨纳特、鲁格曼等。

内部化理论的基本分析思路是:随着生产分工和科学技术的发展,企业经营的内容和范围都发生了很大变化,中间产品由传统的原材料、半成品转变为以知识技术为主的信息产品。由于外部市场缺乏交换中间产品的定价机制与交易机制,导致市场交易成本上升,降低公司全球生产的协调与经营效率。外国直接投资的原因不仅仅是最终产品市场的不完全性,主要是中间产品市场的不完全性所致。为了谋求利润最大化目标,企业使中间产品在其组织内进行内部化转移,跨国公司是市场内部化跨越国界的产物。

内部化理论的贡献在于:向学术界提供了"有力的分析工具"。因为,该理论是研究对外直接投资的一般理论,有着更大的适用性。它既可用于国内,又适用于国外;既可用于发达国家,又可用于发展中国家;既可解释个别现象,又可解释大部分对外直接投资的动因。

3. 国际生产折中理论

国际生产折中理论又称为国际生产综合理论。该理论由英国经济学家邓宁教授在 1976 年所撰写的一篇题为《贸易经济活动的区位与多国企业：一种折中理论的探索》的论文中首次提出的，是迄今最完备的被人们广为接受的综合国际生产模式。该理论的核心内容是：企业之所以在海外直接投资，是该企业具有的所有权优势、内部化优势和区位优势这三大优势综合作用的结果。所有权优势主要指企业拥有或能够得到他国企业没有或者无法得到的无形资产和规模经济优势。内部化优势是指企业为了避免外部市场的不完全性对企业经营的不利影响而将企业优势保持在企业内部。区位优势是指生产地点的政策和投资环境等方面的相对优势所产生的吸引力。

生产折中理论的贡献在于：一是能融合各种学说之长，使人们可以综合地探讨对外直接投资的原因；二是该理论吸收了过去国际生产和贸易理论的精华，排除了传统贸易理论中众多的限制性假说，因此这种理论更加丰富，更能解释现实中跨国公司经营行为的多样化；三是这种理论除适用于发达国家外，也能用于分析发展中国家海外直接投资现象；四是它有效地将静态分析和动态分析相结合。

(三) 基于发展中国家和地区的跨国经营理论

以上跨国经营的理论主要是以发达国家特别是美国的跨国公司作为研究对象的，认为跨国公司的竞争优势主要来自企业对市场的垄断、产品差异、高科技和大规模投资以及高超的企业管理技术，而发展中国家跨国公司并不具备上述优势。从 20 世纪 70 年代中期开始，一些学者逐渐关注发展中国家和地区跨国公司理论的研究，提出了许多有价值的理论和观点。虽然这些理论还不够完善和成熟，但对研究发展中国家和地区跨国公司的产生和发展仍有参考价值和借鉴意义。主要的理论有：

1. 投资发展周期理论

邓宁在 1981 年提出"投资发展周期理论"，从动态角度解释发展中国家对外投资行为，进一步发展和完善了其国际生产折中理论。邓宁实证分析了 67 个国家在 1967—1978 年间直接投资流量与人均国民生产总值(GNP)的关系，结果发现：一个国家对外直接投资与该国经济发展水平密切相关。换言之，一个国家对外直接投资的动力和能力大小，直接取决于人均国民生产总值的高低。因为处于不同经济发展阶段的国家，企业所有权优势、内部化优势和区位优势都有较大差别，从而对直接投资流量会产生重大影响。

2. 小规模技术理论

哈佛大学研究跨国公司的教授刘易斯·威尔斯 1983 年出版了《第三世界跨国公司》一书，取得了研究发展中国家和地区跨国公司的开创性成果。威尔斯认为,发展中国家和地区的技术优势具有十分特殊的性质,这种技术优势是投资企业母国市场环境的反映,其比较优势主要表现在以下三个方面:拥有为小市场需求服务的小规模生产技术;来自于"当地采购和特殊产品"的竞争优势;低价产品营销战略。威尔斯有关发展中国家跨国公司的研究在西方理论界被认为是该领域早期的代表性成果,其理论最大特点就是摒弃了那种只能依赖垄断的技术优势打入国际市场的传统观点,将发展中国家对外直接投资竞争优势的产生与这些国家自身的市场特征有机结合起来,从而为经济落后的国家发展对外直接投资提供了理论依据。

3. 技术地方化理论

英国经济学家拉奥在对印度跨国公司的竞争优势和投资动机进行深入研究后,于1983年提出了发展中国家和地区跨国公司的"技术地方化理论"。拉奥认为,发展中国家和地区跨国公司的技术特征表现在规模小、使用标准化技术和劳动密集型技术,但这种技术的形成不是对发达国家技术的被动模仿和复制,而是对技术的消化、改进和创新,从而使其技术更适合发展中国家的经济条件和消费需求,形成自己的特定优势。该理论以发展中国家跨国公司为研究对象,为发展中国家进行对外直接投资提供了新的理论支持。其重要意义在于,它不仅指出了发展中国家技术及其产品对于当地市场的适应性,而且强调了技术创新对增强企业国际竞争能力的重要作用,尽管其对企业技术创新活动的描述仍然是粗线条的。

4. 技术创新产业升级理论

英国里丁大学教授坎特威尔在研究新兴国家和地区的企业对外直接投资迅速增长现象的基础上,于20世纪80年代末期提出了"技术创新产业升级理论"。该理论包含两个基本命题:第一,发展中国家产业结构的升级,说明了发展中国家企业技术能力的稳定提高和扩大,这种技术能力的提高是一个不断积累的结果。第二,发展中国家企业技术能力的提高是与其对外直接投资的增长直接相关的。现有的技术能力水平是影响其国际生产活动的决定因素,同时也影响着发展中国家跨国公司对外投资形式和增长速度。在以上两个命题的基础上该理论的基本结论是:发展中国家对外直接投资的产业分布和地理分布是随着时间的推移而逐渐变化的,并且是可以预测的。

五、我国企业开展跨国经营的意义

我国企业的跨国经营开始于1979年,起步较晚,但发展迅速。我国1985年的对外直接投资累计金额为1.31亿美元,到2006年,根据商务部、国家统计局、国家外汇管理局首次联合发布《2006年度中国对外直接投资统计公报》显示,截至2006年底,中国企业对外投资累计净额达906.3亿美元。2002年以来,我国政府不断完善境外投资环境和服务体系,积极推进对外投资便利化进程,鼓励和支持有比较优势的各种所有制企业"走出去",对外投资进入快速发展期。我国企业对外投资已从建点、开办"窗口"等简单方式发展到投资建厂、收购兼并、股权置换、境外上市和建立战略合作联盟等国际通行的跨国投资方式。跨国经营对国家建设和企业发展都起着重要的促进作用。

(一) 有利于顺应世界经济发展的潮流

由于科学技术的发展,任何国家的社会化生产都不可能只局限于国内,而必须参与国际分工。加上国际政治形势趋于缓和,企业生产经营的全球化已成为一种世界经济发展的潮流。有些行业的产品在国内市场上已相对饱和,企业可在国外找到出路。在国外还可找到更为有利的生产同样产品的条件,如某国人工费用低、居民购买力强、技术人才多、投资条件优惠等,外国公司当然愿意到该国去投资办厂。有的跨国公司甚至提出应从世界范围来考虑解决问题,要在成本最低的地方生产,而在价格最高的地方出售。他们的目标是在全球的基础上谋取或扩大收益和市场份额,而不是在狭隘的地区市场或国内市场上追求最高价格和利润。我国企业开展跨国经营,就是要以全球化经营的战略眼光寻求市场、寻求资源配置的最优化和最适宜地点,这样才能顺应这种世界经济发展的潮流。

(二) 有利于保护外销市场和保证原材料的供应

一些实行贸易保护主义的国家会对进出口产品实行高关税或紧缩进口限额,这样再往那里出口产品已困难重重,不如改在当地设厂,生产和销售原产品,以保护和扩大原有的外销市场。也有的企业去国外投资办厂,不是为了销售其产品,而是为了确保重要原材料的供应,如在马来西亚投资是为了得到橡胶的可靠来源。

(三) 有利于引进先进技术和利用外资

通过出口产品、对外直接投资等换回外汇,就可用于支付从国外引进先进技术所需的款项。利用外资可加速国内经济建设并促进各项跨国经营活动。但利用外资需要用外汇来支付利息和归还本金,这种外汇供应主要靠开展跨国经营来取得。

(四) 有利于促进企业提高生产技术和经营管理水平

国际市场上强手如林,不少都是跨国公司。企业产品要打入国际市场,就得采用国际标准,使产品的品牌、质量、包装、服务等都能达到国际水平。企业到国外去投资办厂,还得派出一批高素质的管理人员。这些都要求企业不断提高其生产技术和经营管理水平。

总之,跨国公司是国家综合实力的标志。发展跨国经营不应被视为克服目前国内市场不振的暂时的权宜之计,而应将其看成事关企业生存和发展的一种战略上的转变。

第二节 跨国经营的方式

企业跨国经营是在不同的国家或地区之间从事经营活动,因而其经营方式与企业仅在本国从事生产经营的方式有很大的差别,相比而言方式要多一些,也更复杂一些。跨国经营主要有出口型、契约型和投资型三类经营方式,企业可以根据自己的经营目标、选定的目标市场、拥有的资源和经营环境选择恰当的经营方式开展经营活动。

一、出口型经营方式

所谓出口型经营方式,就是向目标市场所在国家或地区出口商品。这也是中小型企业国际化经营开始阶段最常用的一种跨国经营方式。这种方式所需的费用和风险较低,但获取利润的速度较快,也比较直接。出口型经营方式主要包括直接出口和间接出口。

(一)直接出口和间接出口

1. 直接出口

直接出口是指企业直接将产品销往国外,而不是借助代理机构。一般来说,商品的直接出口活动被认为是一个企业进入国际商务活动的第一个台阶。直接出口又分为两种情形:一是企业设置相应的职能部门,由该部门直接负责向目标国家或地区的中间商出口商品,再由中间商负责在目标市场上销售商品;二是在目标市场所在国家或地区设立专门的销售分支机构或子公司进行商品的销售活动。

直接出口具有以下一些优点:

(1)由于避免了许多销售的中间环节,相比间接出口而言获利更多。

(2)由于直接面向目标市场,因而可以获得更多的市场信息,便于企业准确的把握国际市场需求的变化。

(3)由于企业直接面向消费者,便于企业掌控商品的销售状况,为消费者提供更多有益的服务,也有利于企业提高自身的国际经营水平。

直接出口也存在明显的缺点：

（1）面临目标市场所在国家或地区的各种贸易壁垒的阻碍，以及国外目标市场环境变化所带来的经营风险。

（2）适用面相对较窄。由于从事直接出口的企业必须自己寻找目标市场，因此在出口产品方面必须具有较强的竞争优势，要做到产品的性能独特、质量优异、价格低廉、服务周到等才能有效地打开国际市场。

（3）在渠道选择上面临抉择。如选择中间商，则出口业务容易为中间商控制，且不易及时掌握市场信息；如自己设立国外销售机构，则又需要较多熟悉国际贸易的专才，这些问题对一些中小型企业而言不易解决。

2. 间接出口

间接出口是指企业通过本国的中间商经销或代理其产品出口，企业与国外市场无直接联系，也不涉及国外业务活动，因而不必专设机构和雇佣专职人员经营出口，可节省经营费用，也不需承担出口风险。在中国只有那些取得进出口经营权的企业才可以从事商品的进出口贸易，所以对那些不具备进出口经营权的企业来说，其产品要想进入国际市场，必须走间接出口的道路。

间接出口一般是通过具有进出口经营权的专业的外贸公司或专业的出口代理商来进行。代理商通常采用买断企业的产品，经重新包装后再出口。代理商承担了贸易过程中的所有风险，但也享受了可能的高额利润。生产企业与代理商达成协议后，只需按照协议规定交付产品即可，其他事宜均由代理商负责处理。

间接出口具有以下优点：

（1）充分利用代理商的信息、经验和国际销售渠道，迅速将自己的产品打入国际市场。

（2）由于只需要根据合同要求组织相应产品的生产，因而节省了大量的市场调研、渠道建立等费用；同时便于企业集中精力组织生产，因而可大大提高企业的生产效率。

（3）经营方式较为灵活，如国际市场供求信息变化或者企业实力增强，企业可迅速调整跨国经营方式。

间接出口的缺点也是显而易见的，主要有以下缺点：

（1）与直接出口一样也面临目标市场所在国家或地区的各种贸易壁垒的阻碍。

（2）依赖代理商来从事跨国经营，不利于企业积累跨国经营的经验，一旦代理商信誉不佳，企业的利益将受到损害。

（3）由于不是直接面对国外市场的消费者，因而对消费者的需求信息难以把握,一旦市场变化,企业将不能及时应对。

(二) 出口型经营方式的基本环节

出口型经营方式一般包含以下环节:

(1) 综合评估企业在目标市场所在国家或地区从事跨国经营活动面临的风险。

(2) 了解企业所在国和目标市场所在国家或地区的有关国际贸易的法律法规。

(3) 充分了解和理解各国对产品的质量要求。

(4) 出口合同履行的条件及相关的凭证。

(5) 产品运输方式的选择。

(6) 各国的融资政策。

(7) 贸易伙伴的信用评价。

(8) 合同的保险条款。

二、契约型经营方式

契约型经营方式是指企业与目标市场所在国家或地区的法人之间订立长期的非投资性的合作协议,这种合作协议可以是转让无形资产——包括各种工业产权(如专利、商标、技术秘诀、管理技能、营销技能等)和版权,也可以是劳务出口或工程承包等。与出口型经营方式相比,通过契约型经营方式企业输出的是技术、技能等无形资产,而不是直接输出有形的产品,虽然它也可能带来出口的机会。契约型经营方式一般包括国际合作经营、许可证贸易、特许专营、合同制造、管理合同、交钥匙项目合同等。

(一) 国际合作经营

1. 国际合作经营的概念

国际合作经营,一般简称为合作经营,也称为合作生产,或非股权式合营,是两国(地区)或两国(地区)以上的合作者建立在契约基础上的各种形式合作经营的总称。它是由外国和东道国投资者根据东道国相关法律,以各自的法人身份,共同签订合作经营合同,在合同中约定合作各方的投资条件、风险责任、经营方式、收益分配等权利和义务。在契约型合作经营中,决定合作各方权利和义务的基础是双方所签订的合同,而不是股权。

契约型合作经营有两种不同的表现方式:其一是"法人式"合作经营,即合作各方通过契约组成统一的合作经营经济实体,具有东道国的法人资格,并以该实体的全部财产为限对债务承担责任,企业拥有自己独立的财产处置权;其二是

"非法人式"合作经营,即合作各方通过契约组成一个松散的合作经营经济联合体,不具有东道国的法人资格,企业没有自己独立的财产所有权和处置权,资产所有权仍然归合作各方所拥有。

2. 国际合作经营的主要特征

(1) 合作各方对合作经营企业的投资不折为股本或不计算投资比例。合作各方的投资收益,只按各方同意的适当比例进行分配,这种分配比例用契约的形式予以约定,可以是长期固定的比例,也可以分若干阶段实行不同的分配比例。债务和其他责任也按契约约定的比例各方承担。

(2) 合作经营的投资形式较为灵活,分配方式也灵活。只要是合作经营活动所必需,为合作各方一致同意的软、硬件资源都可以作为合作各方的投资。收益分配则既可以现金形式,也可以实物形式。

(3) 合作经营企业的管理关系比较简单,往往采用以一方为主进行管理的方式。例如非法人式合作经营企业内合作各方为合伙关系,一般不设董事会,只建立联合管理委员会,该委员会的职责只是检查、监督、协调合作各方执行合同的情况,而企业的日常管理则多数是经协商交合作一方为主来进行,也可委托第三者来进行管理,或者在协定中规定合作各方各负一部分管理责任。至于法人式合作经营企业,虽设立董事会,但其管理也可以采用与非法人式合作经营企业相类似的形式。

(4) 合作经营在提前收回资本方面比较灵活。一般当合作各方或一方希望在合作期满之前收回其出资,则经协商可以采取快速折旧或扩大利润分成比例等方式,并将这种收回资本的方式和期限在合同中做出约定。

(二) 许可证贸易

许可证贸易是指许可方企业与国外被许可方企业签订协议,授权被许可方企业使用许可方企业的专利、专有技术、商标等或具有资产价值的其他知识使用权进行生产或销售,然后从被许可方企业收取许可费用的一种跨国经营方式。许可证协议是国际技术贸易中最常见的一种方式,许可协议的有效期通常在5~10年。

许可证贸易的优点在于:

(1) 这种方式可使跨国经营企业避开关税、运费及竞争等不利因素,能较容易地进入国际市场和占领国际市场。

(2) 企业无需进行生产和营销方面的大量投资。

(3) 企业向外国提供先进技术易得到东道国的批准。

许可证贸易的缺点在于:

(1) 许可证协议终止后,被许可方可能成为本企业的竞争对手,使许可方丧失技术垄断。

(2) 许可证贸易所取得的收益往往较直接出口产品或海外直接投资所得收益相差很远。

(3) 许可证的卖方通常不能参与经营管理买方企业,容易造成产品质量的失控,直接关系到卖方的技术和商标的信誉。

(三) 特许专营

特许专营是一种专业化的许可协议。它是指已经取得经营成功的企业,将其商标、商号名称、服务标志、专利、技术诀窍和管理的方法或经验转让给另一家企业,后者(通常称为特许专营接受人)有权使用前者(通常称为特许专营授权人)的商标、商号名称、专利、技术诀窍及管理经验,但需支付一定的特许费。特许专营方式的特殊性在于,特许专营接受人往往在技术操作和经营方式受到授权人的控制,但授权人并不确保接受人获得利润,且对接受人的盈亏不负任何责任。一般来讲,特许专营的形式主要用在服务行业。如世界著名的快餐连锁店麦当劳就是通过特许专营的方式发展起来的。

特许专营的优点在于:

(1) 向目标市场所在国家或地区低成本快速扩张。

(2) 通过提供标准化的产品或服务,容易形成特色,扩大市场影响力。

(3) 被许可人能够迅速获得经营管理的经验、富有特色的产品或服务,有利于迅速拓展市场。

(4) 经营风险较小。

特许专营的缺点在于:

(1) 由于要交付不菲的特许费用,因而被许可人的利益有限。

(2) 难以对被许可人进行全面有效的管理与控制,可能会对企业的品牌和信誉造成影响。

(3) 适用面不宽,除了在餐饮、少数零售商业获得成功,在其他行业效果不很明显。

(四) 合同制造(契约制造)

与授权协议之下授权方将其在一国制造和行销其产品的权利转让给接受方不一样,在合同制造中,企业与国外的企业签订合同,让对方按某种要求或标准生产产品,而本企业依然保留这些产品的销售权。它实际上是把生产厂设置在目标国,本地制造,本地销售。外国企业的来料加工、来件装配或来图制造即属此类。合同制造一般适用于目标国市场容量不大,不宜直接投资的情况。

合同制造的优点在于：
(1) 可以充分利用当地的资源和生产能力。
(2) 可以迅速组织生产和销售，赢得商机和市场。
(3) 相比其他跨国经营方式而言，风险较小。
(4) 由于是本地制造，本地销售，避免了进入国际市场的贸易壁垒。

合同制造的缺点在于：
(1) 为了维护企业品牌和信誉，确保产品符合质量要求，企业需提供技术和管理支持。
(2) 有可能培养了潜在的市场竞争对手。

(五) 管理合同

管理合同是企业通过合同的形式在一些或全部管理职能的领域，向另一个企业提供管理诀窍，并按照销售额的一定比率(通常是2‰～5‰)收取费用的劳务活动。这种活动的开展往往需要人员的参与，如提供服务的公司往往需要派出一定的人员到需要服务的企业中去，通过具体的管理工作，向需求方提供管理的经验和诀窍。这种活动不需要资金投入，基本无风险，缺点在于获利较少，还有可能培植竞争对手。

(六) 交钥匙项目合同

交钥匙项目合同是指企业与东道国有关方面签订合同，由企业为东道国建造一个完整的工程项目，承担从设计、施工、安装、调试到验收的全部建设内容，试车成功后，将该工程项目的所有权和管理权的"钥匙"依照合同移交给东道国有关方面管理。交钥匙项目合同对资金、技术、施工管理等方面要求较高，作为承包商的企业必须具备较强的实力才能获得这种合同。这种合同利润丰厚，而且有利于带动成套设备的出口，其主要缺点是在合同执行过程中遇到东道国的干涉和阻力较多。

三、投资型经营方式

投资型经营方式是指企业通过直接投资的方式进入目标市场所在国家或地区，即企业将资金连同本企业的技术、经验、营销等转移到目标市场所在国家或地区建立本企业控制的分公司或子公司。一般有独资经营和合资经营两种方式。

(一) 独资经营

第二次世界大战后，西方发达国家为实现资本转移自由化，允许外国资本进入本国投资设厂，包括兴办各种类型的外商独资经营企业，由外国投资者独立经营。如美国、日本、欧洲的一些国家都允许在大部分行业兴办外商独资经营企业。现在许多发展中国家也纷纷允许外商到本国独资兴办企业，中国政府也允许在规定的行业兴办外商独资经营企业。另外，中国少数有实力的企业到国外去成立独资海外分支机构的事业也已经开始起步，并在逐步加快步伐。

独资经营是指由一个国家的一个企业在他国建立子公司，其财产和经营管理权完全由母公司所拥有，母公司承担全部经营风险，独享全部经营利润。在实践过程中，一个企业95％以上的股权为另一个企业拥有时，也被视为是后者的独资子公司。独资经营意味着企业在国外市场上单独控制着一个企业的生产和营销。独资经营可以使企业获得百分之百的所有权，全部利润归其所有。由于它拥有对子公司经营活动的全部决策权和控制权，有利于贯彻母公司的全球发展战略，有利于技术与经营方针的保密，保证产品质量和信誉，有利于更直接、更全面地积累国际营销经验。独资经营的缺点是企业投入的资金最多，风险也最大，且往往不受东道国政府和公众的欢迎。一般当公司拥有技术优势或在当地难以找到理想的合作伙伴时采用独资经营的较多。

（二）合资经营

少数发达国家靠独资经营方式在发展中国家保持技术秘密，不受管理和控制，获取最大利润并维持其垄断地位，这种情况在东道国政府和公众的反感下已难以为继，这样就出现了合资经营。

合资经营是指企业与东道国企业在东道国（或在第三国）法律管辖范围内共同投资组建的企业、公司或其他经济组织，合资各方共同经营、共担风险、共负盈亏的经营方式。它具有以下特征：

(1) 企业的投资者来自不同的国家或地区。

(2) 组建的合资企业具有东道国国籍的法人地位，是一个独立的经济实体。

(3) 合资各方提供资金、设备和知识产权已建立合资经营企业的独立资产。各方提供的任何资产都折算成一定股份，并按股权份额分享利润、分担亏损。

(4) 根据协议、合同、章程，建立合资经营企业的管理组织机构，共同管理企业。

企业合资经营具有以下优点：

(1) 相对于独资经营，更易进入东道国，能减少或避免政治风险。

(2) 合资经营企业除享受对外资的优惠待遇外，还可以同时获得东道国对本国企业的同等待遇。

(3) 可以利用东道国当地合伙者与政府及社会各界的公共关系，取得企业生产经营所需的各种资源，顺利开展各项经营活动。

(4) 对于拥有技术优势的跨国公司来说,用工业产权和知识产权折股投资,实际上没有或很少投入资金。

(5) 合资企业生产的产品往往是东道国进口替代的产品和紧缺的产品,具有稳定的市场,能给投资者带来长期、稳定的收益。

对东道国来说,合资经营可以帮助他们利用外资,引进先进的技术和管理方法,开拓国际市场,培养跨国经营人才。

由于对合资各方都有较多好处,合资经营是当前国际投资较普遍采用的形式。要使上述优点充分体现,关键在于以下两条:一是各方的利益目标要尽可能协调,如果利益目标相对立,日后难免产生许多障碍和分歧,使合资企业无法顺利经营;二是要选好符合条件的合资伙伴,防止上当受骗或造成合资企业先天不足,无法享有上述优点。

第三节　跨国公司的组织与控制

为了有效地进行国际化经营,保证企业战略目标的实现,跨国经营企业必须建立一套相应的组织与控制系统,并不断提高其管理水平和能力。选择适宜的组织机构,并进行适当的控制管理是企业所面临的重要问题。

一、跨国公司的组织结构形式

跨国经营企业的组织结构不是一成不变的,它与企业的国际化程度密切相关,并随着企业内部和外部环境的变化而不断调整。从其发展的历程来看,在企业跨国经营的初始阶段,企业为了出口产品的需要,可设立产品出口部(或类似的部门)这样的职能部门。当公司的跨国经营业务获得进一步的发展,除了出口产品外,还从事一些技术合作与投资项目并在国外设立了一些子公司时,就需要设立一个与国内经营部门地位相当的国际业务部来管理,以协调产品出口、技术合作、对外直接投资及其他一些跨国经营活动。当公司的海外销售额和利润额已经占到整个公司总额的1/3或更多时,就应将国内经营和国际经营融为一体,采用全球性组织结构。跨国公司也可与其他企业形成战略伙伴关系,以某个核心企业来构建供应链,这样的结构形式把公司内部的组织延伸到公司之间,形成一条供需链、增值链。因此,跨国经营企业的组织结构相应地有出口部组织结构、海外子公司组织结构、国际业务部组织结构、全球性组织结构以及供应链组织结构等形式。跨国经营企业可根据企业跨国经营战略、规模和地区分布等因素来选择合适的组织结构。

（一）出口部组织结构

大多数企业在跨国经营初期，都会以出口导向为其经营战略的核心。由于对国际环境不了解，企业一般也不敢贸然加大资金投入力度，通常采用委托贸易公司代理其产品出口业务。在运行一段时间以后，随着企业产品出口业务量的增大，以及对国际贸易环境的逐渐了解，大多数企业都会设立一个独立的部门，专门负责企业的产品出口业务。

出口部组织结构是企业在原有组织结构的基础上，在营销部门之下设立一个独立的出口部，也有很多企业单独设立一个与营销部门平行的出口部，出口部全面负责企业的产品出口业务。出口部组织结构图如图8-1所示。

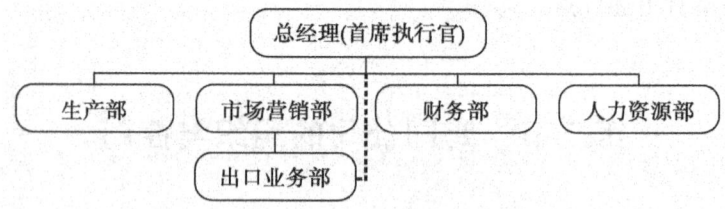

图8-1 出口部组织结构图

出口部组织结构的优点在于企业能够接触到国外的消费者，能及时获得国际市场的信息和消费者对产品的需求信息，有利于企业提升出口产品的国际竞争能力。

随着企业跨国经营业务的发展，这种组织结构的缺点也逐渐暴露出来。由于企业单纯依靠产品出口有很大的局限性，东道国的关税、出口限额以及其他一些贸易壁垒会大大限制企业产品出口业务的发展。为了寻求合理避开贸易壁垒的渠道，企业往往会采用许可证贸易甚至直接在国外组织生产。随着国外生产份额的提高，会大大影响企业出口产品销售的份额，出口部与其他业务部门的利益冲突就会日益尖锐。

（二）海外子公司组织结构

为了避开目标市场所在国贸易壁垒的限制，企业会在海外成立子公司，直接在海外从事产品的生产和销售。企业控股海外子公司，对海外子公司的经营不过分干涉，海外子公司拥有相对独立的经营自主权。子公司的法人向企业的总经理（首席执行官）负责。海外子公司组织结构图如图8-2所示。

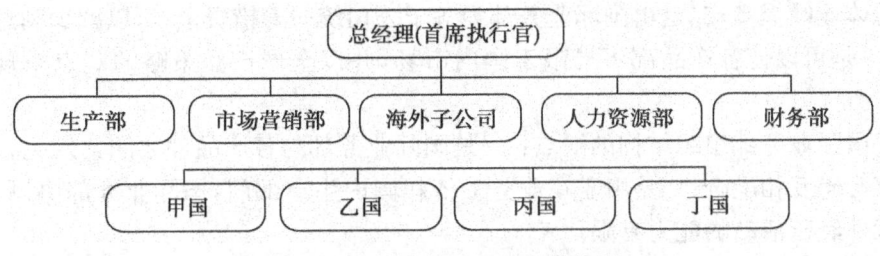

图 8-2 海外子公司组织结构图

海外子公司组织结构的优点：一是海外子公司通常具有东道国的法人地位，拥有相对独立的经营自主权，便于子公司根据东道国的市场信息做出及时准确的决策，灵活经营；二是企业控股海外子公司，按股权获取相应的经营收益，承担相应的责任份额，负担小，经营风险低。

海外子公司组织结构的缺点：一是子公司的法人只向企业的总经理（首席执行官）负责，当企业的规模很庞大时，仅依靠个人的能力很难及时、有效地对子公司控制和管理；二是子公司难以得到企业的资源和技术上的支持和帮助；三是子公司的最优决策是根据东道国的经营环境所做出，但对整个企业而言不一定是最优决策。

（三）国际业务部组织结构

随着企业国际经营规模的扩大，海外子公司数量的不断增加，业务量不断上升，其地位和重要性在企业日渐突出，这就要求企业成立一个独立的部门，专门负责拓展国际经营业务，处理和协调企业和各子公司之间的问题。在这种情况下，企业一般都会选择设立一个职能完整的国际业务部，它是在企业的国内组织结构中增设一个"国际业务部"，由国际经营管理方面的专家或有经验的人员组成，通常由一名副总经理领导，代表总部管理、协调本公司所有的国际业务，并直接对总经理负责。国际业务部组织结构图如图 8-3 所示。

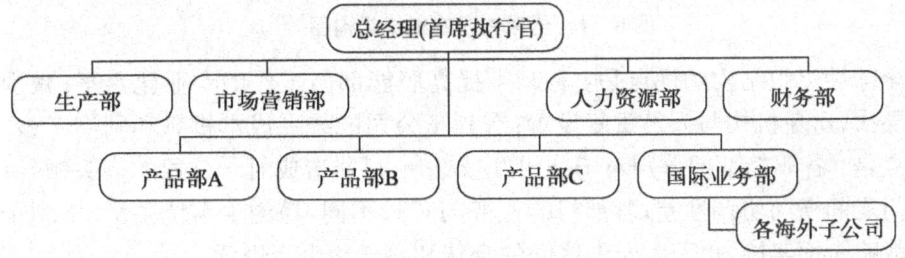

图 8-3 国际业务部组织结构图

国际业务部组织结构的优点：一是协调各海外子公司的活动，使各子公司的总体业绩提高;二是由国际业务部为各子公司统一筹措资金,可以减少利息负担;三是可以使各产品部不局限于国内市场,并以全球产品策略的观点来规划生产。

国际业务部组织结构的缺点:一是国际业务部与各产品部之间常发生目标冲突有碍互相配合;二是由于在业务上依赖国内生产部门,国际业务部协调、支持国外经营活动的能力有限。

(四) 全球性组织结构

随着国外业务的不断扩大,企业的国际化经营进入了快速发展阶段。此时国际业务部组织结构已不能满足企业的国际业务发展要求,到 20 世纪 60 年代中期,全球性组织结构渐渐取代了国际业务部组织结构。

全球性组织结构是在国际业务部组织结构的基础上,把企业国内组织部门的职能拓展到全球范围,从全球范围来规划、协调企业的生产和营销,统筹安排资金和利益分配。

全球性组织结构又可细分为全球性职能组织结构、全球性产品组织结构、全球性地区组织结构、全球性混合组织结构和全球性矩阵组织结构,前三种属传统的单一组织形式,后两种是新型的综合组织形式。

1. 全球性职能组织结构

是按照生产、财务、市场营销等职能分设部门的全球性组织结构。全球性职能组织结构图如图 8-4 所示。

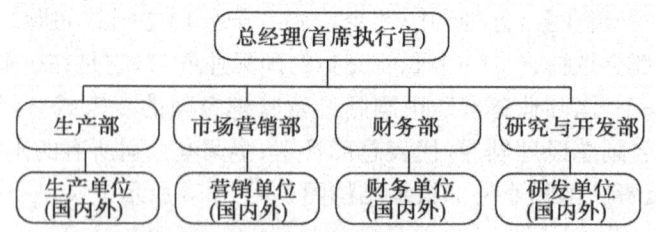

图 8-4 全球性职能组织结构图

全球性组织结构的优点是:有利于提高职能部门工作的专业化水平;减少管理层次,避免机构与人员重复设置;有利于公司的统一成本核算和利润考核。其缺点是:各职能部门分别对子公司发号施令,可能造成对子公司的多头领导;各部门之间横向协调性差;各部门的业务与背景不同,易滋生本位主义,不利于公司战略全面实施,也不利于地区间的合作和多样化生产经营。

2. 全球性产品组织结构

是以公司主要产品的种类及其相关服务的特征为基础,设立若干产品部。

每个产品部都是一个利润中心,拥有一套完整的职能机构,由一名副总经理负责该产品或产品线在全球范围内的开发生产、营销等全部职能活动。全球性产品组织结构如图 8-5 所示。

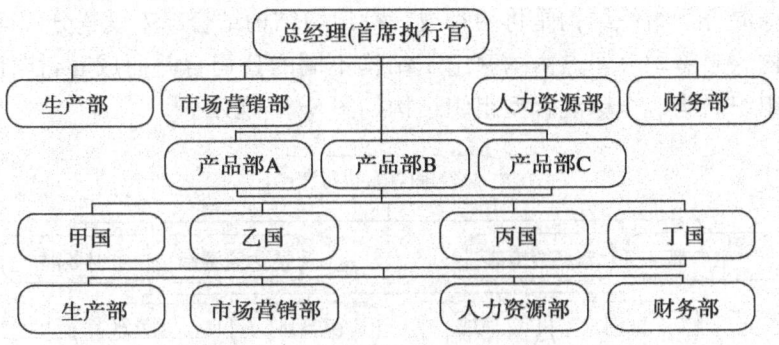

图 8-5 全球性产品组织结构图

全球性产品结构组织的优点是:强调产品生产和销售的统一规划;有利于按顾客需求和产品寿命周期不同阶段改造和开发新产品;恰当的分权制使各部门领导人提高了主动性,并参与根据销售利润来比较各个产品部对公司的贡献;有利于培养和锻炼部门负责人的综合管理能力。其缺点是:不利于公司对长期投资、市场开发、资源配置、利润分配等全局性问题进行集中统一计划和决策;加重了公司内部协调工作的困难;还会因各部门自成体系而造成人、财、物的浪费。

3. 全球性区域组织结构

是以公司在世界各地生产经营活动的区域分布为基础,设立若干区域部,负责管理该区域范围内的全部经营业务。每个区域部由一名副总经理领导,负责该区域范围内的全部业务活动。全球性区域组织结构如图 8-6 所示。

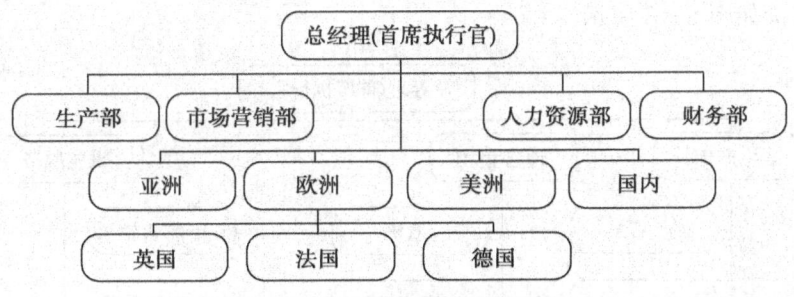

图 8-6 全球性区域组织结构图

全球性区域组织结构的优点是:加强区域内各职能部门和子公司的联系,减少公司总部协调和管理全球性生产经营的工作量;能更好地针对区域内经营环境的变化,改变产品生产和销售方式;有利于利用区域内国家的丰富资源和优惠条件。其缺点是：容易助长地区本位主义,忽视公司的全球战略目标;不利于公司产品、技术、资金等要素在区域内调配流动;增加了管理层次,会造成机构重叠。

4. 全球混合型组织结构

全球混合型组织结构是将两种或三种组织结构结合起来设置分部而形成的组织结构。当跨国公司是由两家组织结构不同的公司合并而成时,往往也会采用这种组织结构。全球混合型组织结构如图 8-7 所示。

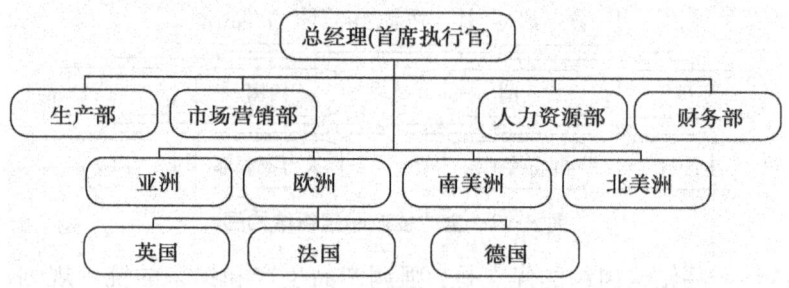

图 8-7　全球混合型组织结构图

全球型混合组织结构的优点是：有利于企业根据特殊需要和业务重点选择采用不同的组织结构,灵活性强,且可以根据外部环境和业务活动的变化及时进行调整。其缺点是组织结构不规范,容易造成管理上的混乱;所设各部门之间差异很大,不利于协调与合作,也不利于在全球树立完整的公司形象。

5. 全球矩阵式组织结构

矩阵式组织结构给予职能区分、地理区域和产品组合三维因素中的两维或三维同等的权利,公司对全部业务进行纵横交叉甚至立体式的控制与管理,公司可以把产品、区域和职能部门的经理专家组织起来共同进行管理。全球矩阵式组织结构如图 8-8 所示。

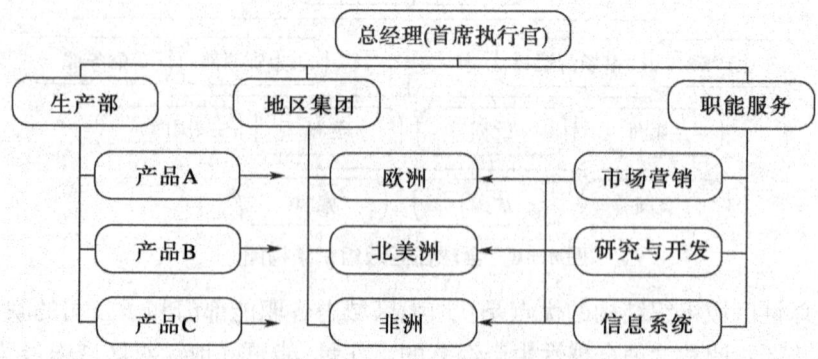

图 8-8　全球矩阵式组织结构图

矩阵式组织结构的优点是：有利于促进各部门、各层次经理之间的合作与协调；有利于把产品的生产、销售与各地区的经营环境因素综合起来考虑；有较强的系统应变能力和较大的稳定性。其缺点是：每个子公司都同时接受来自两个或三个部门的领导，不仅容易降低工作效率，而且一旦协调不当，就可能使经理们之间产生矛盾和分歧，影响公司的总体战略，造成了机构庞大、运行成本高。

（五）供应链组织结构

经济全球化使企业经营无国界化的趋势越来越明显，整个市场竞争呈现出明显的国际化和一体化。与此同时，用户需求愈加突出个性化，导致不确定性不断增加。这种变化使得各种技术和管理问题日益复杂化和多维化，促使人们认识问题和解决问题的思维方法也发生了变化，逐渐从点的和线性空间的思考向面的和多维空间思考转化，管理思想也从纵向思维朝着横向思维方式转化。与这种横向思维相适应的供应链组织结构应运而生，一种全新的供应链管理理念也日益被人们所认识和接受。

所谓供应链是围绕核心企业，通过对信息流、物流、资金流的控制，从采购原材料开始，制成中间产品以及最终产品，最后由销售网络把产品送到消费者手中的将供应商、制造商、分销商、零售商直到最终用户连成一个整体的功能网链结构模式。它是一个范围更广的企业组织结构模式，它包含所有加盟的节点企业，从原材料的供应开始，经过链中不同企业的制造加工、组装、分销等过程直到最终用户。它不仅是一条连接供应商到用户的物料链、信息链、资金链，而且是一条增值链，物料在供应链上因加工、包装、运输等过程而增加其价值，给相关企业都带来收益。供应链组织结构如图8-9所示。

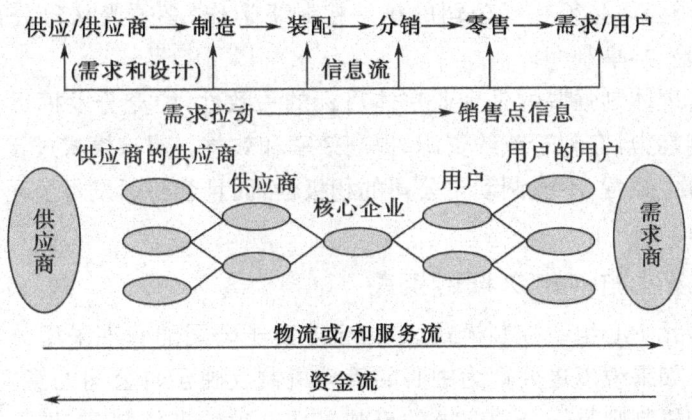

图8-9 供应链组织结构图

从供应链的组织结构模型可以看出,供应链是一个网链结构,由围绕核心企业的供应商、供应商的供应商和用户、用户的用户组成。一个企业是一个节点,节点企业和节点企业之间是一种需求与供应关系。供应链主要具有以下特征:

(1) 复杂性。因为供应链节点企业组成的跨度(层次)不同,供应链往往由多个、多类型甚至多国企业构成,所以供应链组织结构模式比其他组织结构模式更为复杂。

(2) 动态性。供应链管理因企业战略和适应市场需求变化的需要,其中节点企业需要动态地更新,这就使得供应链组织结构具有明显的动态性。

(3) 面向用户需求。供应链的形成、存在、重构都是基于一定的市场需求而发生,并且在供应链的运作过程中,用户的需求拉动是供应链中信息流、产品/服务流、资金流运作的驱动源。

(4) 交叉性。节点企业可以是这个供应链的成员,同时又是另一个供应链的成员,众多的供应链形成交叉结构,增加了协调管理的难度。

二、跨国经营企业的控制模式

企业跨国经营无论采用哪一种组织结构形式,在内部管理机制上都会涉及如何处理企业总部和各个子公司之间的关系。根据总部与各子公司间在集权与分权程度上的不同,主要有以下三种组织控制模式。

(一) 母公司为中心的组织控制模式

所谓母公司为中心的组织控制模式,是指母公司对海外子公司的管理采用集权式的组织管理体制。企业跨国经营的初期,一般都是以母公司为中心,一切跨国经营的决策权力包括生产权、销售权、人事权、财务权都由企业总部统一控制,国外的子公司必须在母公司的统一控制下运作,必须服从母公司的整体利益,共担风险,共享利润。

这种管理体制强调的是企业整体目标的一致性,能充分发挥母公司的集中调度和控制能力,有利于节约资源,提高效率和效益。但该模式过于集权不利于子公司的自主经营,不能调动子公司的积极性,而且容易引发母公司和子公司一系列的矛盾。

(二) 多元中心组织控制模式

所谓多元中心组织控制模式,是指企业对子公司的管理采用分权式的组织管理体制。如果说以母公司为中心的管理机制反映了母公司的意愿,那么多元中心的管理机制则是子公司要求的反映。在这种管理体制下,母公司允许子公司根据东道国的具体情况,独立地制定经营目标与长期发展规划,各个海外子公司独立核算,在产品设计、原材料采购、成本控制、生产和销售、市场开发等业务方面拥有自主的决策权。母公司除了负责制定总体战略、发展规划和高层管理人员的任免之外,其余绝大部分的经营权都下放到各个子公司。子公司的组织随着经营规模的扩大而逐渐完善,但各子公司的组织复杂程度并不完全一致。子公司也可根据经营环境的变化制定自己的制度,业绩也用国外标准衡量,用子公司所在国的货币评价。子公司的高层管理人员仍由母公司聘任,但以当地人为主。

这种管理体制强调管理的灵活性和适应性。其优点是:能充分发挥各子公司的积极性与责任感,易受东道国的欢迎。不足之处是:母公司难以统一调配资源;各子公司失去利用公司内部网络发展的机会。

(三) 全球中心组织控制模式

所谓全球中心组织控制模式,是指将集权管理和分权管理相结合的组织管理体制。由于集权管理和分权管理都有各自的缺陷,因此把集权和分权两种管理体制结合起来,即在保证母公司有效控制的前提下给予子公司较大的经营自主权,以调动其积极性。公司的战略决策及关键性的经营活动集中统一于母公司,海外子公司可以在母公司的总体经营战略下自行制定具体的实施计划,调配和使用资源。在这种管理体制下,母公司在制定公司的总体战略规划时,既充分考虑到母公司的利益,又能充分考虑海外子公司的需要;母公司和子公司之间、子公司和子公司之间信息交流增加,相互依赖性增强;选择合适的人士担任高层管理人员,而不需要考虑其是否是当地人士还是第三国人士。

三种组织控制模式的比较,如表 8-1 所示。

表 8-1 三种组织控制模式的比较

组织控制内容	母公司为中心	多元中心	全球中心
组织的复杂性	母公司组织复杂,海外子公司组织简单	海外子公司各自为政,复杂程度不一	组织逐渐复杂,并增加了相互依赖性
决策的权力	高度集中于母公司	母公司拥有的决策权较少	母公司和各子公司通力合作,视需要授权给各海外子公司
评估与控制	母公司的标准用于海外子公司人事、组织管理工作	子公司依当地情况自定	寻求既能在世界各地通用,又能考虑到地区性的标准
信息沟通	由母公司大量向海外子公司输送信息和指令	来自母公司的信息少,各海外子公司间也较少有信息沟通	整个公司内有纵横交错的信息沟通网络

续表 8-1

组织控制内容	母公司为中心	多元中心	全球中心
资源配置	由母公司决定	海外子公司独立配置,各海外子公司间较少共享资源	资源配置由母公司和各海外子公司沟通决定
报酬与奖惩	按母公司的标准	视当地情况制定	视完成当地及全球性目标与否而定
人员的招聘与任用	子公司的要职均由母公司人士担任	任用当地人士担任海外子公司的要职	在全球范围内招聘合适的人士担任母公司和子公司的要职
经营战略的制定	自上而下地制定	自下而上地制定	母公司和子公司协商制定

资料来源：张海东.国际商务管理.上海：上海财经大学出版社,2005：219

三、如何建立跨国公司的有效控制系统

当组织控制模式确定之后,对海外子公司实行有效的控制就成为跨国经营成败的关键问题了。

（一）有效控制的要素

控制是一个过程。在这个过程中,母公司的最高管理层运用各种规划、标准和手段,经常性地检查各部门、各海外子公司的计划完成情况,对偏离计划目标的现象予以制止和纠正,使组织的战略目标与实施的活动得以保持一致。

建立有效的控制系统,取决于四个要素：

（1）正确处理集权与分权的关系。企业跨国经营会面对产品多、分布广、经营环境纷繁复杂等问题,公司管理权限的设置往往面临两难境地。一方面,从企业全局出发,希望加强对企业各部门和各子公司的协调控制,实行集中管理；另一方面,各部门和各海外子公司又迫切希望根据自己的经营环境和目标市场因地制宜进行决策和制定战略,希望实施分散管理。这种集中管理与分散管理的矛盾如果处置不当,就会影响控制系统的有效性。

（2）建立规范有效的控制系统。要使控制过程规范有效,企业就需要建立自己的控制系统。这个系统通常包括规章制度、战略规划、经营计划、各种预算和报告制度,而且要有相对的稳定性。企业通过控制系统,可以发现生产经营中违反规章条例、背离计划和预算等问题,及时采取相应的对策,以维持企业的整体性和保证企业战略目标的顺利实现。

（3）建立现代化的信息系统。有效的控制在很大程度上取决于企业从事跨国经营的各部门、各海外子公司之间以及它们与企业总部之间信息沟通渠道的

畅通。由于分处不同的经营环境,社会、文化、政治、经济等环境因素的差异,增加了企业内部信息沟通的难度。随着信息技术和网络技术的发展,构建一个内部管理信息系统进行科学的决策和控制是非常必要的。现代化的管理信息系统能使企业跨越时间和空间的间隔,更迅速地针对信息做出决策,及时捕捉市场机会。

(4) 节约时间和费用。任何控制系统的建立,都会发生大量投资和运行费用。如果控制系统效率低、成本高,不但会挤占企业的宝贵资源,而且因投入产出比例不当也会增加财务负担,对企业的发展不利。同时,控制过程过长,手续繁杂,还可能延长信息传递与反馈时间,使企业贻误战机,在国际市场竞争中处于被动境地。没有时间和成本的节约,就没有控制系统的有效性和经济性。

(二) 控制的对象与内容

控制主要是针对结果和行为两个方面进行的。

对结果的控制是指企业根据战略规划和经营计划,对从事跨国经营的各部门和海外子公司的投入产出,如对产品开发费用、生产成本、销售额、利润水平等经营实绩进行考核与评价,从中发现问题,采取对策。

对行为的控制是指对从事跨国经营的各部门和海外子公司的经营活动,如决策活动、投资活动、生产活动和销售活动等施加影响,以保证这些活动有利于实现企业的经营战略和经营目标。

对象的控制通过内容的控制体现出来。企业跨国经营所需控制的内容较之单纯的国内经营活动要广泛复杂得多。

(1) 财务控制。财务控制着重于利润增长水平和预算执行情况的控制。这对战略规划和经营计划的顺利实现是至关重要的。跨国经营的企业一般都采用标准的年、季、月利润报表,要求各部门和海外子公司按期编制上报。对经营计划中各种预算实行控制,是财务控制的重要内容。

(2) 营销控制。企业总部对海外子公司提交的销售报告进行审查,对产品的销售数量、市场占有率、销售额增长率、销售成本的比例等数据与战略规划和经营计划中的具体目标进行比较,找出差距,及时发现并制定缩小差距的措施。

(3) 生产控制。企业以计划规定为标准,对有关报表和数据进行分析、考核、评价海外子公司的产品品种、数量、生产成本、劳动生产率、库存原材料、库存产品以及质量控制等方面的情况,以发现问题,给予指导。

(4) 对投资项目进展情况的控制。投资项目决策后进行是否顺利在很大程度上决定着企业跨国经营的发展前景。控制系统应提供关于投资项目进展情况的季度和年度报告。在投资项目完成后,企业还要定期地检查项目的运营成本、生产能力、销售额和盈利水平,判断其是否达到了预期的目标和设计要求。

(5) 人事控制。通过定期的人事报告制度，要求各部门和海外子公司向总部报告人员聘用、变更、培训以及职务升迁等方面的情况。其重点应放在海外子公司的人事安排上。如由谁担任海外子公司的经理及技术、生产、营销、财务等职能部门的负责人。还要报告额外用工数量、工资水平、福利待遇、劳动关系等。

本章重要知识点总结

随着全球经济一体化时代的到来，国与国之间的经济联系更加紧密。无论是资本、技术、商品还是人力资源等要素的流动都具备了国际性的特征。经济全球化的发展使各国经济更加全面地融入到世界经济之中，各国都从本国的优势出发，突破自身资源局限，在全球范围内寻求生产要素的最佳配置，在进一步参与国际分工与合作中获取更大的收益。众多国际知名的跨国公司纷纷进入我国市场；同时，我国许多优势企业也从过去只关注国内资源、国内市场，实行了跨国经营，走国际化发展的道路，开拓国际市场，利用国际资源，不断拓展自身的生存与发展空间。跨国经营活动在经济发展过程中发挥了越来越重要的作用，跨国经营问题日益为人们重视和关注。

跨国经营是指企业所进行的资源转化活动超越了一国主权范围，以国际市场为经营场所，这些活动包括商品、劳务、资本、服务等多种形式的经济资源的国际传递与转化。与国内经营相比，跨国经营具有以下特征：① 跨国经营是国内经营的必然发展；② 跨国经营的环境日趋复杂化；③ 国际市场竞争日趋激烈。跨国经营的发展大致经历了四个发展阶段：① 产品出口阶段；② 国外销售阶段；③ 国外投资阶段；④ 跨国公司阶段。企业为何从事跨国经营不外乎以下三点基本动机：① 扩大销售；② 获取资源；③ 经营战略上的安排。跨国经营的基础理论有三类：① 基于贸易的跨国经营理论（包括：贸易结构优化理论，产品周期理论，边际产业理论）；② 基于对外直接投资的跨国经营理论（包括：垄断竞争理论，内部化理论，国际生产折中理论）；③ 基于发展中国家和地区的跨国经营理论（包括：投资发展周期理论，小规模技术理论，技术地方化理论，技术创新产业升级理论）。跨国经营的意义在于：① 有利于顺应世界经济发展的潮流；② 有利于保护外销市场和保证原材料的供应；③ 有利于引进先进技术和利用外资；④ 有利于促进企业提高生产技术和经营管理水平。

跨国经营主要有出口型、契约型和投资型三类经营方式。企业可以根据自己的经营目标、选定的目标市场、拥有的资源和经营环境选择恰当的经营方式开展经营活动。

所谓出口型经营方式，就是向目标市场所在国家或地区出口商品。这也是中小型企业经营国际化开始阶段最常用的一种跨国经营方式。这种方式所需的费用和风险较低，但获取利润的速度较快，也比较直接。出口型经营方式主要包括间接出口与直接出口。

契约型经营方式是指企业与目标市场所在国家或地区的法人之间订立长期的非投资性的合作协议，这种合作协议可以是转让无形资产，包括各种工业产权（如专利、商标、技术秘诀、管理技能、营销技能等）和版权，也可以是劳务出口或工程承包等。与贸易型经营方式相比，通过契约型经营方式企业输出的是技术、技能等无形资产，而不是直接输出有形的产品，虽然它也可能带来出口的机会。契约型经营方式一般包括国际合作经营、许可证贸易、特许专营、合同制造、管理合同、交钥匙项目合同等。

投资型经营方式是指企业通过直接投资的方式进入目标市场所在国家或地区，即企业将资金连同本企业的技术、经验、营销等转移到目标市场所在国家或地区建立本企业控制的分公司或子公司。一般有独资经营和合资经营两种方式。

跨国经营企业的组织结构不是一成不变的，它与企业的国际化程度密切相关，并随着企业内部和外部环境的变化而不断调整。从其发展的历程来看，在企业跨国经营的初始阶段，企业为了出口产品的需要，可设立产品出口部（或类似的部门）这样的职能部门。当公司的跨国经营业务获得进一步的发展，除了出口产品外，还从事一些技术合作与投资项目并在国外设立了一些子公司时，就需要设立一个与国内经营部门地位相当的国际业务部来管理，以协调产品出口、技术合作、对外直接投资及其他一些跨国经营活动。当公司的海外销售额和利润额已经占到整个公司总额的1/3或更多时，就应将国内经营和国际经营融为一体，采用全球性组织结构。跨国公司也可与其他企业形成战略伙伴关系，以某个核心企业来构建供应链，这样的结构形式把公司内部的组织延伸到公司之间，形成一条供需链、增值链。因此，跨国经营企业的组织结构相应的有出口部组织结构、海外子公司组织结构、国际业务部组织结构、全球性组织结构以及供应链组织结构等形式，跨国经营企业可根据企业跨国经营战略、规模和地区分布等因素来选择合适的组织结构。

企业跨国经营无论采用哪一种组织结构形式，在内部管理机制上都会涉及如何处理企业总部和各个子公司之间的关系。根据总部与各子公司间在集权与分权程度上的不同，主要有以下三种组织控制模式：① 母公司为中心的组织控制模式；② 多元中心组织控制模式；③ 全球中心组织控制模式。

案例

海尔的跨国经营

创立于1984年崛起于改革大潮之中的海尔集团,是在引进德国利勃海尔电冰箱生产技术成立的青岛电冰箱总厂基础上发展起来的。在海尔集团首席执行官张瑞敏"名牌战略"思想的引领下,海尔经过18年的艰苦奋斗和卓越创新,从一个濒临倒闭的集体小厂发展壮大成为在国内外享有较高美誉的跨国企业。海尔集团从无到有、从小到大、从弱到强、从国内到海外的发展业绩,可以浓缩在下面这组数字中:2002年海尔实现全球营业额711亿元,是1984年的20 000多倍;2002年,海尔跃居中国电子信息百强之首。1984年,工厂职工不足800人;2002年,海尔不仅职工发展到了3万人,而且拉动就业人数30多万人。1984年只有一个型号的冰箱产品,目前已拥有包括白色家电、黑色家电、米色家电、家居集成在内的86大门类13 000多个规格品种的产品群。在全球,很多家庭都是海尔产品的用户。

在国内市场,海尔冰箱、冷柜、空调、洗衣机四大主导产品均拥有30%左右的市场份额。在海外市场,据全球权威消费市场调查与分析机构Euromonitor最新调查结果显示,海尔集团目前在全球白色电器制造商中排名第五,海尔冰箱在全球冰箱品牌市场占有率排序中跃居第一。海尔集团坚持走出国门创名牌,目前,已建立起一个具有国际竞争力的全球设计网络、制造网络、营销与服务网络。现有设计中心18个,工业园10个(其中国外2个,分别位于美国和巴基斯坦;国内8个,其中5个在青岛,合肥、大连、武汉各有1个,海外工厂13个)。营销网点58 800个,服务网点11 976个。海尔产品已进入欧洲15家大连锁店的12家、美国10家大连锁店的9家。在美国、欧洲初步实现了设计、制造、营销三位一体的本土化布局。其中国外最大的工业园在美国南卡州,2000年3月,美国本土生产的海尔冰箱已经进入美国消费者的家庭。2002年,海尔海外13个工厂全线运营。随着海尔国际化战略的推进,海尔与国际著名大公司之间也从竞争向多边竞合关系发展。2002年1月8日和2月20日分别与日本三洋公司和台湾声宝集团建立竞合关系,实现优势互补、互换市场、资源共享、双赢发展。2002年3月4日,海尔买下纽约城中格林尼治银行大厦这座标志性建筑作为海尔在北美的总部,表明海尔品牌已初步得到了美国消费者的认可,海尔要在美国扎下根去。2002年海尔实现海外营业额10亿美元,是中国家电业出口创汇最多的企业。

案例思考

结合本章内容的学习,以及你对海尔公司的了解,对海尔的跨国经营战略进行评价。

本章练习题

一、单选题

1. 跨国经营是指企业所进行的资源转化活动超越了一国主权范围,以( )为经营场所,这些活动包括商品、劳务、资本、服务等多种形式的经济资源的国际传递与转化。
   A. 国内市场　　B. 国际市场　　C. 内部市场　　D. 外部市场

2. 跨国经营是机器大工业在西方发达国家确立以后逐渐发展起来的,大致经历了产品出口阶段、国外销售阶段、国外投资阶段、( )阶段。
   A. 贸易公司　　B. 国际贸易　　C. 跨国公司　　D. 经济全球化

3. 跨国经营的基本动机,不外乎是扩大销售、( )、经营战略上的安排。
   A. 获取巨额利润　　　　　　B. 获取技术
   C. 获取资源　　　　　　　　D. 获取市场

4. 基于贸易的跨国经营理论有贸易结构优化理论、( )、边际产业理论。
   A. 垄断竞争理论　　　　　　B. 内部化理论
   C. 国际生产折中理论　　　　D. 产品周期理论

5. 基于发展中国家和地区的跨国经营理论有投资发展周期理论、小规模技术理论、技术地方化理论、( )。
   A. 技术创新产业升级理论　　B. 贸易结构优化理论
   C. 边际产业理论　　　　　　D. 垄断竞争理论

6. 契约型经营方式包括国际合作经营、( )、特许专营、合同制造、管理合同、交钥匙项目合同。
   A. 产品出口　　B. 许可证贸易　　C. 独资经营　　D. 合资经营

7. 跨国公司的组织结构形式包括出口部组织结构、海外子公司组织结构、国际业务部组织结构、全球性组织结构以及( )等形式。
   A. 直线型组织结构　　　　　B. 直线职能型组织结构
   C. 供应链组织结构　　　　　D. 事业部型组织结构

8. 跨国经营企业的控制模式包括母公司为中心、( )、全球中心的组织控制模式。
   A. 一元中心　　B. 多元中心　　C. 联合经营　　D. 中外合作

9. 组织控制主要是针对结果和（   ）。
   A. 行为　　　　B. 计划　　　　C. 战略　　　　D. 目标
10. 企业跨国经营所需控制的内容包括财务控制、（   ）、生产控制、对投资项目进展情况的控制、人事控制。
    A. 市场控制　　B. 库存控制　　C. 计划控制　　D. 营销控制

二、名词解释
1. 跨国经营
2. 契约型经营方式
3. 许可证贸易
4. 供应链
5. 多元中心组织控制模式

三、问答题
1. 跨国经营的特征是什么？
2. 基于贸易的跨国经营理论有哪些？请简要说明。
3. 基于对外直接投资的跨国经营理论有哪些？请简要说明。
4. 简述跨国经营的方式及其含义。
5. 跨国公司的组织结构形式有哪些？
6. 简述跨国经营企业的控制模式。

第九章
CI 与企业文化

📖 学习目的与要求

CI 与企业文化作为现代企业管理的重要内容既相互联系、相互促进又各有侧重。企业文化注重企业内涵的构建,CI 通过企业理念的外化注重企业形象的塑造。CI 设计通过塑造独特的企业形象,一方面使企业文化得以直观地、广泛地传播,另一方面使企业文化得以深化和发展,而企业文化的深化和发展又为 CI 提供了新的方向和内涵,二者在不断相互促进和发展的过程中为企业的腾飞创造了源源不断的动力。

通过本章学习,要求理解和掌握以下重要知识点:
(1) CI 的概念、功能和特征。
(2) 企业文化的内涵及特征。
(3) 企业文化与 CI 的关系。
(4) CI 的策划与实施的主要内容。

第一节 CI 概述

一、CI 的定义

二次世界大战后,世界经济开始复苏,各行各业又进入蓬勃发展时期。由于营运范围日益拓展,企业经营开始迈向多元化、国际化的大市场,企业形象问题受到欧美先进企业的重视。因此,从 20 世纪 50 年代开始,欧美一些大型企业纷纷导入统一企业形象经营战略。但是,直到 60 年代中期,对于这种崭新的战略在名称上、概念上都还没有形成共识,有的把它称为产业规划(Industrial Design)，有的把它叫做企业设计（Corporate Design），或者把它叫做企业形貌（Corporate Look）、特殊规划（Specific Design）、设计政策（Design Policy）等，到后来才有了统一的名称：Corporate Identity，即 CI。Corporate 是指一个公司、一个团体、一个企业，Identity 是指身份、标识等。因此，CI 最初的基本释义为"企业识别"。所谓企业识别，就是一个企业借助于直观的标识符号和内在的理念等，证明自身性与内在同一性的传播活动，回答"我是谁"的问题。CI 又称 CIS，即英文 Corporate Identity System 的缩写，一般译为企业识别系统或企业形象战略。

CI 理论自诞生至今已近半个世纪，由于专家学者对其理解不同、研究的侧重点不同，因而对 CI 的定义也不尽相同。CI 的理念源于欧洲，而日本在引进欧美的 CI 时并没有完全照搬，而是将民族理念与民族文化融入其中，对 CI 进行了结构上的革命与完善。日本 CI 专家山田理英指出，美国的 CI 定义与日本 CI 的定义是大相径庭的。前者认为：CI 是以标准字体和商标作为沟通企业理念与企业文化的工具。后者则认为：CI 是一种明确地认知企业理念与企业文化的活动。可见，CI 不是一个不变的概念，其内涵随着时代的变革、企业的发展而不断创新与变革，同时，其概念内涵也随着不同民族文化而更新。

但是，CI 无论怎样发展与变革，它始终围绕着一个理念核心在运动，这就是为企业解决问题，更明确地说是解决企业与社会、自然的关系问题，它所使用的工具就是塑造企业形象，它解决问题的方式就是不断变革，创造新的企业形象以改善和推进企业与社会、自然的关系状况，并以此推动社会发展，维护企业、社会、自然的动态平衡。因此，CI 战略的根基始终是放在企业自身形象的设计与开发上，为企业的经营发展而服务的。因此，我们认为 CI 是将企业理念与精神文化，运用整体传达系统（特别是视觉传达设计），传达给企业周围的关系者或团体（包括企业内部与社会公众），并掌握使其对企业产生一致的认同感与价值观。CI 是将企业的经营理念和个性特征，通过统一的视觉识别和行为规范系统加以整合传达，使社会公众产生一致的认同感与价值观，从而达成建立鲜明的企业形象和品牌形象，提高产品市场竞争力，创造企业最佳经营环境的一种现代企业经营战略。

二、CI 的构成

CI 从其构成上来看可以分为三个部分，即企业理念识别、企业行为识别和企业视觉识别。这三个方面相互联系、相互作用，构成一个整体，理念识别可以比作企业的"心"，行为识别可以比作企业的"手"，视觉识别可以比作企业的"脸"。

（一）企业理念识别（Mind Identity，MI）

企业理念识别属于思想范畴，是企业经营管理的指导思想，在企业经营活动中起着灵魂作用，并成为企业 CI 的核心内容，它决定着企业经营活动的发展方向、发展速度、发展空间和运行机制及运行状况。从世界上成功企业的经验来看，它们之所以能成为优秀的企业，其共同点是都有自己执著追求的理念。实际操作中，这些看不见的理念，具体化为一句简明、醒目、亲切、很有号召力的口号，或叫座右铭，如："菲利普"的"让我们做得更好"；"诺基亚"的"科技以人为本"；"新天利"的"用科技制造微笑"。正是这些理论的形成，指导了企业在竞争中不断取得优势。

（二）企业行为识别（Behavior Identity，BI）

BI 是指企业理念确定后，付诸实施过程中，所有具体执行行为的规范化、协调化、统一化。从企业行为具体执行的过程中建立起反映企业特色的形象。企业行为识别贯穿于企业经营活动的全过程之中，并通过企业对内对外的行为表现出来。对内活动主要是对全体员工的规范化组织管理和严格的岗位培训，以及创造良好的内部工作环境，以保证提供优质产品和优质服务。以员工为活动对象，中心目的是造就企业良好的素质。对外活动主要包括促销活动、公益性活动、公共关系活动、广告活动、宣传活动、展示活动等，中心目的是向社会充分展示企业的实力和形象。

（三）企业视觉识别（Visual Identity，VI）

指视觉信息传递的各种形式的统一化，亦称具体化、视觉化的传达形式，是企业根据经营理念、传播意志、设计创意等因素来进行设计的。在整个 CI 系统中，VI 的队伍最庞大，面积最广，效果最直接，是"最先映入眼帘"的识别系统。主要包括企业名称、企业品牌标志、企业标准字、标准色、象征图案、办公用品、车辆、广告、产品包装、员工制服等等，这些视觉识别都是非常重要的外部表征，公众对其认识程度和理解程度决定了企业在公众心目中的地位。

三、CI 的主要功能

（一）识别功能

CI 最基本的功能就是识别，促使企业产品与其他同类产品区别开来。例如，当我们看到"红塔山"、"可口可乐"两个标志时，我们很快会想到前者是香烟，后者是饮料。CI 识别的优势，在于它把企业作为行销对象，将企业的理念、文化、行为、产品等形成统一的形象概念，借助视觉符号表现出来，全方位地传播，可以让社会公众多视角、多层面地对企业加以鉴别，决定取舍，而不管从哪个角度、哪个方面，所得到的信息都是一致的，所得出的结论也必将是一致的。CI 有三个基本的识别要素。

（1）语言识别。语言识别是企业用象征本企业特征的语言，包括企业精神口号、企业产品广告语、企业宣传标语等达到识别的目的。例如海尔的"真诚到永远"。

（2）图像识别。图像识别是指企业用象征本企业特色的图形，如标志、标准字体等图案、形象达到识别的目的。比如麦当劳的大写"M"标志。

（3）色彩识别。色彩识别指企业用象征自己特征的色彩（即企业标准色）达成识别。色彩能造成差别，色彩能引发联想，色彩能渲染环境。例如：海尔集团用"海尔蓝"作为标准色，体现空调、冰箱、彩电等家电产品的功能特征和产品形象。

（二）管理功能

企业 CI 手册的主要功能就是完善企业内部管理系统，企业推广 CI 是加强企业内部和外部管理的一个有力工具。CI 的管理功能还体现在当企业有了明确的 CI 体系后，管理者们会始终使企业朝着既定的目标努力，CI 就好像给管理者一个思维的目录单，它提供一整套处理纷繁杂务的既定原则，使管理人员迅速果断地做出正确的决定。

（三）传播功能

CI 在传播功能方面具有无比的优越性。在公众的信息渠道中，以 VI 系统的传播最为直接，效果最明显。首先，人们从视觉获得的信息量最多，因为经过视觉器官所搜集的信息在人类记忆库中具有较高的回忆价值。其次，CI 传播的企业信息整齐划一，CI 经过系统化、一体化、集中化的处理方法来传达企业信息，可造成差别化和强烈的冲击力，容易在公众心目中形成深刻的印象。第三，CI 传播的信息富有情感，易于为社会公众所感染、所接受。此外，在 CI 识别系统运作过程中，统一性与系统性的视觉要素设计可加强信息传播的频率和强度并节省宣传费用，达到事半功倍的传播效果。

（四）协调功能

企业导入 CI，有助于信息传递的可信性、真实性和统一性，使企业的公共关系活动得以顺利发展。企业的公关关系，通过传递企业的有关信息，协调好与社会公众的各种关系，直接为企业的经营发展服务。

1. 与政府的关系

企业导入 CI 后，有利于企业和政府进行信息沟通，加深政府对企业的印象和建立牢固的关系，扩大企业在政府部门中的信誉和影响，使企业获得政府的支持与扶植。

2. 与社区的关系

通过CI,企业的外观形象焕然一新,可以为社区的建筑群添加美感;企业职工在共有的行为规范下讲究礼仪,与社区居民和睦相处,企业承担起社区的必要社会义务,改善社区关系等。

3. 与大众传媒的关系

企业推行CI后,使传播的信息统一易于识别,便于大众传播媒介的新闻挖掘,优良的企业形象也使传媒乐于报道。

四、CI的主要特征

(一) 战略性

首先,CI必须从企业全局和发展的长远目标上考虑,应站在时代的尖端,从企业的方方面面,具有创意地表现出一定的超前性。其次,当企业的战略目标与近期利益或眼前利益发生冲突时,企业应当着重长远利益,甚至为长远利益牺牲或者舍去眼前利益,最终获得长远的市场效益。最后,当企业形象价值与企业经济效益发生矛盾冲突时,应当把企业形象价值摆在第一位。

企业导入CI的系统作业,一般需1年至5年不等;同时,CI也有一定的周期性。一项CI作业历经若干年后,随着社会的发展和市场的变化很可能陈旧落伍,这时应及时修正、调整、完善,这就要求企业把CI置于战略性的高度去考虑和规划。

(二) 系统性

CI是软件系统(MI、BI)和硬件系统(VI)的集合,是基本系统和应用系统的集合。所以,CI工程各个部分都必须在企业统一的目标、宗旨、精神、文化等指导下规范化、标准化地表达出一个系统、整齐划一的形象,这是CI工程的精神所在。CI的成功开发和实施实际上是与企业的内在结构、运行机制和精神文化紧密相关的,因此,CI的策划必须做好视觉系统与其他因素之间的沟通工作。

(三) 差异性

差异性又叫个性,这是CI最本质的特征。企业导入CI的根本目的是全方位塑造个性鲜明的企业形象,因此,CI归根结底是一种差异化战略。企业在实施CI策划时,不论是企业风格、管理理念、经营策略,还是企业名称、品牌、标识、广告、口号等,都要有自己的特色,体现出鲜明的个性。只有个性化,才有区别度,区别度越大,识别性越强。CI的差异化首先是指行业差别,体现本企业所在的行业区别于其他行业的基本形象特征;其次是指企业或品牌的差异化,同类行业,不同的企业或品牌应有不同的个性或不同的视觉形象。

(四)竞争性

CI战略的竞争性,是指成功地导入CI的企业,将会在强手如林的竞争对手中立于不败之地。因为CI为企业竞争奠定了坚实的基础,使企业更能适应复杂多变、竞争日趋激烈的市场经济环境。所以,CI堪称当今企业在竞争中获胜的法宝,国际行家称之为"赢的策略"、"长期开拓市场的利器"。CI的竞争性主要表现在它的设计开发以市场为导向,以竞争制胜为目标,以竞争对手为对象。因此,CI的开发设计具有很强的针对性、比较性和保密性。

五、CI的模式

CI最先兴起于欧美,日本随后也引进了CI,并对CI做了一些变动,近些年CI在中国也有了较快的发展。现在大体上可分为三种模式的CI:欧美式CI、日本式CI和中国式CI。

(一)欧美式CI

欧美式CI自创立起,就一直把它定义为:"是以标准字体和商标作为沟通企业理念与企业文化的工具。"从实际操作而言,欧美的CI设计侧重于VI部分,强调视觉传达设计的标准化,力求设计要素与传达媒体的统一性,使得企业标志、标准字体、标准色能充分运用在整个企业中,使美的视觉形象传达企业的整体信息。

(二)日本式CI

日本企业界和设计界共同对CI的指导思想进行了创造性的补充和完善,即把欧美式的CI演变成日本式的CI,创造出富有本民族文化特色的CI理论。这一文化性的变革,完成了从CI到CIS的升华,即"CIS战略"。

与欧美式CI相比,日本式CI是一种明确认知企业理念与企业文化的活动。它侧重于改革企业理念与经营方针,整个CI策划是以企业理念为核心开发的。在注重视觉美感的同时,还着重于从企业理念、企业行为等方面对企业进行综合性的重新检讨、整理企业各项问题,从整体的经营思想、企业定位、价值取向、企业道德入手来规范员工行为,带动生产,创造利润。

(三)中国式CI

中国式CI是"欧美式CI"、"日本式CI"的延伸与发展。"中国式CI"的共同点在于:博大精深的中华民族与国际现代经营战略的合二为一。在对CI的认识上,"中国式CI"强调企业文化、企业理念的灵魂作用;在运作方式上,比较认同三大识别构筑系统工程的CI观;在外观表征上,"中国式CI"更接近于"日本式 CI",这也许与它们同属于东方民族文化体系有关。但"中国式 CI"的中国色、民族味是绝不同于日本式 CI 的。"中国式 CI"由于它植根于上下五千年深厚的文化根基,由于博大的国度,更由于它正处于改革开放、经济迅猛发展的旺盛时期,由林林总总各类型中国企业所衍生出来"中国式 CI"运动,是更丰富、更完善、更具个性化特征的 CI 战略体系。

第二节 CI 与企业文化

随着市场竞争的加剧,企业由产品竞争进入品牌竞争、文化竞争的深层次角逐,文化经营、文化管理、文化力的作用日益为企业家们所重视。他们逐渐意识到企业最持久的生命力和竞争力仍在于深厚的文化力之中。CI 战略与企业文化建设密切相关。形象是文化的外显,CI 战略的内涵就是文化战略。规划企业文化建设,创新和培育独特的企业文化,成为企业家们导入 CI 最重要的理由。

一、企业文化的内涵及特征

(一)企业文化的内涵

从广义上说,文化是人类社会历史实践过程中所创造的物质财富与精神财富的总和;从狭义上说,文化是社会的意识形态以及与之相适应的组织机构与制度。而企业文化则是企业在生产经营实践中逐步形成的,为全体员工所认同并遵守的,带有本组织特点的使命、宗旨、精神、价值观和经营理念,以及这些理念在生产经营实践、管理制度、员工行为方式与企业对外形象的体现的总和。

企业文化是企业的灵魂,是推动企业发展的不竭动力,它包含着非常丰富的内容,是一个具有递进性特征的层次结构文化。企业文化分为三个层次,即器物文化、制度文化、心态文化。器物文化又称为行为文化,是表层文化,它是企业文化的载体与外在化,是一种外显文化,是企业文化的最终表现形式。器物文化主要包括企业特有的环境、建筑风格、形象以及声誉、产品与服务质量、公共关系等一切表征现象。制度文化也称规范文化,是中间层文化,包括组织管理风格、宗旨、目标、礼仪制度、行为习惯、传统、作风等,它规定着企业每一个员工的行为规范。心态文化是核心层文化,是企业文化的核心,包括潜藏在管理者和员工内心深处及组织体中的某些思想、意识、信仰、价值观念等。企业文化的三个层次是相互渗透、相互影响的,在不断的运动和升华过程中逐渐形成了具有特色的整体企业文化。三个层次的文化中,器物文化与制度文化较易变化,心态文化则相对稳定。在企业文化建设和 CI 的策划中更应注重的是心态文化的建设和调整。

（二）企业文化的特征

1. 民族性

任何企业文化都深深地打着民族传统文化的烙印。日本企业文化具有浓厚的团队精神色彩，注重集体力量；美国企业文化带有浓厚的个人主义色彩，注重个人价值实现；而中国的企业文化具有诚实、肯干、平等互助等浓厚的民族传统文化色彩。

2. 历史性

历史性是一切社会事物的最基本属性之一。企业在一定的时空条件下产生、生存与发展，企业的现象本身就是当时社会政治、经济、文化的折射，企业本身就是创造历史的载体，企业的经营与政治活动、文化现象的联系千丝万缕。可以说，企业文化是历史的产物，必定带有历史的烙印，折射出大到一个时代、一个国家的一定时期，或者一个民族、一个地域，小到一个地方区域的经济与文化特征。反过来，企业文化一旦形成，也在改造着企业所处的环境。

3. 人本性

企业文化关注的中心，在于对企业中人的因素的管理与激发，当衣、食等最基本的生存需求得到满足后，人们需要满足交流的需要、给予的需要、被尊重的需要、个人价值实现的需要等等。一个人一生中最宝贵、历时最长的时间与空间都是用于职业生涯的，所以，企业的成长与发展需求与个人的成长与发展需求在企业文化这个层面达到了完美的契合。企业文化是一种以人为本的文化，着力于以文化因素去挖掘企业的潜力，尊重和重视人的因素在企业发展中的作用。

4. 个异性

每个企业都在特定的环境中生存与发展，所面临的历史阶段、发展程度以及本身固有的文化积淀都不相同，这就决定了每个企业都会形成不同的价值观，从而形成有较强个性的企业文化。成功是不能复制的，企业文化也同样不能拷贝。把别人成功的企业文化照搬照抄教条行事，或者如赵括谈兵一样将优秀的企业文化奉为金科玉律，试图找到放之四海而皆准的真理，最终只会害了企业。

5. 动态性

一个企业的企业文化一旦形成，就具有在一定时期之内的相对稳定性。但随着企业的发展以及企业生存环境的变化，企业文化也随之发生改变。一个优秀企业的文化体系建成之后，就会显示其对外部因素以及新生文化因子强大的吸收力、包容力与消化力，形成动态开放的系统。

二、企业文化与 CI 的关系

CI 的实施是需要企业文化为基础的,其实质和核心是与企业文化密切联系的,CI 策划的成败与绩效在很大程度上取决于企业文化,取决于是否将企业文化与 CI 策划联系起来。

(一) CI 策划与企业文化建设有着密不可分的关系

CI 的实施是一个动态的发展过程,其实施和推进必须从企业文化中吸取营养才有旺盛的生命力。可以说,企业文化是 CI 的深层土壤,CI 是企业文化体系的表达,同时又是企业文化体系的支撑,两者存在相互依存的关系。

1. CI 的实施与企业文化有着积极的相互推动的效应

CI 与企业文化有着不可分割的关系,它们有许多相同性和一致性。从内容上看,CI 可分为企业理念识别、企业行为识别和视觉识别三个部分,企业文化分为器物文化、制度文化和心态文化,它们之间一一对应。首先,企业理念与企业心态文化密不可分,企业理念是企业心态文化中的一个组成部分,主要以企业精神的形式反映出来,同时,企业理念也是心态文化的凝结和提炼。其次,企业行为识别系统靠企业制度文化作支持,如不注重企业制度文化的建设,就不可能有良好的企业行为识别系统,CI 的实施必须有完备的行为准则、企业管理制度做支持,任何一个实施 CI 的企业都是这样,如 IBM 公司就把企业职工的行为规范要求编成《企业指导手册》发给每个职工,要员工认真执行。最后,企业的视觉识别系统与企业的器物文化有着多方面的联系。一方面企业的产品和服务与企业的标志等密切相连,另一方面企业的面貌既是企业文化的特征又是器物文化的一部分,还是视觉识别的内容,二者相互支持。

2. CI 的实施以企业价值观为指导

企业价值观是企业中占主导地位的管理意识,对企业的命运有决定性作用。这种意识通过潜移默化渗透到企业的经营管理中去,成为全体员工的共识,对企业具有持久的精神支撑力,是企业生存的思想基础,也是企业发展的精神指南,企业价值观是企业文化的核心。企业实施 CI 的本质是建立和显示自己区别于其他企业的独特个性。而一个企业区别于另一个企业的最主要方面是企业的价值观。企业价值观从本质上反映了企业的特点与个性,使企业以独特的思维方式和行为方式,显示出自己独特的风格和面貌。它既为企业实施 CI 建立了哲学基础,又为企业理念提供了原动力。

(二) 注重企业文化建设,推进企业 CI 的发展

CI 是企业文化体系具体、规范的表达,同时又是文化体系的支撑。实施 CI

战略最重要的基点就是建立和完善企业内部的文化体系和文化经营战略,否则,CI战略的实施只能是无本之木、无源之水。

1. 企业文化建设是导入CI的基础

CI的核心和精神动力是企业的理念识别,而企业理念的真正确立并非靠一两句口号,而是要靠全体员工的认同,并用行动体现出来。要做到这一点,就必须依靠企业文化建设,通过各种文化手段致力于企业员工共同价值观的培育。一旦企业的价值观被员工接受,并视为自己的价值观后,他们就不仅会热爱自己的岗位,热爱自己的企业,自信自强,而且会自觉地把企业的目标作为自己的奋斗目标去追求。

2. 企业文化建设为CI的导入营造氛围

积极的企业文化能为CI的导入营造一个团结和谐的良好氛围,员工会产生与企业同命运的巨大动力,这种融洽的人际关系和和谐的环境气氛,不仅有利于凝聚企业的向心力,还可以产生强大的群体力量,为企业的发展和CI的实施提供有利的内部保障。

3. 企业文化建设是推进CI发展的可靠保证

CI是一个不断发展的过程,要使CI不断前进,企业必须建立符合时代潮流的企业理念和管理模式,进行企业文化建设。只有这样,企业的发展才有可能获得永不枯竭的源泉,CI的推进才有深层的土壤和可靠的保证。

三、塑造有中国特色的企业文化

我国现代企业文化建设,既要植根于我国民族文化与社会主义市场经济的沃土之中,又要博采世界企业文化的精华,才能形成具有中国特色的优秀企业文化。

(一)中国特色的企业文化既要植根于中国社会文化土壤之上,又要借鉴西方国家先进的企业文化

中国的企业文化不同于美国企业文化,与日本企业文化也有区别,不能照搬任何一个国家的文化来为己所用。一方面,要学习西方国家科学的管理方法、先进的管理思想、追求卓越的创新精神,以及竞争、效率、质量、效益、民主、环保等观念,不断丰富我国企业文化建设的内容;另一方面,也要注重继承和发扬中华民族的优秀文化思想,如勤俭为本、勤能补拙的艰苦创业精神,与人为善、以和为贵的团队精神,任人唯贤、唯才是举的用人观及人才观等等。

(二)中国特色的企业文化要体现以人为本,体现民主性

现代企业文化理论是以人为管理的出发点,以人为本,以企业群体价值理念

和行为取向的共识为核心。在建设中国特色的企业文化中,要努力加强员工的民主管理,发挥主人翁精神,调动和发挥每个员工的积极性和创造性,建立企业和员工命运共同体的观念和意识,形成企业员工广泛参与的企业文化。

(三)中国特色的企业文化要具有市场竞争意识

企业文化的主体是企业,而企业是独立存在于市场竞争中的经济实体。在市场经济条件下,任何一个企业都面临着不可回避的市场竞争,这种竞争的冲击,时刻影响着企业的观念和行为。企业必须从寻求竞争优势的角度来建设企业文化。

(四)中国特色的企业文化要反映时代精神

中国企业要进入国际市场,实现跨国经营,必须建设一种反映时代精神的企业文化。除了要反映民族传统的优秀文化内核,还要能兼容东西方优秀企业的文化。由于社会的进步,时代的发展,很多反映时代精神的文化和观念被越来越多的人接受,企业文化要能及时地吸取和反映这些观念,在竞争中保持自己的优势。

企业文化作为企业的精神财产,左右着企业的行为,支配着自己独有的竞争力。企业在 CI 的推进中,要注重企业文化的建设,将企业文化融入经营战略之中。

第三节　CI 的策划与实施

企业导入 CI,是一项涉及企业的经营理念、制度规范和信息传达的系统工程,必须有准备、有计划、有步骤地进行,并且将它放到企业发展战略的高度去谋划,方能达到预期目标。

一、导入 CI 的前期工作

企业导入 CI,首要的工作是做好前期准备工作,主要包括 CI 目标的设定和明确 CI 导入的动机。

(一)设定 CI 目标

一般而言,CI 目标的设定直接影响 CI 导入计划的制定。在 CI 目标设定时,一般遵循以下四个步骤去具体地发现问题,确认目标。

(1) 现状整合和设计标准化,即不改变原本象征其企业的设计基本要素,而是以整合现状及导入标准化系统为目的的 CI 开发。中国国际航空公司和中国北方航空公司导入 CI 属于这一类型。

（2）对目前使用中的企业标志或标准字体等基本设计要素，在认为不适当的情况下，大胆细致地进行革新设计，以适合新条件的需要。目前著名企业的 CI 导入大都属于这种类型。比如长虹的原有标识均显陈旧、落后，需用革新的方式导入 CI。

（3）导入企业信息传达系统。在这一阶段，CI 导入的主旨是从企业的全局出发，注重企业信息传达战略、标志战略或前卫性设计等，也就是通过 CI 导入，有组织地创造企业适应高度发达的信息化时代的企业信息价值。

（4）导入文化战略程序。将企业视为一种文化组织，以创造性的战略为企业设定产生更高层次文化的目标，即从"经营市场"走向"文化市场"。

以上几个步骤，是从 CI 理论的角度设定的一般原则，而每一个企业在导入 CI 时应从实际出发。比如，新兴的企业可以从创业之初就导入 CI，以全新的形象出现，令人耳目一新，很快建立起企业形象与品牌；而老的国有大中型企业，则适宜于革新调整的方式导入形象战略目标。

（二）明确 CI 导入的动机

企业导入 CI 的目的和原因很多，但一般情况下都要针对企业面临的实际需要，有针对性地设定 CI 导入目标，实施 CI 战略。企业导入 CI 的动机大致有以下几个方面：

（1）改变企业经营不振的现状，克服经营困难，活化企业组织，振奋企业精神。

（2）改变陈旧、落后的企业形象，树立崭新的企业形象。

（3）变更企业名称，扩大经营范围，实现多角化经营。

（4）转变企业经营方针，重整企业理念，适应"二次创业"需求。

（5）顺应国际化潮流，改变不能同国际市场接轨的形象识别系统，适应国际竞争需要。

（6）导入新的市场战略，开发新产品上市，借助 CI 的导入迅速打开市场。

（7）强化企业的对外宣传、公共关系和促销活动，改变企业实力强大但形象传播力弱的现状，提升企业实力形象。

（8）实现企业的改组、整顿，提高管理效率。

（9）消除负面影响，克服不利因素，创新企业形象。

二、CI 的策划与实施

（一）企业理念识别系统策划与实施

理念识别系统是企业的经营理念，也是 CI 的基本精神所在。理念是企业形象战略的最高决策层次,也是 CI 识别系统运作的原动力和基石。因此,理念识别系统的策划与实施在 CI 中居头等重要地位。企业理念作为一个系统,其内容是很丰富的。企业理念识别系统的策划主要内容包括:

1. 设定企业远景

企业远景是企业未来的目标、存在意义,也是企业之根本所在,它回答的是企业为什么要存在、对社会有何贡献、它未来的发展是个什么样子等根本性的问题。因此,只有设定了良好的企业远景,企业才能产生良好的理念识别,才能成为企业革新的指标。如美的集团以"创造完美"作为美的 CI 的核心,按照这一经营哲学,公司要求每个员工在自己的岗位上,要以高度的责任感和一丝不苟的工作精神,创造出外表美观内在品质日臻完美,实用价值与欣赏价值完美结合的"美的"产品。美的 CI 战略以"创造完美"为指导,实现了"让美渗透一切空间"的目标。又如日本松下电器公司提出的企业使命是"为社会生活的改善、世界文化的进步尽产业人的职责"。

2. 企业的经营宗旨

经营宗旨就是企业的经营哲学,或者说经营观。经营宗旨事实上就是企业自我社会定位。设计的好坏,决定着企业与社会的关系性质及未来的发展前景,关系企业社会地位的高低。海尔家电之所以能在国内外激烈的市场竞争中独占鳌头,最根本的原因就在于他们在树立企业理念时起点高,提出了具有超前意识的目标,最初以我国唯一的四星级电冰箱率先打入市场,从而在国内市场上站稳了脚跟。随着生产力的发展,同类商品间的技术差距越来越小,在这种情况下,企业形象的优劣就成为企业之间竞争成败的关键,是企业保持竞争优势的重要手段。

3. 经营方针

经营方针是企业运行的基本准则,不同的企业有不同的经营方针。从社会的角度来看,不同的行业在经营方针上的选择有一定的倾向性,而这种倾向性往往是由企业关系者或者说由企业生存发展环境决定的。例如,国航经营方针是"安全第一、正常飞行、优质服务、提高效益"。

4. 经营价值观

企业的经营价值观反映企业的文化建设水准,是企业文明程度的标志。它的基本内容包括目的观、竞争观、道德观、服务观、质量观、人才观六个方面。

5. 企业精神的表达与提炼

企业精神是企业理念的浓缩,是企业灵魂的集中体现,是企业在生产经营活动中为谋求自身的生存发展而长期形成并为员工所认同的一种健康向上的群体意识。它统一于整体的价值观,是企业文化的重要表现形式。企业精神要充分显示出企业的自身特色,如大庆的"铁人精神"、国航的"敬业报国,追求卓越"等。

企业理念识别系统策划的实施步骤可以分为三个阶段:理念识别系统的建立;理念共识;理念灌输。

(二)企业行为识别系统策划与实施

企业行为识别系统是落实企业理念、树立企业整体形象的重要方式和手段,主要内容包括对内和对外行为活动识别系统的策划。

1. 企业对内部活动识别系统的策划

主要指企业通过有目的、有秩序的组织管理模式调整和对员工教育等活动,促进员工对企业理念的认同。

(1)企业内部组织管理模式的调整。通过对企业组织管理模式的调整和设计,理顺企业内部管理组织体系中不合理的关系,设计适合企业发展的新形式。

(2)对企业员工的教育和培训。员工的言谈举止、工作态度、工作作风等都会关系到企业形象的塑造,所以必须对全体员工进行行为规范教育和培训。

(3)对员工进行情感培育。通过厂歌厂训和统一标识来统一员工的行为,建立员工的归属感和认同感,使他们时时刻刻都自觉规范自我行为。

2. 企业外部活动识别策划

对外部活动识别主要是通过企业产品、企业营销行为和企业形象广告来表现的。

(1)企业产品识别。社会公众对于企业形象最基本、最重要的认识就是对企业产品的认识。企业在对外活动识别策划时,首先要从产品入手。

(2)企业营销行为识别。企业营销行为,是体现企业形象最频繁和最直接的方式。企业营销策略的制定、促销方式的选择、营销队伍的素质水平和营销人员的举止行为,都代表了企业的整体形象。

(3)企业形象广告识别。企业形象广告从主题、内容到表现形式等各方面均不同于一般的促销广告,它更注重的是向社会公众表明企业所愿承担的社会义务和责任,从而使人们对企业产生好感和认同,并在公众的内心深处树立企业良好形象。

企业行为识别系统策划的实施内容,主要有 CI 执行教育训练、CI 对内发布会、CI 对外发布会,其中较为复杂和工作量较大的是行为规范的制定、宣传和教育等方面。

(三)企业视觉识别系统策划与实施

视觉识别的传播与感染力最具体,最直观,最强烈。透过视觉识别,能够充分表现企业的经营理念和企业精神、个性特征,使社会公众能够一目了然地了解企业传达的讯息,从而达成识别企业,并建立企业形象之目的。企业导入 CI 所做的调查、企划,最后若不能以视觉开发设计的方式去表现,将会失去意义。

就视觉识别策划的内容而言,主要是基本要素和应用要素两大类。基本要素主要包括:企业品牌标志、标准字、标准色、精神标语、企业造型、象征图案及基本要素的组合设计。应用要素包括基本要素在办公事务用品、广告规范、招牌旗帜、服装、产品包装、建筑物外观、室内设计、交通运输工具等媒体上的展开应用设计,并最后完成 CIS 手册,即企业识别系统手册。

1. 企业标志策划

企业标志是通过造型简单、意义明确的统一标准的视觉符号,将经营理念、企业文化、经营内容、企业规模、产品特性等要素传递给社会公众,使之识别和认同企业的图案和文字。

2. 标准字体策划

标准字体是指经过设计的专门用以表现企业名称或品牌的字体。如 CO-CACOLA 公司为了打入中国市场,在中国市场的标准字选择上做了大量的工作,最后选择了"可口可乐"这一标准字,并选用特定的字形加以表现,给消费者以独特的视觉识别。

3. 企业标准色的策划

标准色是用来象征公司或产品特性的指定颜色,是标志、标准字体及宣传媒体专用的色彩。在企业信息传递的整体色彩计划中,具有明确的视觉识别效应,因而具有在市场竞争中制胜的感情魅力。

4. 特形图案策划

特形图案是象征企业经营理念、产品品质和服务精神的富有地方特色的或具有纪念意义的形象化图案。这个图案可以是图案化的人物、动物或植物,选择一个富有意义的形象物,经过设计,赋予形象物人格精神以强化企业性格,诉求产品品质,如麦当劳门前的"麦当劳叔叔"、肯德基门前的老爷爷。

5. 象征图案设计

象征图案又称装饰花边,是视觉识别设计要素的延伸和发展,与标志、标准字体、标准色保持宾主、互补、衬托的关系,是设计要素中的辅助符号,主要适应于各种宣传媒体装饰画,加强企业形象的诉求力,使视觉识别设计的意义更丰富,更具完整性和识别性。

企业视觉识别系统的实施主要包括视觉识别系统的设计与整合,视觉识别标志的评估与认同,应用系统的整合,环境识别工程等方面的内容。

📖 本章重要知识点总结

CI 是将企业的经营理念和个性特征，通过统一的视觉识别和行为规范系统加以整合传达，使社会公众产生一致的认同感与价值观，从而达成建立鲜明的企业形象和品牌形象，提高产品市场竞争力，创造企业最佳经营环境的一种现代企业经营战略。

CI 从其构成上来看可以分为三个部分，即企业理念识别、企业行为识别和企业视觉识别。企业理念识别（Mind Identity，MI），是企业经营管理的指导思想，是企业 CI 的核心内容。企业行为识别（Behavior Identity，BI），是指企业理念确定后，付诸实施过程中，所有具体执行行为的规范化、协调化、统一化。企业视觉识别（Visual Identity，VI），指视觉信息传递的各种形式的统一化，亦称具体化、视觉化的传达形式，是企业根据经营理念、传播意志、设计创意等因素来进行设计的。

CI 的主要功能有识别功能、管理功能、传播功能和协调功能。CI 的主要特征有战略性、系统性、差异性和竞争性。CI 现在大体上可分为三种模式：欧美式 CI、日本式 CI 和中国式 CI。

企业文化是企业在生产经营实践中逐步形成的，为全体员工所认同并遵守的、带有本组织特点的使命、宗旨、精神、价值观和经营理念，以及这些理念在生产经营实践、管理制度、员工行为方式与企业对外形象的体现的总和。它分为三个层次，即器物文化、制度文化、心态文化。器物文化又称为行为文化，是表层文化，它是企业文化的载体与外在化。制度文化，也称规范文化，是中间层文化，它包括组织管理风格、宗旨、目标、礼仪制度、行为习惯、传统、作风等。心态文化是核心层文化，是企业文化的核心，它包括潜藏在管理者和员工内心深处及组织体中的某些思想、意识、信仰、价值观念等。企业文化的特征包括民族性、历史性、人本性、个异性和动态性。

CI 与企业文化两者存在着相互依存的关系。首先，CI 策划与企业文化建设有着密不可分的关系，这主要表现在：① CI 的实施与企业文化有着积极的相互推动的效应；② CI 的实施是以企业价值观为指导的。其次，注重企业文化建设是推进企业 CI 发展的重要手段，这主要表现在：① 企业文化建设是导入 CI 的基础；② 企业文化建设为 CI 的导入营造氛围；③ 企业文化建设是推进 CI 发展的可靠保证。

我国现代企业文化建设，既要植根于我国民族文化与社会主义市场经济的沃土之中，又要博采世界企业文化的精华，才能形成具有中国特色的优秀企业文化。首先，中国特色的企业文化既要植根于中国社会文化土壤之上，又要借鉴西方国家先进的企业文化;其次,中国特色的企业文化要体现以人为本,体现民主性;再次,中国特色的企业文化要具有市场竞争意识;最后,中国特色的企业文化要反映时代精神。企业文化作为企业的精神财产,它左右着企业的行为,支配着自己独有的竞争力,企业在 CI 的推进中,要注重企业文化的建设,将企业文化融入经营战略之中。

企业导入 CI,首要的工作是做好前期准备工作,主要包括 CI 目标的设定和明确 CI 导入的动机。CI 的策划与实施分为三个层次,理念识别系统在 CI 中居头等重要地位,其主要内容包括:设定企业远景、经营宗旨、经营方针、经营价值观、企业精神的表达与提炼。实施步骤可以分为三个阶段:理念识别系统的建立;理念共识;理念灌输。企业行为识别系统是落实企业理念、树立企业整体形象的重要方式和手段,主要内容包括对内和对外行为活动识别系统的策划。实施内容主要有 CI 执行教育训练;CI 对内发布会;CI 对外发布会。视觉识别策划的内容主要是基本要素和应用要素两大类。企业视觉识别系统的实施主要包括视觉识别系统的设计与整合、视觉识别标志的评估与认同、应用系统的整合、环境识别工程等方面的内容。

案例一

CI 成功典范——可口可乐

可口可乐被誉为"世界第一饮料",它不仅垄断美国汽水饮料市场的 1/3,而且漂洋过海,在世界 150 多个国家和地区畅销不衰,以每天销售 5.34 亿罐的记录饮誉全球。早在 20 多年前,有人做过这样一个有趣的统计,把全球销售的可口可乐瓶子直立并排,等于地球到月球来回 115 次;或建成宽 7.5 米,绕地球赤道 15 圈的高速公路。不可否认,可口可乐在世界上的知名度是很高的。1990 年美国旧金山一家企业形象咨询公司,在美国、日本、西欧对 1 万名消费者进行调查,选出世界范围内最有影响的十大名牌,可口可乐荣登榜首。

可口可乐打入中国市场不过短短十几年,但知名度已相当可观,来自上海的一项调查表明:100% 的被调查者知道可口可乐,95.9% 的被调查者在三五年前就见过或喝过这种饮料。有资料显示,在不同肤色人群聚集的场所,可口可乐已成为"世界通用语言"。

可口可乐公司的名气缘何而来?为什么能成为国际饮料业最大的"日不落王国"? 这可以归结为它的历史悠久、质优款新,也可以归结为它的口味独特、富于刺激。然而最重要的则是取决于那块价值 224 美元的牌子,即通过导入 CI 塑造的一流的企业形象。

可口可乐独特的红白两色标志及其经营宗旨,历经百年,基本上没有变化,通过庞大的广告宣传和公关活动,已深深地印入消费者的心中。在国际运动会场地,在马路旁的招牌上,在琳琅满目的货架上,人们只要看见这样一个标志:大面积的红色底子,中间配有Coca-Cola书写体的白色标准字,字体下面有一条像缎带的白色波纹线,就会很快辨认出这是可口可乐,紧接着就会产生一种购买的强烈欲望。在美国,可口可乐独特的辣味的感觉和体验,实际上已成为人们生活方式的一部分。在世界各地,人们也许没有如此强烈的感受和体验,但也是作为一种生活地位的表征,一种对品牌产品和品牌企业信赖感的体现,即使喝不惯这种"洋水"的味道,也会聊以自慰地说:要的就是这种怪味!

案例思考

分析可口可乐CI策划成功的原因是什么?此例对我国企业有何启示?

案例二

联想集团与海王集团的CI战略

联想集团:科技为本型CI战略

联想集团是中国最大的IT企业,是多元化发展的产业集团。联想集团的CIS在北京乃至全国都具有先导性、完整性。联想的标志十分简洁,并且具有行业特征。联想提出"科技为本"与世界级大公司诺基亚的"科技以人为本"有异曲同工之妙。联想集团的企业理念是:"企业不是简单制造商品的生产组织,而是满足社会需求的服务组织",其效益观念是:"客户效益第一,联想效益第二"。联想的现代型、科技化前卫性企业形象、品牌形象和产品形象,使人能够明显地感受到"名牌后面是文化、名牌后面有CI"的作用力。联想的CI具有典型性和示范意义。

海王集团:人本理念型CI战略

海王是一个以生物药业为主导的集团化企业。海王的CI具有深圳特区的前卫性、现代化特征。海王的企业标志"三叉神戟"源于古罗马神话中海王的神器,代表慷慨、力量和爱心,表现海王的个性。同时,代表海王集团的三个经营理念——以人为本,科学效率,创意为魂,表现出企业深刻的CI内涵。

海王集团的基本色——蓝色,是生命与死亡的基本色,代表大洋深深,代表宇宙无极。

案例思考

根据联想与海王的CI战略,分析CI战略主要包括哪些内容,在CI策划的过程中有哪些需要注意的问题?

本章练习题

一、单选题

1. 企业的理念识别是指企业的( )。
   A. 指导思想　　B. 行为准则　　C. 管理制度　　D. 图像设计

2. CI有三个基本的识别要素不包括以下哪一种( )。
   A. 语言识别　　B. 行为识别　　C. 图像识别　　D. 色彩识别

3. 下面不属于CI协调对象的是( )。
   A. 与政府的关系　　　　　　B. 与社区的关系
   C. 与大众传媒的关系　　　　D. 与员工的关系

4. CI战略的内涵实质上是一种( )战略。
   A. 文化　　　B. 市场竞争　　C. 管理　　　D. 发展

5. 企业文化是企业的灵魂,是推动企业发展的不竭动力,它包含着非常丰富的内容,是一个具有递进性特征的层次结构文化,其中( )是核心层文化,它是企业文化的核心。
   A. 心态文化　　　　　　　　B. 器物文化
   C. 行为文化　　　　　　　　D. 制度文化

6. CI与企业文化有着不可分割的关系,它们有许多相同性和一致性,从内容上看,( )与企业心态文化密不可分。
   A. 企业理念　　　　　　　　B. 企业经营策略
   C. 企业形象设计　　　　　　D. 企业管理制度

7. 企业文化的特征有民族性、历史性、人本性、个异性和( )。
   A. 战略性　　B. 系统性　　C. 动态性　　D. 竞争性

8. CI的差异化主要是指企业的行业差别和( )。
   A. 产品差别　　　　　　　　B. 理念差别
   C. 定位差别　　　　　　　　D. 企业或品牌的差异化

9. 企业理念识别系统的策划主要内容包括设定企业远景、经营价值观、企业精神的表达与提炼以及( )。
   A. 品牌策略　　　　　　　　B. 竞争模式
   C. 价格手段　　　　　　　　D. 经营方针

10. 企业导入CI，首要的工作是做好前期准备工作，主要包括CI目标的设定和（　　）。
    A. 明确CI导入的动机　　　　　B. 制定CI导入的程序
    C. 确定CI导入的方法　　　　　D. 确定CI导入的模式

二、名词解释
　　1. CI
　　2. 企业文化
　　3. 企业理念识别
　　4. 心态文化
　　5. 企业视觉识别
　　6. 日本式CI

三、问答题
　　1. 简述CI的功能和特征。
　　2. 企业文化的特征有哪些？
　　3. 简述企业文化与CI的关系。
　　4. CI的策划与实施的主要内容是什么？
　　5. CI导入的动机是什么？
　　6. CI的模式分类有哪些？

第十章 企业经营活动的分析评价

📖 学习目的与要求

企业经营活动分析的核心在于对企业经营活动和经营效益的指标进行分析评价。分析评价企业经营活动中的相关指标,对于改善企业经营管理水平、增强企业市场竞争能力、提高企业经济效益具有十分重要的现实意义。通过本章学习,学生应掌握企业经营活动和经营效益评价的主要指标及其运用。

通过本章学习,学生应理解和掌握以下重要内容:

(1) 理解企业经营活动和经营效益指标的含义。
(2) 掌握经营活动分析的基本指标及运用。
(3) 掌握企业获利能力评价的基本指标及运用。
(4) 理解资产运营效率基本指标。
(5) 掌握短期偿债能力基本指标及运用。
(6) 理解长期偿债能力基本指标。

第一节 经营活动分析的基本指标及运用

一、经营活动分析的基本指标概述

企业经营活动分析是指在充分搜集有关资料和数据的基础上,对企业经营的有关方面进行调研和评价,通过对关键因素的分析与监控,揭示企业经营活动中存在的问题,在分析产生问题原因的基础上提出改进方案和措施。

随着市场经济条件下企业竞争的日趋激烈,建立一套企业经营活动的分析评价指标体系,寻求企业经营目标与内外部因素之间的协调,对于改善企业经营管理水平、提高企业经营效率具有十分重要的现实意义。

企业经营活动的基本指标主要包括市场占有率、市场覆盖率、产品市场销售增长率、主要商品市场畅（滞）销率等，这些指标从不同的角度揭示了企业的经营状况，企业应在对单项指标分析和评价的基础上，综合企业的内外部环境，对企业的市场竞争力及经营情况进行全面分析和评价。

二、企业经营活动分析的前期准备

企业经营活动分析的实质是在企业经营活动过程中，组织有经验的管理专家和有关人员，对企业经营活动进行分析和诊断，对企业经营活动个别环节出现的偏差予以纠正，以确保经营目标得以实现。为此，企业首先应对企业经营活动进行资料的搜集，主要包括企业内部资料和企业外部资料。

（一）企业内部资料

企业内部资料主要包括：企业生产的品种、产量、主要产品的销售额及市场分布状况、主要产品的销售费用、市场竞争现状等资料；市场销售计划资料、销售渠道资料、国际营销业务资料，还包括主要产品价格变化及售后服务等资料。

（二）企业外部资料

企业外部资料主要包括：政治、经济、文化、社会环境对企业的影响；与企业有关的新科学、新技术、新材料、新工艺等方面的资料；同时还应注重搜集各级政府近年来的工作报告和有关的统计资料、行业发展状况资料、科研单位的科研报告、国民经济发展计划和水平等相关资料。

三、经营活动分析的基本指标及运用

（一）市场占有率

市场占有率指某一时期本企业的产品销售额与市场上同类产品销售额的比率。一般情况下，企业销售额的增加可能是由于企业所处的经济环境的变化，因此它本身并不能作为衡量企业竞争能力的唯一依据。而市场占有率是反映企业市场竞争能力和地位的一项重要指标，它具体反映了企业产品的生命力、竞争力和信誉的高低。市场占有率越高，说明企业市场竞争实力越强；反之，说明竞争实力处于劣势。

市场占有率具体又可分为不同的指标，其主要指标有：

1. 全部市场占有率

$$全部市场占有率 = \frac{本企业产品销售额}{市场上同类产品销售额} \times 100\%$$

全部市场占有率以本企业的销售额占全行业销售额的百分比来表示。该指标总括地反映了本企业的产品在市场中所处的竞争地位。如果企业某个时期的全部市场占有率升高,表明它较其竞争者的情况更好;如果下降,则说明相对于竞争者其绩效较差。使用该方法的关键在于获得本单位销售额(或销售量)及行业相关产品和市场销售情况的准确资料。

2. 相对市场占有率

该指标主要衡量企业是否为市场领导者。

$$相对市场占有率 = \frac{本企业销售额}{最大的三个竞争者的销售额总和} \times 100\%$$

[例10-1] 某企业全部市场占有率为30%,其最大的三个竞争者的全部市场占有率分别为20%、10%、10%。则

$$该企业的相对市场占有率 = \frac{30}{40} \times 100\% = 75\%$$

一般情况下,相对市场占有率高于33%即被认为是行业中具有竞争力的企业;相对市场占有率超过100%,表明该企业是市场领导者;相对市场占有率等于100%,表明该企业与市场领导竞争者同为市场领导者。例10-1中,依据计算结果我们可以认为该公司是行业中具有竞争力的企业。

(二)市场覆盖率

市场覆盖率指本企业产品投放地区数与整个市场包含的地区总数的比率,其中的地区可以省、市、县等为单位。它表明企业产品在一定市场范围内的辐射能力。计算公式为:

$$市场覆盖率 = \frac{本企业产品投放地区数}{全市场应销售地区数} \times 100\%$$

[例10-2] 江苏省市场分为10个大区域,某企业产品覆盖9个区域,则该公司在江苏省市场的覆盖率为90%。

该指标主要反映的是企业开拓市场的能力。一般情况下,市场覆盖率高,说明企业产品在各地区的竞争力较强,市场风险较小;反之,则说明企业产品的竞争能力和市场开拓能力较差,市场风险大。

值得注意的是,某些产品市场覆盖率低并不能说明该企业市场开拓能力差,可能是由于受到企业所属行业和产品特点的限制。因此,在对企业经营活动进行具体分析时,应充分考虑企业和产品的具体情况。

(三)产品市场销售增长率

产品市场销售增长率是反映企业在市场营销中扩张能力的指标,计算公

式为：

$$产品市场销售增长率 = \frac{本期销售额 - 上期销售额}{上期销售额} \times 100\%$$

该指标在一定程度上可以反映企业产品所处产品生命周期的主要阶段，一项产品从投入市场开始到被市场淘汰为止所经历的产品生命周期，是每一个产品的生产者所必须关注的。一般情况下，产品处于投入期时该指标不够稳定，成长期时该指标维持在10％以上，成熟期时该指标一般在1％～10％之间，衰退期时则为负数。同时，还应注意结合市场需求增长状况对该指标进行分析。

（四）主要商品市场畅（滞）销率

该指标主要反映企业的商品是否适销对路，其公式为：

$$主要商品市场畅销率 = \frac{主要商品市场已销量}{该商品全年市场供应量} \times 100\%$$

$$主要商品市场滞销率 = \frac{已供给市场未销售的主要商品量}{该商品全年市场供应量} \times 100\%$$

该指标有利于企业找出企业产品销售中存在的问题并提出解决方案。

第二节 经营活动效益评价指标及运用

一、经营活动效益评价指标概述

经营活动效益评价是指通过对有关经济技术指标和资金运作等情况的分析，对企业的财务状况和经营成果进行准确判断，结合企业实际情况寻求提高企业经营活动效益的主要措施和方法。

企业经营活动效益评价指标主要包括企业获利能力、资产运用效率、企业偿债能力等方面，其中获利能力衡量标准主要有销售毛利率、营业利润率、总资产收益率等指标，这些指标有利于企业从不同的角度分析评价企业赚取利润的能力；资产运用效率指标是指资产利用的有效性和充分性，主要包括总资产周转率、分类资产周转率（流动资产周转率和固定资产周转率）和单项资产周转率（应收账款周转率和存货周转率等）三类；企业偿债能力则包括短期偿债能力和长期偿债能力两个方面。短期偿债能力指标主要有流动比率和速动比率，长期偿债能力指标主要包括资产负债率和产权比率。通过对企业经营活动效益评价指标的分析,可以对企业的资金增值能力、抗风险能力进行全方位分析评价,同时,结合企业的财务状况和经营业绩进行分析,可以为企业制定切实可行的发展方案提供决策依据。

二、经营活动效益评价指标及运用

(一) 获利能力评价指标

获利能力是指企业赚取利润的能力,主要通过利润与销售收入的比例关系来反映。利润一般是指收入扣除费用后的剩余。利润计算时扣除的费用项目范围不同,会得出不同含义的利润。主要指标有:

1. 销售毛利率

$$销售毛利率 = \frac{销售毛利额}{主营业务收入} \times 100\%$$

其中:

$$销售毛利额 = 主营业务收入 - 主营业务成本$$

销售毛利率是评价企业获利能力大小的主要指标之一,该指标说明企业获得收益的水平。影响销售毛利率的因素可分为外部因素和内部因素两大方面,外部因素主要是指市场供求变动而导致的销售数量和销售价格的升降以及购买价格的升降;内部因素则主要包括开拓市场的意识和能力、成本管理水平等方面。同时还应注意:销售毛利率指标具有明显的行业特点。一般说来,营业周期短、固定费用低的行业的毛利率水平比较低,比如商品零售行业;营业周期长、固定费用高的行业,要求有较高的毛利率,以弥补其巨大的固定成本,比如重工企业。

2. 营业利润率

营业利润率是指企业营业利润与主营业务收入的比率,该指标用于衡量企业主营业务收入的净获利能力。其计算公式为:

$$营业利润率 = \frac{营业利润}{主营业务收入}$$

其中:

营业利润 = 主营业务利润 + 其他业务利润 - 营业费用 - 管理费用 - 财务费用

[例10-3] 由某公司的利润表可知,该公司的主营业务收入额为509 111万元,主营业务成本为423 666万元,主营业务税金及附加为2 995万元,其他业务收入为6 560万元,其他业务支出为4 006万元,营业费用为168万元,管理费用为3 021万元,财务费用为2 047万元,试计算该公司营业利润率。

$$营业利润率 = \frac{79\,763}{509\,111} = 15.67\%$$

营业利润率指标反映了每百元主营业务收入中所赚取的营业利润的数额。营业利润是企业利润总额中最基本、最经常同时也是最稳定的组成部分,营业利润占利润总额比重的多少是说明企业获利能力强弱的重要依据。同时,营业利润作为一种净获利额,比销售毛利更好地说明了企业销售收入的净获利情况,从而能更全面、更完整地体现收入的获利能力。显然,营业利润率越高,说明企业主营业务的获利能力越强;反之,则获利能力减弱。

营业利润和主营业务收入是影响营业利润率的两大因素,其中,营业利润同方向影响营业利润率,主营业务收入则从反方向影响营业利润率。对于营业利润率的比较分析通常可从因素分析、结构比较分析和同业比较分析等多方面进行。

(1) 因素分析

因素分析法是对同一企业不同时期之间或不同企业同一时期之间的营业利润率差异原因所进行的分析。企业在增加主营业务收入额时,必须相应地获得更多的营业利润,才能使营业利润率保持不变或有所提高。

[例 10-4] 假设某公司 2006 年的主营业务收入额为 485 896 万元,营业利润额为 75 800 万元,2007 年主营业务收入额为 509 111 万元,营业利润额为 79 763 万元。试对该公司 2006 年和 2007 年的营业利润率进行计算并简要分析其变动原因。

$$2006 \text{年营业利润率} = \frac{75\,800}{485\,896} = 15.60\%$$

$$2007 \text{年营业利润率} = \frac{79\,763}{509\,111} = 15.67\%$$

2007 年营业利润率比 2006 年提高了 0.07%。运用因素分析法分析其原因如下:

由于 2007 年营业利润额的增加对营业利润率的影响为:

$$\frac{79\,763 - 75\,800}{485\,896} = 0.82\%$$

由于 2007 年主营业务收入的增加对营业利润率的影响为:

$$\frac{79\,763}{509\,111} - \frac{79\,763}{485\,896} = -0.75\%$$

可见,2007 年营业利润的增加使营业利润率提高了 0.82%,但该年主营业务收入的增加又使得营业利润率降低了 0.75%,两个因素共同影响的结果,使 2007 年营业利润率比 2006 年提高了 0.07%。这说明,该公司 2007 年营业利润率的提高,主要是由于营业利润的增长幅度大于主营业务收入的增长幅度,这是经济杠杆作用的结果。

(2) 结构比较分析

营业利润率的结构比较分析是对营业利润率的构成要素及其结构比重的变动情况所进行的分析,旨在更进一步分析营业利润率增减变动的具体原因。

[例 10-5] 甲公司 2006 年和 2007 年营业利润的数额如表 10-1 所示。

表 10-1　　　　　　　　　　　　　　　　单位:万元

项　目	2006 年	2007 年
一、主营业务收入	485 896	509 111
减:主营业务成本	402 027	423 666
主营业务税金及附加	1 189	2 995
二、主营业务利润	82 680	82 450
加:其他业务利润	2 662	2 554
减:资产减值准备	0	1 001
营业费用	152	168
管理费用	6 493	2 025
财务费用	2 897	2 047
三、营业利润	75 800	79 763

试对该公司营业利润率的变动状况进行具体分析。

首先,用结构百分比报表重新计算该公司两年的营业利润状况如表 10-2 所示。

表 10-2

项　目	2006 年(%)	2007 年(%)	差异(%)
一、主营业务收入	100.000	100.000	—
减:主营业务成本	82.739	83.217	0.478
主营业务税金及附加	0.245	0.588	0.343
二、主营业务利润	17.016	16.195	−0.821
加:其他业务利润	0.547	0.500	−0.047
减:资产减值准备	—	0.197	0.197
营业费用	0.031	0.033	0.002
管理费用	1.336	0.398	−0.938
财务费用	0.596	0.400	−0.196
三、营业利润	15.600	15.667	0.067

由表10-2可见，该公司2007年营业利润率与2006年基本持平，但从项目构成上却存在较大差异，其原因有主观和客观两个方面。从主观方面分析，2007年的主营业务成本率比2006年有较大上升，达0.478%，从而导致2007年主营业务利润比2006年降低，好在2007年管理费用率、财务费用率比2006年有较大的降低，才使2007年的营业利润率最终未降反而略有上升。客观原因则是2007年主营业务税金及附加比率的提高，使主营业务利润降低了0.343%；资产减值准备的计提，又使2007年的营业利润率降低了0.197%。因此，该公司能从降低费用水平入手，提高营业利润率，改善获利能力，是值得我们借鉴的。如果该公司能进一步重视其主营业务成本的改善，则其获利能力将更加理想。

(3) 同业比较分析

将企业的个别营业利润率指标与同行业的其他企业进行对比分析，可以发现企业获利能力的相对地位，从而更好地评价企业获利能力的状况。

[例10-6] 假设甲公司所在行业中某规模相当的先进企业XY 2007年营业利润额及其构成如表10-3所示。

表 10-3

项　　目	金额(万元)	比重(%)
一、主营业务收入	585 478	100.000
减：主营业务成本	465 853	79.568
主营业务税金及附加	3 442	0.588
二、主营业务利润	116 183	19.844
加：其他业务利润	2 740	0.468
减：资产增值准备	1 201	0.205
营业费用	195	0.033
管理费用	2 112	0.361
财务费用	2 142	0.366
三、营业利润	113 273	19.347

甲公司的资料如表10-1和表10-2所示。试对甲公司的营业利润率进行同业比较分析。

我们将两个公司的营业利润构成及其差异汇编成表10-4。

表 10-4

项　目	甲公司(%)	XY公司(%)	差异(%)
一、主营业务收入	100.000	100.000	—
减：主营业务成本	83.217	79.568	3.649
主营业务税金及附加	0.588	0.588	—
二、主营业务利润	16.195	19.844	−3.649
加：主营业务利润	0.500	0.468	0.032
减：资产减值准备	0.197	0.205	−0.008
营业费用	0.033	0.033	—
管理费用	0.398	0.361	0.037
财务费用	0.400	0.366	0.034
三、营业利润	15.667	19.347	−3.680

可见：与同业先进水平相比较，甲公司营业利润率存在较大差异，其主要原因仍然是甲公司的主营业务成本率过高所致，其他各因素虽有差异，但差异较小，影响不大。

经过各方面的比较分析可知：甲公司2007年营业利润率状况不太理想，其主要原因是主营业务成本较高。因此，改善甲公司获利能力的关键就在于加强成本管理，降低主营业务成本率。

3. 总资产收益率

总资产收益率也称总资产报酬率，是企业一定时期内实现的收益额与该时期企业平均资产总额的比率。它是反映企业资产综合利用效果的指标，也是衡量企业总资产获利能力的重要指标。其计算公式如下：

$$总资产收益率 = \frac{收入总额}{平均资产总额} \times 100\%$$

其中：

$$收益总额 = 税后利润 + 利息 + 所得税$$

$$平均资产总额 = \frac{期初资产总额 + 期末资产总额}{2}$$

总资产收益率指标集中体现了资产运用效率和资金利用效果之间的关系。在企业资产总额一定的情况下，利用总资产收益率指标可以分析企业盈利的稳定性和持久性，确定企业所面临的风险，同时还可以反映企业综合经营管理水平的高低。

影响总资产收益率的因素包括两类:息税前利润额及资产平均占用额。

(1)息税前利润额。息税前利润额是总资产收益率的正影响因素。在息税前利润总额中,其构成因素包含营业利润总额、投资收益额和营业外收支净额三部分,其中起决定性影响作用的无疑是营业利润总额。

(2)资产平均占用总额。资产平均占用总额是总资产收益率的负影响因素。在分析资产占用额对总资产收益率的影响时,不仅应注意尽可能降低资产占用额,提高资产运用效率,还应该重视资产结构的影响,合理安排资产构成,优化资产结构。

值得注意的是,仅仅分析企业某一个年度的总资产收益率不足以对企业的资产管理状况作出全面的评价,因为利润总额中可能包含着非经常或非正常因素,因此,通常应进行连续几年(如5年)的总资产收益率的比较分析,对其变动趋势进行判断,才能取得相对准确的信息。在此基础上再进行同业比较分析,有利于提高分析结论的准确性。

(二)资产运用效率指标

资产运用效率,是指资产利用的有效性和充分性。资产运用效率评价的财务比率是资产周转率,其一般公式为:

$$资产周转率 = \frac{周转额}{资产}$$

资产周转率可以分为总资产周转率、分类资产周转率(流动资产周转率和固定资产周转率)和单项资产周转率(应收账款周转率和存货周转率等)三类。

1. 总资产周转率

总资产周转率是指企业一定时期的主营业务收入与总资产平均余额的比率,它说明企业的总资产在一定时期内(通常为一年)周转的次数。其计算公式如下:

$$总资产周转率 = \frac{主营业务收入}{总资产平均余额}$$

其中:

$$总资产平均余额 = \frac{期初总资产 + 期末总资产}{2}$$

总资产周转率反映了企业的总资产在一定时期内实现的主营业务收入的多少。总资产周转率越高,周转次数越多,表明总资产运用效率越好,其结果将使企业的偿债能力和盈利能力增强;反之,则表明企业利用全部资产进行经营活动的能力差,效率低,最终还将影响企业的盈利能力。如果企业总资产周转率长期处于较低状态,企业就应采取适当措施提高各项资产的利用程度,对那些确实无法提高利用率的多余、闲置资产及时进行处理,提高总资产周转率。

总资产周转率也可用周转天数表示,其计算公式为:

$$总资产周转天数 = \frac{计算期天数}{总资产周转率}$$

[例 10-7] 某公司 2007 年的主营业务收入为 509 111 万元,其年初资产总额为 680 000 万元,年末资产总额为 618 000 万元,该公司总资产周转率计算如下:

$$总资产周转率 = \frac{509\ 111}{(680\ 000 + 618\ 000)/2} = 0.784\ 4(次)$$

$$总资产周转天数 = \frac{360}{0.784\ 4} = 459(天)$$

该公司的总资产周转率为 0.784 4 次,平均约 459 天周转一次。该指标数值意味着什么,还应结合该公司指标值的变动情况或与行业平均水平相比较才能加以说明。如果该行业的平均周转次数为 2 次,则该公司的状况令人堪忧;反之,若行业平均资产周转率为 0.5 次,那么该公司的总资产周转率就是一个很好的数字,它表明该公司总资产的运用效果不错。

2. 分类资产周转率

(1) 流动资产周转率

流动资产周转率是指企业一定时期的主营业务收入与流动资产平均余额的比率,即企业流动资产在一定时期内(通常为一年)周转的次数。流动资产周转率是反映企业流动资产运用效率的指标。其计算公式如下:

$$流动资产周转率 = \frac{主营业务收入}{流动资产平均余额}$$

其中:

$$流动资产平均余额 = \frac{期初流动资产 + 期末流动资产}{2}$$

流动资产周转率指标不仅反映流动资产运用效率,同时也影响着企业的盈利水平。企业流动资产周转率越快,周转次数越多,表明企业以相同的流动资产占用实现的主营业务收入越多,说明企业流动资产的运用效率越好,进而使企业的偿债能力和盈利能力均得以增强。

(2) 固定资产周转率

固定资产周转率是指企业一定时期的主营业务收入与固定资产平均余额的比率。它是反映企业固定资产周转状况,衡量固定资产运用效率的指标。其计算公式为:

$$\text{固定资产周转率} = \frac{\text{主营业务收入}}{\text{固定资产平均余额}}$$

其中:

$$\text{固定资产平均余额} = \frac{\text{期初固定资产} + \text{期末固定资产}}{2}$$

固定资产周转率越高,表明企业固定资产利用越充分,说明企业固定资产投资得当,固定资产结构分布合理,能够较充分地发挥固定资产的使用效率,使企业的经营活动越有效。

3. 单项资产周转率

单项资产周转率是指根据资产负债表左方项目分别计算的资产周转率,其中最重要和最常用的是应收账款周转率和存货周转率。

(1) 应收账款周转率

应收账款周转率是指企业一定时期的主营业务收入与应收账款平均余额的比值,它意味着企业的应收账款在一定时期内(通常为一年)周转的次数。应收账款周转率是反映企业的应收账款运用效率的指标。其计算公式如下:

$$\text{应收账款周转率(次数)} = \frac{\text{主营业务收入}}{\text{应收账款平均余额}}$$

其中:

$$\text{应收账款平均余额} = \frac{\text{期初应收账款} + \text{期末应收账款}}{2}$$

一定时期内,企业的应收账款周转率越高,周转次数越多,表明企业应收账款回收速度越快,企业应收账款的管理效率越高,资产流动性越强,短期偿债能力越强。

(2) 存货周转率

存货周转率一般以成本为基础进行计算。计算公式为:

$$\text{存货周转率(次数)} = \frac{\text{主营业务成本}}{\text{存货平均净额}}$$

其中:

$$\text{存货平均净额} = \frac{\text{期初存货净额} + \text{期末存货净额}}{2}$$

以成本为基础的存货周转率,可以更切合实际的表现存货的周转状况。

值得注意的是,不同报表使用者对于资产运用效率的使用目的各不相同。股东通过资产运用效率分析,有助于判断企业财务安全性及资产的收益能力,以进行相应的投资决策;债权人通过资产运用效率分析,有助于判明其债权的物质保障程度或其安全性,从而进行相应的信用决策;管理者通过资产运用效率的分析,可以发现闲置资产和利用不充分的资产,从而处理闲置资产以节约资金,或提高资产利用效率以改善经营业绩。

(三)企业偿债能力指标可从短期偿债能力和长期偿债能力两方面进行分析

1. 短期偿债能力的指标

短期偿债能力是指企业用流动资产偿还流动负债的现金保障程度。一个企业的短期偿债能力大小,要看流动资产和流动负债的多少和质量状况。主要指标有:

(1) 流动比率

流动比率是流动资产与流动负债的比值,反映企业短期偿债能力的强弱。流动比率越高,企业的偿债能力越强,债权人利益的安全程度也就越高。计算公式为:

$$流动比率 = \frac{流动资产}{流动负债}$$

[例 10-8] 某公司 2007 年末的流动资产为 177 995 万元,流动负债为 111 439 万元,则:

$$2007 年末流动比率 = \frac{177\ 995}{111\ 439} = 1.60$$

计算结果表明,该公司每元流动负债有 1.60 元的流动资产作保障。这个计算结果低于公认的流动比率的标准值 2,这是否说明该公司的短期偿债能力很差,我们还不能过早地下结论,应结合该行业的平均值及该公司指标值的变动情况进行比较后才能加以说明。如果该行业的流动比率平均值为 1.8,说明该公司的短期偿债能力较差;反之,如果该行业的流动比率平均值为 1.5,说明该公司的短期偿债能力还是不错的。

一般认为,流动比率若达到 2 是最令人满意的。若流动比率过低,企业可能面临着到期偿还不了债务的困难;若流动比率过高,又意味着企业持有较多的不能赢利的闲置流动资产。流动比率虽然能较好地分析短期偿债能力,但其局限性不可忽视:一方面,由于流动比率是一个静态指标,只表明在某一时点每元流动负债的保障程度,因此只有债务的出现与资产的周转完全均匀发生时流动比率才能正确反映偿债能力;另一方面,流动资产的变现能力与其周转性有关,因此对流动比率的评价也与流动资产的周转情况相结合。企业使用这一指标评价企业流动指标时,应同时结合企业的具体情况进行分析。

(2) 速动比率

速动比率是速动资产与流动负债的比值。所谓速动资产是流动资产扣除存货后的数额,速动比率的内涵是每元流动负债有多少元速动资产作保障。该指标越高,表明企业偿还流动负债的能力越强。速动比率的计算公式为:

$$速动比率 = \frac{流动资产 - 存货}{流动负债} \times 100\%$$

[例 10-9] 某公司报表为:2007年末的流动资产为 177 995 万元,其中存货为 60 013 万元,流动负债为 111 439 万元。该公司速动比率的计算如下:

$$速动比率 = \frac{177\,995 - 60\,013}{111\,439} = 1.06$$

一般认为,速动比率为 50% 比较合适。对于过高的速动比率,还应作具体分析,主要有两种情况:一是企业应收债权中存在着无法回收的不良债权,这时企业高速动比率就是一种虚假现象;二是如果速动比率过高,也可能说明企业生产过程的资金周转不力。

计算速动比率时要特别注意的是,由于资产中包含了流动性较差的应收账款,使速动比率所反映的偿债能力受到怀疑。特别是当速动资产中含有大量不良应收账款时,必然会减弱企业的短期偿债能力。

(3) 保守的速动比率

在计算速动比率时,扣除存货以外,还可以从流动资产中去掉其他一些可能与当期现金流量无关的项目(如待摊费用等)再计算更进一步的变现能力,如采用国际上较为流行的保守速动比率。所谓保守速动比率是指保守速动资产与流动负债的比值,保守速动资产一般是指货币资金、短期证券投资净额和应收账款净额的总和。其计算公式如下:

$$保守速动比率 = \frac{货币资金 + 短期证券投资净额 + 应收账款净额}{流动负债}$$

[例 10-10] 如某公司 2007 年度报表所示:年末货币资金为 27 558 万元,短期证券投资净额为 2 万元,应收账款净额为 70 976 万元,流动负债为 111 439 万元,该公司保守速动比率为:

$$保守速动比率 = \frac{27\,558 + 2 + 70\,976}{111\,439} = 0.88$$

该企业保守速动比率是高是低,要结合该企业的历史资料和行业平均水平来判断。当然,各行业可以根据自身的经营特点,确定计算保守速动比率中包括的具体项目,只要能说明问题并反映实际情况,就可以作为反映行业特点的内部评价指标。

2. 长期偿债能力的指标

长期偿债能力是企业偿还长期债务的现金保障程度。企业的长期债务是指偿还期在1年或者超过1年的一个营业周期以上的负债。其主要指标有：

(1) 资产负债率

资产负债率是全部负债总额除以全部资产总额的百分比，也就是负债总额与资产总额的比例关系，也称之为债务比率。资产负债率是衡量企业负债水平及风险程度的重要标志。资产负债率的计算公式如下：

$$资产负债率 = \frac{负债总额}{资产总额} \times 100\%$$

一般认为，资产负债率的适宜水平是40%~60%。对于经营风险比较高的企业，为减少财务风险应选择比较低的资产负债率；对于经营风险低的企业，为增加股东收益应选择比较高的资产负债率。

(2) 产权比率

产权比率是负债总额与股东权益总额之间的比率，也称之为债务股权比率。它也是衡量企业长期偿债能力的指标之一，其计算公式如下：

$$产权比率 = \frac{负债总额}{所有者权益总额} \times 100\%$$

公式中的所有者权益在股份有限公司是指股东权益。

产权比率与资产负债率都是用于衡量长期偿债能力的，具有相同的经济意义。产权比率只是资产负债率的另一种表示方法，产权比率的分析方法与资产负债率分析类似。资产负债率分析中应注意的问题，在产权比率分析中也应引起注意。

本章重要知识点总结

企业经营活动的基本指标包括市场占有率、市场覆盖率、产品市场销售增长率、主要商品市场畅(滞)销率等方面，这些指标从不同的角度揭示了企业的经营状况，企业应在对单项指标分析和评价的基础上综合企业的内外部环境，全面分析企业的市场竞争力及经营效率。企业经营活动效益评价指标主要包括企业获利能力、资产运营效率、企业偿债能力等方面，其中获利能力衡量标准主要有销售毛利率、营业利润率、总资产收益率等，这些指标有利于企业从不同的角度分析评价企业赚取利润的能力；资产运用效率指标是指资产利用的有效性和充分性，主要包括总资产周转率、分类资产周转率(流动资产周转率和固定资产周转率)和单项资产周转率(应收账款周转率和存货周转率等)三类；企业偿债能力则包括短期偿债能力和长期偿债能力两个方面。通过对企业经营活动效益评价指标的分析，可以对企业的资金增值能力、抗风险能力进行全方位分析评价，同时，结合企业的财务状况和经营业绩进行分析，可以为企业制定切实可行的发展方案提供决策依据。

案例

青岛海尔集团短期偿债能力分析

青岛海尔集团公司是我国家电行业的佼佼者，其前身是原青岛电冰箱总厂，经过十多年的兼并扩张，已今非昔比。据2005年中期报告分析，公司的业绩增长非常稳定，主营业务收入和利润保持同步增长，这在竞争激烈、行业利润明显滑坡的家电行业是极为可贵的。公司2005年上半年收入增加部分主要来自于冰箱产品的出口，鉴于公司出口形势的看好，海尔的国际化战略取得了明显的经济效益。预计海尔将成为家电行业的受益者。

另据2005年8月26日青岛海尔拟增发A股董事会公告称，公司拟向社会公众增发不超过10 000万股的A股，该次募集资金将用于收购青岛海尔空调器有限公司74.45%的股权。此前海尔已持有该公司25.5%的股权，此举意味着收购完成后青岛海尔对海尔空调器公司的控制权将达到99.95%。据悉，作为海尔集团的主导企业之一，青岛海尔空调器公司主要生产空调器、家用电器及制冷设备，是我国技术水平较高、品种较多、生产规模较大的空调生产基地。该公司产销状况良好，今年上半年共生产空调器252万台，超过去年全年的产量，出口量分别是去年同期和全年出口的4.5倍和2.7倍，迄今海尔空调已有1/4的产量出口海外。2005年8月，海尔空调来自海外的订单已排至2008年。鉴于海尔空调已是成熟的高盈利产品，收购后可以使青岛海尔拓展主营业务结构，实现产品多元化战略，为公司进一步扩张提供强有力的支撑，同时也成为青岛海尔新的经济增长点。

青岛海尔2005年中期财务状况见表1和表2。

表1 资产负债表(简表)

编制单位：青岛海尔集团公司　　　　　　　　　　　　　　　　单位：元

项　　目	金　　额
货币资金	512 451 234.85
应收账款	390 345 914.95
预付账款	599 903 344.89

续表 1

项　　目	金　　额
其他应收款	371 235 313.62
存货净额	499 934 290.49
待摊费用	1 211 250.00
流动资产合计	2 369 591 987.38
长期股权投资	307 178 438.08
长期债权投资	0.0
长期投资合计	307 178 438.08
固定资产合计	1 007 881 696.67
无形资产	107 740 871.92
资产总计	3 792 590 880.96
应付账款	125 187 391.88
预收账款	725 59 642.42
流动负债合计	771 705 947.11
长期负债合计	4 365 881.58
负债合计	776 071 828.69
股本	56 470 690.00
资本公积	1 513 174 748.87
盈余公积	329 160 271.54
未分配利润	354 620 919.79
股东权益合计	2 761 662 842.2
负债及股东权益总计	3 792 590 880.96

表 2　利润及利润分配表(简表)

编制单位：青岛海尔集团公司　　　　　　　　　　　　　　　　单位：元

项　　目	金　　额
主营业务收入	2 706 766 895.09
主营业务成本	2 252 753 488.10
营业税金及附加	7 030 314.68
主营业务利润	446 983 092.31
营业费用	31 115 574.99
管理费用	219 583 432.98

续表2

项 目	金 额
财务费用	6 515 967.38
营业利润	195 413 320.98
投资收益	3 806 648.25
补贴收入	0.00
营业外收入	589 117.10
营业外支出	989 953.10
利润总额	233 078 983.23
所得税	26 832 576.00
净利润	181 900 337.65
年初未分配利润	172 720 582.14
盈余公积转入数	0
可分配利润	354 620 919.79
提取法定公积金	0.00
提取法定公益金	0.00
可供股东分配的利润	354 620 919.79
提取任意公积金	0.00
已分配普通股股利	0.00
未分配利润	354 620 919.79

案例思考

1. 分析计算海尔公司的流动比率、速动比率。

2. 结合流动资产和流动负债项目中的具体项目对海尔公司的短期偿债能力进行评价。

3. 分析说明在企业财务分析实践中评价短期偿债能力应注意哪些问题。

本章练习题

一、单选题

1. 某企业全部市场占有率为30%,其最大的三个竞争者的全部市场占有率分别为30%、20%、10%,则该企业的相对市场占有率为(　　)。
   A. 30%　　　　　　　　　　B. 40%
   C. 50%　　　　　　　　　　D. 60%

2. 某产品市场销售增长率为负数,一般情况下该产品处于市场生命周期的( )。
   A. 导入期　　　B. 成长期　　　C. 成熟期　　　D. 衰退期
3. 某产品的销售单价是 180 元,单位成本是 120 元,本月实现销售 2 500 件,则本月实现的毛利额为( )元。
   A. 300 000　　B. 450 000　　C. 750 000　　D. 150 000
4. 从营业利润率的计算公式可知,当主营业务收入一定时,营业利润越大,营业利润率越( )。
   A. 高　　　　　B. 低　　　　　C. 小　　　　　D. 无关
5. 某企业期初资产总额为 1 000 万元,期末资产总额为 1 200 万元,则其平均资产总额为( )。
   A. 1 000 万元　B. 1 200 万元　C. 1 100 万元　D. 2 200 万元
6. 某企业 2004 年末流动资产为 200 万元,其中存货 120 万元,应收账款净额 20 万元,流动负债 100 万元,计算的速动比率为( )。
   A. 2　　　　　B. 0.8　　　　C. 0.6　　　　D. 0.5
7. 某企业的流动资产为 360 000 元,长期资产为 4 800 000 元,流动负债为 205 000 元,长期负债为 780 000 元,则可计算出资产负债率为( )。
   A. 15.12%　　　　　　　　　B. 19.09%
   C. 16.25%　　　　　　　　　D. 20.52%
8. 从理论上讲,计算应收账款周转率时应使用的收入指标是( )。
   A. 主营业务收入　　　　　　B. 赊销净额
   C. 销售收入　　　　　　　　D. 营业利润
9. 正大公司 2004 年末资产总额为 1 650 000 元,负债总额为 1 023 000 元,计算产权比率为( )。
   A. 0.62　　　B. 0.61　　　C. 0.38　　　D. 1.63
10. 资产运用效率,包括资产利用的有效性和( )。
    A. 完整性　　B. 充分性　　C. 真实性　　D. 流动性

二、名词解释
   1. 市场占有率
   2. 产品市场销售增长率
   3. 销售毛利率
   4. 存货周转率
   5. 流动比率
   6. 速动比率

三、问答题

1. 简述相对市场占有率的含义并对该指标进行分析。
2. 营业利润率的比较分析通常有哪些分析方法?
3. 如何对过高的速动比率进行具体分析?
4. 简述应收账款周转率的含义并对该指标进行分析。
5. 资产运营效率主要包括哪些指标?

参考文献

1. (美)科特勒. 市场营销教程. 第6版. 华夏出版社, 2004
2. (英)沙尔坦·克默尼著. 大师论营销. 华夏出版社, 2005
3. (美)斯蒂芬·P·罗宾斯著. 管理学. 中国人民大学出版社, 1996
4. (美)查尔斯·M·萨维奇著. 第5代管理. 珠海出版社, 1998
5. 贾里斯·詹姆斯·米勒主编. 国际企业经营面临的挑战与对策. 中国对外经济贸易出版社, 2002
6. 彭好荣主编. 工商企业经营管理. 经济管理出版社, 1997
7. 黄建军主编. STP营销. 中国人民大学出版社, 1998
8. 李永生, 郑文岭主编. 仓储与配送管理. 第2版. 机械工业出版社, 2008
9. 徐烈成主编. 成功的经营管理案例. 中国旅游出版社, 1998
10. 杨宗. 攻克沃尔玛——如何成为国际零售大鳄的供应商. 现代商务, 2005(3)
11. 中国工业经济协会培训部人事部人事考试中心编写. 工业经济专业知识与实务. 经济管理出版社, 1998
12. 王朝晖主编. 国际企业管理. 机械工业出版社, 2006
13. 王坚平. 国际企业管理学. 科学出版社, 2000
14. 张善轩. 国外著名企业营销案例评析. 广东经济出版社, 2002
15. 李先国. 经营理论与实务. 香港天马图书有限公司, 2001
16. 高湘一, 高湘鸿, 李晓荣. 跨国经营论：理论·策略·实务. 新华出版社, 1994
17. 秦辉主编. 跨国经营与跨国公司. 浙江人民出版社, 2005
18. 徐小平主编. 企业经营管理. 黑龙江出版社, 1998
19. 中国企业管理研究会企业管理编写组. 企业经营管理. 经济科学出版社, 2002
20. 冯成华主编. 企业经营管理经典案例评点(决策卷). 广西人民出版社, 1996
21. 赵晓瑛主编. 企业经营管理经典案例评点(项目开发卷). 广西人民出版社, 1996

22　张承耀.企业经营评论.经济管理出版社,2001
23　胡穗华等主编.市场调查与预测.中山大学出版社,2006
24　刘利兰.市场调查与预测.经济科学出版社,2000
25　屈援等.市场预测与决策.经济科学出版社,2007
26　肖刚主编.现代企业经营决策学.中国经济出版社,2001
27　韩光军.现代企业经营咨询.中央民族大学出版社,1997
28　戴建明主编.现代商务.高等教育出版社,2002
29　吴友富.新编现代管理理论与实践.上海外语教育出版社,2006